단번에 읽히는 화재예방법 조문 해설

ACT ON FIRE PREVENTION AND SAFETY CONTROL

「화재의 예방 및 안전관리에 관한 법률」(약칭: 화재예방법)

- 화재를 예방하기 위하여 국가와 국민의 책임과 의무를 규정한 법률 -
화재예방은 화재의 발생을 사전에 제거하거나 방지하는 모든 활동이다.
화재는 자연재난과 달리 사전에 충분히 막을 수 있는 인재(人災) 성격이 강하므로
사후 대응보다 사전 예방이 효율적인 투자이다.

김창섭 · 김귀주 · 주은혜

CONTENTS

 화재의 예방 및 안전관리에 관한 법률의 의의

불은 인류문명을 발전시켰고 미래에도 인류문명과 함께할 것이다.
인간은 불을 통제하기 위한 법률을 만들었으며, 우리나라의 화재예방법은 구. 소방법에서 2021년에 분화되었다.
세계 각국은 불을 통제하고 안전을 확보하기 위해 다양한 법령과 제도를 갖추고 있다.

1.1 불의 발견과 인류문명

인간은 불을 사용하는 지구상의 유일한 존재이다. 불은 인류에게 생물학적 진화와 사회적 결속의 기틀을 마련해 주었을 뿐만 아니라, 에너지를 제어함으로써 현대 산업 문명을 일궈낸 결정적 원동력이 되었다. 과학 기술이 고도화됨에 따라, 우리 산업사회에서 불이 지니는 이용 가치와 그 중요성은 날로 더해가고 있다.

초기 인류는 불을 이용한 화식(火食)을 통해 소화 효율을 극대화했다. 소화에 소모되던 에너지가 두뇌로 집중되자 뇌 용량이 커졌고, 이는 지능의 비약적인 상승으로 이어졌다. 또한, 불은 어둠과 추위로부터 안전한 공간을 제공하여 인류를 모닥불 주위로 모여들게 했다. 이 공동체 안에서 정보가 공유되며 언어와 초기 문화, 종교가 싹트기 시작했다. 나아가 인류는 불을 이용해 숲을 개간하고 추위를 극복하며 서식지를 전 지구로 확장했다. 이처럼 불의 발견은 인류를 만물의 영장으로 거듭나게 한 결정적 전환점이자 문명의 첫 단추였다.

[원시시대의 불 ✦]

인류는 고온의 불로 금속을 제련하며 청동기와 철기 시대를 개막했고, 이는 도구와 무기의 비약적인 발전을 불러왔다. 산업혁명기에는 증기기관의 동력이 된 불이 인간과 동물의 근력을 대체하며 기계화 사회의 문을 열었다. 오늘날 내연기관과 화력 발전, 정밀 화학 공정에 이르기까지 현대의 모든 첨단 산업은 열에너지를 정교하게 제어하는 기술에 그 뿌리를 두고 있다. 결국 우리가 향유하는 문명은 불을 다스리기 위한 기술적 도전이 빚어낸 찬란한 결과물이다.

불은 인류의 지능과 기술을 상징하는 가장 강력한 도구이며, 현대 사회에서도 불은 그 형태만 바뀌었을 뿐 여전히 인류문명을 지탱하는 핵심적인 역할을 수행하고 있다.

[과거, 현재, 미래의 인류문명과 불 ✦]

1.2 불의 양면성

불은 인류에게 풍요와 번영을 선사하지만, 통제를 벗어나는 순간 모든 것을 파괴하는 야누스적인 두 얼굴을 지니고 있다. "불은 훌륭한 하인이지만, 위험한 주인이다.[1]" 라는 서양의 오랜 격언은 불이 지닌 도구적 유용성과 파괴적 본능을 동시에 꿰뚫고 있다. 이는 불이 문명을 일구는 가장 강력한 도구임과 동시에, 인간이 주도권을 잃는 찰나 거대한 재앙으로 돌변할 수 있다는 엄중한 경고이다.

본질적으로 불은 선하지도 악하지도 않다. 그 가치는 오직 그것을 다루는 인간의 통제력에 의해 결정될 뿐이다. 흥미로운 점은 언어권마다 불을 대하는 시각차이다. 영어권에서는 유익한 불과 재앙인 화재를 모두 'Fire' 라는 단일 용어로 통칭한다. 이는 에너지 자체가 가진 역동적인 생명력과 불가항력적인 속성은 상황에 따라 달라지는 것이 아님을 시사한다. 즉 문명을 지탱하는 불꽃과 재앙이 된 화마(火魔)는 동전의 양면처럼 맞닿아 있다는 인식이다. 반면 한국어에서는 '불'과 '화재'를 엄격히 구분한다. 영어의 'Fire'가 에너지의 본질적 일원론에 집중했다면, 우리말의 구분법은 그 에너지가 인간의 관리 영역 내에 머물고 있는가를 가르는 안전의 경계선을 명확히 보여준다.

동양의 지혜 또한 이러한 불의 속성을 간파했다. "멀어지면 춥고, 너무 가까이하면 뜨겁다(이화득한, 근화득열, 離火得寒, 近火得熱)"는 가르침은 불과의 '적절한 거리' 유지가 생존의 핵심임을 역설한다. 강력한 에너지는 정교한 관리와 절제가 없다면 언제든 우리를 위협하는 흉기로 변할 수 있다는 뜻이다.

이러한 불의 위력은 종교적 관점에서도 거대한 상징성을 지닌다. 불교적 우주관에서는 세계가 멸망하는 과정인 대삼재(大三災)[2]의 시작을 '화재(火災)'로 보았으며, 기독교에서는 불을 죄악에 대한 준엄한 '심판'이자 영혼을 거듭나게 하는 '정화'의 도구로 묘사하며 그 신성함과 두려움을 동시에 드러내고 있다.

[불교의 화재: 대삼재의 시작 ✦]

[기독교의 불: 심판과 정화 ✦]

---

1) Fire is a good servant but a bad master
2) 불교의 우주관에서 말하는 대삼재(大三災)는 세계가 탄생하고 소멸하는 커다란 주기인 '일대겁(一大劫)'의 끝에 일어나는 세 가지 대재앙으로 화재(火災), 수재(水災), 풍재(風災)를 이야기한다.

1.3 화재예방법의 역사

　인류는 불을 다스리는 지혜를 통해 풍요를 누려왔지만, 그 통제력을 상실하는 순간 걷잡을 수 없는 재앙과 마주해야 하는 운명적 공존 관계에 있다. 불의 물리화학적 본질은 유지하되 인간의 의도를 벗어날 때, 우리는 이를 '화재(火災)'라 정의한다.[3]

　불이 가진 이 거대한 양면성을 통제하기 위해, 현대 사회에서 '화재예방법'은 단순한 규제를 넘어 공동체의 안녕을 지키는 최후의 보루로 기능한다. 화재로 인한 비가역적 피해를 막기 위해 법적 강제성을 띤 안전기준을 마련하는 것은 사회 존속을 위한 필수적 약속이다. 특히 초고층화·고밀도화된 현대 건축물과 에너지 저장 장치(ESS) 등 신산업 시설에서의 화재는 국가 기능의 마비까지 초래할 수 있는 만큼, 법치에 근거한 정밀한 예방 시스템이 반드시 요구된다. 또한 사후 대응보다 사전 차단을 통해 사회적 비용을 절감하는 것이 안전관리의 핵심이다.

　우리나라 화재예방 법제의 기원을 거슬러 올라가면, 조선시대의 금화법령(禁火法令)에서 그 제도적 효시를 찾을 수 있다. 이후 정부 수립기와 과도기를 거쳐 1950년 제정된 「소방조사규정」(내무부령 제10호)은 화재예방 관련 법령의 현대적 기틀을 다지는 계기가 되었다. 산업화로 인한 사회 구조의 복잡화와 급증하는 소방 수요는 체계적인 법제화의 필요성을 대두시켰고, 이는 1958년 3월 11일 「소방법」의 제정이라는 결실로 이어졌다.

　이후 40여 년간 단일 법률 체제로 유지되던 「소방법」은 소방 행정의 전문화 요구에 발맞춰 2003년 5월 29일 4분법 체제로 전면 개편되었다. 이때 「소방기본법」, 「소방시설공사업법」, 「소방시설설치유지및안전관리에관한법률」, 「위험물안전관리법」으로 세분화되었는데, 당시 화재예방에 관한 핵심 사항은 「소방기본법」과 「소방시설설치유지및안전관리에관한법률」에 이원화되어 규정되었다.

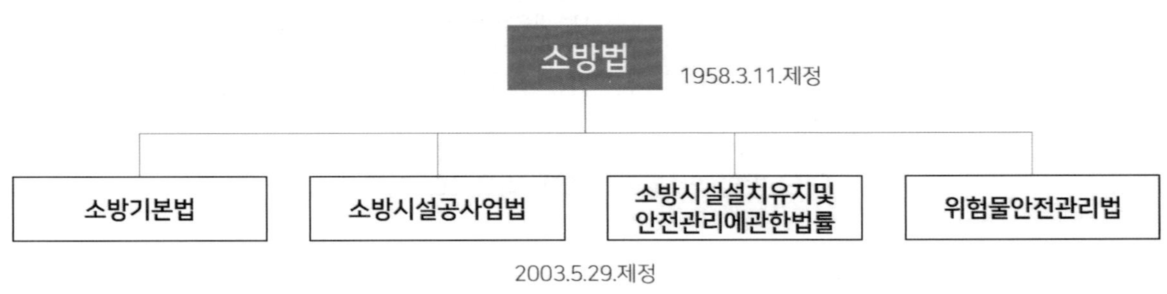

[「소방법」의 분화: 4개 법률(2003년)]

---

3)　• 「소방의 화재조사에 관한 법률」 제2조제1항제1호 "화재"란 사람의 의도에 반하거나 고의 또는 과실에 의하여 발생하는 연소 현상으로서 소화할 필요가 있는 현상 또는 사람의 의도에 반하여 발생하거나 확대된 화학적 폭발현상을 말한다.
　　• NFPA 921-3.3.53 다양한 강도의 빛과 열의 방출을 수반하는 급격한 산화과정

　2003년에 제정 당시 「소방시설설치유지및안전관리에관한법률」이었던 명칭은 2005년[8월 4일] 띄어쓰기 규정을 반영하여 가독성을 높였고, 2011년[8월 4일]에는 가운뎃점을 추가하여 「소방시설 설치·유지 및 안전관리에 관한 법률」로 그 표기가 정비되었다. 이후 2015년[1월 20일] 개정은 2014년 5월 28일 발생한 전남 장성 요양병원 화재[4] 참사를 계기로 이루어졌는데, 이때 화재 예방 및 피해 저감 조항을 신설하고 소방시설 설치기준에 이용자의 특성과 화재위험 요인을 실질적으로 반영하도록 법적 미비점을 보완하였다.

　그러나 수차례 개정을 거치며 「화재예방, 소방시설 설치·유지 및 안전관리에 관한 법률」은 예방 규정과 시설 규정이 혼재되어 법체계의 복잡성이 가중되었고, 이를 분리하여 전문성을 강화해야 한다는 목소리가 높아졌다. 이에 따라 기존 법률은 「소방시설 설치 및 관리에 관한 법률」로 명칭을 변경하여 시설 분야에 집중하도록 하고, 화재 예방과 관련된 내용은 「소방기본법」 내의 '화재의 예방과 경계' 조항(제12조~제15조)을 발췌하여 체계적으로 통합함으로써, 2021년 11월 30일 마침내 「화재의 예방 및 안전관리에 관한 법률」이 별도의 독립된 법률로 제정되기에 이르렀다.

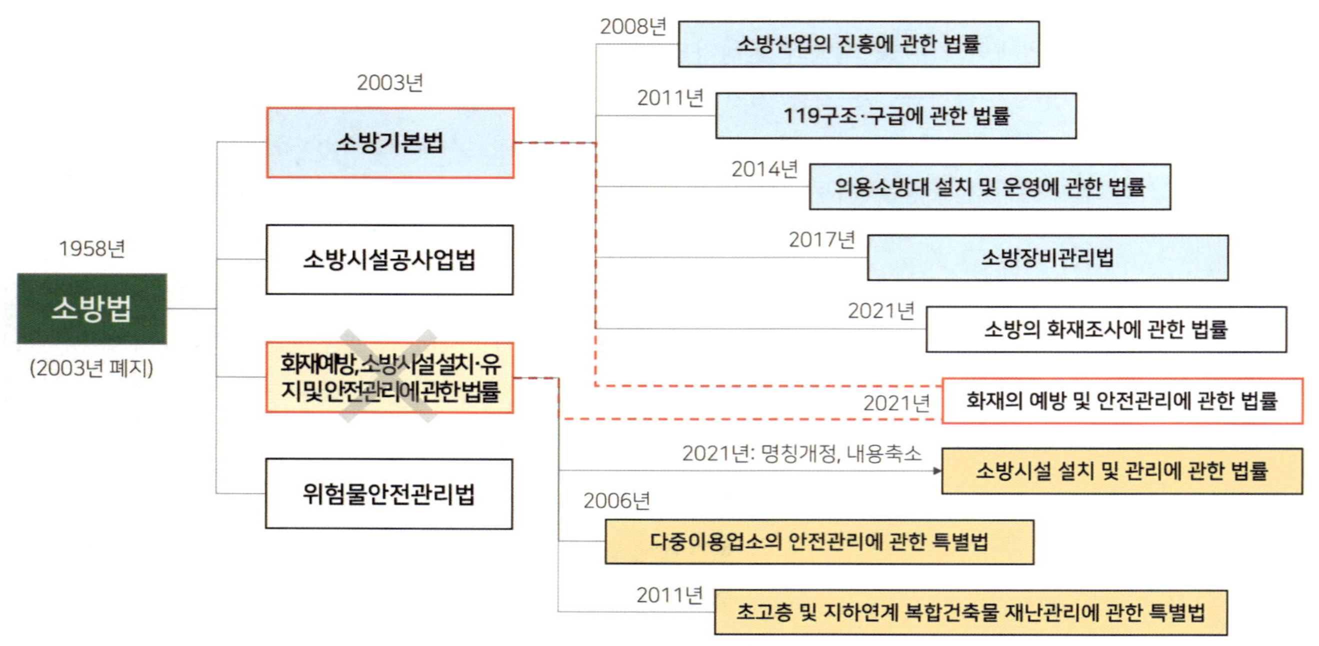

[「소방법」의 분화: 12개 법률(2026년)]

---

4) 방화로 추정되는 화재가 발생하여 21명이 사망하고 8명이 부상한 사고이다. 환자 대부분이 노인성 질환을 앓아 자력 탈출이 어려웠고, 매트리스 등에서 나오는 유독가스가 급격히 퍼졌다. 이 화재로 환자 20명이 사망하고 자체 진화를 시도하던 간호조무사 1명도 사망하였다(위키백과, 장성 요양병원 화재).

제1장 총칙

제1조(목적) | 제2조(정의) | 제3조(국가와 지방자치단체 등의 책무)

제2장 화재의 예방 및 안전관리 기본계획의 수립·시행

제4조(화재의 예방 및 안전관리 기본계획 등의 수립·시행)

제5조(실태조사) | 제6조(통계의 작성 및 관리)

제3장 화재안전조사

제7조(화재안전조사) | 제8조(화재안전조사의 방법·절차 등)

제9조(화재안전조사단 편성·운영) | 제10조(화재안전조사위원회 구성·운영)

제11조(화재안전조사 전문가 참여) | 제12조(증표의 제시 및 비밀유지 의무 등)

제13조(화재안전조사 결과 통보) | 제14조(화재안전조사 결과에 따른 조치명령)

제15조(손실보상) | 제16조(화재안전조사 결과 공개)

제4장 화재의 예방조치 등

제17조(화재의 예방조치 등) | 제18조(화재예방강화지구의 지정 등)

제19조(화재의 예방 등에 대한 지원) | 제20조(화재 위험경보)

제21조(화재안전영향평가) | 제22조(화재안전영향평가심의회)

제23조(화재안전취약자에 대한 지원)

제5장 소방대상물의 소방안전관리

제24조(특정소방대상물의 소방안전관리) | 제25조(소방안전관리업무의 대행)

제26조(소방안전관리자 선임신고 등) | 제27조(관계인 등의 의무)

제28조(소방안전관리자 선임명령 등) | 제29조(건설현장 소방안전관리)

제30조(소방안전관리자 자격 및 자격증의 발급 등)

제31조(소방안전관리자 자격의 정지 및 취소) | 제32조(소방안전관리자 자격시험)

제33조(소방안전관리자 등 종합정보망의 구축·운영)

제34조(소방안전관리자 등에 대한 교육)

제35조(관리의 권원이 분리된 특정소방대상물의 소방안전관리)

제36조(피난계획의 수립 및 시행)

제37조(소방안전관리대상물 근무자 및 거주자 등에 대한 소방훈련 등)

제38조(특정소방대상물의 관계인에 대한 소방안전교육)

제39조(공공기관의 소방안전관리)

제6장 특별관리시설물의 소방안전관리

제40조(소방안전 특별관리시설물의 안전관리) | 제41조(화재예방안전진단)

제42조(진단기관의 지정 및 취소)

제7장 보칙

제43조(화재의 예방과 안전문화 진흥을 위한 시책의 추진)

제44조(우수 소방대상물 관계인에 대한 포상 등) | 제45조(조치명령 등의 기간연장)

제46조(청문) | 제47조(수수료 등) | 제48조(권한의 위임·위탁)

제49조(벌칙 적용에서 공무원 의제)

제8장 벌칙

제50조(벌칙) | 제51조(양벌규정) | 제52조(과태료)

3.1 미국: 민간이 만든 'Code'와 지방 자치의 힘

　한국, 일본, 프랑스 등이 강력한 중앙집권적 행정력을 바탕으로 단일 법령에 의한 국가 주도형 안전관리를 시행하는 것과 대조적으로, 미국에는 연방 정부 차원의 통일된 성문법인 '소방법'이 존재하지 않는다. 대신 미국 화재 안전 시스템의 중추적 역할을 NFPA (National Fire Protection Association, 미국방화협회)와 같은 민간 전문 기구가 제정한 '모델 코드$^{Model\ Code}$'가 담당한다.

　미국의 시스템은 "최고 수준의 전문가들이 합의^{Consensus}를 통하여 도출한 민간 기술 표준을, 각 주^{State}나 시^{City} 정부가 선택적으로 수용하여 법적 효력을 부여^{Adoption}하는" 독창적인 민·관 협력 거버넌스를 취한다.[5] 이는 정부 주도형 시스템이 가질 수 있는 경직성을 탈피하고, 급변하는 기술 발전 속도와 지역별 환경적 특성에 맞춰 안전 기준을 유연하고 신속하게 적용할 수 있는 세계적으로 가장 선진적인 모델로 평가받는다.[6]

3.1.1 법적 기틀: 민간의 전문성이 만드는 표준, NFPA와 ICC

　미국 의회가 제정한 단일한 '소방기본법'이나 '화재예방법'이 부재한 자리를, 수천 페이지에 달하는 방대하고 정교한 '코드^{Code}'와 '스탠다드^{Standard}'가 촘촘하게 채운다.

　1896년 설립된 비영리 단체인 NFPA는 전 세계 화재 안전 기준의 '사실상 표준$^{Global\ Standard}$'을 제시하는 권위 있는 기관이다. NFPA가 발행하는 약 300종 이상의 기술문서^{Code}는 본래 법적 강제력이 없는 '민간 권고안'에 불과하다. 그러나 지방 의회가 이를 조례로 채택^{Adoption}하는 순간, 해당 문서는 그 지역 내에서 강력한 법규로서의 지위를 갖게 된다.[7] 대표적인 사례로, 「NFPA 1 Fire Code」는 화재 예방, 소방로 확보, 위험물 저장 등 소방 행정 전반을 아우르는 통합 규정이며,[8] 「NFPA 101 Life Safety Code」^{인명안전코드}는 건물의 용도에 따른 피난 계획과 비상구 설치 등 인명 보호를 위한 절대적 기준을 제시한다.[9] 주목할 점은, 동일한 용도와 규모의 건물이라 할지라도 해당 건물이 위치한 주^{State}나 시^{City}가 NFPA 1 또는 NFPA 101 중 '어떤 연도 버전^{Edition}을 공식 법규로 채택했느냐'에 따라 적용받는 안전 기준이 달라질 수 있다는 것이다.

---

5) Congressional Research Service(CRS).(2022). Building Codes, Standards, and Regulations: Frequently Asked Questions. (미 의회조사국: 건축 및 화재 코드, 표준, 규제에 관한 FAQ)
"미국은 국가 차원의 단일 건축/화재 코드가 없으며(No national code), 주 및 지방정부가 경찰권(Police Power)을 통해 민간 모델 코드를 채택하여 규제한다."는 내용을 명시하고 있다.

6) National Fire Protection Association(NFPA). Regulations Governing the Development of NFPA Standards. (NFPA 표준 개발 규정) ANSI(미국국가표준협회)가 인증한 '개방적 합의 절차(Open Consensus Process)'를 통해, 특정 이익집단이 아닌 다양한 전문가의 검토를 거쳐 표준이 제정됨을 설명하고 있다.

7) 미국화재예방협회(나무위키, 위키백과), 미국화재예방협회 공식 홈페이지 (https://www.nfpa.org/)

8) NFPA (National Fire Protection Association). NFPA 1, Fire Code. Official Website.
https://www.nfpa.org/codes-and-standards/nfpa-1-standard-development/1

9) NFPA (National Fire Protection Association). NFPA 101, Life Safety Code. Official Website.
https://www.nfpa.org/codes-and-standards/nfpa-101-standard-development/101

[https://www.nfpa.org/codes-and-standards/]

또한, 건물 자체의 구조적 안전과 방화 성능은 ICC (International Code Council, 국제코드위원회)가 제정한 「국제건축코드」(IBC)와 「국제화재코드」(IFC)를 주로 따른다. 미국의 다수 주^{State}에서는 NFPA의 소방 기준과 ICC의 건축 기준을 상호 보완적으로 채택하거나, 지역 실정에 맞게 수정^{Amendments}하여 혼용하는 유연한 방식을 취한다.[10]

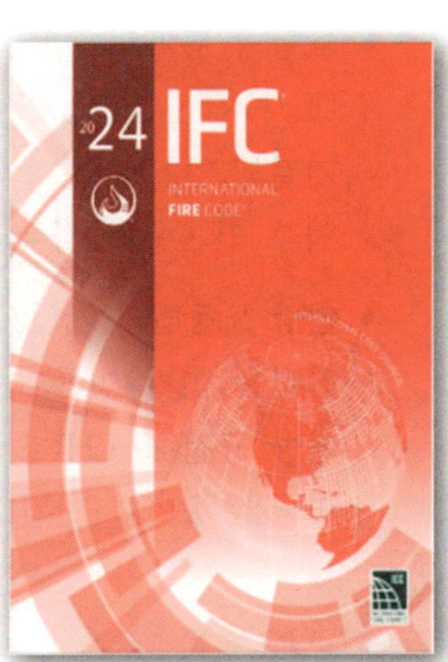

[https://www.iccsafe.org]

3.1.2 수행 체계: 연방의 기술적 지원과 지방의 사법적 권한(AHJ)

미국의 소방행정은 **철저한 지방 자치**^{Home Rule} 원칙 위에 설계되었다. 이는 중앙정부가 일사분란하게 지휘하는 구조가 아니라, 연방정부는 뒤에서 정책적 · 기술적 토대를 제공하고 실질적인 집행 권한은 지방정부가 독점하는 이원화된 구조이다.

---

10) International Code Council(ICC). International Fire Code(IFC). (ICC: 국제화재코드 및 채택 현황). https://www.iccsafe.org

- **연방정부(USFA)**: 국토안보부(DHS) 산하의 미국소방국(USFA)은 화재 현장에 직접적인 지휘권이나 진압 권한을 갖지 않는다. 대신 이들의 역할은 국가 단위의 화재 통계 분석(NFIRS), 소방관 전문 교육(NFA), 첨단 소방 기술 연구개발(R&D) 등을 통해 전국의 개별 지방 소방서를 전면적으로 지원하는 **'정책적 싱크탱크'** 기능에 집중된다.[11]

- **지방정부와 AHJ**: 실제 건축물에 대한 규제와 화재 안전 집행권은 지역의 소방서장$^{\text{Fire Chief}}$이나 화재조사관$^{\text{Fire Marshal}}$에게 귀속된다. 미국 법규에서는 이들을 통칭하여 **'관할 당국(AHJ, Authority Having Jurisdiction)'** 이라 부른다. AHJ는 단순한 법령 집행자를 넘어, 코드를 현장 상황에 맞춰 유권해석하고 건물의 사용 승인^{Permit}을 내주거나, 위험 시 즉시 폐쇄 명령을 내릴 수 있는 막강한 행정 재량권과 사법적 권한$^{\text{Police Power}}$을 행사한다.

3.1.3. 핵심 철학: 지역 최적화와 시장 경제의 메커니즘

미국 시스템을 관통하는 철학은 획일적 통제가 아닌 **'지역 환경에 최적화된 유연성'** 과 자본주의에 입각한 **'시장 경제의 자율 조정 기능'** 이다.

- **지역별 맞춤형 법규**: 한국은 서울의 고층 빌딩이나 도서·산간 지역의 주택이나 동일한 소방법규를 적용받지만, 미국은 지역적 특성에 따라 적용되는 코드의 종류와 내용이 판이하다. 예컨대 산불^{Wildfire} 위험이 높은 캘리포니아주는 주^{State} 차원에서 코드를 수정하여 건축물 외장재와 지붕의 내화성능을 극도로 강화하며[12], 초고층 건물이 밀집한 뉴욕시는 자체적인 'NYC Fire Code'를 제정하여 도심 환경에 맞는 엄격한 관리 기준을 적용한다.

- **보험의 통제력**: 법적 규제만큼이나 강력한 안전 통제 수단은 바로 보험^{Insurance}이다. FM(구 FM Global)이나 UL과 같은 민간 인증기관의 까다로운 테스트를 통과하지 못한 소방 제품이나 설비는 보험 가입 자체가 거절되거나, 천문학적인 보험료가 책정된다. 즉, **"안전하지 않으면 비용이 발생한다."** 는 시장 논리가 기업과 건물주의 적극적인 안전 투자를 유도하는 핵심 동력으로 작용한다.[13]

- **연방 노동법의 개입(OSHA)**: 민간 코드가 '건물'의 안전을 규제한다면, 그 속에서 일하는 '사람(근로자)'의 안전은 연방 법률이 직접 관여한다. 미 노동부 산하 직업안전보건청(OSHA$^{\text{Occupational Safety and Health Administration}}$)은 연방 규정(29 CFR 1910)을 통해 모든 사업장에 소화기 비치 및 경보설비 설치를 의무화한다.[14] 결과적으로 미국은 유연한 민간 코드와 강력한 연방 법률이 상호 보완하며 촘촘한 '이중 안전망'을 형성하고 있다.

---

11) U.S. Fire Administration(USFA). About USFA: Mission and Structure. (미국소방국: 임무 및 역할) https://www.usfa.fema.gov

12) California Office of the State Fire Marshal. Code Adoption & Wildfire Protection. (캘리포니아주 소방국: 코드 채택 및 산불 규정)

13) FM Global. FM Global Property Loss Prevention Data Sheets. (FM Global 손실 방지 데이터 시트)
https://www.fmglobal.com/research-and-resources/fm-global-data-sheets

14) Occupational Safety and Health Administration(OSHA). 29 CFR Part 1910 Subpart L - Fire Protection.
(연방규정집: 산업안전보건청 화재 방호 규정)
https://www.osha.gov/laws-regs/regulations/standardnumber/1910/1910SubpartL

3.2 영국: '내 건물은 내가 지킨다.' 책임 기반의 위험 관리 시스템

영국은 단일한 법률로 모든 소방 사항을 규정하는 한국과 달리, 건물 관리의 주체와 소방 당국의 역할을 엄격히 분리하는 이원적 법률체계를 운용한다. 이는 건물의 화재 안전관리에 대한 1차적 의무는 소유자(민간)에게 부여하고, 화재 발생 시 진압과 구조의 책임은 공공기관(소방서)이 전담하는 방식이다.[15]

영국 화재 예방 시스템을 관통하는 핵심 철학은 **'위험성 평가(Risk Assessment)'** 에 있다. 정부가 획일적인 기준을 제시하고 규제하기보다, 건물의 특성을 잘 아는 책임자가 스스로 위험 요소를 발굴하고 관리하도록 유도하는 **'자율 책임형 모델'** 을 채택한다.[16]

3.2.1 예방 및 안전관리의 근간: 규제개혁(소방안전) 명령 (FSO 2005)

영국(잉글랜드 및 웨일스)에서 건물의 화재 예방을 규율하는 최상위 법령은 「**2005 규제개혁(소방안전) 명령**」[**The Regulatory Reform (Fire Safety) Order 2005, FSO**]이다. 이 법규는 한국의 「화재의 예방 및 안전관리에 관한 법률」 중 소방안전관리자 선임 및 업무 조항과 유사한 기능을 수행하지만, 그 적용 방식에서는 큰 차이를 보인다.[17]

FSO는 일반 사무실, 상점, 공장 등 모든 비주거용 사업장은 물론, 아파트와 같이 2세대 이상이 거주하는 건물의 공용구역(복도, 계단 등)에 폭넓게 적용된다. 이 법의 가장 중요한 특징은 특정 자격증 소지자가 아닌, 실질적인 권한을 가진 **'관계인(Responsible Person)'** 에게 포괄적이고 무한한 의무를 지운다는 점이다.

건물의 책임자(Responsible Person, 관계인)는 반드시 **'화재 위험 평가**Fire Risk Assessment**'** 를 직접 수행하거나 전문가에게 의뢰하여 실시해야 한다. 책임자는 이 평가 결과를 토대로 필요한 모든 예방조치와 피난계획 수립, 소방시설의 유지보수 등을 이행해야 하며, 이를 위반하여 사고가 발생할 경우 법적 처벌을 받게 된다. 이는 한국이 소방안전관리자를 선임하여 관리하는 것과 형식은 유사하나, 영국의 책임자는 법적으로 훨씬 더 능동적이고 포괄적인 위험 발굴 의무를 진다는 점에서 구별된다.[18]

3.2.2 참사의 교훈과 법적 강화: 2021 소방안전법 (Fire Safety Act)

2017년 런던에서 발생한 그렌펠 타워(Grenfell Tower) 화재 참사는 기존 안전 법체계가 안고 있던 치명적인 사각지대를 전 세계에 적나라하게 드러냈다. 특히 건물의 외벽에 설치된 가연성 외장재가 화재 확산의 주원인으로 지목되면서, 이에 대한 법적 공백을 메우기 위해 「**2021 소방안전법**」(Fire Safety Act 2021)이 제정되었다.

---

15) The Regulatory Reform (Fire Safety) Order 2005, Part 2 (Duties of responsible person); Fire and Rescue Services Act 2004, Part 2 (Functions of fire and rescue authorities). legislation.gov.uk. (영국은 2004년법으로 소방 당국의 구조 기능을 명시하고, 2005년 명령으로 예방 행정을 민간 책임으로 전환하여 역할 분담을 법제화함)

16) UK Government. Regulatory Reform(Fire Safety) Order 2005: Guidance Note No. 1. (영국 정부: 소방안전명령 가이드라인) https://www.legislation.gov.uk/uksi/2005/1541/contents/made

17) The Regulatory Reform(Fire Safety) Order 2005 (S.I. 2005/1541). Art. 1(Citation and extent) & Art. 8-22(Duties of responsible person). legislation.gov.uk.

18) Health and Safety Executive (HSE). Fire Safety in the Workplace. (HSE: 사업장 화재 안전 및 위험성 평가) https://www.hse.gov.uk/fire/

이 법은 새로운 규제를 창설하기보다 기존 FSO의 적용 범위를 명확히 확대하고 해석의 모호함을 제거하는 데 목적이 있다. 기존에는 명시적이지 않았던 **"건물의 구조체, 외벽(외장재 및 발코니 포함), 그리고 각 세대와 공용부를 연결하는 출입문(공동 현관문)"** 을 관계인의 위험 평가 범위에 의무적으로 포함시킴으로써, 제2의 그렌펠 참사를 막기 위한 법적 안전장치를 강화하였다.[19]

[2017년 영국 런던 켄징턴 북부 그렌펠 타워 화재(https://ko.wikipedia.org/wiki/)]

3.2.3 공공의 역할과 시사점: 대응과 책임의 조화

민간 관리 주체에게 부여된 예방 책무와는 별도로, 공공 소방 조직의 권한과 임무를 규율하는 법적 근거는 「2004 소방 및 구조 서비스법」(FRSA, Fire and Rescue Services Act 2004)에 마련되었다. 이 법은 소방 당국Fire and Rescue Authorities의 조직적 존립 근거를 명확히 하고, 국가가 수행해야 할 본질적인 구조 기능을 법제화하였다.[20]

FRSA는 전통적인 화재 진압뿐만 아니라 화재 예방 캠페인, 교통사고 인명 구조, 그리고 각종 비상 재난 상황에 대한 포괄적인 대응 의무를 명시한다. 이는 소방 조직의 임무와 재난 현장 지휘 체계를 규정하는 한국의 「소방기본법」과 그 궤를 같이하는 공법적 기능을 수행한다.

결론적으로 영국의 화재 안전 시스템은, 「FSO 2005」와 「2021 소방안전법」을 통해 건물 관리자에게 강력하고 능동적인 예방 의무를 부과하는 한편, 「FRSA 2004」를 통해 공공 소방의 대응 역량을 뒷받침하는 견고한 '이원적 공조 체계' 를 갖추었다. 이는 정부의 일방적인 규제와 민간의 자율적 책임이 어떻게 균형을 이루며 선진적인 사회 안전망을 구축할 수 있는지를 보여주는 모범적인 사례라 할 수 있다.[21]

---

19) UK Home Office. Fire Safety Act 2021: Factsheet. (영국 내무부: 2021 소방안전법 팩트시트)
    https://www.gov.uk/government/publications/fire-safety-act-2021
20) Fire and Rescue Services Act 2004. Chapter 21. (2004 소방 및 구조 서비스법 원문)
    https://www.legislation.gov.uk/ukpga/2004/21/contents
21) Bedsfire, GOV.UK (FSO + FSA 2021의 한국 법률 유사 역할)

3.3 독일: 지방분권형 법체계와 시민 주도의 실천 모델

독일은 한국과 마찬가지로 성문법$^{Civil\ Law}$ 국가의 법적 전통을 따르고 있으나, 법령의 운용 방식에서는 확연한 대조를 이룬다. 한국이 중앙정부 주도의 단일 법령으로 전국을 일괄 통제하는 반면, 연방제 국가인 독일은 화재 안전에 관한 실질적인 입법 권한을 각 주^{Land} 정부가 독점하여 지역 특성에 부합하는 법률을 독자적으로 제정·시행한다.

독일의 화재 예방 시스템은 주^{Land} 정부가 거시적인 법적 기틀을 마련하고, 그 안에서 기초 자치단체와 시민(자원봉사)이 유기적으로 결합하여 작동하는 구조이다. 이는 **성문법의 엄격함과 지방분권의 유연성이 조화**를 이룬 가장 모범적인 안전 거버넌스 사례로 평가받는다.[22]

3.3.1 주^{Land}별 맞춤형 소방·재난법(BHKG)

연방제 국가인 독일은 각 주 정부가 지역적 상황을 고려하여 소방 및 재난 대비 법률을 제정한다. 그 핵심이 되는 법률 모델은 「**화재예방, 구조 및 재난보호에 관한 법률**」(BHKG, Gesetz über den Brandschutz, die Hilfeleistung und den Katastrophenschutz)이다. 이 법은 단순한 화재 예방을 넘어 재난 발생 시의 책임 소재와 역할 분담을 명확히 규정하고 있어, 독일 안전 법규의 중추적인 역할을 수행한다.[23]

BHKG는 건물이 완성된 이후, 소방조직이 어떻게 구성되고 활동해야 하는지를 규정하는 법적 근거이다.[24] 이 법은 각 주^{Land}의 소방 조직 구성과 역할, 그리고 소방의 3대 핵심 임무인 '진압(Brandschutz)', '구조(Hilfeleistung)', '예방(Katastrophenschutz)'을 명시한다.

3.3.2 표준건축법령(MBO)과 주 건축법(LBO)의 조화

독일의 건축법령 체계를 살펴보면, 일종의 표준지침서 역할을 하는 「**표준건축법령 (MBO)**」을 설계도로 삼아, 각 주^{Land}가 실제 집행력을 가진 「**주 건축법 (LBO)**」을 제정하는 이원적 구조를 취한다. 이 법은 주^{Land}의 BHKG와 상호 보완하며 빈틈없는 안전망을 구축한다.

연방 차원의 '건축장관회의'가 작성한 **표준건축법령 (MBO: Musterbauordnung)**은 태생적으로 법적 강제력은 없으나, 각 주의 건축법(LBO: Landesbauordnung)의 모태가 되어 독일 전역(16개 주)의 화재안전기준을 사실상 통일하는 가이드라인 역할을 한다. MBO의 핵심 조항인 제2조와 제14조의 내용은 다음과 같다.

---

22) Grundgesetz für die Bundesrepublik Deutschland (GG). Art. 30 & Art. 70. (독일 기본법 제30조 및 제70조에 따른 주의 입법 권한); Kloepfer, M. (2012). Katastrophenrecht. Nomos.(독일 재난법 및 소방 행정의 지방분권적 특성 해설)

23) Global Practice Guides, Crisis Managenent 2025-Germany
https://practiceguides.chambers.com/practice-guides/crisis-management-2025/germany

24) Gesetz über den Brandschutz, die Hilfeleistung und den Katastrophenschutz (BHKG). Nordrhein-Westfalen, vom 5. März 2018. (노르트라인-베스트팔렌 주 화재예방, 구조 및 재난보호법) 2025년 11월 20일 기준 현행 법률 및 규정
https://recht.nrw.de/lmi/owa/br_bes_text?anw_nr=2&gld_nr=2&ugl_nr=213&bes_id=33324&menu=0&sg=0&aufgehoben=N&keyword=Gesetz%20%FCber%20den%20Brandschutz#det0

- **제2조(Begriffe – 건축물 5등급 분류)**: 건물의 높이와 면적, 용도에 따라 건축물을 1~5등급(Gebäudeklasse)으로 철저히 구분한다.[25] 위험도가 낮은 1등급(단독주택)부터 고도의 내화성능이 요구되는 5등급(대형 고층 건물)까지 나누어 관리하는데, 이는 한국의 용도 중심 분류와 차별화되는 독일 건축 안전의 핵심 골격이다.

- **제14조(Brandschutz – 화재안전 일반 원칙)**: "모든 구조물은 화재 발생 및 확산을 막고, 효과적인 진압과 대피가 가능하도록 설계되어야 한다." 는 독일 소방의 대원칙을 명시한다.[26]

독일은 소방대 도착 전까지 건물의 자체 방어 능력을 중시하므로, 각 주의 LBO를 통해 내화성능, 방화구획, 피난로 확보 등을 건축단계부터 엄격하게 강제한다.

3.3.3 운영의 중추: 자원소방대[Freiwillige Feuerwehr]와 독일소방연맹(DFV)

독일 소방의 역할은 단순한 화재 진압[Löschen]에 국한되지 않는다. 교통사고나 붕괴 현장에서의 기술적 구조[Technische Hilfeleistung], 그리고 홍수나 태풍 등 자연재해로부터 시민을 보호하는 재난 예방[Schützen]까지 포함하도록 법적으로 설계되었다.[27] 특히 '재난 예방'은 독일 소방의 중요한 특징이다. 연방헌법 및 주 법령에 따르면 평시 재난관리[Katastrophenschutz]의 책임은 주[Land] 정부에 있으며, 기후 재해 등에 대한 대비는 소방 체계의 핵심 축으로 기능한다.[28]

독일 소방 시스템의 가장 큰 특징은 인력 구성의 독특함에 있다. 소방 조직은 기초 자치단체(시·군·마을) 단위로 운영되는데, **전문 직업 소방관**[Berufsfeuerwehr]뿐만 아니라 일반 시민으로 구성된 '**자원소방대**[Freiwillige Feuerwehr]'가 전체 소방력의 절대다수를 차지하며 지역 안전의 실질적인 파수꾼 역할을 수행한다.[29]

이 방대한 조직을 전국적으로 결속시키는 구심점은 **독일소방연맹**(Deutscher Feuerwehrverband e.V., DFV)이다. DFV는 독일 전역의 소방관을 대표하는 최상위 연합체로서, 대원의 복지 향상, 표준화된 훈련 체계 제공, 그리고 장비의 현대화 정책을 주도하며 연방 차원의 소방 거버넌스를 지탱한다.[30]

---

25) MBO § 2 Abs. 3 (Gebäudeklasse).; DIN 4102-2 (Brandverhalten von Baustoffen und Bauteilen)

26) MBO § 14 (Brandschutz). "Bauliche Anlagen sind so anzuordnen... (구조물은 화재 발생과 확산을 방지하고...)"

27) Fire Safety Science in Germany: A Status Report about Research Activities and Requirements (publications.iafss.org)
   https://publications.iafss.org/publications/fss/9/21/view/fss_9-21.pdf

28) 유럽연합 공식 홈페이지 civil-protection-humanitarian-aid.ec.europa.eu
   https://civil-protection-humanitarian-aid.ec.europa.eu/what/civil-protection/national-disaster-management-system/germany_en

29) Wikipedia (위키백과), German Fire Services

30) BBK, Deutscher Feuerwehr Verband
   https://mit-dir-fuer-uns-alle.de/en/organizations/deutscher-feuerwehr-verband

3.4 프랑스: 중앙집권적 통제와 '인간 중심'의 안전 철학

독일이 16개 주[Land]의 자율성을 존중하는 '지방분권형' 모델을 채택했다면, 프랑스는 그와 대조적으로 중앙정부가 국가 전체의 안전망을 통솔하는 **중앙집권형**[Etat centralisé] 시스템을 운용한다.[31]

내무부[Ministère de l'Intérieur]가 제정한 단일하고 강력한 법령은 파리 중심가부터 지방 소도시까지 예외 없이 일괄 적용된다. 이는 지역 간 안전 기준의 편차를 원천 봉쇄하고, 프랑스 영토 내의 모든 국민이 동일한 수준의 법적 보호를 향유해야 한다는 '평등의 원칙'을 실현하려는 의도이다.[32]

프랑스 화재 예방 철학의 핵심은 '시민[Public]**의 보호**'에 있다. 개인의 프라이버시가 중시되는 주거 시설보다는 불특정 다수가 이용하는 백화점, 극장, 병원 등 **공공이용시설 (ERP)**에 행정력을 집중한다. 다중이용 시설은 사고 발생 시 인명피해 규모가 막대하므로, 이곳에 매우 상세하고 엄격한 기준을 적용하며 행정 당국이 직접 관리·감독하는 체계를 갖추었다.[33]

3.4.1 건축 속에 내재된 안전(CCH와 Arrêté)

한국이나 일본과 달리 독립된 '소방법'이 존재하지 않는다는 점은 프랑스 법체계의 가장 큰 특징이다. 프랑스는 화재 안전을 별도의 설비 문제가 아닌 건축의 필수 불가결한 요소로 간주하여, 「**건축주거법**」 (Code de la Construction et de l'Habitation, CCH)이라는 방대한 법전 안에 통합 관리한다.[34] 이는 "**안전하지 않은 건물은 애초에 건축될 수 없다.**"는 강력한 대전제를 내포한다. 이 법의 체계는 크게 두 가지 계층적 구조로 작동한다.

- **CCH(법률)**: 건물의 설계, 시공, 그리고 완공 후 유지보수에 이르기까지 생애 주기 전반의 안전 기준을 명시한 최상위 법이다. 화재 안전을 건축물의 구조적 DNA로 규정하는 법적 근거가 된다.[35]

- **Arrêté(행정명령/령)**: CCH가 법적 골격이라면, 그 내용은 구체적인 기술기준을 담은 '령(Arrêté)'으로 채워진다. 실무에서 가장 중요하게 다뤄지는 문서는 「1980년 6월 25일자 령」(Arrêté du 25 juin 1980)이다. 이 법령의 정식 명칭은 「**공공이용시설 (ERP)의 화재 및 공포**[Panique] **위험에 대한 안전 규정**」으로, 단순한 화재 진압을 넘어 군중의 심리적 동요[Panic]까지 통제하겠다는 의지가 담겨 있으며, 프랑스 건축가와 소방관 들에게는 안전 기준의 바이블로 통한다.[36]

---

31) Ministère de l'Intérieur et des Outre-mer. (프랑스 내무부). Organisation de la sécurité civile.
https://www.interieur.gouv.fr

32) Code général des collectivités territoriales. (지방자치단체 일반법전). Art. L2212-2 (시장 및 도지사의 경찰권과 안전 책임)

33) Service-Public.fr. Sécurité incendie dans les établissements recevant du public (ERP). (공공이용시설의 화재안전)
https://www.service-public.fr/professionnels-entreprises/vosdroits/F31684

34) Legifrance (프랑스 정부 공식 법령 사이트). Code de la Construction et de l'Habitation (CCH). (프랑스 건축주거법)
https://www.legifrance.gouv.fr/codes/texte_lc/LEGITEXT000006074096/

35) CCH, Livre Ier : Construction, Titre II: Sécurité et protection des immeubles.(건축주거법 제1권 제2장: 건물의 안전 및 보호)

36) Arrêté du 25 juin 1980 portant approbation des dispositions générales du règlement de sécurité contre les risques d'incendie et de panique dans les établissements recevant du public (ERP). (1980년 6월 25일자 령: ERP 화재 및 공포 위험 안전규정 승인). 공공이용시설(ERP)에 대한 세부 안전 기준을 담고 있는 프랑스 소방의 핵심 법령
https://www.legifrance.gouv.fr/loda/id/LEGITEXT000006073665/

3.4.2 프랑스 화재안전의 핵심: ERP(공공이용시설) 분류 체계

건물의 위험도를 평가하는 기준에서 독일과 프랑스는 뚜렷한 대조를 이룬다. 독일이 건물의 높이나 면적 등 '물리적 크기^{hardware}'를 기준으로 등급을 분류한다면, 프랑스는 철저히 '사람^{software}'에 집중한다. 즉, "얼마나 많은 사람이 모이는가.", "어떤 활동을 하는가."를 기준으로 건물을 분류하는데, 이것이 ERP(Établissements Recevant du Public) 시스템이다.[37] 이 체계는 다음 두 가지 축으로 구성된다.

- **수용 인원에 따른 등급(Catégorie)**: 건물에 수용 가능한 최대 인원을 기준으로 1등급(1,500명 이상)부터 5등급(소규모)까지 분류한다. 수용 인원이 많을수록 군중 밀집에 따른 '패닉' 위험이 증가하므로, 등급이 높을수록 피난로의 폭, 개수, 내장재 기준이 기하급수적으로 엄격해진다.

- **사용 목적에 따른 유형(Type)**: 건물의 용도에 따라 알파벳 코드를 부여한다. 예를 들어 자력 대피가 어려운 노유자 시설은 J형, 화재하중이 큰 상점은 M형, 공연장은 L형으로 분류하여 각 특성에 부합하는 맞춤형 안전 기준을 적용한다.[38]

분류 기준	구분	내용 및 예시
1. 수용 인원 (Catégorie)	1등급	1,500명 이상 수용 (대형 콘서트홀, 스타디움)
	2등급	701명 ~ 1,500명 수용 (대형 극장, 백화점)
	3등급	301명 ~ 700명 수용 (학교, 중형 상가)
	4등급	300명 이하 수용 (일반 식당, 소규모 상점)
	5등급	소규모 시설(가장 완화된 기준 적용)
2. 시설 용도 (Type)	J	노유자 시설 (양로원 등)
	L	공연장, 회의장
	M	쇼핑센터, 상점
	U	의료 시설 (병원)
	R	교육 시설 (학교)

결과적으로 프랑스의 모든 상업 및 공공건물은 이 ERP 매트릭스 상의 좌표(예: 3등급 M형)를 부여받으며, 이에 따라 설치해야 할 소방설비와 피난 규정이 결정된다.

3.4.3 역할 분담: 중앙의 설계와 지방의 집행

프랑스의 화재안전 시스템은 중앙정부, 지방정부, 그리고 민간이 유기적으로 연계되는 구조이다.[39]

- 중앙정부(설계자): 내무부와 주거부는 국가 차원의 소방·구조 정책을 수립하고, CCH 및 ERP 기술기준을 제정하여 국가 안전의 거시적 체계를 설계한다.

- 지방정부(감독자): 법령의 실제 집행은 국가 관할청(Préfecture), 도(Département), 시(Commune) 등 지방행정기관이 담당한다. 이들은 건축 허가, 사용 승인, 주기적인 안전 점검을 통해 규정이 현장에서 준수되는지 관리·감독한다.[40]

- 건물주(책임자): 건물의 소유자와 관리자는 피난계획 수립, 설비 유지관리, 자체 점검 등 실질적인 안전 의무를 이행해야 하며, 사고 발생 시 엄중한 민·형사상 책임을 진다.[41]

---

37) Ministère de la Transition écologique. La réglementation incendie des ERP. (환경전환부: ERP 화재규정 해설)

38) Arrêté du 25 juin 1980, Art. GN 1 et suivants. (1980년 령, 일반규정 GN 1조: 등급 및 유형 분류 기준)

39) Ministère de l'Intérieur. Les acteurs de la sécurité civile. (내무부: 시민안전의 주체들)
   https://www.interieur.gouv.fr

40) Code général des collectivités territoriales (CGCT). Art. L2212-2 (Missions du maire et du préfet). (지방자치단체 일반법전: 시장과 도지사의 임무)

41) Code de la construction et de l'habitation (CCH). Art. R123-43 (Responsabilité des exploitants). (건축주거법: 운영자의 책임)

3.5 일본: 관(官)의 치밀한 설계와 민(民)의 강력한 자율 책임

유럽 국가들이 건축법이나 재난법에 화재 규정을 분산하여 관리하는 경향이 있는 반면, 일본은 「소방법」과 「소방조직법」이라는 거대한 법률 기둥을 중심으로 일원화된 화재 안전 시스템을 구축했다.

일본 모델의 가장 큰 특징은 중앙정부가 표준화된 기술기준과 정책을 제시하면(설계), 실제 집행은 철저히 지방자치단체의 책임하에 이루어지며(실행), 건물주에게는 세계적으로 유례를 찾기 힘든 만큼 강력한 '자기 책임Self-defense' 을 요구한다는 점이다. 이는 한국 소방 법체계의 모태가 되었으나, 실제 운영의 디테일에서는 극한의 재난 상황에 특화된 일본만의 독자적인 '방재(防災) 철학' 이 짙게 깔려 있다.

3.5.1 법적 기틀: 3층 구조의 견고한 안전망

일본의 화재 및 재난 안전 시스템은 단일 법령에 의존하지 않고, 역할과 위계가 명확한 '3대 법률' 이 상호 보완하는 유기적인 구조이다. 이는 화재뿐만 아니라 지진, 태풍 등 대규모 자연재해가 빈번한 일본의 지리적 숙명이 법제화된 결과이다.

- 최상위 방재 헌법: 「**재해대책기본법**」災害対策基本法

  1959년 5,000명 이상의 희생자를 낸 '이세만 태풍' 을 계기로 1961년 제정된 이 법은 일본 방재 시스템의 '최상위 기본법' 이다. 일본 소방의 목적이 단순한 '화재 대응' 에 머무르지 않고 '지진 등 복합 재해' 로 확장되는 법적 근거가 바로 여기에 있다. 이 법에 따라 일본 소방 조직은 화재 진압 기관을 넘어, 지진·쓰나미·풍수해 등 국가적 재난 상황에서 핵심적인 대응 주체로 활동한다. 이는 화재 예방에 집중된 서구권이나 한국의 일반적인 소방 개념보다 그 대응 범위가 훨씬 넓고 포괄적임을 보여준다.[42]

- 조직의 근간: 「**소방조직법**」

  「재해대책기본법」이 거대한 우산이라면, 「**소방조직법**」은 그 우산을 들고 서 있는 '사람(조직)' 을 규정한다. 1947년 제정된 이 법은 "소방의 책임은 시(市)·정(町)·촌(村)이라는 기초 지자체에 있다." 는 '**자치 소방의 원칙**' 을 명확히 하고, 국가(소방청)와 지자체 간의 지휘 및 협력 체계를 설계하는 조직적 뼈대 역할을 한다.[43]

- 규제와 실행: 「**소방법**」消防法

  가장 실무적인 「**소방법**」(1948년 제정)은 현장에서 반드시 지켜야 할 구체적인 '**실행 매뉴얼**Rule' 이다. 예방, 진압, 구조, 구급은 물론 위험물 규제와 소방시설 기준까지 모든 영역을 포괄하는 방대한 **단일 법전**으로, 위반 시 처벌의 직접적인 근거가 되며 일본 화재 안전의 중추적인 역할을 수행해왔다.[44]

---

42) Basic Act on Disaster Management (Act No. 223 of 1961). Cabinet Office, Government of Japan. (내각부: 재해대책기본법 개요 및 원문)
　　https://www.bousai.go.jp/index-e.html (일본 내각부 방재담당 공식 영문 사이트)
　　e-Gov法令検索. 昭和三十六年法律第二百二十三号 災害対策基本法. (일본 법령 데이터베이스)

43) Fire Defense Organization Act (Act No. 226 of 1947). e-Gov Legal Database.

44) Fire Service Act (Act No. 186 of 1948). Japanese Law Translation.
　　e-Gov法令検索. 昭和二十三年法律第百八十六号 消防法. (일본 법령 데이터베이스)

3.5.2 운영 체계: 기획하는 중앙, 실행하는 지방

일본의 소방 행정은 '기획은 중앙에서, 실행은 지방에서' 라는 명확한 분업 원칙 하에 움직인다.

- **총무성 소방청**: 일본의 소방청은 직접 불을 끄는 조직이 아니다. 이들의 역할은 국가 차원의 법령과 기술 기준을 수립하고, 대규모 재난 시 전국의 소방력을 조정·지원하는 '컨트롤 타워' 기능에 집중된다.[45]
- **지방정부(실행자)**: 실제 소방차를 출동시키고 현장을 지휘하는 권한은 기초 지자체인 시(市)·정(町)·촌(村)에 있다. 특히 '도쿄소방청'과 같은 대도시 소방본부는 독자적인 인사권과 막강한 장비를 갖추고 수도의 안전을 책임지는 거대 조직으로 기능한다.[46]

3.5.3 핵심 철학: "자기 건물은 자기가 지킨다." (자위소방)

일본 소방법 체계에서 가장 눈여겨봐야 할 대목은 건물 관계인(소유자·관리자·점유자)에게 부과되는 '**자위소방**(自衛消防, Self-defense Firefighting)' 의 의무이다.

일본은 법적으로 일정 규모 이상의 건물에 대해 국가자격을 갖춘 '**방화관리자**(防火管理者)' 선임을 강제한다. 이들은 실질적인 소방 계획을 작성하고 피난 훈련을 주도해야 하며, 이를 위반하여 화재 발생 시 인명 피해가 생기면 건물주와 관리자에게 매우 엄중한 법적 책임을 묻는다. 즉, "**관(官)의 소방력이 도착하기 전 까지는 민(民)이 스스로 방어해야 한다.**" 는 것이 일본 법의 확고한 기본 전제이다.[47]

3.5.4 주요 임무와 특징: 재난 통합형 소방

일본 소방법 제1조는 소방 조직의 존재 목적을 다음 네 가지로 명확히 규정한다. 특히 세 번째 항목인 '재해 경감' 은 지진 빈발국인 일본만의 특수성을 잘 보여준다.[48]

1) 화재의 예방·경계 및 진압: 화재 발생 전후의 모든 단계 관리

2) 국민의 생명·신체 및 재산 보호: 소방 활동의 궁극적 목표

3) 재해로 인한 피해의 경감: **화재뿐 아니라 지진, 풍수해 등 모든 자연재해에 대한 대응 명시**

4) 사회 공공의 안녕과 질서유지: 소방 활동을 통한 사회적 안정 도모

또한 일본은 소방 장비에 대해 일본소방검정협회(JFEII)를 통해 세계적으로도 까다로운 검정 절차를 거치게 하며, 법규를 위반한 건물의 실명을 대중에게 공개하는 '**위반 대상물 공표 제도**' 를 통해 사회적 압박을 가하는 등 빈틈없는 관리 감독 체계를 갖추었다.[49]

---

45) Fire and Disaster Management Agency (FDMA). About the Agency: Organization & Functions. (일본 소방청: 조직과 기능)
https://www.fdma.go.jp/en/

46) Tokyo Fire Department. Organization Overview. (도쿄소방청: 조직 개요). https://www.tfd.metro.tokyo.lg.jp/eng/

47) Fire Service Act. Art. 8 (Prevention Managers). (소방법 제8조: 방화관리자의 선임 및 자위소방 조직의 의무)

48) Fire Service Act. Art. 1 and Art. 8; Ministerial Ordinance for Enforcement of the Fire Service Act. (소방법 시행규칙)
https://www.kaigai-shobo.jp/files/fireserviceinjapan_eng/Ministerial_Ordinance_eng.pdf

49) Japan Fire Equipment Inspection Institute (JFEII). Mandatory Inspection System. (일본소방검정협회: 검정 제도 가이드)
https://www.jfeii.or.jp/en/

3.6 중국: 국가 주도의 통합 관리와 '전 재난(All-Hazards)' 대응

중국 화재안전 시스템은 「중화인민공화국 소방법」을 기반으로 하는 **'통일된 지휘 체계'**와 **'포괄적 재난 대응'**으로 요약된다. 과거 공안(경찰)과 군 조직에 분산되어 있던 소방 기능을 2018년 **'응급관리부(MEM, Ministry of Emergency Management)'** 라는 거대 부처로 통합하면서, 중국 소방은 화재뿐만 아니라 자연재해와 대형 사고까지 총괄하는 명실상부한 **'국가 종합 구조대'**로 탈바꿈하였다. 이는 소방의 전문성을 극대화하고 재난 대응의 컨트롤 타워를 일원화하려는 중국 정부의 강력한 의지가 투영된 결과이다.[50]

3.6.1 법적 기틀: 예방 위주의 「중화인민공화국 소방법」

중국 화재안전의 뼈대가 되는 「중화인민공화국 소방법」은 1998년 제정된 이래 급격한 도시화와 산업화에 발맞추어 수차례 개정되었다. 이 법 제2조는 **"예방을 위주로 하고, 예방과 진압을 결합한다.(预防为主, 防消结合, 예방위주, 방소결합)"** 는 8글자의 확고한 대원칙을 명시한다.

서구권 법률이 기술적 기준의 상세화에 집중하는 것과 달리, 중국 소방법은 **"정부가 주도하고, 부문이 감독하며, 단위(기관)가 책임지고, 시민이 참여한다."** 는 사회 전체의 거버넌스 구조를 법으로 규정하는 데 큰 비중을 둔다. 이는 화재 안전을 개별적인 기술 규제가 아닌, 국가가 사회 모든 주체를 화재 안전망 속에 통합하려는 의도를 반영한다.[51]

3.6.2 조직 대전환: 군 조직 해체와 응급관리부 통합

중국 소방 역사에서 2018년은 가장 중요한 분기점이다. 이전까지 중국 소방관은 **'무장경찰(현역 군인)'** 신분이었으나, 소방업무의 전문성과 연속성을 확보하기 위해 군 조직을 해체하고 소방 기능을 **'응급관리부(MEM)'** 산하의 **'국가소방구원국(National Fire and Rescue Administration)'** 으로 일원화하였다.[52]

- **응급관리부(MEM)**: 한국의 행정안전부 재난안전본부와 소방청의 기능을 합친 것보다 훨씬 광범위한 권한을 가진 **'슈퍼 부처'**이다. 화재는 물론 지진, 홍수, 산림 화재 등 국가에서 발생하는 모든 재난의 예방과 대응을 총괄 지휘한다.[53]

- **국가소방구원국**: 실제 현장을 지휘하는 핵심 조직으로, 과거의 군대식 계급 체계를 벗어나 **'소방구원 함(Title)'** 이라는 전문직 계급 체계를 도입하여 **직업 공무원화**[Professionalization]를 완성해 나가고 있다. 현장에서는 소방서를 **'소방구원참(Fire and Rescue Station)'**, 소방관을 **'소방지전원(Commanders and Fighters)'** 이라 칭하며 구조 전문가로서의 정체성을 강조한다.[54]

---

50) Ministry of Emergency Management (MEM) of the PRC. Official Overview & History. (중국 응급관리부: 조직 연혁 및 개요). 주요 직책 및 역사 (Main Functions). https://www.mem.gov.cn/

51) Fire Protection Law of the People's Republic of China. (Adopted 1998, Revised 2021). The National People's Congress of the PRC. (중화인민공화국 소방법 2021년 개정판 원문). http://www.npc.gov.cn/

52) CPC Central Committee. (March 21, 2018). Plan for Deepening Reform of Party and State Institutions (Sec. 35: Transfer of Public Security Fire Forces).
National People's Congress. (Oct 26, 2018). Ordinance on Fire and Rescue Ranks. (전문직 계급 체계 도입)

53) National Fire and Rescue Administration. Organizational Structure. (국가소방구원국: 조직 구조, 임무, 현장 활동 소개) https://www.119.gov.cn/

3.6.3 핵심 철학: 단위(Unit) 책임제와 사회적 신용 연동

일본이 '방화관리자' 개인에게 책임을 묻는다면, 중국은 '단위(Unit, 기관/기업)' 자체에 무거운 책임을 지우는 '**단위 책임제**(Unit Responsibility)'를 채택한다. 소방법 제16조에 따라 학교, 병원, 기업 등 모든 기관은 그 자체로 '소방안전 책임 주체'가 되며, 법정 대표자가 안전관리의 최종 책임자가 된다.[55]

가장 독특한 점은 소방 안전 위반 사실을 기업의 '사회적 신용 시스템(Social Credit System)'과 연동시킨다는 것이다. 소방 점검에서 불합격하거나 화재 위험을 방치한 기업은 대출 제한, 공공 입찰 금지 등 강력한 사회·경제적 불이익을 받게 된다. 이는 단순한 벌금을 넘어, 시장 경제 활동 자체를 제약함으로써 안전 규정 준수를 강제하는 중국만의 강력한 통제 수단이다.[56]

3.6.4 주요 임무: '전 재난(All-Hazards)' 대응체계

중국 소방의 임무는 단순한 화재진압을 넘어선다. 응급관리부의 설립 취지와 소방법에 따라 그 역할은 다음과 같이 확장되었다.[57]

- **통합적 재난 구조**: 화재진압은 물론 지진, 태풍, 산사태, 홍수 등 모든 자연재해 및 대형 사고의 주력 대응 부대 역할을 수행한다.

- **엄격한 법 집행(쌍수기)**: 유착 비리를 차단하기 위해 '쌍수기(雙隨機, Double Random)' 방식을 도입하였다. 이는 점검 대상 건물과 점검관을 무작위로 매칭하여 불시 점검을 수행하는 제도로, 법 집행의 투명성과 실효성을 높인다.

- **대국민 교육**: '전국민 소방안전 학습'을 법적 의무 수준으로 강조하며, 학교와 기업에서의 정기 훈련을 강제하여 사회 전반의 안전의식을 고취한다.

한국이 2017년 소방청을 독립시키고 2020년 소방공무원을 국가직으로 전환한 것처럼, 중국 역시 2018년 개혁을 통해 소방을 군 조직에서 '**국가 책임의 전문 서비스**'로 격상시켰다. 이는 대형 재난에 효율적으로 대응하기 위해 소방 조직을 국가가 직접 관장하고 전문화하려는 동아시아 국가들의 공통된 추세를 보여주는 중요한 사례이다.

---

54) 국가소방구원국 (National Fire and Rescue Administration). 조직 구조, 임무, 현장 활동 소개, https://www.119.gov.cn/

55) Fire Protection Law of the PRC. Art. 2 & Art. 16. (소방법 제2조: 단위 전면 책임 원칙, 제16조: 단위의 소방안전 의무).; Ministry of Public Security Decree No. 61. Art. 4. (공안부령 제61호: 법정 대표자의 책임 명시).

56) General Office of the State Council. (2019). Opinions on Deepening the Reform of Fire Law Enforcement. Sec. 12 (Strengthening Credit Supervision).; National Development and Reform Commission (NDRC). Memorandum on Joint Disciplinary Action for Fire Safety Violations. (소방안전 신용불량자에 대한 합동 징계 규정).

57) Fire Protection Law. Art. 2 (Principles) and Art. 37 (Rescue Duties). (소방법 제2조 원칙 및 제37조 구조 임무).

3.7 우리나라와 세계 주요국의 화재예방법 비교

3.7.1 규제 패러다임의 차이: 사양(Prescriptive) vs 성능(Performance)

사양 위주 설계(Prescriptive Design): 한국, 일본, 중국, 독일 등 성문법 전통이 강한 국가들은 법령에서 "특정 설비(예: 스프링클러)를 설치하라."고 구체적인 규격을 정해주는 '사양 중심'의 규제를 적용한다. 이는 기준이 명확하여 법적 안정성이 높다는 장점이 있으나, "법을 지키기만 하면 안전하다." 는 피동적인 인식을 심어주어, 사고 발생 시 규정 준수 여부가 면죄부로 작용하는 경향이 있다.

성능 위주 설계(Performance-based Design): 반면 영국과 미국은 "화재 시 10분 내에 모든 재실자가 대피할 수 있어야 한다." 는 '목표(Goal)'를 제시하고, 그 달성 방법은 건축주와 전문가가 선택하게 하는 '성능 중심'의 설계를 지향한다. 이는 기술적 자율성을 극대화하지만, 그에 따른 결과 책임(Liability)은 전적으로 설계자와 건축주가 져야 하는 '고도의 자율과 무한 책임' 원칙에 기반한다.

3.7.2 소방 기능의 확장: 화재 대응(Fire)에서 포괄적 재난관리(All-Hazards)로

전통적 화재대응 모델: 지질학적으로 비교적 안정된 독일이나 영국 등 서구권 국가에서 소방의 주된 역할은 전통적인 '화재진압과 인명구조(Fire & Rescue)'에 집중된다.

통합 재난관리 모델: 반면 지진, 태풍 등 대규모 자연재해가 빈번한 동아시아권(일본, 중국)은 소방 조직이 화재를 넘어 '국가 재난 총괄 부처(Disaster Management Control Tower)'로서 기능이 확대되었다. 일본의 '방재(防災) 문화'나 중국의 '응급관리부' 출범이 대표적인 예이며, 한국 역시 최근 기후 위기와 복합재난의 증가로 인해 소방의 역할을 '전 재난(All-Hazards)' 대응으로 확장해 나가는 추세이다.

3.7.3 책임 소재의 무게중심: 관(官) 주도적 개입 vs 민(民)의 자율 책임

관(官) 주도형 통제: 한국과 중국은 정부(소방서)가 주도하여 대상을 점검하고 위법 사항을 단속하는 '행정 개입형' 성격이 강하다. 이는 신속한 안전 기준 적용에는 유리하나, 민간의 자발적인 안전관리 역량을 저해할 우려가 있다.

민(民) 주도형 자율 책임: 일본은 관의 지도·감독 하에 '방화관리자'의 실질적인 역할을 강조하는 혼합형 모델을 취한다. 한편, 미국과 영국은 철저히 '민간(건물주)의 자기 책임 원칙'을 고수한다. 이들 국가에서는 정부의 단속보다 시장(보험)의 논리와 징벌적 손해배상 등 사법적 책임이 안전을 강제하는 더 강력한 동력으로 작동한다.

3.7.4 결론

결국 세계 각국의 화재예방법은 그 나라의 역사와 지리적 환경, 그리고 행정 문화의 산물이다. 한국의 소방법은 일본의 법제를 기초로 출발했으나, 이제는 미국의 선진 코드와 영국의 위험성 평가 개념을 받아들이며 독자적인 'K-소방 안전 모델'로 진화하고 있다.

[표 1] 주요 7개국 화재예방 법체계 및 안전관리 시스템 비교

구분	법체계 및 주요 법령	행정 체계 및 소방 인력	핵심 철학 및 특징	적용 대상 및 목적	책임 주체
대한민국	[분법형 국가법] • 화재예방법 • 소방시설법 • 소방기본법	[중앙 집권형] 소방청 일원화 [국가직 공무원] 전원 국가직화 완료	[국가 책임 강조] • 관(官) 주도의 점검 및 처벌 • 예방·관리 중심 국가 체계	[모든 건축물·사업장] • 화재 예방·안전관리 • 국민의 생명·신체·재산 보호	소유자·관리자·점유자 (소방안전관리자) • 선임 신고 의무 부여
미국	[민간 코드 중심] • 국가 단일법 없음 • NFPA 1, NFPA 101 • IFC (ICC 제정)	[지방 자치형] 주(State)/카운티 자율 [직업 + 자원봉사] • Volunteer 소방관 비중 높음	[민간 자율·시장 논리] • 보험사와 시장 원리 작동 • 분권형 구조	[채택 범위에 따름] 주·시·카운티가 채택 범위 • 최소 화재·인명안전 기준	건물 소유자·사업주 (AHJ, 관할 당국) • Fire Marshal/Chief의 강력한 감독권
영국	[성능 위주 통합법] • Fire Safety Order 2005 • Fire Safety Act 2021	[지방 위임형] 지역 소방청 중심 [지방직 공무원]	[위험성 평가 중심] • 관계인 주도 Risk Assessment • 외벽·문 관리 범위 확대 (2021)	[비주거 건물·공용부] • 모든 비주거 건물 • 공동주택 공용부분 • 위험성 평가 및 안전조치	책임자 (RP) (Responsible Person) • 자체 위험성 평가 수행 의무
프랑스	[건축·주거법 통합] • CCH (건축주거법전) • ERP 안전규정 • 별도 소방법 없음	[중앙+지방 혼합] 내무부(중앙) + 도지사(지방) [군인 + 민간] • 파리/마르세유: 군인 • 기타: 민간	[인명·공공 안전] • 군중 통제(Panic 방지) • ERP 분류 체계 • 시설별 세부 규정	[공공이용시설(ERP)] • 건축물 전체 및 ERP • 건축단계 화재안전 확보 • 패닉 방지	건물 소유자·관리자·설계자 • 개관 전 승인 필수
독일	[건축법 중심] • MBO(표준건축조례) • LBO(주별 건축법) • BHKG(주별 소방법)	[지방 분권형] 주(州) 정부 권한 강력 [자원 소방대 중심] • 직업소방은 대도시에만	[물리적 방호 우선] • 건물의 내화성능 우선 • 건축안전과 소방법 이원화	[건축대상 / 지역 소방] • 각 주의 건축 대상물 • 내화·피난 확보 • 소방 및 재난 대응	건물주·주정부·지방소방 • 건축주/설계자 (건축 허가 시 확인)
일본	[강력한 단일법] • 소방법 • 소방조직법 • 재해대책기본법	[중앙+지방 공조] 소방청(중앙) + 시정촌(지방) [지방직 + 소방단] • 소방단(消防団) 활동 활발	[자위(自衛) 소방] • 방화관리자 중심 자기 책임 • 재난(방재) 대응 문화 정착	[특정소방대상물] • 건축물 및 특정소방대상물 • 예방·경계·진압 • 인명·재산 보호	소유자·관리자·방화관리자 • 실질적 관리 권한 보유
중국	[국가 주도 단일법] • 소방법 (중화인민공화국 소방법)	[국가 통합형] 응급관리부 총괄[국가직 공무원] [국가직 공무원] 구 무장경찰(군)에서 전환	[전 재난 대응] • 단위(Unit) 책임제 • 안전 위반 시 신용 통제 (사회적 신용 시스템)	[모든 기관·기업·개인] • 예방 위주, 진압·구조 결합 • 공공 안전 유지	단위(Unit) 대표 • 국가·지방정부·조직·개인 모두 책임 • 법정 대표자 책임 명시

Ⅱ 화재의 예방 및 안전관리에 관한 법률 조문 분석

이 법은 제1장 총칙부터 제8장 벌칙까지 8개의 장과
제1조(목적)부터 제52조(과태료)까지 52개의 조로 구성되어 있다.

제1조(목적)

제2조(정의)

제3조(국가와 지방자치단체 등의 책무)

이 법은 화재의 예방과 안전관리에 관한 필요한 사항을 규정함으로써  수단

화재로부터 국민의 생명 · 신체 및 재산을 보호하고 1차적 목적

공공의 안전과 복리 증진에 이바지함을 목적으로 한다. 궁극적 목적

제1조는 이 법이 달성하고자 하는 입법 목적과 그 실현 수단을 명확히 제시한다. 그 수단은 '화재의 예방'과 '화재와 관련한 안전관리'라는 두 가지 축으로 구성된다. 이 법은 두 가지 수단을 통하여 '국민의 생명 · 신체 및 재산 보호'라는 구체적 목적을 달성하고, 궁극적으로는 '공공의 안녕 · 질서 유지와 복리증진'에 이바지함을 그 지향점으로 삼는다.

이 법은 화재를 다루는 핵심 법률임에도 불구하고, 정작 '화재'에 대한 정의 조항은 별도로 명시하지 않는다. 대신 「소방의 화재조사에 관한 법률」제2조제1호에 따르면 화재는 '사람의 의도에 반하거나 고의 또는 과실에 의하여 발생하는 연소 현상으로서 소화할 필요가 있는 현상 또는 사람의 의도에 반하여 발생하거나 확대된 화학적 폭발현상'으로 규정된다. 다만, 이러한 정의는 공학적이고 기술적인 용어가 포함되어 일반 국민이 직관적으로 이해하기에는 다소 난해한 측면이 있다.

따라서 이를 알기 쉽게 풀이하자면, '화재(火災)'란 '원치 않는 불' 또는 '불로 인한 사고나 재난'으로 해석할 수 있다. 여기서 재난이란 사고의 범위가 확대되어 하나의 지역사회가 자체적으로 처리할 수 있는 역량을 초과하는 수준의 피해를 발생시키는 상황을 지칭한다.

법적인 분류 체계에서 화재는 「재난 및 안전관리 기본법」이 정의하는 사회재난 중 첫 번째 예시로 등장하는 핵심 용어이다. 화재는 태풍이나 홍수 같은 자연재난과 달리, 사전 관리와 주의를 통해 충분히 막을 수 있는 '인재(人災)'의 성격이 강하다. 따라서 화재가 발생한 뒤에 대응하는 것보다 사전에 발생 자체를 차단하는 '예방'이 사회적 비용 측면에서 훨씬 효율적인 투자가 된다.

이러한 맥락에서 인류 역사와 함께해온 '불로 인한 피해'를 줄이기 위하여, 우리나라는 1958년 제정된 「소방법」 내에서 화재예방에 관한 사항을 규율해 왔다. 그러나 사회 구조의 변화와 예방 행정의 전문성 강화 요구에 부응하여, 2021년 11월 30일 「화재의 예방 및 안전관리에 관한 법률」이 별도의 법률로 독립 · 제정되었고, 2022년 12월 1일부터 시행되기에 이르렀다.

제2조(정의)

① 이 법에서 사용하는 용어의 뜻은 다음과 같다.

화재예방법

→ 火災, 불이 일으킨 바람직하지 못한 결과(불로 인한 사고나 재난)

1. "예방"이란 화재의 위험으로부터 사람의 생명 · 신체 및 재산을 보호하기 위하여

화재예방 (재난예방 X, 사고예방 X)

화재예방의 목적

화재발생을 사전에 제거하거나 방지하기 위한 모든 활동을 말한다.

화재 발생 전 활동 ←→ 화재 발생 후 활동(화재진압, 화재대응, 복구)

통상적으로 '예방(Prevention)' 이나 '완화(Mitigation)[58]' 라는 용어는 사고를 미리 막거나 예상되는 악재에 대비하는 포괄적인 의미로 쓰인다. 그러나 이 법에서 규정하는 '예방' 은 더욱 구체적이고 적극적인 개념으로, 화재 발생의 원인 자체를 사전에 제거하거나 방지하기 위한 모든 활동을 지칭한다.

하지만 인류 역사에서 화재가 완전히 사라지는 것은 불가능에 가깝다. 인간이 살아가는 공간에는 언제나 원치 않는 불이 발생해왔으며, 앞으로도 반드시 발생할 것이기 때문이다. 게다가 현대 사회의 화재는 단독으로 발생하기보다, 다른 재난과 결합하여 그 피해를 기하급수적으로 키우는 '복합 재난' 의 양상을 띠는 경우가 많다.

1906년 샌프란시스코 대지진과 1923년 일본 관동대지진은 이러한 위험성을 극명하게 보여주는 대표적인 사례다. 두 사건 모두 지진 자체로 인한 붕괴보다, 그 직후 발생한 대규모 화재가 도시를 집어삼키며 훨씬 더 막대한 인명피해를 낳았다. 특히 관동대지진 당시에는 동시다발적인 화재가 거대한 공기 흐름과 만나 '화염선풍Fire Whirl' 을 일으켰고, 이 불기둥이 피난민을 덮치며 단일 장소에서만 38,000여 명이 목숨을 잃는 비극을 초래했다.

[관동대지진(1923)]
https://www.ziksir.com/news/articleView.html?idxno=3624

따라서 자연재해를 논할 때 단순히 지진이나 태풍과 같은 1차적 충격Physical Impact만을 고려해서는 안 된다. 그 뒤를 필연적으로 따라오는 '2차 화재Fire Following Disaster' 야말로 인류가 가장 경계해야 할 파국적 재난이며, 이를 사전에 차단하고 대비하는 것이야말로 인명피해를 최소화하는 유일한 길임을 역사는 증명한다.

---

58) 예방(Prevention)과 완화(Mitigation, 경감)
　일반적으로 완화는 이미 발생한 문제나 증상을 줄이거나 개선하는 것이고, 예방은 문제가 생기기 전에 미리 막는 것을 의미한다. 재난관리 단계에서 예방은 재난 발생 자체를 사전에 차단하거나 발생 가능성을 없애는 것이며, 주로 사회재난(인재)에서 많이 사용되는 용어이다. 반면에 완화는 재난이 발생하더라도 그 피해의 규모나 영향을 최소화하는 것이다. 자연재난처럼 발생 자체를 완전히 막을 수 없는 경우에 주로 적용된다. 예를 들어 댐 건설이나 내진 설계 등이 있다.
　예방은 '발생 방지'에 완화는 '피해 관리'에 초점을 둔다. 재난관리에서는 재난을 완벽히 막는 것이 불가능하기 때문에 예방보다는 완화라는 용어를 더 포괄적으로 사용하는 추세이다.

2. "안전관리"란 화재로 인한 피해를 최소화하기 위한 예방, 대비, 대응 등의 활동을 말한다.

※ 「재난 및 안전관리 기본법」 제3조
3. "재난관리"란 재난의 예방·대비·대응 및 복구를 위하여 하는 모든 활동을 말한다.
4. "안전관리"란 재난이나 그 밖의 각종 사고로부터 사람의 생명·신체 및 재산의 안전을 확보하기 위하여 하는 모든 활동을 말한다.

'안전관리(安全管理, Safety Management)' 라는 용어는 매우 포괄적인 의미를 지니며 현대 사회의 다양한 분야에서 통용된다. 일반적인 의미에서의 안전관리는 각종 사고나 재난으로부터 사람의 생명과 신체를 보호하고, 시설 및 재산의 안전을 확보하기 위한 일련의 활동을 지칭한다. 그러나 이 법에서는 그 대상을 '화재'로 특정하여, 화재와 관련된 예방, 대비, 대응 등의 구체적인 활동으로 정의한다.

역사적으로 안전관리의 개념은 산업안전 분야에서 처음 등장하였다.[59] 산업혁명 후 급격히 증가한 산업재해를 예방하고 통제해야 할 필요성이 대두되면서 안전관리가 등장했고, 이를 과학적으로 연구하는 '산업안전공학(산업안전관리학)'이 발전하게 되었다. 이후 그 적용 범위는 산업 현장에 국한되지 않고 재난, 환경, 교통, 생활 안전 등 사회 전 영역으로 확장되는 과정을 거쳤다.

산업안전 분야에서는 생산성 향상과 손실 최소화를 목적으로 '사고가 발생하지 않는 무사고 상태를 유지'하는 활동을 안전관리로 정의한다. 반면, 국가 재난 법령인 「재난 및 안전관리 기본법」에서는 그 범위를 더욱 넓혀 '재난이나 그 밖의 각종 사고로부터 사람의 생명·신체 및 재산의 안전을 확보하기 위하여 행하는 모든 활동'으로 규정한다. 아울러 재난관리에 대해서는 '재난의 예방·대비·대응 및 복구를 위하여 하는 모든 활동'으로 정의한다.

이 법은 화재를 중심으로 안전관리과 재난관리의 개념을 통합하여 기술하고 있는데, 이를 이해하기 위해서는 재난관리의 4단계(예방, 대비, 대응, 복구) 과정을 살펴볼 필요가 있다.

이러한 단계적 접근의 이론적 토대는 1985년 윌리엄 페탁(William J. Petak)이 제시한 재난관리 이론에서 찾을 수 있다.[60] 그가 정립한 4단계 모형(Mitigation - Preparedness - Response - Recovery)은 오늘날 전 세계 재난관리 정책과 학문적 논의의 글로벌 스탠다스$^{Global\ Standard}$가 되었으며, 우리나라의 재난 관련 법령에도 세부적으로 반영되었다. 다만, 학술적 이론과 국내 법령 사이에는 용어상의 미묘한 차이가 존재한다. 페탁은 현실적으로 모든 재난을 완벽하게 방지하는 것은 불가능하다고 보았기에, 위험을 줄인다는 의미의 '완화(Mitigation)' 라는 개념을 사용했다. 그러나 우리나라 법령은 화재 발생 자체를 사전에 차단하겠다는 적극적인 입법 의지를 담아, '완화' 대신 '예방(Prevention)' 이라는 용어를 채택하여 사용한다. 페탁^{Petak}의 재난관리 4단계를 요약하면 다음과 같다.

---

59) 하인리히(Herbert William Heinrich, 1886-1962)는 1920~1930년대 미국의 급격한 산업화 시기에 산업재해의 원인을 과학적으로 분석하고 예방 대책을 체계화하여 1931년에 '산업재해 예방: 과학적 접근(Industrial Accident Prevention: A Scientific Approach)'을 출간하였다. 그는 '예방'의 중요성을 최초로 강조한 선구자로, 하인리히 법칙(Heinrich's Law, '1:29:300'), 도미노 이론(Domino Theory)을 주장하였다. 또한, "안전은 사고 예방이며, 사고 예방은 인간·기계·환경의 상호작용을 통제하는 과학이자 기술"이라는 메시지를 제시하였다.

60) Petak, W. J.(1985). "Emergency Management: A Challenge for Public Administration", Public Administration Review, Vol.45(Special Issue), pp.3~7
미국 서던캘리포니아대학교(University of Southern California, USC) 정책·계획·발전학부 교수였던 Petak은 'Four Phase of Emergency Management(Emergency Management Cycle)'을 'Mitigation - Preparedness - Response - Recovery'이라 하였다.

- 완화(Mitigation): 재난 발생 가능성을 원천적으로 줄이거나 피해를 최소화하기 위한 제도적·기술적 조치
- 대비(Preparedness): 재난 발생 시 효율적인 대응을 위해 사전에 계획을 수립하고 교육·훈련을 실시하는 단계
- 대응(Response): 재난 발생 직후 생명과 재산을 보호하기 위해 즉각적으로 수행하는 현장 활동
- 복구(Recovery): 피해 지역을 재난 이전의 상태로 회복시키고 기능을 정상화하는 과정

우리나라 재난 관련 법령들[61]은 학술적인 '완화(Mitigation)' 단계를 '예방(Prevention)'으로 포섭하여 지칭한다. 법적으로는 예방 단계 안에 재난의 원천적 방지뿐만 아니라 피해 완화 활동이 모두 포함된 것으로 해석하기 때문이다. 따라서 학술적으로 페탁Petak의 이론을 논할 때는 '완화'라고 표현하더라도, 국내 법체계를 설명할 때는 이를 '예방' 단계로 통칭하여 이해하는 것이 타당하다.

[재난관리 4단계(사이클)]

이 법에서 규정하는 안전관리란 '화재로 인한 피해를 최소화하기 위한 예방, 대비, 대응 등의 활동'을 의미한다. 이에 따라 안전관리의 목적은 '화재로 인한 피해 최소화'로 구체화 되며, 이를 달성하기 위한 구체적 수단은 '예방, 대비, 대응 등'으로 한정된다. 주목할 점은 재난관리 4단계 중 '복구'가 제외되었다는 사실이다. 복구는 이미 발생한 피해를 원래 상태로 환원하는 사후적 활동이므로 안전관리의 범주에서 제외되며, 예방은 안전관리의 하위 개념이자 일부로 명시된다.

그러나 제1조(목적)와 제2조(정의)를 교차 검토해 보면, 단순 논리적 측면에서 상충되는 지점이 발견된다. 정의상 '예방'이 '안전관리'의 일부로 규정되어 있음에도 불구하고. 제1조에서는 '화재의 예방과 안전관리'를 나란히 병기㤠記하기 때문이다. 포함 관계에 있는 두 용어를 대등하게 나열하는 것은 논리적으로 불필요하며, 이에 따라 법의 명칭 또한 수정할 필요성이 제기된다. 이는 본 법이 '예방'을 핵심으로 하면서도, 피난 계획이나 소방 훈련 같은 대비 및 관계인의 초기대응 의무를 포함하려다 보니, 안전관리의 정의를 다소 무리하게 설정한 입법적 결과로 추론된다.

따라서 논리적 정합성을 확보하기 위해서는 안전관리의 정의를 '화재로부터 사람의 생명·신체 및 재산의 안전을 확보하기 위하여 행하는 모든 활동'으로 포괄적으로 변경하거나, 법의 명칭 자체를 그 실질에 맞게 「화재의 예방 및 피해경감에 관한 법률」 혹은 「화재예방법」으로 간결하게 수정하는 것이 언어적·논리적 측면에서 더 타당할 것이다.

다만, 현행법이 안전관리의 정의를 이 법에 국한된 개념으로 다소 좁게 규정한 측면은 있으나, 역설적으로 이는 '안전관리'를 화재 중심의 전문용어로 격상시키고, 화재가 모든 재난 및 안전 문제의 핵심 위치를 차지한다는 점을 환기한다는 데 그 중요한 의의가 있다고 평가할 수 있다.

---

61) 「재난 및 안전관리 기본법」, 「자연재해대책법」, 「산림재난방지법」, 「지진·화산재해대책법」, 「농어업재해대책법」, 「초고층 및 지하연계 복합건축물 재난관리에 관한 특별법」 등 재난 또는 재해와 관련한 법령들은 대부분 예방 단계 안에 완화 또는 피해 경감 관련 내용을 포함하고 있다.

3. "화재안전조사"란 소방청장, 소방본부장 또는 소방서장(이하 "소방관서장"이라 한다)이

≠ 화재조사 (「소방의 화재조사에 관한법률」)　　　　　중앙119구조본부장 X, 국립소방연구원장 X, (서울, 지방)소방학교장 X

소방대상물, 관계지역 또는 관계인에 대하여 소방시설등(「소방시설 설치 및 관리에 관한 법률」

「소방기본법」 제2조(정의)　　　① 소방시설 ② 비상구 ③ 방화문 ④ 자동방화셔터

제2조제1항제2호에 따른 소방시설등을 말한다. 이하 같다)이

"소방시설등"이란 소방시설 과 비상구(非常口), 그 밖에 소방 관련 시설로서 대통령령으로 정하는 것(방화문, 자동방화셔터)을 말한다.

소방 관계 법령에 적합하게 설치 · 관리되고 있는지, 소방대상물에 화재의 발생 위험이 있는지

☞ 화재안전조사 내용: 소방대상물의 ① 소방시설등 설치 · 관리상태 확인 + ② 화재위험성 확인

등을 확인하기 위하여 실시하는 현장조사 · 문서열람 · 보고요구 등을 하는 활동을 말한다.

「행정조사기본법」 제2조제1호의 "행정조사"의 일부
▶ 현장조사, 문서열람, 시료채취, 보고요구, 자료제출요구, 출석진술요구

　현행법상 정착된 '화재안전조사'라는 명칭은 시대적 요구와 행정 목적의 변화에 따라 수차례 변모해 온 역사를 지닌다. 과거에는 관(官) 주도의 일방적인 감시 성격이 강한 '소방검사'로 불렸으나, 2012년 2월 5일 구 「소방시설 설치 · 유지 및 안전관리에 관한 법률」 제4조 개정을 통해 '소방특별조사'로 변경되었다. 이는 불시 단속과 정밀 진단의 성격을 강화하려는 취지였다. 이후 2021년 11월 30일(2022. 12. 1. 시행) 「화재의 예방 및 안전관리에 관한 법률」이 제정되면서, 조사의 목적이 단순한 적발이 아닌 국민의 안전 확보에 있음을 명확히 하기 위해 '화재안전조사'라는 현재의 명칭으로 최종 변경되었다.

　이러한 화재안전조사를 수행할 수 있는 법적 권한은 소방청장, 소방본부장 또는 소방서장에게 부여된다. 이들은 관할 구역 내의 소방대상물, 관계지역 또는 관계인[62]을 대상으로 조사를 실시하는데, 그 핵심 목적은 소방시설등이 법령에 따라 적법하게 설치 · 관리되고 있는지, 그리고 현장에 실질적인 화재위험 요소가 존재 하는지를 종합적으로 확인하여 안전을 담보하는 데 있다.

　조사 방법은 현장조사, 문서열람, 보고요구 등으로 규정되며, 이는 행정기관이 직무 수행에 필요한 정보를 수집하는 활동을 규율하는 「행정조사기본법」상 '행정조사'[63]의 일환으로 해석된다.

　조사의 대상이 되는 핵심 객체인 '소방시설등'의 범위는 「소방시설 설치 및 관리에 관한 법률」 제2조 제1항제2호 및 같은 법 시행령 제4조[64]를 통해 구체화된다. 법령은 이를 '소방시설과 비상구(非常口), 그 밖에 소방 관련 시설로서 대통령령으로 정하는 것'으로 정의하는 데, 이를 구체적으로 분류하면 ① 소화설 비 · 경보설비 등의 '소방시설', ② 피난의 최후 통로인 '비상구', ③ 연기와 화염 확산을 막는 '방화문',

---

62) 「소방기본법」 제2조(정의) 이 법에서 사용하는 용어의 뜻은 다음과 같다.
　　1. "소방대상물"이란 건축물, 차량, 선박(「선박법」 제1조의2제1항에 따른 선박으로서 항구에 매어둔 선박만 해당한다), 선박 건조 구 조물, 산림, 그 밖의 인공 구조물 또는 물건을 말한다.
　　2. "관계지역"이란 소방대상물이 있는 장소 및 그 이웃 지역으로서 화재의 예방 · 경계 · 진압, 구조 · 구급 등의 활동에 필요한 지역 을 말한다.
　　3. "관계인"이란 소방대상물의 소유자 · 관리자 또는 점유자를 말한다.
63) 「행정조사기본법」 제2조제1호. "행정조사"란 행정기관이 정책을 결정하거나 직무를 수행하는 데 필요한 정보나 자료를 수집하기 위하 여 현장조사 · 문서열람 · 시료채취 등을 하거나 조사대상자에게 보고요구 · 자료제출요구 및 출석 · 진술요구를 행하는 활동을 말한다.
64) 「소방시설 설치 및 관리에 관한 법률 시행령」 제4조(소방시설등) 법 제2조제1항제2호에서 "대통령령으로 정하는 것"이란 방화문 및 자동방화셔터를 말한다.

④ 공간을 구획하여 연기를 차단하는 '자동방화셔터'의 네 가지로 요약할 수 있다.

결국 화재안전조사는 이 네 가지 요소가 현장에서 유기적으로 작동하여 화재 방호 성능을 제대로 발휘하고 있는지를 점검하는 과정이라 할 수 있으며, 이에 관한 보다 구체적인 절차와 기준은 본 법 제3장(화재안전조사, 제7조~제16조)에 상세히 기술된다.

4. "화재예방강화지구"란

구. "화재경계지구": 「소방기본법」 제13조(화재경계지구의 지정 등)에 규정되었던 것이, 2021.11.30. 화재예방법 제정에 따라 이관되면서 명칭을 변경함

특별시장 · 광역시장 · 특별자치시장 · 도지사 또는 특별자치도지사(이하 "시 · 도지사"라 한다)가

| 서울 | 부산, 인천, 대구 광주, 대전, 울산 | 세종(2012) | 경기, 경남 경북, 충남 충북, 전남 | 제주(2006) 강원(2023) 전북(2024) | 17개 광역자치단체의 장 지자체장 X, 시 · 군 · 구청장 X |

화재발생 우려가 크거나 화재가 발생할 경우 피해가 클 것으로 예상되는 지역에 대하여

화재위험지역

화재의 예방 및 안전관리를 강화하기 위해 지정 · 관리하는 지역을 말한다.

제18조(화재예방강화지구의 지정 등)
≠ 화재예방안전진단 대상지역(제41조)

※ 「지방자치법」
제2조(지방자치단체의 종류) ① 지방자치단체는 다음의 두 가지 종류로 구분한다.
1. 특별시, 광역시, 특별자치시, 도, 특별자치도
2. 시, 군, 구

법적 용어로서 '화재예방강화지구'라는 명칭이 정착되기 전, 2021년 11월 30일 이전의 구 「소방기본법」 제13조제1항[65]에서는 이를 '화재경계지구(火災警戒地區)'라고 칭하였다. 당시 법령은 '화재가 발생할 우려가 높거나 화재가 발생하는 경우 그로 인하여 피해가 클 것으로 예상되는 지역'을 화재경계지구로 지정하여 관리하도록 규정했다. 그러나 법의 제정 취지를 더욱 명확히 하고 예방 행정의 중요성을 강조하기 위해, 현행법에서는 그 명칭을 '화재예방강화지구'로 변경하여 사용한다.

현행법 제18조는 화재예방강화지구로 지정할 수 있는 대상 지역을 구체적으로 열거하는데, 그 본질적인 지정 기준은 구법과 마찬가지로 '화재 발생 가능성의 농후함'과 '발생 시 예상되는 피해 규모의 심각성'에 있다. 즉 이 제도는 잠재적인 대형 화재위험이 도사리고 있는 취약 지역을 법적으로 특정하여, 집중적인 예방 활동과 안전관리를 통해 위험 요인을 사전에 최소화하려는 데 그 핵심 목적이 있다.

---

65) 2021년 11월 30일 개정 직전 「소방기본법」 제13조(화재경계지구의 지정 등)
① 시 · 도지사는 다음 각 호의 어느 하나에 해당하는 지역 중 화재가 발생할 우려가 높거나 화재가 발생하는 경우 그로 인하여 피해가 클 것으로 예상되는 지역을 화재경계지구(火災警戒地區)로 지정할 수 있다.
1. 시장지역
2. 공장 · 창고가 밀집한 지역
3. 목조건물이 밀집한 지역
4. 위험물의 저장 및 처리 시설이 밀집한 지역
5. 석유화학제품을 생산하는 공장이 있는 지역
6. 「산업입지 및 개발에 관한 법률」 제2조제8호에 따른 산업단지
7. 소방시설 · 소방용수시설 또는 소방출동로가 없는 지역
8. 그 밖에 제1호부터 제7호까지에 준하는 지역으로서 소방청장 · 소방본부장 또는 소방서장이 화재경계지구로 지정할 필요가 있다고 인정하는 지역

　이러한 화재예방강화지구의 지정 및 관리 권한은 일선 소방서장이 아닌, 광역 지방자치단체의 장인 시·도지사에게 있다. 2025년 현재 대한민국의 행정 구역은 특별시 1개, 광역시 6개, 특별자치시 1개, 도 6개, 특별자치도 3개 등 총 17개의 광역자치단체로 구성되며, 「소방기본법」은 이를 통칭하여 '시·도'라고 약칭한다. 따라서 각 관할 구역의 최고 행정 책임자인 시·도지사는 지역 내 화재 취약 요인을 종합적으로 분석하여 화재예방강화지구를 지정하고, 이에 대한 체계적인 관리 권한을 행사하게 된다.

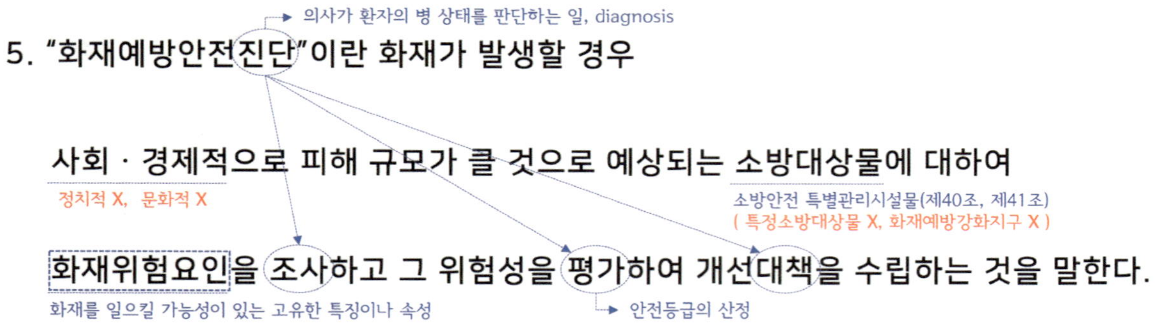

　이 법에서 새롭게 도입된 '화재예방안전진단'은 앞서 설명한 제2조제3호의 '화재안전조사'와는 그 법적 성격과 접근 방식에서 뚜렷한 차이를 보인다. 화재안전조사가 관할 소방관서장이 주체가 되어 법규 준수 여부를 확인하는 '행정적 감독·규제' 중심의 활동이라면, 화재예방안전진단은 시설물의 관계인이 주체가 되어 잠재적 위험성을 스스로 평가하고 개선 대책을 수립하는 '자율적 예방·관리'에 방점을 둔다는 점에서 본질적으로 구별된다.

　이러한 진단 제도가 적용되는 대상은 공항, 철도, 항만, 지정문화유산, 산업기술단지, 석유비축시설 등 국가적으로 중요한 기반 시설이거나, 복합건축물 및 대규모 영화상영관과 같이 불특정 다수가 이용하는 시설들이다. 이들 시설은 화재 등 재난이 발생할 경우 막대한 인명피해는 물론, 사회적·경제적으로 심각한 파장을 일으킬 수 있어 일반적인 수준을 넘어서는 특별한 관리가 요구된다. 법령은 이를 통칭하여 '소방안전특별관리시설물'^{제40조}이라 규정한다.

　소방청장은 제40조에 따라 이러한 대상물에 대한 체계적인 특별관리를 수행해야 하며, 제41조[66)]에 따라 관계인은 한국소방안전원 또는 소방청장이 지정하는 전문 진단기관으로부터 정기적인 진단을 받아야 할 의무를 진다.

　주목할 점은 진단의 방식이다. 화재예방안전진단은 육안 점검 수준을 넘어, 화재 및 피난 시뮬레이션 등 고도화된 공학적 기법을 적용하여 위험성을 정량적으로 분석하고, 그 결과에 따라 5단계(A~E)의 안전등급을 부여하는 과학적인 진단 체계이다. 이를 통해 도출된 데이터는 단순한 지적 사항 개선을 넘어, 시설물의 근본적인 안전성을 강화하는 개선 대책 수립의 기초자료로 활용된다. 이에 관한 세부적인 절차와 기준은 본 법 제3장 특별관리시설물의 소방안전관리(제40조~제42조)에 상세히 기술된다.

---

66) 제41조(화재예방안전진단) ① 대통령령으로 정하는 소방안전 특별관리시설물의 관계인은 화재의 예방 및 안전관리를 체계적·효율적으로 수행하기 위하여 대통령령으로 정하는 바에 따라 「소방기본법」 제40조에 따른 한국소방안전원(이하 "안전원"이라 한다) 또는 소방청장이 지정하는 화재예방안전진단기관(이하 "진단기관"이라 한다)으로부터 정기적으로 화재예방안전진단을 받아야 한다.

② 이 법에서 사용하는 용어의 뜻은 <u>제1항에서 규정하는 것을 제외하고는</u>

예방, 안전관리, 화재안전조사, 화재예방강화지구, 화재예방안전진단

「소방기본법」, 「소방시설 설치 및 관리에 관한 법률」, 「소방시설공사업법」, 「위험물안전관리법」

(소방대상물, 관계지역, 관계인, 소방본부장, 소방대, 소방대장)　　　　　　(소방시설업, 소방시설업자, 감리원, 소방기술자, 발주자)

(소방시설, 소방시설등, 특정소방대상물, 화재안전성능, 성능위주설계, 화재안전기준, 소방용품)　　(위험물, 지정수량, 제조소, 저장소, 취급소, 제조소등)

및 「건축법」에서 정하는 바에 따른다.

(대지, 건축물, 건축물의 용도, 건축설비, 지하층, 거실, 주요구조부, 건축, 결합건축, 대수선, 리모델링, 도로, 건축주, 제조업자, 유통업자, 설계자, 공사감리자, 공사시공자, 건축물의 유지·관리, 관계전문기술자, 특별건축구역, 고층건축물, 실내건축, 부속구조물)

➤ 이 외의 15개의 소방관계법률과 「재난 및 안전관리 기본법」 등 타 법률에 대한 언급은 없다. 그리고 "화재"의 정의는 왜 없을까???

법제처의 현행법령 통계에 따르면 2026년 1월 기준, 대한민국은 약 1,700개에 달하는 방대한 법률체계를 운용한다. 이 거대한 법적 망^{Network} 속에서 소방청 소관 법률은 과거 단일법이었던 구 「소방법」에서 분화된 12개의 법률과 별도로 제정된 8개의 법률, 그리고 일부 조항에 한하여 관련이 있는 「재난 및 안전관리 기본법」을 합하여 총 21개로 구성된다.

본 조항에서는 5개 법률에 관해서만 명시하고, 그 외는 언급이 없다.

법률을 이해하는 첫걸음은 제2조 등에 명시된 '용어의 정의'를 파악하는 것이다. 법률의 용어 정의 조항은 해당 법 내에서 사용되는 단어의 개념과 범위를 명확히 확정함으로써, 해석의 통일성을 기하고 불필요한 법적 분쟁을 예방하는 기능을 수행한다. 또한 복잡다기한 행정 개념을 하나의 단어로 함축함으로써 법문의 간결성을 도모하고, 법 집행자와 국민 사이의 오해를 줄여 법적 안정성$^{Legal\ Stability}$을 확보하는 데 그 목적이 있다. 따라서 법을 해석할 때는 일반적인 사전적 의미보다 해당 법률이 규정한 정의가 우선 적용된다.

주의할 점은 동일한 용어라 할지라도 법률마다 그 정의가 다를 수 있다는 것이다. 이때는 '개별법 우선의 원칙'에 따라 해당 용어의 의미는 그 법률 내에서만 유효한 것으로 한정하여 해석해야 한다. 이는 하나의 단어라도 각 법의 입법 목적과 규율 대상에 따라 그 의미가 달라질 수 있기 때문이다. 만약 특정 법률에 별도의 정의가 없는 경우에는, 법체계의 통일성을 유지하기 위해 관련 유관 법령의 정의를 준용하거나 대법원 판례 및 헌법재판소의 결정례를 기준으로 그 의미를 해석하는 것이 법 해석의 기본원칙이다.

소방법 (1958년 제정 / 2003년 폐지)

법률	제정연도
소방기본법	2003년
소방산업의 진흥에 관한 법률	2008년
119구조·구급에 관한 법률	2011년
의용소방대 설치 및 운영에 관한 법률	2014년
소방장비관리법	2017년
소방의 화재조사에 관한 법률	2021년
화재의 예방 및 안전관리에 관한 법률	2021년
소방시설 설치 및 관리에 관한 법률	2021년
다중이용업소의 안전관리에 관한 특별법	2006년
초고층및지하연계복합건축물재난관리에관한특별법	2011년
소방시설공사업법	2003년
위험물안전관리법	2003년

그 밖의 소방관계법률

법률	제정연도
소방공무원법	1977년
대한소방공제회법	1991년
의무소방대설치법	2001년
소방공무원 보건안전 및 복지 기본법	2012년
대한민국재향소방동우회법	2012년
소방재정지원 및 시·도 소방특별회계 설치법	2019년
국립소방병원의 설립 및 운영에 관한 법률	2021년
119긴급신고의 관리 및 운영에 관한 법률	2024년
재난 및 안전관리 기본법	2004년

① 국가는 화재로부터 국민의 생명과 재산을 보호할 수 있도록

공공 문제 해결을 위한 기본 방침, 행동 지침, 미래 지향적 계획
→ 입법, 사법, 행정 모든 과정에 영향을 미치는 실질적인 목표와 방향

화재의 예방 및 안전관리에 관한 정책(이하 "화재예방정책" 이라 한다)을 수립·시행하여야 한다.

vs. 법(정책을 국가 권력으로 강제하는 틀과 도구)   할 수 있다. X

② 지방자치단체는 국가의 화재예방정책에 맞추어

　1. 특별시, 광역시, 특별자치시, 도, 특별자치도
　2. 시, 군, 구

지역의 실정에 부합하는 화재예방정책을 수립·시행하여야 한다.

할 수 있다. X

③ 관계인은 국가와 지방자치단체의 화재예방정책에 적극적으로 협조하여야 한다.

소방대상물의 소유자·관리자 또는 점유자 (「소방기본법」제2조제3호)　　　　강제의무 사항이지만 처벌규정은 없다

　　화재 예방에 관한 국가와 지방자치단체의 책무는 단순한 법률적 의무를 넘어, 국가의 최고 규범인 「대한민국헌법」에서 그 태생적 근거를 찾을 수 있다. 헌법 제34조제6항은 "국가는 재해를 예방하고 그 위험으로부터 국민을 보호하기 위하여 노력하여야 한다." 라고 명시하여 재난으로부터 국민을 보호하는 것이 국가의 본질적 존재 이유임을 천명하며, 제117조제1항은 지방자치단체가 주민의 복리에 관한 사무를 자율적으로 처리할 수 있도록 보장한다. 이러한 헌법적 가치는 「지방자치법」 제13조[67]를 통해 구체화되는데, 해당 조항은 '지방소방(지역의 화재예방·경계·진압·조사 및 구조·구급)'을 지방자치단체가 책임지고 수행해야 할 고유 사무로 명확히 규정함으로써 중앙과 지방의 역할 분담을 법제화하였다.

　　이러한 법적 책무를 실효성 있게 이행하기 위하여 국가와 지방자치단체는 반드시 구체적인 '화재예방정책'을 수립·시행하여야 한다. 행정학적 관점에서 '정책Policy' 이란 공공의 문제를 해결하거나 특정한 정치적 목적을 실현하기 위해 정부나 권위 있는 기관이 결정한 공식적인 활동 지침을 의미한다.[68] 즉, 하나의 정책이 온전한 기능을 발휘하기 위해서는 해결하고자 하는 뚜렷한 '목표'와 이를 실현할 적절한 '수단'이 전제되어야 하며, 개인이 아닌 사회 전체의 이익을 추구하는 '공공성Publicness', 적법한 절차를 거쳐 결정되었다는 '권위성Authority', 그리고 당면한 문제를 넘어 장기적인 사회 변화를 견인하려는 '미래지향성Future-orientation'을 필수적인 구성요소로 갖추어야 한다.[69]

---

67) 「지방자치법」 제13조(지방자치단체의 사무 범위)
　　① 지방자치단체는 관할 구역의 자치사무와 법령에 따라 지방자치단체에 속하는 사무를 처리한다.
　　② 제1항에 따른 지방자치단체의 사무를 예시하면 다음 각 호와 같다. 다만, 법률에 이와 다른 규정이 있으면 그러하지 아니하다.
　　　6. 지역민방위 및 지방소방
　　　　가. 지역 및 직장 민방위조직(의용소방대를 포함한다)의 편성과 운영 및 지도·감독
　　　　나. 지역의 화재예방·경계·진압·조사 및 구조·구급
68) 국립국어원, 온라인가나다 상세보기(2025.9.22.)
69) 정정길 외 7인, 정책학원론, 대명문화사, 정책의 구성요소

① 소방청장은 화재예방정책을 체계적 · 효율적으로 추진하고 이에 필요한 기반 확충을 위하여

제3조에 따른 화재예방정책

화재의 예방 및 안전관리에 관한 기본계획(이하 "기본계획" 이라 한다)을

5년마다 수립 · 시행하여야 한다.

② 기본계획은 대통령령으로 정하는 바에 따라

시행령 제2조(화재의 예방 및 안전관리 기본계획 협의 및 수립) 소방청장은 법 제4조제1항에 따른 기본계획을 **계획 시행 전년도 8월 31일까지** 관계중앙행정기관의 장과 협의한 후 **계획 시행 전년도 9월 30일까지** 수립해야 한다.

소방청장이 관계 중앙행정기관의 장과 협의하여 수립한다.

앞서 언급한 화재예방정책이 선언적인 구호에 그치지 않고 실질적인 효력을 발휘하기 위해서는, 이를 구체적으로 실현할 이행 로드맵인 『기본계획』이 뒷받침되어야 한다. 법 제4조에 명시된 기본계획이란 정부가 설정한 정책 목표를 달성하기 위해 수립하는 공식적인 행동 지침이자 장기적인 거시 청사진을 의미한다. 통상적으로 법률에서는 이러한 계획의 단위를 5년으로 설정하여 중장기적인 정책의 연속성을 담보한다.

이러한 정책 목표를 현실화하는 수단[Policy Instruments]은 매우 다층적이다. 법령의 제 · 개정과 같은 강제적인 '법적 · 제도적 기제' 부터, 보조금 지원이나 조세 혜택 등을 통해 민간의 참여를 유도하는 '경제적 유인책', 대국민 안전 캠페인이나 교육 훈련을 통한 '홍보 · 교육적 접근', 그리고 최근 주목받는 AI · 빅데이터 등을 활용한 '기술적 · 행정적 솔루션' 에 이르기까지 다양한 정책 도구들이 기본계획이라는 큰 틀 안에서 유기적으로 결합하여 작동하게 된다.

현행법상 화재의 예방 및 안전관리에 관한 기본계획의 수립 권한은 소방청장에게 부여된다. 소방청장은 국가 차원의 체계적인 안전망 구축을 위하여 5년마다 관계 중앙행정기관의 장과 협의하여 기본계획을 수립 · 시행하여야 한다. 이는 소방청 단독의 업무가 아니라 범정부 차원의 협력이 필수적인 사안이므로, 법령은 구체적인 협의 및 확정 시기까지 명시하여 절차적 정당성을 확보한다. 즉, 소방청장은 계획 시행 전년도 8월 31일까지 관계 기관장과의 협의를 마쳐야 하며, 이러한 협의 결과를 토대로 9월 30일까지 최종적인 기본계획을 확정하여 수립해야 한다.

③ 기본계획에는 다음 각 호의 사항이 포함되어야 한다.

1. 화재예방정책의 기본목표 및 추진방향

정책 vs. 법 vs. 계획

2. 화재의 예방과 안전관리를 위한 법령·제도의 마련 등 기반 조성

3. 화재의 예방과 안전관리를 위한 대국민 교육·홍보

4. 화재의 예방과 안전관리 관련 기술의 개발·보급

5. 화재의 예방과 안전관리 관련 전문인력의 육성·지원 및 관리

6. 화재의 예방과 안전관리 관련 산업의 국제경쟁력 향상

7. 그 밖에 대통령령으로 정하는 화재의 예방과 안전관리에 필요한 사항

1. 화재발생 현황
2. 소방대상물의 환경 및 화재위험특성 변화 추세 등 화재예방정책의 여건 변화에 관한 사항
3. **소방시설의 설치·관리** 및 **화재안전기준**의 개선에 관한 사항
4. 계절별·시기별·소방대상물별 화재예방대책의 추진 및 평가 등에 관한 사항
5. 그 밖에 화재의 예방 및 안전관리와 관련하여 소방청장이 필요하다고 인정하는 사항

제3조에 따른 국가적 화재예방정책을 구체화하기 위해, 기본계획에 반드시 포함되어야 할 실질적인 내용은 제4조제3항에 상세히 규정된다. 이 조항은 정책의 나침반이 되는 '기본목표와 추진 방향'을 최우선적으로 제시하고, 이를 달성하기 위한 구체적인 방법론들을 체계적으로 열거하는 구조를 띤다.

특히 제2호에서 언급된 '법령과 제도'의 개선은 정부가 가진 법적 권위를 바탕으로 규범성과 강제성을 통해 정책 목표를 실현하는 가장 강력하고 직접적인 수단이다. 아울러 법령은 교육 및 홍보, 소방 기술의 개발, 전문 인력 양성, 산업의 국제경쟁력 향상 등 다양한 수단을 함께 명시하며, 여기에 시행령 제3조에 규정된 5가지 추가 사항이 더해져 입체적인 정책 실행 체계를 구성하게 된다.[70]

그러나 현행법상 기본계획의 내용에서 재정적 지원이나 경제적 인센티브와 같은 '경제적 수단'이 명시적으로 드러나지 않는다는 점은 비판적으로 고찰해 볼 필요가 있다. 이는 소방 조직이 자원을 배분하는 예산적 측면에서 구조적인 취약성을 가지고 있음을 시사하는 단면으로 해석될 수 있다. 재정적인 뒷받침이 결여된 정책은 실효성이 반감될 수밖에 없으므로, 향후 화재예방정책의 성공적인 집행을 위해서는 단순한 법적 규제를 넘어선 경제적 수단의 병행이 필수적인 과제로 남는다.[71]

---

70) Salamon(2002)의 정책적 수단 분류에 따르면, '법령과 제도'는 정부가 법적 권위를 통해 정책 목표를 강제적으로 실현하는 방식(direct tools)에 해당하며, 교육 및 홍보, 기술개발, 전문인력의 육성, 산업의 국제경쟁력 제고 등은 간접적 수단(indirect tools)에 가까운 것으로, 정책 대상자의 자발적 참여와 사회적 환경 개선을 통해 정책 효과를 증진시키는 역할을 수행한다.
  - Salamon, L. M. (2002). The tools of government: A guide to the new governance. Oxford University Press.

71) Lowi(1972)의 정책 유형론을 참고하면, 경제적 수단이 명시되지 않은 점은 재분배정책(redistributive policy)적 요소가 결여된 것

④ 소방청장은 기본계획을 시행하기 위하여 매년 시행계획을 수립 · 시행하여야 한다.

⑤ 소방청장은 제1항 및 제4항에 따라 수립된 기본계획과 시행계획을

관계 중앙행정기관의 장과 시 · 도지사에게 통보하여야 한다.

⑥ 제5항에 따라 기본계획과 시행계획을 통보받은 관계 중앙행정기관의 장과 시 · 도지사는

소관 사무의 특성을 반영한 세부시행계획을 수립 · 시행하고

그 결과를 소방청장에게 통보하여야 한다.

⑦ 소방청장은 기본계획 및 시행계획을 수립하기 위하여 필요한 경우에는 관계 중앙행정기관의 장

또는 시 · 도시사에게 관련 자료의 제출을 요청할 수 있다. 이 경우 자료 제출을 요청받은

관계 중앙행정기관의 장 또는 시 · 도지사는 특별한 사유가 없으면 이에 따라야 한다.

앞서 수립된 5년 단위의 기본계획이 거시적인 청사진이라면, 이를 매년 구체적인 행정 작용으로 옮기는 실행 계획이 필요하다. 이에 따라 소방청장은 매년 『시행계획』을 수립하여, 계획 시행 전년도 10월 31일까지 관계 중앙행정기관의 장과 시 · 도지사에게 통보함으로써 국가 화재예방 행정의 통일성을 기해야 한다.

여기서 기본계획 수립 절차와 가장 큰 차이점은 '협의Consultation'의 유무에 있다. 기본계획은 관계 기관장과의 사전 협의가 필수적이었으나, 시행계획은 소방청장이 매년 독자적으로 수립한다는 점에서 그 행정적 성격을 달리한다. 물론 법 제7항에 따라 계획수립에 필요한 자료를 관계 기관에 요청할 수는 있으나, 법리적으로 이는 단순한 행정적 협조 요청일 뿐, 의사결정 권한을 공유하는 '협의' 절차로 보지 않는다.

한편, 소방청장으로부터 이러한 국가 단위의 시행계획을 통보받은 관계 중앙행정기관의 장과 시 · 도지사는, 이를 각 소관 업무와 지역 실정에 맞게 구체화한 『세부시행계획』을 수립해야 한다. 각 시 · 도지사 등은 수립된 세부시행계획을 계획 시행 전년도 12월 31일까지 소방청장에게 다시 통보해야 하는데, 이때 계획서에는 단순히 차기 연도의 집행 계획뿐만 아니라, 직전 연도의 세부시행계획에 따른 추진 실적까지 의무적으로 포함되어야 한다. 이는 계획Plan과 결과Result를 연동하여 정책의 피드백Feedback 기능을 강화하려는 입법적 취지로 해석된다.

으로 볼 수 있으며, 이는 소방조직의 예산적 취약성을 단편적으로 드러내는 사례로 해석될 수 있다.
- Lowi, T. J. (1972). Four systems of policy, politics, and choice. Public Administration Review, 32(4), 298–310.

⑧ 제1항부터 제7항까지에서 규정한 사항 외에 기본계획, 시행계획 및 세부시행계획의

수립·시행에 필요한 사항은 대통령령으로 정한다.

시행령 제4조(**시행계획**의 수립·시행)
① 소방청장은 법 제4조제4항에 따른 시행계획을 계획 시행 **전년도 10월 31일까지** 수립해야 한다.
② 시행계획에는 다음 각 호의 사항이 포함되어야 한다.
1. 기본계획의 시행을 위하여 필요한 사항
2. 그 밖에 화재의 예방 및 안전관리와 관련하여 소방청장이 필요하다고 인정하는 사항

시행령 제5조(**세부시행계획의**·시행)
① 소방청장은 법 제4조제5항에 따라 관계 중앙행정기관의 장과 시·도지사에게 기본계획 및 시행계획을 각각 **계획 시행 전년도 10월 31일까지** 통보해야 한다.
② 제1항에 따라 통보를 받은 관계 중앙행정기관의 장 및 시·도지사는 세부시행계획을 수립하여 **계획 시행 전년도 12월 31일까지** 소방청장에게 통보해야 한다.
③ 세부시행계획에는 다음 각 호의 사항이 포함되어야 한다.
1. 기본계획 및 시행계획에 대한 관계 중앙행정기관 또는 시·도의 **세부 집행계획**
2. 직전 세부시행계획의 시행 결과
3. 그 밖에 화재안전과 관련하여 관계 중앙행정기관의 장 또는 시·도지사가 필요하다고 결정한 사항

제1항부터 제7항까지에 규정된 기본계획, 시행계획, 세부시행계획, 세부 집행계획과 관련한 사항을 그림으로 나타내면 다음과 같다.

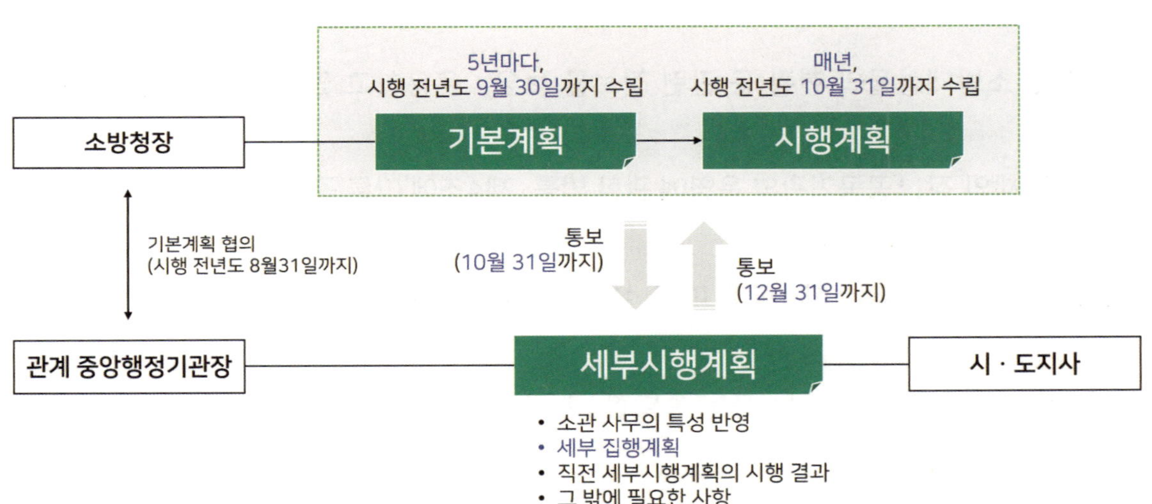

[화재의 예방 및 안전관리에 관한 기본계획 등의 흐름]

① 소방청장은 기본계획 및 시행계획의 수립 · 시행에 필요한 기초자료를 확보하기 위하여

실태조사의 목적

다음 각 호의 사항에 대하여 실태조사를 할 수 있다. 이 경우 관계 중앙행정기관의 장의 요청이

있는 때에는 합동으로 실태조사를 할 수 있다.

1. 소방대상물의 용도별 · 규모별 현황

특정소방대상물 X

2. 소방대상물의 화재의 예방 및 안전관리 현황

3. 소방대상물의 소방시설등 설치 · 관리 현황

4. 그 밖에 기본계획 및 시행계획의 수립 · 시행을 위하여 필요한 사항

② 소방청장은 소방대상물의 현황 등 관련 정보를 보유 · 운용하고 있는 관계 중앙행정기관의 장,

지방자치단체의 장, 「공공기관의 운영에 관한 법률」 제4조에 따른 공공기관(이하 "공공기관" 이라 한다)

의 장 또는 관계인 등에게 제1항에 따른 실태조사에 필요한 자료의 제출을 요청할 수 있다.

이 경우 자료 제출을 요청 받는 자는 특별한 사유가 없으면 이에 따라야 한다.

국가 차원의 계획이 단순한 탁상행정에 그치지 않고 실효성을 갖기 위해서는, 객관적이고 실증적인 통계 데이터가 그 바탕을 이루어야 한다. 그러나 급변하는 현대 사회의 발전 속도를 행정 계획에 온전히 반영하기란 현실적으로 매우 어려운 과제이므로, 이를 보완하기 위해 관계 기관 간의 적극적인 정보 공유와 중복 투자를 방지하기 위한 '합동 실태조사' 필요성이 지속적으로 제기된다.

이에 따라 법 제5조는 소방청장이 기본계획 및 시행계획의 수립·시행을 위하여 필요한 경우, 전국의 소방대상물[72]을 중심으로 화재 예방 및 안전관리 현황에 대한 실태조사를 실시할 수 있도록 규정한다. 조사의 범위는 해당 대상물의 용도와 규모, 소방시설등의 설치·관리 실태 등을 포괄하며, 소방청장은 이를 위해 직접 현장 조사를 수행하거나 관련 통계자료를 보유한 국가기관, 지방자치단체, 공공기관 및 관계인에게 필

---

72) 소방대상물이란 「소방기본법」 제2조제1호에 따라 '건축물, 차량, 선박(「선박법」 제1조의2제1항에 따른 선박으로서 항구에 매어둔 선박만 해당한다), 선박 건조 구조물, 산림, 그 밖의 인공 구조물 또는 물건'을 말한다.

요한 자료의 제공을 요청할 수 있다.

다만, 입법론적으로 주목할 부분은 자료 제출 요구의 강제성 여부다. 현행법은 소방청장의 자료 요청에 대해 관계 기관이나 관계인이 정당한 사유 없이 응하지 않더라도 이를 제재할 수 있는 별도의 처벌 규정을 두고 있지 않다. 이는 실태조사의 원활한 수행을 저해할 수 있는 법적 공백으로 지적되기도 하지만, 한편으로는 행정조사의 목적 달성을 위해 민간이나 타 기관의 자율성을 과도하게 침해하지 않으려는 입법적 배려가 반영된 '임의 규정'의 성격을 띤다고 해석할 수 있다.

③ 제1항에 따른 실태조사의 방법 및 절차 등에 필요한 사항은 행정안전부령으로 정한다.

시행규칙 제2조(실태조사의 방법 및 절차 등)

① 법 제5조제1항에 따른 실태조사는 통계조사, 문헌조사 또는 현장조사의 방법으로 하며, 정보통신망 또는 전자적인 방식을 사용할 수 있다.
② 소방청장은 제1항에 따른 실태조사를 실시하려는 경우 실태조사 시작 7일 전까지 조사 일시, 조사 사유 및 조사 내용 등을 포함한 조사계획을 조사대상자에게 서면 또는 전자우편 등의 방법으로 미리 알려야 한다.
③ 관계 공무원 및 제4항에 따라 실태조사를 의뢰받은 관계 전문가 등이 실태조사를 위하여 소방대상물에 출입할 때에는 그 권한 또는 자격을 표시하는 증표를 지니고 이를 관계인에게 내보여야 한다.
④ 소방청장은 실태조사를 전문연구기관·단체나 관계 전문가에게 의뢰하여 실시할 수 있다.
⑤ 소방청장은 실태조사의 결과를 인터넷 홈페이지 등에 공표할 수 있다.
⑥ 제1항부터 제5항까지에서 규정한 사항 외에 실태조사 방법 및 절차 등에 관하여 필요한 사항은 소방청장이 정한다.
「화재예방 및 안전관리 실태조사의 방법 및 절차에 관한 규정」(소방청예규)

소방청장은 화재예방정책을 체계적이고 효율적으로 추진하기 위하여, 5년 단위의 기본계획과 1년 단위의 시행계획을 수립·시행하여야 한다. 이러한 계획이 현실성을 갖추기 위해서는 객관적인 기초자료가 필수적인데, 이를 확보하기 위한 수단이 바로 실태조사이다. 이때 조사권의 남용을 방지하고 피조사자의 권익을 보호하기 위하여, 법령은 조사 개시 7일 전까지 조사계획을 대상자에게 서면으로 통지하도록 의무화하고 있다. 이는 피조사자에게 충분한 준비 기간을 부여함으로써 절차적 정당성을 확보하려는 취지이며, 조사의 방식은 수집하려는 정보의 성격에 따라 통계조사, 문헌조사, 또는 현장조사의 형태로 유연하게 적용된다.

법적으로 이러한 실태조사는 행정기관이 직무 수행에 필요한 정보를 얻기 위해 행하는 '행정조사'의 범주에 속한다. 따라서 화재예방을 위한 조사라 할지라도 소방관서의 임의적인 판단이 아닌, 「행정조사기본법」이 규정하는 엄격한 기본원칙을 준수하여야 한다. 같은 법 제4조 등이 제시하는 행정조사의 핵심 원칙은 규제 행정의 투명성과 비례성의 원칙을 강조하는데, 이를 요약하면 다음과 같다.

우선, 조사는 그 목적을 달성하는 데 필요한 최소한의 범위 안에서 실시되어야 하며, 다른 목적을 위해 조사권을 남용해서는 안 된다. 또한, 유사하거나 동일한 사안에 대해서는 공동조사를 실시하여 국민의 불편을 최소화하고 행정력의 낭비를 막아야 한다. 무엇보다 중요한 점은 조사의 지향점이다. 행정조사는 처벌 자체가 목적이 아니라, 법령 등을 준수하도록 유도하는 지도·계몽적 성격에 중점을 두어야 하며, 직무상 알게 된 비밀은 철저히 보호되어야 하고 원래의 조사 목적 이외의 용도로 타인에게 제공되어서는 안 된다.

이처럼 화재예방을 위한 실태조사는 공익적 목적과 개인의 권리 보호 사이에서 균형을 맞추며 진행되어야 하며, 그 밖의 세부적인 절차는 소방청 예규인 「화재예방 및 안전관리 실태조사의 방법 및 절차에 관한 규정」(소방청예규)을 따른다.

화재예방 및 안전관리 실태조사의 방법 및 절차에 관한 규정

[시행 2023. 6. 19.] [소방청예규 제86호, 2023. 6. 19., 제정]

제1조(목적) 이 예규는 「화재의 예방 및 안전관리에 관한 법률」 제5조 및 같은 법 시행규칙 제2조 따른 실태조사의 방법 및 절차 등에 필요한 사항을 정함을 목적으로 한다.

제2조(실태조사의 계획) 소방청장은 「화재의 예방 및 안전관리에 관한 법률」 제5조에 따라 실태조사(이하 "실태조사"라 한다)를 실시하는 경우에는 같은 법 시행규칙(이하 "규칙"이라 한다) 제2조제2항에 따라 조사대상자에게 알리기 전에 다음 각 호의 사항을 포함하여 실태조사의 계획을 수립해야 한다.

  1. 실태조사의 목적 · 종류 · 대상 · 방법 및 기간

  2. 실태조사의 근거

  3. 실태조사원의 구성

  4. 실태조사 대상자의 선정기준

  5. 거부 시 제재(制裁)의 내용 및 근거

  6. 그 밖에 실태조사에 필요한 사항

제3조(실태조사의 실시 등) ① **소방청장**은 실태조사를 **연 1회 이상** 실시할 수 있으며, 이 경우 **별표**의 실태조사 항목을 조사해야 한다.

  ② 소방청장은 「소방산업의 진흥에 관한 법률」 제14조에 따라 설립된 한국소방산업기술원, 「소방기본법」 제40조에 따라 설립된 한국소방안전원, 「소방시설공사업법」 제30조의2에 따라 설립된 한국소방시설협회 및 사단법인 한국소방시설관리협회(이하 "관계 기관 · 단체"라 한다) 등에서 관리하는 정보(정보통신망으로 관리하는 정보를 포함한다)를 활용하여 실태조사를 할 수 있다.

  ③ 제2항에 따라 필요한 자료를 요청하는 경우 관계 기관 · 단체는 특별한 사유가 없으면 따라야 한다.

제4조(실태조사의 의뢰 등) ① 소방청장은 규칙 제2조제4항에 따라 실태조사를 의뢰하는 때에는 「소방기본법」 제40조에 따라 설립된 **한국소방안전원**(이하 "안전원"이라 한다)에 의뢰할 수 있다. 이 경우 소방청장은 안전원에 실태조사에 필요한 경비를 예산의 범위 내에서 지원할 수 있다.

  ② 안전원은 실태조사를 의뢰받은 경우 실태조사 운영방안을 수립하여 실태조사 수행 전년도 12월 31일까지 소방청장에게 보고해야 한다.

  ③ 안전원이 실태조사를 실시한 경우에는 실태조사 종료일로부터 **30일 이내 소방청장에게 실태조사 결과보고서를 제출**해야 한다.

제5조(실태조사의 결과) ① 소방청장은 실태조사를 완료한 경우에는 실태조사 결과보고서를 작성해야 한다.

  ② 제1항에 따른 실태조사 결과보고서에는 다음 각 호의 사항이 포함되어야 한다.

  1. 조사목적   2. 조사기관 및 조사기간   3. 조사내용   4. 조사결과   5. 결과분석 및 향후 조치계획   6. 소방청장이 필요하다고 인정하는 사항

  ③ 소방청장은 실태조사의 결과를 확정한 날(제4조제3항에 따라 실태조사 결과보고서를 받은 경우에는 결과보고서를 받은 날)부터 7일 이내에 그 결과를 조사대상자에게 통지해야 한다.

제6조(실태조사 결과 공개) ① 소방청장은 실태조사 결과에 대하여 필요한 경우 소방청 홈페이지 등에 공표할 수 있다.

  ② 소방청장은 화재예방 및 안전관리를 위하여 필요한 경우 관계 기관 · 단체에 제4조제3항 또는 제5조제1항에 따른 실태조사 결과보고서를 제공할 수 있다.

제7조(준용) 안전원이 실태조사를 실시하는 경우에는 제2조, 제3조 및 제5조를 준용한다.

제8조(재검토 기한) 소방청장은 이 예규에 대하여 「훈령 · 예규 등의 발령 및 관리에 관한 규정」에 따라 2023년 7월 1일 기준으로 매 3년이 되는 시점(매 3년째의 6월 30일까지를 말한다)마다 그 타당성을 검토하여 개선 등의 조치를 하여야 한다.

[별표] 실태조사 항목(제3조제1항 관련)

구 분	조사항목
정책방향 및 여건	◦ 화재예방정책의 기본목표 및 추진방향 관련 사항
	◦ 화재의 예방과 안전관리를 위한 법령 · 제도의 마련 등 기반 조성 관련 사항
	◦ 화재발생현황에 관한 사항
	◦ 소방대상물의 환경 및 화재위험특성 변화 추세 등 화재예방정책의 여건 변화 관련사항
소방대상물 관리현황	◦ 소방대상물의 용도별 · 규모별 현황
	◦ 소방대상물의 화재예방 및 안전관리에 관한 사항
	◦ 소방대상물의 소방시설등 설치 · 관리에 관한 사항
	◦ 화재안전 중점관리대상(특정소방대상물 중 다수의 인명피해 발생이 우려되는 시설로 화재예방 및 대응이 필요하여 소방본부장 또는 소방서장이 지정하는 대상을 말한다)의 선정 및 관리에 관한 사항
화재안전 관련 기술 개발	◦ 화재의 예방과 안전관리 관련 기술의 개발 · 보급에 관한 사항
	◦ 소방시설의 설치 · 관리 및 화재안전기준의 개선에 관한 사항
화재예방홍보 및 전문인력 양성	◦ 화재의 예방과 안전관리를 위한 대국민 교육 · 홍보에 관한 사항
	◦ 화재의 예방과 안전관리 관련 전문인력의 육성 · 지원 및 관리에 관한 사항
기타	◦ 계절별 · 시기별 · 소방대상물별 화재예방대책의 추진 및 평가 · 인증에 관한 사항
	◦ 화재의 예방과 안전관리 관련 산업의 국제경쟁력 향상에 관한 사항
	◦ 소방안전관리자 등 교육 등에 관한 사항
	◦ 그 밖에 소방청장이 실태조사를 위해 필요하다고 인정하는 사항

제6조(통계의 작성 및 관리)

① 소방청장은 화재의 예방 및 안전관리에 관한 통계를 매년 작성 · 관리하여야 한다.

② 소방청장은 제1항의 통계자료를 작성 · 관리하기 위하여 관계 중앙행정기관의 장, 지방자치단체의 장 공공기관의 장 또는 관계인 등에게 필요한 자료와 정보의 제공을 요청할 수 있다.

이 경우 자료와 정보의 제공을 요청받은 자는 특별한 사정이 없으면 이에 따라야 한다.

③ 소방청장은 제1항에 따른 통계자료의 작성 · 관리에 관한 업무의 전부 또는 일부를 행정안전부령으로 정하는 바에 따라 전문성이 있는 기관을 지정하여 수행하게 할 수 있다.

시행규칙 제3조(통계의 작성 · 관리)

소방청장은 법 제6조제3항에 따라 다음 각 호의 기관으로 하여금 통계자료의 작성 · 관리에 관한 업무를 수행하게 할 수 있다.
1. 「소방기본법」 제40조제1항에 따라 설립된 한국소방안전원(이하 "안전원"이라 한다)
2. 「정부출연연구기관 등의 설립 · 운영 및 육성에 관한 법률」 제8조에 따라 설립된 정부출연연구기관
3. 「통계법」 제15조에 따라 지정된 통계작성지정기관

학술적으로 통계^{Statistics}란 특정 집단이나 현상에 관한 수치적 사실^{Facts}을 의미하며, 불확실성이 지배하는 현대 사회에서 합리적인 의사결정을 지원하는 핵심적인 과학적 방법론으로 기능한다. 따라서 정부의 정책 수립 과정에서 통계는 단순한 숫자의 나열이 아니라, 복잡한 사회 현상을 객관적으로 진단하고 미래를 예측하여 선제적으로 대비하게 하는 '정책의 나침반' 역할을 수행한다.

오늘날 모든 정부 기관은 그 고유 목적을 달성하기 위해 다양한 행정 통계를 생산한다. 소방조직 또한 매년 화재 예방과 관련된 방대한 데이터를 축적하고 있는데, 이는 소방행정의 모든 분야와 유기적으로 연계되는 가장 기초적인 자산이다. 주목할 점은 이 법이 소방청장에게 화재예방 통계 작성 의무를 부과하고 있다는 사실이다. 통상적으로 정부 기관의 통계 작성은 행정적 필요에 의한 내부적 판단에 맡겨지는 것이 일반적이나, 본 법은 이를 행정기관의 재량이 아닌 강행규정(법적 의무)으로 명문화한다.

이처럼 화재예방 통계를 법적으로 의무화한 배경에는 '안전의 공공성'과 '데이터의 전문성'이 자리 잡고 있다. 화재 통계는 국민의 생명 · 신체 보호라는 사회적 안전망과 직결될 뿐만 아니라, 그 작성을 위해 서는 광범위한 자료 수집과 고도의 전문적인 분석 역량이 요구되기 때문이다. 따라서 법은 제6조를 통해 관련 기관 및 관계인의 협조를 이끌어낼 수 있는 법적 근거를 마련하고, 전문기관의 지원을 받을 수 있도록 제도 화함으로써 통계의 신뢰성과 정확성을 담보한다.

④ 제1항에 다른 통계의 작성·관리 등에 필요한 사항은 대통령령으로 정한다.

시행령 제6조(통계의 작성·관리)

> ① 법 제6조제1항에 따른 통계의 작성·관리 항목은 다음 각 호와 같다.
> 1. 소방대상물의 현황 및 안전관리에 관한 사항
> 2. 소방시설등의 설치 및 관리에 관한 사항
> 3. 「다중이용업소의 안전관리에 관한 특별법」 제2조제1항제1호에 따른 다중이용업 현황 및 안전관리에 관한 사항
> 4. 「위험물안전관리법」 제2조제1항제6호에 따른 제조소등(이하 "제조소등"이라 한다) 현황
> 5. 화재발생 이력 및 화재안전조사 등 화재예방 활동에 관한 사항
> 6. 법 제5조에 따른 실태조사 결과
> 7. 화재예방강화지구의 현황 및 안전관리에 관한 사항
> 8. 법 제23조에 따른 어린이, 노인, 장애인 등 화재의 예방 및 안전관리에 취약한 자에 대한 지역별·성별·연령별 지원 현황
> 9. 법 제24조제1항에 따른 소방안전관리자 자격증 발급 및 선임 관련 지역별·성별·연령별 현황
> 10. 화재예방안전진단 대상의 현황 및 그 실시 결과
> 11. 소방시설업자, 소방기술자 및 「소방시설 설치 및 관리에 관한 법률」 제29조에 따른 소방시설관리업 등록을 한 자의 지역별·성별·연령별 현황
> 12. 그 밖에 화재의 예방 및 안전관리에 관한 자료로서 소방청장이 작성·관리가 필요하다고 인정하는 사항
> ② 소방청장은 법 제6조제1항에 따라 통계를 체계적으로 작성·관리하고 분석하기 위하여 전산시스템을 구축·운영할 수 있다.
> ③ 소방청장은 제2항에 따른 전산시스템을 구축·운영하는 경우 빅데이터(대용량의 정형 또는 비정형의 데이터 세트를 말한다. 이하 같다)를 활용하여 화재발생 동향 분석 및 전망 등을 할 수 있다.
> ④ 제3항에 따른 빅데이터를 활용하기 위한 방법·절차 등에 관하여 필요한 사항은 소방청장이 정한다.

    소방청장이 법적으로 작성·관리해야 할 통계의 구체적인 항목은 시행령 제6조제1항에 상세히 명시되는데, 그중에서도 가장 핵심이 되는 지표는 '소방대상물의 용도별·규모별 현황'이다. 현행법상 소방대상물은 건축물뿐만 아니라 차량, 선박, 산림 등 인간이 만들거나 관리하는 거의 모든 육상 구조물을 포괄하는 광의의 개념이다. 따라서 이와 관련된 통계는 사실상 우리 사회의 모든 생활 공간과 산업 시설을 전수조사^{Census} 수준으로 파악하는 방대한 작업이며, 이는 국가 화재예방 전략을 수립하는 데 있어 없어서는 안 될 가장 기초적인 데이터베이스$^{Base Data}$로 기능한다.

    또한, 소방관계법규가 규율하는 범위는 단순한 시설물^{Hardware}에 그치지 않는다. 법령은 소방시설을 설계·시공하는 각종 소방산업체와 관리업자, 그리고 현장에서 안전을 책임지는 수많은 기술자격자들을 관리 대상으로 규정한다. 이에 따라 소방 통계 역시 단순히 화재 발생 건수나 피해액 같은 결과론적 수치를 넘어, 관련 업종의 시장 현황과 전문인력의 분포 등 '소방 안전 생태계' 전반을 아우르는 다층적인 데이터를 포함해야 한다. 이는 현대의 소방행정이 단순한 재난 대응을 넘어, 사회 전반의 안전 인프라를 입체적으로 관리하는 복합 행정의 성격을 띠고 있음을 보여준다.

    이처럼 화재예방 및 안전관리에 관한 데이터는 그 범위가 방대할 뿐만 아니라, 사회 구조의 변화에 따라 기하급수적으로 확장되는 특성을 보인다. 따라서 이러한 대규모 데이터를 효율적으로 처리하고 유의미한 정책 정보를 도출하기 위해서는 기존의 아날로그 방식을 탈피한 기술적 혁신이 필수적이다. 즉, 빅데이터 분석 기법을 통해 화재 패턴을 정밀하게 파악하고, 인공지능(AI) 기반의 예측 모델을 도입하여 위험 지역을 선제적으로 발굴하는 등 첨단 ICT 기술을 접목해야 한다. 이러한 '데이터 기반의 과학적 소방행정' 구현이야말로 이 법이 통계 작성 의무화를 통해 달성하고자 하는 궁극적인 지향점이라 할 수 있다.

제7조(화재안전조사)

① 소방관서장은 다음 각 호의 어느 하나에 해당하는 경우 화재안전조사를 실시할 수 있다.
소방청장, 소방본부장, 소방서장
법 제2조제3호: 소방대상물의 ① 소방시설등 설치·관리상태 확인 + ② 화재위험성 확인

다만, 개인의 주거(실제 주거용도로 사용되는 경우에 한정한다)에 대한 화재안전조사는
주거의 자유와 사생활의 평온을 보장받는 헌법상 기본권(「헌법」 제16조)

관계인의 승낙이 있거나 화재발생의 우려가 뚜렷하여 긴급한 필요가 있는 때에 한정한다.
기본권 제한 사유(「헌법」 제37조제2항 국가안전보장, 질서유지 또는 공공복리)

1. 「소방시설 설치 및 관리에 관한 법률」 제22조에 따른 자체점검이 불성실하거나 불완전하다고
특정소방대상물의 관계인이 실시하는 소방시설등의 자체점검

   인정되는 경우

2. 화재예방강화지구 등 법령에서 화재안전조사를 하도록 규정되어 있는 경우
법 제18조(화재예방강화지구의 지정 등)

3. 화재예방안전진단이 불성실하거나 불완전하다고 인정되는 경우
제41조(화재예방안전진단) 진단기관이 정기적으로 실시하는 화재예방안전진단

4. 국가적 행사 등 주요 행사가 개최되는 장소 및 그 주변의 관계 지역에 대하여

   소방안전관리 실태를 조사할 필요가 있는 경우

5. 화재가 자주 발생하였거나 발생할 우려가 뚜렷한 곳에 대한 조사가 필요한 경우

6. 재난예측정보, 기상예보 등을 분석한 결과 소방대상물에 화재의 발생 위험이 크다고 판단되는 경우

7. 제1호부터 제6호까지에서 규정한 경우 외의 화재, 그 밖의 긴급한 상황이 발생할 경우

   인명 또는 재산 피해의 우려가 현저하다고 판단되는 경우

벌칙 ➡ **300만원** 이하의 **벌금**

- 화재안전조사를 정당한 사유 없이 거부·방해 또는 기피한 관계인

이 법 제2조 제3호에서 규정하는 '화재안전조사'란 소방관서장(소방청장·소방본부장 또는 소방서장)이 관할 구역 내의 소방대상물과 관계지역, 또는 관계인을 대상으로 실시하는 일련의 확인 활동을 말한다. 구체적으로는 소방시설등이 법령에 적합하게 설치·관리되고 있는지, 혹은 해당 대상물에 실질적인 화재 발생 위험이 잠재해 있는지 등을 면밀히 파악하기 위하여 수행되며, 그 실행 방법으로는 현장조사, 문서열람, 보고 요구 등이 법적으로 보장된다.

이러한 화재안전조사 제도의 역사적 뿌리는 1958년 제정된 구「소방법」제4조의 '소방대상물에 대한 검사'에서 찾을 수 있다. 이후 시대적 상황과 행정 목적의 변화에 따라 그 명칭과 성격이 수차례 변모해 왔는데, 초기에는 '소방대상물의 검사'에서 시작하여 일반적인 '소방검사'로, 이후 보다 전문적이고 체계적인 접근을 강조한 '소방특별조사'를 거쳐, 현행법에 이르러 국민의 안전권을 강조하는 '화재안전조사'로 그 명칭이 최종 정착되었다. 이러한 명칭의 변천 과정을 연도별로 요약하면 다음 [표 2]와 같다.

[표 2] 화재안전조사의 명칭 변화

명칭	근거 법률과 조항	제·개정 시기	시행 시기
소방대상물에 대한 검사	「소방법」제4조	1958. 03. 11.	1958. 06. 10.
소방대상물의 검사	「소방법」제4조	1967. 04. 14.	1967. 10. 15.
소방검사	「소방시설설치유지및안전관리에관한법률」제4조	2003. 05. 29.	2003. 05. 30.
소방특별조사	「소방시설 설치·유지 및 안전관리에 관한 법률」제4조	2011. 08. 04.	2012. 02. 05.
화재안전조사	「화재의 예방 및 안전관리에 관한 법률」제7조	2021. 11. 30.	2022. 12. 01.

과거 '소방검사'라 불리던 제도가 2012년 '소방특별조사'로, 다시 2022년 '화재안전조사'로 그 명칭을 달리해 온 과정은 단순한 용어 변경이 아닌 소방 행정의 패러다임 변화를 반영한다. 초기 관(官) 주도의 전수조사 방식이었던 소방검사는, 대상물의 자기책임성을 강화하고 '선택과 집중'을 통해 점검의 내실을 기하려는 목적에서 소방특별조사 체제로 전환되었다. 이후 현행법에 이르러서는 조사의 궁극적 목적이 적발이 아닌 '국민의 안전 확보'에 있음을 명확히 하고, 조사의 성격을 직관적으로 드러내기 위해 '화재안전조사'라는 명칭으로 최종 정착되었다.

이러한 화재안전조사의 권한은 소방청장, 소방본부장 또는 소방서장에게 있으며, 이들은 관할 구역 내의 소방대상물과 관계지역, 또는 관계인을 대상으로 조사를 실시한다. 조사의 핵심은 소방시설등이 법령에 따라 적법하게 관리되고 있는지, 그리고 현장에 화재위험 요인이 실재하는지를 확인하는 데 있다.

법 제7조제1항은 이러한 조사가 가능한 사유를 7가지로 구체화하는데, 이는 화재 발생 우려가 높거나 소방시설이 불완전한 경우, 국가적 행사와 관련하여 예방 점검이 필요한 경우, 혹은 지진 등 다른 재난으로 인한 2차 화재위험이 긴급한 경우 등을 포함한다.

다만, 조사의 집행 과정에서 가장 신중하게 다루어지는 부분은 바로 개인의 주거 공간이다. 우리 헌법은 모든 국민의 주거의 자유[73]를 기본권으로 보장하고 있으므로, 실제 주거용으로 사용 중인 장소에 대해서는 원칙적으로 관계인(소유자·관리자·점유자)의 승낙 없이는 조사를 실시할 수 없다. 그러나 이 권리가 무제한적인 것은 아니다. 화재 발생의 우려가 뚜렷하여 공동체의 안전을 위협하는 긴급한 상황에서는, 헌법상 공공복리[74]의 원칙에 따라 예외적으로 승낙 없는 강제 조사가 허용되기도 한다. 만약 관계인이 정당한 사유 없이 이러한 적법 절차에 따른 조사를 거부·방해하거나 기피할 경우, 법은 300만 원 이하의 벌금형을 부과함으로써 화재 예방이라는 공익적 가치를 강하게 보호한다.

---

73) 「대한민국헌법」제16조 모든 국민은 주거의 자유를 침해받지 아니한다. 주거에 대한 압수나 수색을 할 때에는 검사의 신청에 의하여 법관이 발부한 영장을 제시하여야 한다.

74) 「대한민국헌법」제37조제2항 국민의 모든 자유와 권리는 국가안전보장·질서유지 또는 **공공복리**를 위하여 필요한 경우에 한하여 법률로써 제한할 수 있으며, 제한하는 경우에도 자유와 권리의 본질적인 내용을 침해할 수 없다.

② 화재안전조사의 항목은 대통령령으로 정한다. 이 경우 화재안전조사의 항목에는 화재의 예방조치 상황,

소방시설등의 관리 상황 및 소방대상물의 화재 등의 발생 위험과 관련된 사항이 포함되어야 한다.

소방관서장은 법 제7조제1항에 따라 다음 각 호의 항목에 대하여 화재안전조사를 실시한다.
1. 법 제17조에 따른 **화재의 예방조치** 등에 관한 사항
2. 법 제24조, 제25조, 제27조 및 제29조에 따른 **소방안전관리 업무 수행**에 관한 사항
3. 법 제36조에 따른 **피난계획의 수립 및 시행**에 관한 사항
4. 법 제37조에 따른 소화ㆍ통보ㆍ피난 등의 훈련 및 소방안전관리에 필요한 교육(이하 **"소방훈련ㆍ교육"**이라 한다)에 관한 사항
5. 「소방기본법」 제21조의2에 따른 **소방자동차 전용구역의 설치**에 관한 사항
6. 「소방시설공사업법」 제12조에 따른 **시공**, 같은 법 제16조에 따른 감리 및 같은 법 제18조에 따른 **감리원의 배치**에 관한 사항
7. 「소방시설 설치 및 관리에 관한 법률」 제12조에 따른 **소방시설의 설치 및 관리**에 관한 사항
8. 「소방시설 설치 및 관리에 관한 법률」 제15조에 따른 **건설현장 임시소방시설의 설치 및 관리**에 관한 사항
9. 「소방시설 설치 및 관리에 관한 법률」 제16조에 따른 **피난시설, 방화구획(防火區劃) 및 방화시설의 관리**에 관한 사항
10. 「소방시설 설치 및 관리에 관한 법률」 제20조에 따른 **방염(防炎)**에 관한 사항
11. 「소방시설 설치 및 관리에 관한 법률」 제22조에 따른 **소방시설등의 자체점검**에 관한 사항
12. 「다중이용업소의 안전관리에 관한 특별법」 제8조, 제9조, 제9조의2, 제10조, 제10조의2 및 제11조부터 제13조까지의 규정에 따른 **안전관리**에 관한 사항
13. 「위험물안전관리법」 제5조, 제6조, 제14조, 제15조 및 제18조에 따른 **위험물 안전관리**에 관한 사항
14. 「초고층 및 지하연계 복합건축물 재난관리에 관한 특별법」 제9조, 제11조, 제12조, 제14조, 제16조 및 제22조에 따른 **초고층 및 지하연계 복합건축물의 안전관리**에 관한 사항
15. 그 밖에 소방대상물에 화재의 발생 위험이 있는지 등을 확인하기 위해 소방관서장이 화재안전조사가 필요하다고 인정하는 사항

③ 소방관서장은 화재안전조사를 실시하는 경우 다른 목적을 위하여 조사권을 남용하여서는 아니 된다.

화재안전조사를 통해 확인하고자 하는 실체적인 항목은 궁극적으로 '화재 발생 위험의 저감'과 '발생 시 피해의 최소화'를 위한 각종 안전조치 이행 여부에 있다. 이는 소방시설의 정상 작동 여부뿐만 아니라, 각종 소방 관계 법령에서 규정하는 관계인의 법적 의무 이행 사항을 포괄적으로 점검하는 과정을 의미한다.

이러한 조사는 국민의 권리에 직접적인 영향을 미치는 행정 작용이므로, 법은 그 권한 행사에 있어 엄격한 한계를 설정한다. 제7조제3항이 규정하는 '조사권 남용금지 원칙'은 행정조사의 헌법이라 불리는 「행정조사기본법」 제4조[75]의 정신과 정확히 궤를 같이한다. 즉, 조사권은 법령이 정한 공익적 목적을 달성하기 위한 최소한의 범위 내에서만 행사되어야 하며, 어떠한 경우에도 사적인 이익을 위해 악용되어서는 안 된다. 또한 조사 과정에서 대상자의 기본권 침해를 최소화해야 한다는 비례의 원칙(과잉금지의 원칙)을 준수해야 하며, 절차적 정의를 위배한 무리한 조사는 그 자체로 권한 남용에 해당한다. 이는 비단 소방기관뿐만 아니라 공권력을 행사하는 모든 행정기관이 지켜야 할 불변의 대원칙이라 할 수 있다.

---

75) 「행정조사기본법」 제4조 ① 행정조사는 조사 목적을 달성하는 데 필요한 최소한의 범위 안에서 실시하여야 하며, 다른 목적 등을 위하여 조사권을 남용하여서는 아니 된다.
② 행정기관은 조사 목적에 적합하도록 조사대상자를 선정하여 행정조사를 실시하여야 한다.
③ 행정기관은 유사하거나 동일한 사안에 대하여는 공동조사 등을 실시함으로써 행정조사가 중복되지 아니하도록 하여야 한다.
④ 행정조사는 법령 등의 위반에 대한 처벌보다는 법령 등을 준수하도록 유도하는 데 중점을 두어야 한다.
⑤ 다른 법률에 따르지 아니하고는 행정조사의 대상자 또는 행정조사의 내용을 공표하거나 직무상 알게 된 비밀을 누설하여서는 아니된다.
⑥ 행정기관은 행정조사를 통하여 알게 된 정보를 다른 법률에 따라 내부에서 이용하거나 다른 기관에 제공하는 경우를 제외하고는 원래의 조사목적 이외의 용도로 이용하거나 타인에게 제공하여서는 아니 된다.

제8조(화재안전조사의 방법·절차 등)

① 소방관서장은 화재안전조사를 조사의 목적에 따라 제7조제2항에 따른 화재안전조사의 항목 전체에

대하여 종합적으로 실시하거나 특정 항목에 한정하여 실시할 수 있다. → 조사항목(조사범위)은 조정할 수 있다.
(시행령 제8조제1항: 종합조사, 부분조사)

② 소방관서장은 화재안전조사를 실시하려는 경우 사전에 관계인에게 조사대상, 조사기간 및 조사사유

등을 우편, 전화, 전자메일 또는 문자전송 등을 통하여 통지하고 이를 대통령령이 정하는 바에 따라
시행령 제8조(화재안전조사의 방법·절차 등)

인터넷 홈페이지나 제16조제3항의 전산시스템 등을 통하여 공개하여야 한다.

다만, 다음 각 호의 어느 하나에 해당하는 경우에는 그러하지 아니하다.

1. 화재가 발생할 우려가 뚜렷하여 긴급하게 조사할 필요가 있는 경우

2. 제1호 외에 화재안전조사의 실시를 사전에 통지하거나 공개하면 조사목적을 달성할 수 없다고
   인정되는 경우

화재안전조사의 실질적인 조사 범위는 제7조제2항 및 같은 법 시행령 제7조를 통해 매우 포괄적으로 규정된다. 그러나 행정청은 모든 조사를 획일적으로 수행하는 것이 아니라, 조사의 구체적인 목적과 현장 상황을 고려하여 대상물 전체를 아우르는 '종합조사'와 특정 취약 분야만을 집중적으로 점검하는 '부분조사'로 그 범위를 유연하게 조정하여 실시할 수 있다.

이러한 조사 권한의 행사에 있어 현행법이 가장 강조하는 가치는 바로 '행정의 투명성'이다. 2021년[11월 30일] 법 제정 당시 제8조 및 제16조와 함께 신설된 제2항은, 밀실 행정을 타파하고 국민의 알 권리를 보장함으로써 소방 행정에 대한 신뢰도를 높이려는 입법적 결단의 산물이다. 이에 따라 소방관서장은 조사를 실시하기 전, 해당 관계인에게 조사 대상과 기간, 사유 등을 사전에 통지해야 할 뿐만 아니라, 소방관서의 인터넷 홈페이지나 관련 전산시스템[제16조제3항]을 통해 7일 이상 그 내용을 의무적으로 공개하여야 한다.

다만, 화재 예방이라는 긴급한 공익을 달성하기 위해 이러한 사전통지가 생략되는 예외적인 경우도 존재한다. 화재 발생이 임박하여 시간적 여유가 없거나, 사전통지 시 증거 인멸이나 대상물 폐쇄 등으로 인해 조사의 목적을 달성할 수 없다고 판단되는 경우에는 '불시 조사'가 허용된다. 그러나 이러한 경우라 할지라도 적법 절차의 원칙은 유지되어야 하므로, 조사관은 현장에 도착하여 조사를 실시하기 직전에 반드시 관계인에게 조사의 사유와 범위를 구두로라도 명확히 설명하여 피조사자의 방어권을 보장해야 한다.

③ 화재안전조사는 관계인의 승낙 없이 소방대상물의 공개시간 또는 근무시간 이외에는 할 수 없다.

→ 공개시간 또는 근무시간에는 관계인의 승낙 없이도 화재안전조사를 할 수 있다.

다만, 제2항제1호에 해당하는 경우에는 그러하지 아니하다.

화재가 발생할 우려가 뚜렷하여 긴급하게 조사할 필요가 있는 경우

④ 제2항에 따른 통지를 받은 관계인은 천재지변이나 그 밖에 대통령령으로 정하는 사유로

화재안전조사의 연기사유 ① 천재지변 ② 재난 ③ 관계인의 질병, 사고, 장기출장
④ 장부·서류 등이 압수되거나 영치(領置)되어 있는 경우
⑤ 증축·용도변경 또는 대수선 등의 공사로 화재안전조사를 실시하기 어려운 경우

화재안전조사를 받기 곤란한 경우에는 화재안전조사를 통지한 소방관서장에게 대통령령으로 정하는

시행령 제9조(화재조사의 연기)

바에 따라 화재안전조사를 연기하여 줄 것을 신청할 수 있다. 이 경우 소방관서장은 연기신청 승인

여부를 결정하고 그 결과를 조사 시작 전까지 관계인에게 알려 주어야 한다.

> ② 법 제8조제4항 전단에 따라 화재안전조사의 연기를 신청하려는 관계인은 행정안전부령으로 정하는 바에 따라 연기신청서에 연기의 사유 및 기간 등을 적어 소방관서장에게 제출해야 한다. 　화재안전조사 시작 3일 전까지 연기신청서 제출
> ③ 소방관서장은 법 제8조제4항 후단에 따라 화재안전조사의 연기를 승인한 경우라도 연기기간이 끝나기 전에 연기사유가 없어졌거나 긴급히 조사를 해야 할 사유가 발생하였을 때는 관계인에게 미리 알리고 화재안전조사를 할 수 있다.

　화재안전조사의 집행 시기 역시 피조사자의 권익 보호와 영업의 자유를 보장하기 위해 엄격한 제한을 받는다. 원칙적으로 조사는 관계인의 승낙이 없는 한, 해당 소방대상물의 공개된 시간이나 근무시간 내에 이루어져야 하며, 이는 「행정조사기본법」 제11조[76]가 규정하는 현장조사의 일반 원칙과 맥을 같이한다. 그러나 이러한 원칙이 국민의 생명을 위협하는 화재위험 앞에서도 절대적인 것은 아니다. 만약 화재 발생의 우려가 뚜렷하여 일각을 다투는 긴급한 상황이라면, 법은 공공의 안전을 최우선으로 고려하여 관계인의 승낙 여부나 시간대와 무관하게 즉각적인 조사를 실시할 수 있도록 예외를 인정한다.

　또한, 행정청의 일방적인 일정 통보로 인해 피조사자가 겪을 수 있는 불이익을 방지하기 위하여, 합리적인 사유가 있는 경우 조사를 미룰 수 있는 '연기신청 제도'가 마련되어 있다. 사전통지를 받은 관계인이 천재지변이나 재난을 당한 경우, 혹은 질병·사고·장기 출장 등으로 조사를 받기 곤란하거나, 관련 장부 및 서류가 권한 있는 기관에 압수·영치領置되어 물리적으로 조사가 불가능한 경우 등이 이에 해당한다. 이러한 불가피한 사유가 발생했을 때, 관계인은 조사 시작 3일 전까지 관할 소방관서장에게 연기신청서를 제출함으로써 절차적 권리를 행사할 수 있다.

　연기신청을 접수한 소방관서장은 해당 사유의 타당성을 검토하여 승인 여부를 결정하고, 조사 시작 전까지 그 결과를 관계인에게 통보하여야 한다. 다만, 조사의 연기가 승인되었다 하더라도 그것이 영구적인 면책을

---

76) 「행정조사기본법」 제11조 ② 제1항에 따른 현장조사는 해가 뜨기 전이나 해가 진 뒤에는 할 수 없다. 다만, 다음 각 호의 어느 하나에 해당하는 경우에는 그러하지 아니하다.
　1. 조사대상자(대리인 및 관리책임이 있는 자를 포함한다)가 동의한 경우
　2. 사무실 또는 사업장 등의 업무시간에 행정조사를 실시하는 경우
　3. 해가 뜬 후부터 해가 지기 전까지 행정조사를 실시하는 경우에는 조사 목적의 달성이 불가능하거나 증거 인멸로 인하여 조사대상자의 법령 등의 위반 여부를 확인할 수 없는 경우

의미하는 것은 아니다. 연기 기간 중이라도 해당 사유가 해소되었거나, 화재 예방을 위해 긴급히 조사를 실시해야 할 새로운 필요성이 제기되는 경우에는, 소방관서장이 관계인에게 이를 알리고 즉시 화재안전조사를 개시할 수 있다. 이는 개인의 사정을 배려하되, 화재 예방이라는 행정 목적의 달성을 지체하지 않으려는 입법적 균형 장치로 해석된다.

⑤ 제1항부터 제4항까지에서 규정한 사항 외에 화재안전조사의 방법 및 절차 등에 필요한 사항은

대통령령으로 정한다.

시행령 제8조(화재안전조사의 방법 · 절차 등)

① 소방관서장은 화재안전조사의 목적에 따라 다음 각 호의 어느 하나에 해당하는 방법으로 화재안전조사를 실시할 수 있다.

1. 종합조사: 제7조의 화재안전조사 항목 전부를 확인하는 조사   2. 부분조사: 제7조의 화재안전조사 항목 중 일부를 확인하는 조사

② 소방관서장은 화재안전조사를 실시하려는 경우 사전에 법 제8조제2항 각 호 외의 부분 본문에 따라 조사대상, 조사기간 및 조사사유 등 조사계획을 소방청, 소방본부 또는 소방서(이하 "소방관서"라 한다)의 인터넷 홈페이지나 법 제16조제3항에 따른 전산시스템을 통해 7일 이상 공개해야 한다.

③ 소방관서장은 법 제8조제2항 각 호 외의 부분 단서에 따라 사전 통지 없이 화재안전조사를 실시하는 경우에는 화재안전조사를 실시하기 전에 관계인에게 조사사유 및 조사범위 등을 현장에서 설명해야 한다.

④ 소방관서장은 화재안전조사를 위하여 소속 공무원으로 하여금 관계인에게 보고 또는 자료의 제출을 요구하거나 소방대상물의 위치 · 구조 · 설비 또는 관리 상황에 대한 조사 · 질문을 하게 할 수 있다.

⑤ 소방관서장은 화재안전조사를 효율적으로 실시하기 위하여 필요한 경우 다음 각 호의 기관의 장과 합동으로 조사반을 편성하여 화재안전조사를 할 수 있다.

1. 관계 중앙행정기관 또는 지방자치단체   2. 한국소방안전원   3. 한국소방산업기술원   4. 한국화재보험협회   5. 한국가스안전공사   6. 한국전기안전공사

7. 그 밖에 소방청장이 정하여 고시하는 소방 관련 법인 또는 단체   →「화재안전조사에 관한 세부운영규정」(소방청훈령)

⑥ 제1항부터 제5항까지에서 규정한 사항 외에 화재안전조사 계획의 수립 등 화재안전조사에 필요한 사항은 소방청장이 정한다.

화재안전조사의 실행 방법은 크게 물리적 실체를 확인하는 현장조사와 행정적 적정성을 검토하는 문서열람 및 보고요구로 대별된다. 소방관서장은 소속 공무원으로 하여금 관계인에게 필요한 보고나 자료의 제출을 명하게 할 수 있으며, 직접 현장을 방문하여 소방대상물의 위치 · 구조 · 설비의 상태 및 관리 상황에 대해 질문하고 조사할 수 있는 포괄적인 권한을 행사한다.

특히, 현대의 건축물은 단순히 소방시설만으로 독립되어 존재하지 않고 전기, 가스, 건축 구조 등 다양한 설비가 복잡하게 얽힌 융복합적 시스템을 이룬다. 이러한 환경에서는 소방공무원의 단독 역량만으로 잠재된 위험 요인을 완벽히 파악하는 데 한계가 따를 수밖에 없다. 이에 따라 법은 소방관서가 가진 법적 집행력에 지방자치단체의 현장 행정 노하우, 그리고 기술전문가의 공학적 분석을 통합하여 조사의 전문성과 객관성을 확보하도록 한다. 즉, 소방관서장은 필요에 따라 관계 중앙행정기관, 지방자치단체는 물론 한국소방안전원, 한국소방산업기술원, 한국화재보험협회, 한국가스안전공사, 한국전기안전공사 등 유관 전문기관과 협력하여 '합동조사반' 을 구성 · 운영할 수 있다.

여기서 주의해야 할 점은 '합동조사반' 의 법적 위상과 성격이다. 이는 법 제9조에 따른 상설 기구인 '화재안전조사단' 이나 제10조의 심의 기구인 '화재안전조사위원회' 와는 엄연히 구별되는 개념이며, 화재 발생 '후' 에 원인 규명을 위해 가동되는 「소방의 화재조사에 관한 법률」 제7조의 '화재합동조사단' 과도 그 궤를 달리한다. 본 절에서의 합동조사반은 소방관서장이 '화재예방' 이라는 특정한 행정 목적을 달성하기 위해 필요에 따라 한시적으로 소집하여 운영하는 유연한 조직체로 이해해야 한다.

이 밖의 구체적인 운영 절차와 기준은 「화재안전조사에 관한 세부운영규정」(소방청훈령)을 따른다.

① 소방관서장은 화재안전조사를 효율적으로 수행하기 위하여 대통령령으로 정하는 바에 따라

시행령 제10조(화재안전조사단 편성 · 운영)

소방청에는 중앙화재안전조사단을, 소방본부 및 소방서에는 지방화재안전조사단을 편성하여 운영할 수 있다.

① 법 제9조제1항에 따른 중앙화재안전조사단 및 지방화재안전조사단(이하 "조사단"이라 한다)은 각각 단장을 포함하여 50명 이내의 단원으로 성별을 고려하여 구성한다.

② 조사단의 단원은 다음 각 호의 어느 하나에 해당하는 사람 중에서 소방관서장이 임명하거나 위촉하고, 단장은 단원 중에서 소방관서장이 임명하거나 위촉한다.

1. 소방공무원

2. 소방업무와 관련된 단체 또는 연구기관 등의 임직원

3. 소방 관련 분야에서 전문적인 지식이나 경험이 풍부한 사람

② 소방관서장은 제1항에 따른 중앙화재안전조사단 및 지방화재안전조사단의 업무 수행을 위하여

소방청 / 소방본부, 소방서

필요한 경우에는 관계 기관의 장에게 그 소속 공무원 또는 직원의 파견을 요청할 수 있다.

이 경우 공무원 또는 직원의 파견 요청을 받은 관계 기관의 장은 특별한 사유가 없으면 이에

협조하여야 한다.

조사의 전문성을 보완하고 결과의 객관성을 담보하기 위하여, 소방 관련 분야의 전문자격[77]을 갖춘 외부 전문가가 참여하는 상설 조직인 '화재안전조사단'을 운영하도록 규정한다. 이 조사단은 운영 주체에 따라 소방청장이 관할하는 '중앙화재안전조사단'과 소방본부장 및 소방서장이 관할하는 '지방화재안전조사단'으로 이원화되어 운영된다.

조사단의 인적 구성은 단장 1명을 포함하여 50명 이내의 단원을 성별 균형을 고려하여 구성하며, 행정업무를 지원하는 '기획총괄반'과 실제 현장에 투입되는 '현장조사반'으로 나뉘어 체계적으로 운영된다.[78]

중앙과 지방 조사단의 조사 대상은 대상물의 규모와 국가적 중요도에 따라 합리적으로 배분된다. 중앙화재안전조사단은 소방안전특별관리시설물, 국가핵심기반시설, 국가중요시설, 초고층건축물 등 화재 발생 시 사회적 · 경제적 파장이 막대한 대규모 시설을 중점적으로 담당하며, 지방화재안전조사단은 화재예방강화지구나 전통시장, 그리고 일반적인 소방안전관리대상물 등 지역사회의 밀착형 안전관리가 필요한 대상을 중심으로 조사를 수행함으로써, 중앙과 지방이 각자의 역할에 맞는 빈틈없는 감시 체계를 구축한다.[79]

---

77) 「화재안전조사에 관한 세부운영규정」 제8조(조사단 편성 및 자격)

78) 「화재안전조사에 관한 세부운영규정」 제9조(조사단 구성 및 운영). 제10조(조사단의 업무분장)

79) 「화재안전조사에 관한 세부운영규정」 제7조(화재안전조사 대상의 구분)

제10조(화재안전조사위원회 구성·운영)

① 소방관서장은 화재안전조사의 대상을 객관적이고 공정하게 선정하기 위하여 필요한 경우

화재안전조사위원회 구성 목적

화재안전조사위원회를 구성하여 화재안전조사의 대상을 선정할 수 있다.

화재안전조사선정위원회 X

② 화재안전조사위원회의 구성·운영 등에 필요한 사항은 대통령령으로 정한다.

시행령 제11조~제13조

제11조(화재안전조사위원회의 구성·운영 등) ① 법 제10조제1항에 따른 화재안전조사위원회(이하 "위원회"라 한다)는 위원장 1명을 포함하여 7명 이내의 위원으로 성별을 고려하여 구성한다.

② 위원회의 **위원장**은 **소방관서장**이 된다.

③ 위원회의 위원은 다음 각 호의 어느 하나에 해당하는 사람 중에서 소방관서장이 임명하거나 위촉한다.

1. **과장급** 직위 이상의 소방공무원 2. **소방기술사** 3. **소방시설관리사** 4. 소방 관련 분야의 **석사 이상** 학위를 취득한 사람

5. 소방 관련 법인 또는 단체에서 소방 관련 업무에 **5년 이상** 종사한 사람 ▶ 소방학교   ▶ 대학, 산업대학, 교육대학, 전문대학, 원격대학, 기술대학, 각종학교

6. 「소방공무원 교육훈련규정」 제3조제2항에 따른 소방공무원 교육훈련기관, 「고등교육법」 제2조의 학교 또는 연구소에서 소방과 관련한 교육 또는 연구에 **5년 이상** 종사한 사람

④ 위촉위원의 임기는 2년으로 하며, 한 차례만 연임할 수 있다.

⑤ 소방관서장은 위원회의 위원이 다음 각 호의 어느 하나에 해당하는 경우에는 해당 위원을 해임하거나 **해촉(解囑)**할 수 있다.

1. **심신장애**로 직무를 수행할 수 없게 된 경우 2. 직무와 관련된 **비위**사실이 있는 경우 3. **직무태만, 품위손상**이나 그 밖의 사유로 위원으로 적합하지 않다고 인정되는 경우

4. 제12조제1항 각 호의 어느 하나에 해당함에도 불구하고 **회피하지 않은 경우** 5. 위원 스스로 직무를 수행하기 어렵다는 **의사를 밝히는 경우**

⑥ 위원회에 출석한 위원에게는 예산의 범위에서 수당, 여비, 그 밖에 필요한 경비를 지급할 수 있다. 다만, 공무원인 위원이 소관 업무와 직접 관련하여 위원회에 출석하는 경우에는 그렇지 않다.

제12조(위원의 제척·기피·회피) ① 위원회의 위원이 다음 각 호의 어느 하나에 해당하는 경우에는 위원회의 심의·의결에서 **제척(除斥)**된다. ▶ 법률에 정해진 명백한 사유로 당연히 배제됨

1. 위원, 그 배우자나 배우자였던 사람 또는 위원의 친족이거나 친족이었던 사람이 다음 각 목의 어느 하나에 해당하는 경우

가. 해당 소방대상물의 관계인이거나 그 관계인과 공동권리자 또는 공동의무자인 경우

나. 해당 소방대상물의 설계, 공사, 감리 또는 자체점검 등을 수행한 경우

다. 해당 소방대상물에 대하여 제7조 각 호의 업무를 수행한 경우 등 소방대상물과 직접적인 이해관계가 있는 경우 [제7조(화재안전조사의 항목) 제1호~제15호]

2. 위원이 해당 소방대상물에 관하여 자문, 연구, 용역(하도급을 포함한다), 감정 또는 조사를 한 경우

3. 위원이 임원 또는 직원으로 재직하고 있거나 최근 **3년** 내에 재직하였던 기업 등이 해당 소방대상물에 관하여 자문, 연구, 용역(하도급을 포함한다), 감정 또는 조사를 한 경우

② 당사자는 제1항에 따른 **제척사유가 있거나 위원에게 공정한 심의·의결을 기대하기 어려운 사정이 있는 경우**에는 위원회에 **기피** 신청을 할 수 있고, 위원회는 의결로 기피 여부를 결정한다. 이 경우 기피 신청의 대상인 위원은 그 의결에 참여하지 못한다. ▶ 당사자의 신청으로 위원회가 결정함

③ 위원이 제1항 또는 제2항의 사유에 해당하는 경우에는 스스로 해당 안건의 심의·의결에서 **회피(回避)**해야 한다. ▶ 위원 스스로 직무를 피함

제13조(위원회 운영 세칙) 제11조 및 제12조에서 규정한 사항 외에 위원회의 구성 및 운영에 필요한 사항은 소방청장이 정한다.

「화재안전조사에 관한 세부운영규정」 소방청훈령

화재안전조사의 첫 단추인 '조사대상 선정' 과정에서 객관성과 공정성을 확보하기 위해 합의제 기구인 '화재안전조사위원회'를 구성한다. 사실 실무적인 관점에서는 제9조의 화재안전조사단 업무 범위에 포함하여 운영하더라도 큰 무리는 없어 보이나, 이를 법률에 명시한 것은 위원회의 독립적인 지위를 보장함으로써 예산 확보의 명분을 강화하고 정책 집행의 효율성을 도모하려는 전략적인 입법 취지로 해석된다.

이러한 화재안전조사위원회는 실무 조직인 화재안전조사단과는 엄연히 구별되는 별도의 기구이다. 위원장은 소방관서장이 되고, 위원장 포함 7명 이내의 위원으로 성별을 고려하여 구성한다. 위원회는 재적위원 과반수의 출석으로 개회하고 출석위원 과반수의 찬성으로 의결한다.

① 소방관서장은 필요한 경우에는 소방기술사, 소방시설관리사, 그 밖에 화재안전 분야에 전문지식을
외부전문가와 내부전문가(소방공무원) → 화재안전조사단 및 화재안전조사위원회의 위원자격과 비교

갖춘 사람을 화재안전조사에 참여하게 할 수 있다.

② 제1항에 따라 조사에 참여하는 외부 전문가에게는 예산의 범위에서 수당, 여비, 그 밖에 필요한
소방공무원이 아닌 사람

경비를 지급할 수 있다.

화재안전조사는 법령 위반 사실을 적발하는 단순한 규제 행위를 넘어, 국민의 생명과 재산을 보호하기 위한 실질적인 사회 안전망을 구축하는 데 그 궁극적인 목적이 있다. 이러한 제도의 취지를 달성하기 위해서는 소방조직 내부의 행정력뿐만 아니라, 고도의 전문성을 갖춘 외부 전문가의 적극적인 참여가 필수적이다. 특히 제2항은 외부 전문가에 대한 수당 등 재정적 지원 근거를 법률에 명문화한 것으로, 이는 우수한 민간 전문가의 유입을 유도하고 필요한 예산을 안정적으로 확보할 수 있는 기틀을 마련했다는 점에서 매우 모범적인 입법 사례이다.

본질적으로 화재안전 분야는 행정적 관리 기법과 공학적 기술 지식이 복합적으로 작용하는 융합 영역이다. 즉, 사회과학적 분석과 자연과학적 지식이 동시에 요구되며, 제도적·학문적 기반이 되는 '이론'과 현장의 돌발 변수에 유연하게 대처하는 '실무 경험'의 균형이 무엇보다 중요하다.

따라서 진정한 의미의 화재안전 전문가를 선발하기 위해서는 단순한 기술 자격증의 보유 여부를 넘어, 이론적 지식과 실무적 대응 능력을 아우르는 종합적인 역량을 핵심적인 평가 기준으로 삼아야 한다.

그러나 현재 소방기관의 전문가 선발 관행은 특정 분야의 자격 요건만을 기계적으로 요구하는 경향이 강해,[80] 다양한 현장 경험을 갖춘 실무형 인재가 배제되는 구조적 한계를 안고 있다. 이는 결과적으로 화재안전조사의 질적 저하를 초래하고 기초 분야 전문가의 품귀 현상을 심화시키는 요인으로 작용한다.

아울러 외부 수혈뿐만 아니라 내부 자원의 활용에도 눈을 돌려야 한다. 지난 수십 년간 비약적인 성장을 거듭해 온 소방 조직 내부에는 이미 고학력과 실무능력을 겸비한 우수 인력이 상당수 존재한다. 다만, 이들이 여러 부서에 산재해 있거나 해당 업무에 대한 유인책 부족으로 관심을 두지 못하고 있을 뿐이므로, 이들의 잠재력을 화재안전조사 분야로 이끌어낼 수 있는 내부적인 동기 부여와 제도적 보완이 시급한 과제로 남는다.

---

80) 「화재안전조사에 관한 세부운영규정」 제8조(조사단 편성 및 자격)
　　화재예방법 시행령 제11조(화재안전조사위원회의 구성·운영 등) 제3항 위원회의 위원 자격

앞서 살펴본 유사한 전문가 집단을 비교해 보면 다음 [표 3]과 같다.

<h3 align="center">[표 3] 화재예방법상 전문가 집단 비교</h3>

구분	화재안전조사단	화재안전조사위원회	화재안전조사 전문가	화재합동조사단
법적 근거	• 화재예방법 제9조 • 화재예방법 시행령 제10조 • 화재안전조사에 관한 세부운영규정	• 화재예방법 제10조 • 화재예방법 시행령 제11조 • 화재안전조사에 관한 세부운영규정	• 화재예방법 제11조	• 화재조사법 제7조
구성·운영자	소방관서장 (청장, 본부장, 서장)			
목적 (임무)	화재안전조사 수행	화재안전조사의 대상 선정 (과반수 출석, 과반수 찬성으로 의결)	화재안전조사 참여 (조사단 자문)	사회적 이목을 끄는 화재가 발생한 경우 화재조사
임기	2년(연임가능)	2년(1회 연임 가능)	–	조사 완료 시까지
구성	단장 1명 포함 50명 이내 (성별 고려) 2인 이상을 1개조로 편성	위원장 1명 포함 7명 이내 (성별 고려)	내부 전문가 외부 전문가	유관기관 및 관계 전문가 포함
위원장(단장)	단원 중 소방관서장이 임명 또는 위촉	소방관서장	–	단원 중 소방관서장이 지명 또는 위촉
위원(단원)자격	‣ 소방공무원 ‣ 소방 관련 단체 또는 기관 등의 임직원 ‣ 관련 지식이나 경험이 풍부한 사람 - 소방기술사 - 소방시설관리사 - 소방설비기사·산업기사 - 위험물기능장·산업기사·기능사 - 건축·기계·전기·가스·화공·안전관리 국가기술자격자 - 소방 관련학과 졸업자 - 소방학교의 예방업무 교육 수료자	‣ 소방공무원(과장급 이상) ‣ 소방기술사 ‣ 소방시설관리사 ‣ 소방 관련 분야 석사 이상 ‣ 소방 관련 업무 5년 이상 ‣ 교육 또는 연구 5년 이상	‣ 소방기술사 ‣ 소방시설관리사 ‣ 화재안전 분야에 전문지식을 갖춘 사람	‣ 화재조사관 ‣ 화재조사 경력 3년 이상 소방관 ‣ 관련분야 대학 조교수 이상의 직에 3년 이상 재직한 사람 ‣ 안전관리분야 산업기사 이상 국가기술자격자
비고	‣ 중앙화재안전조사단(청) ‣ 지방화재안전조사단 (본부, 소방서)			

제12조(증표의 제시 및 비밀유지 의무 등)

① 화재안전조사 업무를 수행하는 관계 공무원 및 관계 전문가는 그 권한 또는 자격을 표시하는
화재안전조사단의 소방공무원과 전문가

증표를 지니고 이를 관계인에게 내보여야 한다.
화재안전조사대상 소방대상물의 소유자, 관리자 또는 점유자

② 화재안전조사 업무를 수행하는 관계 공무원 및 관계 전문가는 관계인의 정당한 업무를
화재안전조사단의 소방공무원과 전문가 / 합법적인 경제활동이나 시설물을 관리·운영하는 일상적인 활동

방해하여서는 아니 되며, 조사업무를 수행하면서 취득한 자료나 알게 된 비밀을
업무 방해 금지

다른 사람 또는 기관에 제공 또는 누설하거나 목적 외의 용도로 사용하여서는 아니 된다.
비밀 누설 금지 / ① 소방시설등 설치·관리상태 확인 + ② 화재위험성 확인

벌칙 ➡ **1년** 이하의 **징역** 또는 **1천만원** 이하의 **벌금**

• 화재안전조사 업무 수행 시, 관계인의 정당한 업무를 방해하거나 업무 수행 중 취득한 자료나 알게 된 비밀을
다른 사람 또는 기관에게 제공 또는 누설하거나 목적 외의 용도로 사용한 관계 공무원 또는 관계 전문가

'증표 제시' 및 '비밀 유지' 의무는, 1958년 제정된 구 「소방법」 시절부터 존재해 온 유서 깊은 규범이다. 법률의 문언과 형식은 시대에 따라 다소 변화를 겪었으나, 공권력 행사에는 반드시 그에 상응하는 책임과 절차가 따라야 한다는 본질적인 내용은 변함없이 유지되었다.[81]

행정조사의 현장에서 조사관의 신분을 증명하는 것은 적법절차의 시작점이다. 따라서 화재안전조사단의 구성원은 조사를 수행할 때 반드시 자신의 권한과 자격을 표시하는 증표공무원증, 조사관증 등를 소지하고, 이를 관계인에게 제시하여 조사의 권원權原을 명확히 밝혀야 한다. 이는 비단 화재안전조사뿐만 아니라 모든 행정조사에 공통적으로 적용되는 「행정조사기본법」상의 대원칙이기도 하다.[82]

조사관은 직무 수행 중 관계인의 정당한 업무를 방해해서는 안 되며, 조사 과정에서 취득한 비밀을 누설하거나 목적 외의 용도로 도용해서는 결코 안 된다. 법은 이러한 비밀 엄수 의무를 위반한 조사관에게 1년 이하의 징역 또는 1,000만 원 이하의 벌금이라는 엄중한 형사적 책임을 묻는다. 특기할 만한 점은, 이 벌칙 조항이 본 법에서 소방공무원을 처벌 대상으로 할 수 있는 유일한 규정이라는 사실이다.

---

81) 「소방법」 제4조 (소방대상물에 대한 검사) ① 소방서장은 화재의 예방을 위하여 필요하다고 인정할 때에는 관계자에 대하여 방화시설의 제시를 명하거나 당해공무원으로 하여금 작업장, 공장 또는 공중이 출입하는 장소 기타 관계지역에 들어가서 소방대상물의 위치, 구조, 설비 또는 관리의 상황을 검사하게 할 수 있다 단, 개인의 주거에는 관계자의 승낙을 얻어야 한다. (중략)
④ 당해공무원은 제1항의 규정에 의하여 관계지역에 들어갈 때에는 신분증을 제시하여야 하며 관계자의 업무를 방해하여서는 아니된다.
⑤ 당해공무원은 제1항의 규정에 의하여 관계지역에 들어가서 검사를 행한 결과 지득한 관계자의 비밀을 타인에게 누설하여서는 아니된다.
82) 「행정조사기본법」 제11조(현장조사) ③ ...현장조사를 하는 조사원은 그 권한을 나타내는 증표를 지니고 이를 조사대상자에게 내보여야 한다.

제13조(화재안전조사 결과 통보)

소방관서장은 화재안전조사를 마친 때에는 그 조사 결과를 관계인에게 서면으로 통지하여야 한다.

반드시 사업주일 필요는 없다
(소유자, 관리자 또는 점유자)

문서주의[※「행정절차법」제24조(처분의 방식)]

다만, 화재안전조사의 현장에서 관계인에게 조사의 결과를 설명하고 화재안전조사 결과서의 부본을

화재안전조사단이 현장에서 조사결과를 설명하고 결과서 부본을 교부하면, 소방관서장의 별도 서면 통지가 필요 없다.

원본과 동일한 내용을 담고 있는 사본의 일종

교부한 경우에는 그러하지 아니하다.

화재안전조사가 종료되면 그 결과는 관계인에게 통지되어야 하는데, 이때 적용되는 확고한 대원칙은 바로 '문서주의Principle of Written Documents'이다. 행정청이 국민에게 특정한 의무를 부과하거나 권익을 제한하는 처분을 할 때, 그 의사표시는 반드시 문서로써 행해져야 비로소 법적 효력이 발생한다. 이는 처분의 원인이 된 사실관계와 법적 근거를 명확히 기록으로 남김으로써, 행정의 투명성을 담보하고 향후 불복 절차 등에서 국민의 방어권을 충실히 보장하려는 법치 행정의 기본 요건이다. 따라서 단순한 구두 통보나 전화 연락만으로는 행정처분으로서의 적법한 효력을 인정받을 수 없다.

다만, 현장의 상황에 따라 행정의 효율성을 도모하기 위한 합리적인 예외 절차도 마련되어 있다. 만약 화재안전조사를 수행한 조사단원이 현장에서 관계인에게 직접 조사 결과를 상세히 설명하고, 그 자리에서 결과서의 부본(사본)을 교부한 경우에는 별도의 우편 발송 등의 서면 통지 절차를 생략할 수 있다. 이는 실질적으로 문서주의의 취지가 현장에서 이미 달성되었다고 보기 때문이며, 이때 교부되는 결과서는 「화재안전조사에 관한 세부운영규정」의 공식 서식별지 제9호서식을 따르게 된다.

이러한 통지 방식과 절차에 관한 그 밖의 사항은 행정 작용의 일반법인 「행정절차법」 제24조[83]의 규정을 준용하여 처리된다.

---

83) 「행정절차법」 제24조(처분의 방식)
① 행정청이 처분을 할 때에는 다른 법령등에 특별한 규정이 있는 경우를 제외하고는 문서로 하여야 하며, 다음 각 호의 어느 하나에 해당하는 경우에는 전자문서로 할 수 있다.
1. 당사자등의 동의가 있는 경우
2. 당사자가 전자문서로 처분을 신청한 경우
② 제1항에도 불구하고 공공의 안전 또는 복리를 위하여 긴급히 처분을 할 필요가 있거나 사안이 경미한 경우에는 말, 전화, 휴대전화를 이용한 문자 전송, 팩스 또는 전자우편 등 문서가 아닌 방법으로 처분을 할 수 있다. 이 경우 당사자가 요청하면 지체 없이 처분에 관한 문서를 주어야 한다.
③ 처분을 하는 문서에는 그 처분 행정청과 담당자의 소속·성명 및 연락처(전화번호, 팩스번호, 전자우편주소 등을 말한다)를 적어야 한다.

제14조(화재안전조사 결과에 따른 조치명령)

① 소방관서장은 화재안전조사 결과에 따른 소방대상물의 위치 · 구조 · 설비 또는 관리의 상황이

화재예방을 위하여 보완될 필요가 있거나 화재가 발생하면 인명 또는 재산의 피해가 클 것으로

예상되는 때에는 행정안전부령으로 정하는 바에 따라

시행규칙 제5조(화재안전조사에 따른 조치명령 등의 절차)
→ ① 조치명령서 발급, 조치명령 대장 기록 · 관리 ② 손실을 입은 자가 있는 경우 화재안전조사 조치명령 손실확인서 작성 · 보관

관계인에게 그 소방대상물의 개수(改修) · 이전 · 제거, 사용의 금지 또는 제한, 사용폐쇄,

고치거나 수리함

공사의 정지 또는 중지, 그 밖에 필요한 조치를 명할 수 있다.

→ 중단(cessation)

→ 잠시 멈춤(paused), 보류(suspension)

벌칙 ➡ **3년** 이하의 **징역** 또는 **3천만원** 이하의 **벌금**

• 화재안전조사 결과에 따른 소방관서장의 조치명령을 정당한 사유 없이 위반한 관계인

현장 조사의 결과, 설령 소방대상물이 형식적인 법령 기준을 충족하고 있다 하더라도 화재 예방이나 긴급한 대비를 위해 실질적인 보완이 필요하다고 판단되는 경우가 있다. 이때 소방관서장은 행정적 권한을 발동하여 관계인에게 위험 요인의 해소를 명할 수 있는데, 이는 단순한 권고가 아닌 법적 구속력을 지닌 강제 처분이다. 이러한 처분은 『화재안전조사 조치명령서』^{시행규칙 별지 제3호서식}를 발급함으로써 공식화되며, 관서장은 해당 내역을 『조치명령 대장』^{시행규칙 별지 제4호서식}에 기록하여 체계적으로 관리해야 한다.

소방관서장이 명할 수 있는 조치의 유형은 위험의 성격에 따라 개수改修 · 이전 · 제거와 같은 '작위 명령'과 사용의 금지 · 제한 · 폐쇄 및 공사의 정지 · 중지와 같은 '부작위 명령'으로 세분화된다. 여기서 '개수'란 불량한 설비를 고치거나 수리하는 것을, '이전'이란 건축물의 주요구조부를 해체하지 않은 상태에서 동일 대지 내의 다른 위치로 옮기는 것을 의미한다. 또한 시설의 운영과 관련하여, '사용의 금지 또는 제한'이 행위 중심의 규제라면, '사용폐쇄'는 시설이나 장소 자체를 물리적으로 봉쇄하는 강력한 조치이다. 공사 현장에 대한 명령 역시 그 강도에 따라 구분되는데, '공사의 정지'가 상태 개선을 전제로 한 일시적인 보류라면, '공사의 중지'는 공사 자체의 재개를 불허하는 영구적 성격의 중단 조치로 해석된다.

이러한 조치명령은 공공의 안전을 위한 불가피한 행정 작용이지만, 적법한 시설에 대한 명령으로 인해 관계인이 재산상 손실을 입은 경우에는 이를 보전해 줄 필요가 있다. 이에 따라 소방관서장은 손실 입증 자료를 확인하여 『화재안전조사 조치명령 손실확인서』^{시행규칙 별지 제5호서식}를 작성 · 보관함으로써 정당한 보상 절차를 밟도록 하고 있다.

반면, 정당한 사유 없이 이러한 조치명령을 위반한 경우에는 3년 이하의 징역 또는 3,000만 원 이하의 벌금이라는 매우 엄중한 처벌이 뒤따른다. 이는 소방기관의 명령 불이행을 단순한 행정 질서 위반이 아닌, 공공의 안전을 위협하는 중대한 범죄행위로 간주하여 강력한 이행력을 확보하려는 입법적 의지를 보여준다.

② <u>소방관서장</u>은 화재안전조사 결과 소방대상물이 법령을 위반하여 건축 또는 설비되었거나

소방시설등, 피난시설 · 방화구획, 방화시설 등이

① 소방시설등 설치 · 관리상태 불량
② 소방대상물의 화재위험성 확인(불법 건축 또는 설비)

법령에 적합하게 설치 또는 관리되고 있지 아니한 경우에는

<u>관계인</u>에게 제1항에 따른 조치를 명하거나
소방대상물의 개수 · 이전 · 제거, 사용의 금지 또는 제한, 사용폐쇄, 공사의 정지 또는 중지, 그 밖에 필요한 조치

<u>관계 행정기관의 장</u>에게 필요한 조치를 하여 줄 것을 요청할 수 있다.

벌칙 ➡ 3년 이하의 징역 또는 3천만원 이하의 벌금

• 화재안전조사 결과에 따른 소방관서장의 조치명령을 정당한 사유 없이 위반한 관계인

화재안전조사의 결과는 단순한 점검에 그치지 않고 즉각적인 행정 작용으로 이어진다. 조사관이 현장에서 소방시설등이 법적 기준에 미달하거나 적법하게 관리되지 않음을 확인한 경우, 소방관서장은 관계인에게 해당 시설의 보완이나 개수(改修)를 명할 수 있다. 이때 발동되는 조치의 구체적인 내용과 절차는, 앞서 제1항에서 규정한 '화재 예방을 위한 조치명령'과 동일하게 적용된다. 즉, 소방관서장은 제1항의 절차를 준용하여 관계인에게 구속력 있는 행정처분을 내리게 된다.

주목할 점은 소방관서장의 확인 범위가 소방 관계 법령에만 국한되지 않는다는 사실이다. 조사 과정에서 해당 소방대상물이 「건축법」 등 타 관계 법령을 위반하여 불법으로 증축되거나 용도 변경된 정황이 포착될 경우, 소방관서장은 관할 건축 행정기관에 해당 사실을 문서로 통보하고 필요한 조치를 취해 줄 것을 공식적으로 요청할 수 있다. 이는 안전을 위협하는 위법 요소를 근절하기 위해 부처 간 행정 칸막이를 없애고 유기적인 협조 체계를 가동하려는 입법적 조치이다.

무엇보다 이러한 시정명령은 강력한 법적 강제력을 지닌다. 만약 관계인이 제2항에 따른 조치명령을 정당한 사유 없이 위반할 경우, 법은 이를 제1항의 명령 위반 시와 동일하게 취급하여 엄중히 처벌한다. 구체적으로 위반자는 3년 이하의 징역 또는 3,000만 원 이하의 벌금에 처해지는데, 이는 이 법이 규정하는 벌칙 조항 중 법정형의 최고 상한에 해당한다. 즉, 입법자는 소방기관의 명령을 무시하는 행위를 가장 엄중하게 다스려야 할 중대 범죄로 규정하고 있는 것이다.

소방청장 또는 **시·도지사**는 제14조제1항에 따른 명령으로 인하여 **손실**을 입은 자가 있는 경우에는

소방관서장 X   화재안전조사 결과에 따른 조치명령   적법한 공권력 행사로 인해 발생한 특별한 희생 (vs. 손해)

대통령령으로 정하는 바에 따라 보상하여야 한다.

① 법 제15조에 따라 소방청장 또는 시·도지사가 손실을 보상하는 경우에는 시가(時價)로 보상해야 한다.
② 제1항에 따른 손실보상에 관하여는 소방청장 또는 시·도지사와 손실을 입은 자가 협의해야 한다.
③ 소방청장 또는 시·도지사는 제2항에 따른 보상금액에 관한 협의가 성립되지 않은 경우에는 그 보상금액을 지급하거나 공탁하고 이를 상대방에게 알려야 한다.
④ 제3항에 따른 보상금의 지급 또는 공탁의 통지에 불복하는 자는 지급 또는 공탁의 통지를 받은 날부터 30일 이내에 「공익사업을 위한 토지 등의 취득 및 보상에 관한 법률」 제49조에 따른 중앙토지수용위원회 또는 관할 지방토지수용위원회에 재결(裁決)을 신청할 수 있다.

※「소방 손실보상 절차에 관한 규정」(소방청훈령, 2018. 9. 28., 제정)은 「소방기본법」에만 적용한다.   → 화재예방법에는 손실보상심의위원회 개최 근거가 없다.

제1조(목적) 이 규정은 「소방기본법」, 같은 법 시행령 및 같은 법 시행규칙에 따른 손실보상 업무의 통일적이고 효율적인 처리를 위하여 필요한 사항을 정하는 것을 목적으로 한다.

제49조의2(손실보상) ① 소방청장 또는 시·도지사는 다음 각 호의 어느 하나에 해당하는 자에게 제3항의 **손실보상심의위원회**의 심사·의결에 따라 정당한 보상을 하여야 한다.

1. **생활안전활동**에 따른 조치로 인하여 손실을 입은 자
2. **소방활동 종사 명령**에 따른 소방활동 종사로 인하여 사망하거나 부상을 입은 자
3. 소방대상물과 토지에 대한 **강체처분**, 주차 또는 정차된 차량 및 물건에 대한 **강제처분**
4. 위험시설 등에 대한 **긴급조치**로 인하여 손실을 입은 자
5. 그 밖에 **소방기관 또는 소방대의 적법한 소방업무 또는 소방활동**으로 인하여 손실을 입은 자

현장대응활동(예방활동 X)

행정 작용으로 인해 국민이 경제적 불이익을 입었을 때, 이를 구제하는 법적 수단은 크게 손실보상(損失補償, Loss Compensation)과 손해배상(損害賠償, Damages)으로 구분된다. 이 둘을 가르는 결정적인 기준은 원인 행위의 '위법성 유무'에 있다. 손해배상이 공무원의 고의나 과실 등 '위법한' 행위로 인한 손해를 전보(塡補)하는 민사적 책임이라면, 손실보상은 '적법한' 공권력 행사임에도 불구하고 공익을 위해 개인에게 발생한 '특별한 희생'을 국가가 보전해 주는 공법적 책임이다.

앞서 살펴본 제14조제2항에 따른 명령은 관계인이 법령을 위반한 상태를 바로잡기 위한 조치이므로, 이에 따른 비용은 관계인이 당연히 감수해야 할 책임이지 보상의 대상이 아니다. 반면, 제14조제1항에 따른 명령은 소방대상물이 법적으로는 하자가 없으나, 화재 예방이라는 더 큰 공익을 위해 행정청이 추가적인 보완을 명하는 경우이다. 이는 적법한 건물주에게 재산상 희생을 강요하는 것이므로, 그 손실을 보상하여야 한다.

보상의 구체적인 절차는 시행령 제14조에 따라, 소방청장 또는 시·도지사는 손실을 입은 자와 성실히 협의하여 손실을 시가^{Market Value}로 보상해야 한다. 만약 협의가 성립되지 않을 경우에는 해당 보상금을 법원에 공탁함으로써 지급 의무를 갈음할 수 있으며, 이에 불복하는 당사자는 공탁 통지를 받은 날부터 30일 이내에 중앙토지수용위원회나 관할 지방토지수용위원회에 재결^{裁決}을 신청하여 구제를 받을 수 있다.

다만, 현행법의 보상 규정에는 다소 아쉬운 입법적 공백이 존재한다. 「소방기본법」이 현장대응활동에 따른 손실보상을 위해 구체적인 청구 방법, 소멸시효, 사실조사 절차, 그리고 '손실보상심의위원회'의 운영 근거 등을 상세히 규정하는 것과 대조적으로, 본 법은 이러한 세부 절차를 구체화하지 않고 있다. 화재 예방을 위한 예방 행정 역시 국민의 재산권에 중대한 영향을 미치는 만큼, 향후 입법 보완을 통해 구체적인 보상 절차와 심의 기구의 설치 근거를 마련하여 행정의 완결성을 높일 필요가 있다.

제16조(화재안전조사 결과 공개)

① 소방관서장은 화재안전조사를 실시한 경우 다음 각 호의 전부 또는 일부를 인터넷 홈페이지나

제3항의 전산시스템 등을 통하여 공개할 수 있다.
30일 이상 공개(시행령 제15조제2항)

1. 소방대상물의 위치, 연면적, 용도 등 현황

2. 소방시설등의 설치 및 관리 현황

3. 피난시설, 방화구획 및 방화시설의 설치 및 관리 현황

4. 그 밖에 대통령령으로 정하는 사항
제조소등 설치 현황, 소방안전관리자 선임 현황, 화재예방안전진단 실시 결과 (시행령 제15조제1항)

② 제1항에 따라 화재안전조사 결과를 공개하는 경우 공개 절차, 공개 기간 및 공개 방법 등에

필요한 사항은 대통령령으로 정한다.
시행령 제15조(화재안전조사 결과 공개)

• 공개 기간, 공개 내용 및 공개 방법을 해당 관계인에게 미리 알려야 한다.
• 관계인은 공개 내용 등을 통보받은 날부터 10일 이내에 이의신청을 할 수 있다.
• 소방관서장은 이의신청을 받은 날부터 10일 이내에 심사 · 결정하여 그 결과를 지체 없이 신청인에게 알려야 한다.
• 화재안전조사 결과의 공개가 제3자의 법익을 침해하는 경우에는 제3자와 관련된 사실을 제외하고 공개해야 한다.

2021년 11월 30일 이 법의 제정과 함께 도입된 『화재안전조사 결과의 공개제도』는 소방행정의 패러다임을 폐쇄적 관리에서 개방적 소통으로 전환하는 중요한 분기점이다. 이는 단순히 행정 절차의 투명성을 확보하는 차원을 넘어, 우리 사회 곳곳에 잠재된 위험 요인과 개선 사항을 시민 사회와 공유함으로써 국민의 알 권리를 보장하고 정책 형성 과정에 대한 민주적 참여를 이끌어내기 위한 핵심 장치로 기능한다. 즉, 행정의 공정성과 합리성을 담보하는 민주주의의 기본 원리가 소방안전 분야에 구체화된 것이다.

이에 따라 조사를 실시한 소방관서장은 그 결과를 관서의 인터넷 홈페이지나 대국민 전산시스템 등을 통해 30일 이상 공개할 수 있다. 그러나 이러한 정보 공개가 자칫 조사 대상자의 정당한 이익을 부당하게 침해해서는 안 되므로, 법은 공익과 사익의 균형을 맞추기 위한 세밀한 절차적 통제 장치를 마련한다.

우선, 소방관서장은 결과를 공개하기 전에 반드시 해당 관계인에게 공개 기간, 내용 및 방법 등을 미리 통지하여야 하며, 이에 대해 관계인이 충분히 소명할 수 있도록 이의신청의 기회를 보장해야 한다. 아울러 공개되는 정보 속에 조사 대상과 무관한 제3자의 개인정보나 영업 비밀 등 보호받아야 할 법익이 포함된 경우에는, 해당 사실을 철저히 제외하고 공개함으로써 정보 개방에 따른 부작용을 최소화한다.

③ <u>소방청장</u>은 제1항에 따른 화재안전조사 결과를 체계적으로 관리하고 활용하기 위하여
시 · 도지사 X

전산시스템을 구축 · 운영하여야 한다.

④ <u>소방청장</u>은 건축, 전기 및 가스 등 화재안전과 관련된 정보를 소방활동 등에 활용하기 위하여
시 · 도지사 X

제3항에 따른 전산시스템과 관계 중앙행정기관, 지방자치단체 및 공공기관 등에서

구축 · 운영하고 있는 전산시스템을 연계하여 구축할 수 있다.

앞서 제1항에 따라 개별 현장의 조사 결과를 국민에게 공개하는 주체는 관할 소방관서장이지만, 이를 뒷받침하는 기술적 인프라인 '전산시스템'을 구축하고 운영할 책임은 국가적 차원의 통일성을 위해 소방청장에게 부여되어 있다. 오늘날 소방행정에서 전산시스템은 단순히 종이 문서를 디지털로 변환하는 행정 편의적 도구가 아니다. 이는 대한민국이 보유한 강력한 IT 인프라를 바탕으로, 빅데이터와 인공지능(AI) 기술을 접목하여 화재의 예측과 대응 역량을 혁신하고 실질적인 국민 안전망을 강화하기 위한 핵심적인 전략 자산이다.

이러한 화재예방 전산시스템이 본격적으로 가동되기 시작한 것은 이 법의 제정과 궤를 같이하는 2021년 이후이다. 법적 근거가 마련됨에 따라 서식의 표준화와 온라인 제출 시스템이 구체화되었고, 이는 행정 비용 절감과 업무 효율성의 비약적인 향상을 가져왔다. 무엇보다 중요한 변화는 단발성으로 흩어지던 조사 결과들이 체계적인 데이터베이스(DB)로 축적되어 장기적인 관리가 가능해졌다는 점이다. 현재 이 시스템은 실시간 화재안전관리 및 예측 모델과 연동되어 행정기관이 현장의 위험도를 즉각적으로 파악할 수 있게 돕고 있으며, 국가화재정보시스템과 결합하여 화재의 원인과 피해 규모를 정밀하게 분석함으로써 향후 예방 대책 수립과 법령 개정, 그리고 소방시설의 성능 개선을 위한 실증적 근거로 활용된다.

한편, 지금까지 살펴본 제3장(제7조~제16조)의 화재안전조사와 관련하여, 법률과 시행령에서 다루지 못한 구체적인 실무 절차와 세부 기준은 소방청 훈령인 「화재안전조사에 관한 세부운영규정」에 위임하여 현장의 변화에 유연하게 대응하도록 규정한다.

화재안전조사에 관한 세부운영규정

[시행 2022. 12. 1.] [소방청훈령 제284호, 2022. 12. 1., 전부개정]

제1조(목적) 「화재의 예방 및 안전관리에 관한 법률 시행령」(이하 "영"이라 한다) 제13조에서 위임한 화재안전조사에 필요한 사항을 규정함을 목적으로 한다.

제2조(화재안전조사계획의 수립 등) ① **소방청장, 소방본부장 또는 소방서장**(이하 "**소방관서장**"이라 한다)은 소방대상물, 관계지역 또는 관계인에 대한 화재의 예방 및 안전관리를 위한 화재안전조사의 계획(이하 "화재안전조사계획"이라 한다)을 다음 각 호에서 정하는 바에 따라 수립·시행하여야 한다.

1. 연간 계획: **매년 12월 31일까지**

2. 월간 계획: 전월 말일까지

3. 수시 계획: 시행 전일까지

② 소방관서장은 화재안전조사계획을 수립할 때에는 소방대상물의 현황, 이용자 특성 및 시기·계절별 화재위험 특성 등을 고려하여 화재안전조사 대상을 선정하여야 한다.

③ 화재안전조사 계획에는 다음 각 호의 내용이 포함되어야 한다.

1. 화재안전조사의 조사기간, 조사대상, 조사사유, 조사항목 등 조사와 관련된 사항

2. 관계인에게 화재안전조사 계획의 사전통지 여부 및 사전통지를 하지 않는 경우 그 사유

3. 화재안전조사 결과의 공개에 관한 사항

4. 화재안전조사 방법(종합·부분조사) 및 부분조사를 실시하는 경우 중점 조사내용에 관한 사항

④ 화재안전조사는 소방대상물의 현황 및 화재위험성 등을 고려하여 그 소방대상물의 용도 일부만을 선정하여 표본조사를 하거나 그 소방대상물의 용도 전체에 대해 전수조사를 할 수 있다.

⑤ 소방청장은 예방소방행정 정책의 수립·시행을 위하여 필요한 경우 소방본부장 또는 소방서장에게 화재안전조사 계획을 보고하게 할 수 있다. 이 경우 소방본부장 또는 소방서장은 특별한 사정이 없는 한 이에 따라야 한다.

제3조(화재안전조사 계획 및 결과의 통보·공개) ① 소방관서장은 화재안전조사의 결과를 공개하려는 경우에는 「화재의 예방 및 안전관리에 관한 법률」(이하 "법"이라 한다) 제8조제2항에 따라 사전에 관계인에게 조사계획을 통지하는 경우 조사결과가 공개될 수 있음을 알려야 한다.

② 법 제8조제2항 단서에 따라서 사전에 관계인에게 조사계획을 통지하지 않고 화재안전조사를 실시하는 경우에는 화재안전조사 결과를 설명하면서 그 결과가 공개될 수 있음을 알려야 한다.

③ 영 제15조제3항에 따라 공개하는 화재안전조사 계획은 별지 제1호서식에 따른다.

④ 법 제16조제1항에 따라 공개하는 화재안전조사 결과는 별지 제2호서식에 따른다.

제4조(화재안전조사의 방법) ① 화재안전조사는 영 제7조에 대한 사항을 확인, 질문하는 방법 등으로 실시한다.

② 소방대상물의 관계인이 행하는 소방안전관리 사항이 관계 법령에 적합한 지 여부를 중점적으로 조사하여야 하며, 별지 제3호서식의 화재안전조사 세부조사표를 활용할 수 있다. 다만, 효율적 화재안전조사를 위하여 필요한 경우에는 소방대상물의 규모·용도·화재취약성 등을 고려하여 세부 조사 사항을 변경할 수 있다.

③ 제1항 외에 건축법령에 따른 피난시설, 방화구획 및 방화시설의 유지·관리 사항을 조사할 경우에는 다음 사항을 함께 확인할 수 있다.

1. 피트층, 파이프샤프트 등을 다른 용도로 사용하는 지 여부

2. 방화구획 관통부 내화채움구조에 관한 사항

3. 옥상광장의 피난 장애물 및 옥상층의 불법 가설물 설치 관련 사항

4. 피난안전구역, 소방관 진입창의 유지관리 사항

제5조(화재안전조사 결과 통보 등) 화재안전조사를 완료한 때에는 별지 제9호서식의 화재안전조사결과서를 작성하여 그 부본(副本)을 화재안전조사를 실시한 소방대상물의 관계인에게 현장에서 교부(모바일 기계장치를 이용하는 경우에도 같다)하고, 소방서장에게 보고하여야 한다. 또한, 소방청 또는 소방본부에서 실시한 화재안전조사 결과는 관할 소방서장에게 통보하여야 한다.

제6조(조치명령 보완기간 등) ① 조치명령에 따른 보완 기간은 다음 각 호와 같다.

1. 소방시설등의 작동·기능에 지장을 초래하지 아니한 경미한 사항: **20일 이내**

2. 그 밖에 공사의 규모·시간 등을 감안해야 하는 사항: 소방관서장이 필요하다고 인정하는 기간 이내

② 제2항에 따라 조치명령을 한 경우에는 **조치명령 기간 만료 후 10일 이내에 그 이행 여부를 확인**하여야 한다. 이 경우 관계인이 제출한 증명자료(사진, 동영상 등)로 확인할 수 있다.

③ 화재안전조사결과 벌칙규정(과태료를 포함한다)의 적용대상이 되는 소방관계법령 위반사항이 있는 경우 또는 조치명령을 기간 내 이행하지 아니하는 때에는 「예방소방업무처리규정」 제4조에 따라 처리하고, 소방관서장에게 보고하여야 한다.

④ 「화재로 인한 재해보상과 보험가입에 관한 법률」 제16조 따라 안전점검결과를 통보받은 경우에는 10일 이내에 조치명령을 하여야 한다.

⑤ 화재안전조사결과 건축·전기·가스 등의 시설이 관계법령을 위반한 사실을 발견한 때에는 관계기관에 그 위반내용을 통보하여야 한다.

제7조(화재안전조사 대상의 구분) 영 제10조에 따라 편성된 중앙 및 지방화재안전조사단(이하 "조사단"이라 한다)은 소방대상물의 규모, 용도 및 중요도 등에 따라 다음 각 호의 소방대상물에 대해 화재안전조사를 실시한다.

1. 중앙화재안전조사단

　가. 소방안전특별관리시설물

　나. 국가핵심기반시설, 국가중요시설

　다. 초고층건축물, 「중대재해 처벌 등에 관한 법률」 제2조제4호다목의 다중이용업소

　라. 특급 또는 1급 소방안전관리대상물

　마. 소방청장이 필요하다고 인정하는 시설 및 대상

2. 지방화재안전조사단

　가. 소방안전관리대상물

　나. 화재예방강화지구, 전통시장

　다. 소방본부장 또는 소방서장이 필요하다고 인정하는 시설 및 대상

제8조(조사단 편성 및 자격) 조사단은 **2인 이상을 1개조로** 편성·운영하되, 영 제10조제2항제3호에 따른 소방 관련 분야에서 전문적인 지식이나 경험이 풍부한 사람이란 다음 각호의 어느 하나에 해당하는 자격을 가진 사람을 말한다.

1. 소방기술사 자격을 취득한 사람

2. 소방시설관리사 자격을 취득한 사람

3. 소방설비기사 또는 소방설비산업기사 자격을 취득한 사람

4. 위험물기능장·위험물산업기사 또는 위험물기능사 자격을 취득한 사람

5. 「국가기술자격법 시행규칙」 별표 2에 따른 건축·기계·전기·가스·화공 또는 안전관리와 관련된 자격을 취득한 사람

6. 「고등교육법」 제2조에 해당하는 학교로 소방안전 관련학과 또는 소방안전관리학과를 졸업한 사람

7. 「소방청과 그 소속기관 직제」 제15조에 따른 중앙소방학교의 장(이하 "중앙소방학교장"이라 한다) 또는 「지방소방기관 설치에 관한 규정」 제3조에 따른 지방소방학교(시·도에서 설치된 소방교육대를 포함한다)의 장(이하 "지방소방학교장"이라 한다)이 실시하는 전문교육 중 예방업무 교육을 수료한 사람

제9조(조사단 구성 및 운영) ① 조사단은 단장 1명을 두며 실무를 추진하기 위하여 기획총괄반, 현장조사반을 구성·운영할 수 있다.

② 외부 전문가를 조사단원으로 위촉할 경우 소방, 건축, 전기, 가스, 위험물 등 분야별 적정 인원수를 고려하여 조사단을 구성·운영할 수 있다.

③ 소방관서장은 원활한 현장조사반을 편성하기 위하여 인력풀을 구성·운영할 수 있으며 조사단에 **위촉된 전문위원의 임기는 2년으로** 하고 연임할 수 있다.

④ 영 제10조제2항에 따라 소방관서장이 위촉하는 조사단원의 위촉장은 별지 제4호서식과 같다.

제10조(조사단의 업무분장) ① 단장은 화재안전조사의 운영에 관한 사항을 총괄하여 조사단원을 지휘·감독한다.

② 기획총괄반은 소방공무원으로 구성하며, 다음 각 호의 업무를 수행한다.

1. 조사단 운영에 필요한 인력·예산 등 행정업무 지원

2. 회의소집 및 관계부처 협의 등 운영에 관한 사항

3. 화재안전조사 계획수립, 결과보고, 조사결과 조치

4. 조사단 전체회의, 워크숍 개최 등 조사단 운영에 필요한 사항

③ 현장조사반은 다음 각 호의 업무를 수행한다.

1. 소방대상물에 대한 화재안전조사

2. 화재안전조사와 관련하여 기초자료 작성

3. 화재안전조사를 위한 점검장비 등 운영

4. 현장 활동사항 기록관리 등 조사에 필요한 사항

제11조(조사단원의 의무 및 해임 등) ① 조사단원은 조사업무 계획 및 업무수행과 관련하여 알게 된 사실을 누설하여서는 아니 된다. 이 경우 위촉된 조사단원은 별지 제5호서식의 보안서약서를 작성하여 단장에게 제출하여야 한다.

② 현장조사반원의 제척·기피·회피에 대해서는 영제12조 규정을 준용한다.

③ 소방관서장은 조사단원이 다음 각 호의 어느 하나에 해당하는 경우에는 즉시 해임하거나 위촉을 해제할 수 있다.

1. 조사단 운영과 관련하여 금품을 주고받았거나 부정한 청탁에 따라 권한을 행사하는 등 비위 사실이 있는 경우

2. 제척·기피·회피사유에 해당됨에도 불구하고 회피를 신청하지 아니하여 화재안전조사의 공정성을 해친 경우

3. 조사단원 본인 또는 조사단원이 소속된 기관(단체)의 요청이 있는 경우

4. 위촉된 조사단원의 임기가 만료된 경우

5. 수당·여비, 그 밖에 필요한 경비의 집행과 관련하여 허위 청구 등 비위사실이 인정되는 경우

6. 조사단원으로 활동이 저조하거나 불성실한 경우

7. 조사대상 관계인 및 단원 간 불화 등 민원을 야기하는 경우

8. 기타 조사단원으로 활동하기 어렵다고 인정되는 경우

제12조(화재안전조사위원회의 운영) ① 영 제11조제1항에 따른 화재안전조사위원회(이하 "위원회"라 한다)에는 간사 1명과 서기 약간명을 둘 수 있다.

② 위원회는 재적위원 과반수의 출석으로 개회하고 출석위원 과반수의 찬성으로 의결한다.

③ 위원회의 위원장은 회의 개최 3일 전까지 개최사실과 심의내용을 위원에게 통지하여야 한다.

④ 영 제11조제3항에 따라 소방관서장이 위촉하는 위원의 위촉장은 별지 제6호서식과 같다.

⑤ 영 제12조제2항 및 제3항에 따른 위원의 기피신청 및 회피신청서는 별지 제7호서식과 같다.

제13조(화재안전조사대상 선정 등) ① 위원회가 조사대상의 선정을 심의할 때에는 법 제7조제1항 각 호에 해당하는 대상을 우선적으로 고려하되 다음 각 호의 사항을 검토하여 선정한다.

1. 화재로 인해 대형 인명·재산피해의 우려가 높거나 최근 대형화재가 발생한 소방대상물 등

2. 다중이용업소, 숙박시설, 노유자시설 또는 의료시설 등이 입주하고 있는 대상

3. 최근 화재가 반복적으로 발생하거나 자동화재속보설비의 비화재 신고로 출동이 잦은 대상

4. 고층 건축물, 연면적이 넓은 대상 등 화재발생시 신속한 대피가 어려운 대상

5. 「소방시설 설치 및 관리에 관한 법률」 제22조제4항 및 제5항에 따른 표준자체점검비 대비 70% 이하 용역계약을 체결하고 자체점검을 실시한 대상

② 다음 각 호의 소방대상물은 최근 화재발생이 없었고 특별한 화재위험요소가 발견되지 않는 경우에는 2년의 범위 내에서 화재안전조사를 제외할 수 있다.

1. 법 제41조제1항에 따른 화재예방안전진단을 받은 소방안전특별관리시설물

2. 법 제44조제1항에 의해 우수 소방대상물로 선정된 소방대상물

3. 한국안전인증원 또는 국가화재평가원 등 소방청장으로부터 허가받은 비영리법인·단체로부터 안전에 관한 인증 또는 지정 등을 받은 특정소방대상물

제14조(화재안전조사 증표) 법 제12조제1항에 따라 화재안전조사를 실시하는 관계 공무원·외부 전문가가 관계인에게 내보여야 하는 증표는 다음 각 호와 같다.

1. 소방공무원, 관계 공무원: 공무원증

2. 관계 전문가: 별지 제8호서식의 화재안전조사자 지정서

제15조(관계기관 협조 등) ① 단장은 조사단의 업무수행을 위하여 필요한 경우 중앙행정기관·지방자치단체, 유관기관 등 관계 기관의 장에게 필요한 인력의 출장 또는 파견을 요청할 수 있다.

② 관련 기관·단체나 전문지식과 경험이 있는 관계공무원 또는 관계전문가 등에 대하여 자료 및 의견의 제출 등 필요한 협조를 요청할 수 있다.

제16조(화재안전조사자의 교육 등) ① 소방관서장은 화재안전조사자에 대하여 중앙소방학교장 또는 지방소방학교장이 실시하는 전문교육을 이수하게 할 수 있다.

② 소방관서장은 화재안전조사자에 대하여 **연간 16시간 이상**(분기별 4시간 이상) 자체계획을 수립하여 실무교육을 실시하거나 인터넷 사이버교육 또는 중앙소방학교 또는 지방소방학교에 실무교육을 위탁할 수 있다.

③ 소방관서장은 화재안전조사자에 대하여 별지 제10호서식의 화재안전조사자 명부를 작성하여 근무배치(지정)일·근무경력·전문교육 이수내역 또는 자체실무교육 이수내역 등 필요한 사항을 기록하여 관리하여야 한다. 다만, 인사정보시스템등과 연계하여 별도 관리하는 경우에는 갈음할 수 있다.

④ 제3항에 따라 작성된 화재안전조사자 명부는 경력증명서 발급 시 증명자료로 활용할 수 있도록 자체 관리하여야 한다.

⑤ 중앙소방학교장 또는 지방소방학교장은 화재안전조사자 전문교육 수요조사를 매년 실시하여 연간 교육계획에 반영하여야 하며, 시·도 및 교육과정별로 전문교육이수자 현황을 작성하여 해당 시·도 소방본부장에게 이를 통보하여야 하며, 통보받은 소방본부장은 별지 제11호서식의 화재안전조사자 전문교육 관리대장을 작성하여 관리하여야 한다. 다만, 인사정보시스템등과 연계하여 별도 관리하는 경우에는 갈음할 수 있다.

제17조(점검장비의 보유기준) 소방관서장은 **별표**의 기준에 따른 소방시설 점검장비를 확보하고 화재안전조사반이 활용할 수 있도록 교육을 실시하여야 한다.

제18조(자문위원) ① 조사단의 업무를 수행하기 위하여 필요한 경우에는 관련 분야의 학식과 경험이 풍부한 민간 전문가 등을 자문위원으로 위촉할 수 있다.

② 자문위원은 단장이 위촉한다.

제19조(위반자 등 통보) 소방관서장은 조사단의 업무를 수행함에 있어서 지시를 위반하거나 부과된 임무를 게을리 한 공무원 또는 직원의 명단을 그 소속기관 또는 단체의 장에게 통보할 수 있다.

제20조(수당 등) ① 조사단에서 실시하는 조사, 자문 등에 참여하는 유관기관의 직원 및 외부 전문가에 대하여는 예산의 범위 안에서 수당·여비, 그 밖에 필요한 경비를 지급할 수 있다.

② 수당을 지급할 경우 「엔지니어링산업 진흥법」 제33조에 따라 설립된 한국엔지니어링협회에서 공표한 당해 연도 엔지니어링업체 임금실태조사 공표결과 중 기타대상의 고급 또는 중급기술자의 노임단가를 적용한다.

제21조(운영세칙) 이 훈령에 규정한 것 이외에 화재안전조사단의 운영에 관하여 필요한 사항은 단장이 정한다.

제22조(재검토기한) 소방청장은 「훈령·예규 등의 발령 및 관리에 관한 규정」에 따라 이 훈령에 대하여 2023년 1월 1일 기준으로 매 3년이 되는 시점(매 3년째의 12월 31일까지를 말한다)마다 그 타당성을 검토하여 개선 등의 조치를 하여야 한다.

[별표 1] 화재안전조사단 점검장비 보유기준(제17조 관련)

소방시설 구분	장비	규격
공통시설	방수압력측정계, 절연저항계, 전류전압측정계	
소화기구	저울	
옥내소화전설비, 옥외소화전설비	소화전밸브압력계	
스프링클러설비, 포소화설비	헤드결합렌치	
이산화탄소소화설비, 분말소화설비 할로겐화합물소화설비, 청정소화약제소화설비	검량계, 기동관누설시험기	
자동화재탐지설비, 시각경보기	열감지기시험기, 연기감지기시험기, 공기주입시험기, 감지기시험기연결폴대음량계	
누전경보기	누전계	누전전류 측정용
무선통신보조설비	무선기	통화시험용
제연설비	풍속풍압계, 폐쇄력측정기, 차압계	
통로유도등, 비상조명등	조도계	최소눈금이 0.1럭스 이하인 것

[별지 1] 화재안전조사계획 사전 공개 < 생 략 >

[별지 2] 화재안전조사 결과 공개 < 생 략 >

[별지 3] 화재안전조사 세부조사표 < 생 략 >

[별지 4] 화재안전조사단 위촉장 < 생 략 >

[별지 5] 서약서 < 생 략 >

[별지 6] 화재안전조사위원회 위원 위촉장 < 생 략 >

[별지 7] 화재안전조사위원회 기피 또는 회피 신청서 < 생 략 >

[별지 8] 화재안전조사자 지정서 < 생 략 >

[별지 9] 화재안전조사 결과서 < 생 략 >

[별지 10] 화재안전조사자 명부 < 생 략 >

[별지 11] 화재안전조사자 전문교육 관리대장 < 생 략 >

① 누구든지 화재예방강화지구 및 이에 준하는 대통령령으로 정하는 장소에서는 다음 각 호의

제18조(화재예방강화지구의 지정 등)

시행령 제16조제1항: 위험물제조소등, 고압가스 저장소, 액화석유가스의 저장소·판매소,
수소연료공급시설 및 수소연료사용시설, 화약류를 저장하는 장소

어느 하나에 해당하는 행위를 하여서는 아니 된다.

다만, 행정안전부령으로 정하는 바에 따라 안전조치를 한 경우에는 그러하지 아니하다.

시행규칙 제7조(화재예방 안전조치 등)

① 화재예방강화지구 및 영 제16조제1항 각 호의 장소에서는 다음 각 호의 안전조치를 한 경우에 법 제17조제1항 각 호의 행위를 할 수 있다.
1. 「국민건강증진법」 제9조제4항 각 호 외의 부분 후단에 따라 설치한 흡연실 등 법령에 따라 지정된 장소에서 화기 등을 취급하는 경우
2. 소화기 등 소방시설을 비치 또는 설치한 장소에서 화기 등을 취급하는 경우
3. 「산업안전보건기준에 관한 규칙」 제241조의2제1항에 따른 화재감시자 등 안전요원이 배치된 장소에서 화기 등을 취급하는 경우
4. 그 밖에 소방관서장과 사전 협의하여 안전조치를 한 경우
② 제1항제4호에 따라 소방관서장과 사전 협의하여 안전조치를 하려는 자는 별지 제8호서식의 화재예방 안전조치 협의 신청서를 작성하여 소방관서장에게 제출해야 한다.
③ 소방관서장은 제2항에 따라 협의 신청서를 받은 경우에는 화재예방 안전조치의 적절성을 검토하고 5일 이내에 별지 제9호서식의 화재예방 안전조치 협의 결과 통보서를 협의를 신청한 자에게 통보해야 한다.
④ 소방관서장은 법 제17조제2항 각 호의 명령을 할 때에는 별지 제10호서식의 화재예방 조치명령서를 해당 관계인에게 발급해야 한다.

1. 모닥불, 흡연 등 화기의 취급

2. 풍등 등 소형열기구 날리기

3. 용접·용단 등 불꽃을 발생시키는 행위

4. 그 밖에 대통령령으로 정하는 화재 발생 위험이 있는 행위

시행령 제16조제2항: 「위험물안전관리법」 제2조제1항제1호에 따른 위험물을 방치하는 행위 → 양(지정수량)과 관계없다.

과태료 ➡ 300만원 이하 (➡ 위반 횟수에 상관없이 300만원)

• 정당한 사유 없이 제17조제1항 각 호의 어느 하나에 해당하는 행위를 한 자

제17조는 화재를 예방하기 위하여 취해야 하는 일반적 조치 사항을 규정한다. 제1항은 화재예방을 위한 금지행위를, 제2항은 위험한 행위나 물건에 대한 소방관서장의 조치명령을, 제3항은 옮긴 물건에 대한 조치, 제4항은 화재 우려가 있는 설비 또는 기구 등에 관한 사항을, 제5항은 특수가연물에 관한 저장 및 취급 기준을 각각 명시한다.

제1항은 제18조에 따른 '화재예방강화지구'와 위험물·가스·수소연료·화약류 등이 취급되는 장소에서 화기나 불꽃을 발생시키는 원칙적으로 금지한다. 이들 장소는 화재 발생 시 막대한 사회적 파장을 일으킬 수 있는 민감한 지역이기 때문이다. 다만, 시행규칙 제7조에 따른 안전조치를 완료한 경우에 한하여 화재 위험 행위가 허용된다.

금지 행위의 예시 중 '풍등 등 소형열기구 날리기'는 2018년 10월 7일 경기도 고양저유소에서 발생한 대형 화재 사고[84]를 계기로 법령에 추가되었으며, '그 밖에 대통령령으로 정하는 화재 발생 위험이 있는 행위'에는 위험물[85]을 방치하는 행위가 포함된다.

정당한 사유 없이 금지된 행위를 할 경우, 적발될 때마다 300만 원의 과태료가 부과된다. 행위의 경미함이나 위험물의 소량 여부와 관계없이 처벌이 이루어질 수 있으므로, 민감한 장소에서는 관련 규정을 면밀히 확인하고 안전하게 행동하여야 한다.

[고양 저유소 화재 (2018.11.06. The JoongAng)]

'화재의 예방조치 등'에 관한 규정은 1958년 제정된 구 「소방법」부터 존재해 온 유서 깊은 조항이다. 이후 사회 발전에 따라 점차 세밀해지는 개정을 거쳐왔으며, 2003년[5월 29일] 분법 이후 「소방기본법」 제12조에 규정되었다가, 2021년[11월 30일] 이 법이 제정되면서 현재의 형태로 정착되었다. 이 규정의 변천 과정을 살펴보면 다음 표와 같다.

[표 4] '화재의 예방조치 등' 조항 변천 과정

• 1958. 3. 11., 제정 「소방법」 (시행 1958. 3. 11.)
제3조(옥외의 화재예방조치) 소방서장(消防署를 設置하지 아니한 地域에 있어서는 警察署長 以下같다)은 옥외에 있어서 화재의 예방상위험하다고 인정되는 행위를 하는 자 또는 방화활동에 지장이 있다고 인정되는 물건의 소유자, 관리자 또는 점유자로서 권원을 가진 자에 대하여 필요한 조치를 취하도록 명할 수 있다.

• 1967. 4. 14., 전부개정 「소방법」 (시행 1967. 10. 15.)
제3조(화재의 예방조치) 소방서장(消防署가 設置되지 아니한 地域에 있어서는 警察署長. 이하 같다)은 화재의 예방상 위험하다고 인정되는 행위를 하는 자 또는 소방활동에 지장이 있다고 인정되는 물건의 관계자에 대하여 다음 각호에 게기하는 명령을 할 수 있다. 1. 롱화 · 분화 · 흡연 및 화기취급의 금지 또는 제한 2. 잔화 또는 화기의 우려가 있는 재의 처리 3. 방치되어 있는 위험물 기타 연소의 우려가 있는 물건의 처리와 함부로 존치 또는 방치되어 있는 물체의 이동 및 철거 4. 기타 화재예방상 현저하게 위험하다고 인정되는 행동의 금지 또는 제한

---

84) 고양저유소 유증기 폭발사고: 2018년 10월 7일에 경기도 고양시 대한송유관공사 경인지사 고양저유소에서 일어난 유증기 폭발 사고이다. 외국인 근로자가 날린 풍등 불씨가 잔디에 착화되어 유증기 폭발, 휘발유 저장탱크 1기 폭발(490만 리터 용량, 당시 440만 리터 저장)하여 43억 5천만 원 재산 피해가 발생하였다.(위키백과)
"고양 저유소 화재, 총체적 관리 부실로 인한 인재(人災) 결론", 2018.11.06. The JoongAng
https://www.joongang.co.kr/article/23098903

85) 위험물이란 「위험물안전관리법」에 따른 '인화성 또는 발화성 등의 성질을 가지는 대통령령이 정하는 물품'으로, 간단히 설명하면 '화재위험성이 높은 액체 또는 고체'로서 소방기관에서 화재 예방을 위하여 관리하는 화재위험물질을 말한다.

• 1973. 2. 8., 전부개정 「소방법」 (시행 1973. 5. 9.)

제4조(화재의 예방조치) ① 소방본부장 또는 소방서장은 화재의 예방상 위험하다고 인정되는 행위를 하는 자 또는 소방활동에 지장이 있다고 인정되는 물건의 관계자에 대하여 다음 각호에 게기하는 명령을 할 수 있다.
1. 불장난, 모닥불, 흡연 및 화기취급의 금지 또는 제한
2. 타고 남은 불 또는 화기의 우려가 있는 재의 처리
3. 방치되어 있는 위험물 기타 연소의 우려가 있는 물건의 처리와 함부로 존치 또는 방치되어 있는 그러한 물건의 이동, 또는 철거
4. 기타 화재예방상 현저하게 위험하다고 인정되는 행위의 금지 또는 제한
② 제1항제3호의 경우 관계자의 주소·성명을 알 수 없어 필요한 명령을 할 수 없는 때에는 소속공무원으로 하여금 그 위험물등의 이동 또는 철거를 하게 할 수 있다. 이 경우에 소방본부장 또는 소방서장은 당해 물건을 보관하여야 한다.

• 1983. 12. 30., 일부개정 「소방법」 (시행 1984. 7. 1.)

제4조(화재의 예방조치) ① 소방본부장 또는 소방서장은 화재의 예방상 위험하다고 인정되는 행위를 하는 자 또는 소방활동에 지장이 있다고 인정되는 물건의 관계자에 대하여 다음 각호의 명령을 할 수 있다.
1. 불장난·모닥불·흡연 및 화기취급의 금지 또는 제한
2. 타고 남은 불 또는 화기의 우려가 있는 재의 처리
3. 방치되어 있는 위험물 기타 연소의 우려가 있는 물건의 처리와 함부로 존치 또는 방치되어 있는 그러한 물건의 이동 또는 철거
4. 기타 화재예방상 현저하게 위험하다고 인정되는 행위의 금지 또는 제한
② 제1항제3호의 경우 관계자의 주소·성명을 알 수 없어 필요한 명령을 할 수 없는 때에는 소속공무원으로 하여금 그 위험물등의 이동 또는 철거를 하게 할 수 있다. 이 경우에 소방본부장 또는 소방서장은 당해 물건을 보관하여야 한다.

• 1991. 12. 14., 전부개정 「소방법」 (시행 1992. 7. 1.)

제4조(화재의 예방조치) ① 소방본부장 또는 소방서장은 화재의 예방상 위험하다고 인정되는 행위를 하는 사람 또는 소화활동에 지장이 있다고 인정되는 물건의 소유자·관리자 또는 점유자에 대하여 다음의 명령을 할 수 있다.
1. 불장난·모닥불·흡연 및 화기(火氣)취급의 금지 또는 제한
2. 타고 남은 불 또는 화기의 우려가 있는 재의 처리
3. 함부로 버려두거나 그냥 둔 위험물 그밖의 불에 탈 수 있는 물건을 옮기거나 치우게 하는 등의 조치
4. 그밖의 화재예방상 위험하다고 인정되는 행위의 금지 또는 제한
② 제1항제3호의 경우 그 위험물 또는 물건의 소유자·관리자 또는 점유자의 주소·성명을 알 수 없어 필요한 명령을 할 수 없는 때에는 소속공무원으로 하여금 그 위험물 또는 물건을 옮기거나 치우게 할 수 있다. 이 경우 소방본부장 또는 소방서장은 이를 보관하여야 한다.

• 2003. 5. 29., 제정 「소방기본법」 (시행 2004. 5. 30)

제12조 (화재의 예방조치 등) ① 소방본부장 또는 소방서장은 화재의 예방상 위험하다고 인정되는 행위를 하는 사람이나 소화활동에 지장이 있다고 인정되는 물건의 소유자·관리자 또는 점유자에 대하여 다음 각호의 명령을 할 수 있다.
1. 불장난, 모닥불, 흡연, 화기(火氣) 취급 그 밖에 화재예방상 위험하다고 인정되는 행위의 금지 또는 제한
2. 타고남은 불 또는 화기(火氣)의 우려가 있는 재의 처리
3. 함부로 버려 두거나 그냥 둔 위험물 그 밖에 불에 탈 수 있는 물건을 옮기거나 치우게 하는 등의 조치
② 소방본부장 또는 소방서장은 제1항제3호에 해당하는 경우로서 그 위험물 또는 물건의 소유자·관리자 또는 점유자의 주소와 성명을 알 수 없어서 필요한 명령을 할 수 없는 때에는 소속공무원으로 하여금 그 위험물 또는 물건을 옮기거나 치우게 할 수 있다.
③ 소방본부장 또는 소방서장은 제2항의 규정에 따라 옮기거나 치운 위험물 또는 물건을 보관하여야 한다.
④ 소방본부장 또는 소방서장은 제3항의 규정에 따라 위험물 또는 물건을 보관하는 경우에는 그 날부터 14일동안 소방본부 또는 소방서의 게시판에 이를 공고하여야 한다.
⑤ 제3항의 규정에 의하여 소방본부장 또는 소방서장이 보관하는 위험물 또는 물건의 보관기간 및 보관기간 경과후 처리 등에 대해서는 대통령령으로 정한다.

• 2011. 5. 30., 일부개정 「소방기본법」 (시행 2011. 12. 1.)

제12조(화재의 예방조치 등) ① 소방본부장이나 소방서장은 화재의 예방상 위험하다고 인정되는 행위를 하는 사람이나 소화(消火) 활동에 지장이 있다고 인정되는 물건의 소유자·관리자 또는 점유자에게 다음 각 호의 명령을 할 수 있다.
1. 불장난, 모닥불, 흡연, 화기(火氣) 취급, 그 밖에 화재예방상 위험하다고 인정되는 행위의 금지 또는 제한
2. 타고 남은 불 또는 화기가 있을 우려가 있는 재의 처리
3. 함부로 버려두거나 그냥 둔 위험물, 그 밖에 불에 탈 수 있는 물건을 옮기거나 치우게 하는 등의 조치
② 소방본부장이나 소방서장은 제1항제3호에 해당하는 경우로서 그 위험물 또는 물건의 소유자·관리자 또는 점유자의 주소와 성명을 알 수 없어서 필요한 명령을 할 수 없을 때에는 소속 공무원으로 하여금 그 위험물 또는 물건을 옮기거나 치우게 할 수 있다.
③ 소방본부장이나 소방서장은 제2항에 따라 옮기거나 치운 위험물 또는 물건을 보관하여야 한다.
④ 소방본부장이나 소방서장은 제3항에 따라 위험물 또는 물건을 보관하는 경우에는 그 날부터 14일 동안 소방본부 또는 소방서의 게시판에 그 사실을 공고하여야 한다.
⑤ 제3항에 따라 소방본부장이나 소방서장이 보관하는 위험물 또는 물건의 보관기간 및 보관기간 경과 후 처리 등에 대하여는 대통령령으로 정한다.

• 2017. 12. 26., 일부개정 「소방기본법」 (시행 2018. 6. 27.)

제12조(화재의 예방조치 등) ① 소방본부장이나 소방서장은 화재의 예방상 위험하다고 인정되는 행위를 하는 사람이나 소화(消火) 활동에 지장이 있다고 인정되는 물건의 소유자·관리자 또는 점유자에게 다음 각 호의 명령을 할 수 있다.
1. 불장난, 모닥불, 흡연, 화기(火氣) 취급, 풍등 등 소형 열기구 날리기, 그 밖에 화재예방상 위험하다고 인정되는 행위의 금지 또는 제한
2. 타고 남은 불 또는 화기가 있을 우려가 있는 재의 처리
3. 함부로 버려두거나 그냥 둔 위험물, 그 밖에 불에 탈 수 있는 물건을 옮기거나 치우게 하는 등의 조치
② 소방본부장이나 소방서장은 제1항제3호에 해당하는 경우로서 그 위험물 또는 물건의 소유자·관리자 또는 점유자의 주소와 성명을 알 수 없어서 필요한 명령을 할 수 없을 때에는 소속 공무원으로 하여금 그 위험물 또는 물건을 옮기거나 치우게 할 수 있다.
③ 소방본부장이나 소방서장은 제2항에 따라 옮기거나 치운 위험물 또는 물건을 보관하여야 한다.
④ 소방본부장이나 소방서장은 제3항에 따라 위험물 또는 물건을 보관하는 경우에는 그 날부터 14일 동안 소방본부 또는 소방서의 게시판에 그 사실을 공고하여야 한다.
⑤ 제3항에 따라 소방본부장이나 소방서장이 보관하는 위험물 또는 물건의 보관기간 및 보관기간 경과 후 처리 등에 대하여는 대통령령으로 정한다.

• 2021. 11. 30., 제정 「화재의 예방 및 안전관리에 관한 법률」 (시행 2022. 12. 1.)

제17조(화재의 예방조치 등) ① 누구든지 화재예방강화지구 및 이에 준하는 대통령령으로 정하는 장소에서는 다음 각 호의 어느 하나에 해당하는 행위를 하여서는 아니 된다. 다만, 행정안전부령으로 정하는 바에 따라 안전조치를 한 경우에는 그러하지 아니한다.
1. 모닥불, 흡연 등 화기의 취급
2. 풍등 등 소형열기구 날리기
3. 용접·용단 등 불꽃을 발생시키는 행위
4. 그 밖에 대통령령으로 정하는 화재 발생 위험이 있는 행위
② 소방관서장은 화재 발생 위험이 크거나 소화 활동에 지장을 줄 수 있다고 인정되는 행위나 물건에 대하여 행위 당사자나 그 물건의 소유자, 관리자 또는 점유자에게 다음 각 호의 명령을 할 수 있다. 다만, 제2호 및 제3호에 해당하는 물건의 소유자, 관리자 또는 점유자를 알 수 없는 경우 소속 공무원으로 하여금 그 물건을 옮기거나 보관하는 등 필요한 조치를 하게 할 수 있다.
1. 제1항 각 호의 어느 하나에 해당하는 행위의 금지 또는 제한
2. 목재, 플라스틱 등 가연성이 큰 물건의 제거, 이격, 적재 금지 등
3. 소방차량의 통행이나 소화 활동에 지장을 줄 수 있는 물건의 이동
③ 제2항 단서에 따라 옮긴 물건 등에 대한 보관기간 및 보관기간 경과 후 처리 등에 필요한 사항은 대통령령으로 정한다.
④ 보일러, 난로, 건조설비, 가스·전기시설, 그 밖에 화재 발생 우려가 있는 대통령령으로 정하는 설비 또는 기구 등의 위치·구조 및 관리와 화재예방을 위하여 불을 사용할 때 지켜야 하는 사항은 대통령령으로 정한다.
⑤ 화재가 발생하는 경우 불길이 빠르게 번지는 고무류·플라스틱류·석탄 및 목탄 등 대통령령으로 정하는 특수가연물(特殊可燃物)의 저장 및 취급 기준은 대통령령으로 정한다.

② 소방관서장은 화재 발생 위험이 크거나 소화 활동에 지장을 줄 수 있다고 인정되는 행위나 물건에 대하여 행위 당사자나 그 물건의 소유자, 관리자 또는 점유자에게 다음 각 호의 명령을 할 수 있다. 다만, 제2호 및 제3호에 해당하는 물건의 소유자, 관리자 또는 점유자를 알 수 없는 경우 소속 공무원으로 하여금 그 물건을 옮기거나 보관하는 등 필요한 조치를 하게 할 수 있다.

1. 제1항 각 호의 어느 하나에 해당하는 행위의 금지 또는 제한

2. 목재, 플라스틱 등 가연성이 큰 물건의 제거, 이격, 적재 금지 등

3. 소방차량의 통행이나 소화 활동에 지장을 줄 수 있는 물건의 이동

벌칙 ➡ **300만원** 이하의 **벌금**

• 제17조제2항 각 호의 어느 하나에 따른 명령을 정당한 사유 없이 따르지 아니하거나 방해한 자

③ 제2항 단서에 따라 옮기 물건 등에 대한 보관기간 및 보관기간 경과 후 처리 등에 필요한 사항은 대통령령으로 정한다.

시행령 제17조(옮긴 물건 등의 보관기간 및 보관기간 경과 후 처리)

① 소방관서장은 법 제17조제2항 각 호 외의 부분 단서에 따라 옮긴 물건 등(이하 "옮긴물건등"이라 한다)을 보관하는 경우에는 그날부터 **14일 동안** 해당 소방관서의 인터넷 홈페이지에 그 사실을 **공고해야 한다.**
② 옮긴물건등의 **보관기간은** 제1항에 따른 **공고기간의 종료일 다음 날부터 7일까지로** 한다.
③ 소방관서장은 제2항에 따른 보관기간이 종료된 때에는 보관하고 있는 옮긴물건등을 **매각해야 한다.** 다만, 보관하고 있는 옮긴물건등이 부패 · 파손 또는 이와 유사한 사유로 정해진 용도로 계속 사용할 수 없는 경우에는 **폐기**할 수 있다.
④ 소방관서장은 보관하던 옮긴물건등을 제3항 본문에 따라 **매각한 경우에는** 지체 없이 「국가재정법」에 따라 **세입조치를** 해야 한다.
⑤ 소방관서장은 제3항에 따라 매각되거나 폐기된 옮긴물건등의 소유자가 보상을 요구하는 경우에는 보상금액에 대하여 **소유자와의 협의를** 거쳐 이를 **보상해야 한다.**
⑥ 제5항의 손실보상의 방법 및 절차 등에 관하여는 제14조를 준용한다.

소방관서장은 제1항에 나열된 화재 위험이 큰 행위를 금지하거나 제한하는 명령을 할 수 있으며, 가연성이 높거나 소화 활동에 지장을 줄 수 있는 물건에 대하여 필요한 조치를 명할 수도 있다. 제1항의 금지 행위를 위반한 경우 과태료가 부과되는 데 반해, 제2항의 조치명령을 위반한 경우에는 300만 원 이하의 벌금형이라는 보다 무거운 처벌이 가해진다.

만약 가연성이 높거나 소화 활동에 지장을 줄 수 있는 물건의 관계인을 확인할 수 없는 경우, 소방관서장은 소속 직원으로 하여금 해당 물건을 옮기거나 보관하는 등 필요한 조치를 할 수 있다. 이렇게 옮긴 물건은 14일 동안 해당 소방관서의 홈페이지에 공고하고, 공고 기간 종료 후 7일 동안 보관한 뒤 매각하거나 폐기

한다. 이 과정에서 해당 물건의 소유자가 보상을 요구하는 경우에는 제15조(손실보상)와 동일한 방법과 절차를 따른다.

④ 보일러, 난로, 건조설비, 가스 · 전기시설, 그 밖에 화재 발생 우려가 있는 대통령령으로 정하는
불꽃을 사용하는 용접 · 용단 기구, 노(爐) · 화덕설비, 음식조리를 위하여 설치하는 설비

설비 또는 기구 등의 위치 · 구조 및 관리와 화재 예방을 위하여 불을 사용할 때 지켜야 하는 사항은

대통령령으로 정한다.

① 법 제17조제4항에서 "대통령령으로 정하는 설비 또는 기구 등"이란 다음 각 호의 설비 또는 기구를 말한다.
1. 보일러   2. 난로   3. 건조설비   4. 가스 · 전기시설   5. 불꽃을 사용하는 용접 · 용단 기구   6. 노(爐) · 화덕설비   7. 음식조리를 위하여 설치하는 설비
② 제1항 각 호에 따른 설비 또는 기구의 위치 · 구조 및 관리와 화재 예방을 위하여 불을 사용할 때 지켜야 하는 사항은 **별표 1**과 같다.
③ 제1항 및 제2항에서 규정한 사항 외에 화재 발생 우려가 있는 설비 또는 기구의 종류, 해당 설비 또는 기구의 위치 · 구조 및 관리와 화재 예방을 위하여 불을 사용할 때 지켜야 하는 사항은 **시 · 도의 조례**로 정한다.

시행령 [별표 1] 보일러 등의 설비 또는 기구 등의 위치구조 및 관리와 화재예방을 위하여 불을 사용할 때 지켜야 하는 사항

과태료 ➡ **200만원 이하** (➡ 위반 횟수에 상관없이 **200만원**)

• 제17조제4항에 따른 불을 사용할 때 지켜야 하는 사항을 위반한 자

생활 주변에서 화재가 발생하기 쉬운 설비나 기구는 그 종류가 매우 다양하며, 사회발전에 따라 그 형태와 종류가 급속히 확대되고 있다. 이러한 설비나 기구로 인한 화재를 예방하기 위해 개별 대상마다 법령으로 안전 기준을 강제하는 것은 현실적으로 불가능에 가깝다.

따라서 이 법은 대표적인 설비나 기구에 대하여 화재 예방을 위해 지켜야 할 기본 사항을 시행령 [별표 1]로 정하여 준수하도록 한다. 해당 기준을 위반하면 적발 시마다 200만 원의 과태료가 부과된다. 법령이 규정하는 설비나 기구는 다음 7가지이다.

- 보일러
- 난로
- 건조설비
- 가스 · 전기시설
- 불꽃을 사용하는 용접 · 용단 기구
- 노 · 화덕설비
- 음식조리를 위하여 설치하는 설비

이 외에 화재 발생 우려가 있는 설비나 기구는 지방자치단체의 특성에 맞게 추가[86]하여 해당 지자체의 조례로 규율할 수 있다.

---

86) 「서울특별시 화재예방 조례」~ 불티가 생기는 설비, 가스 또는 전기에 따른 용접 · 용단기
「경기도 화재안전 조례」~ 불티가 생기는 설비, 가연성 증기 또는 분진 발생 설비
「강원특별자치도 화재예방 조례」~ 불티가 생기는 설비, 가스 또는 전기에 의한 용접 · 용단기, 불꽃놀이기구(장난감용 제외)

「화재의 예방 및 안전관리에 관한 법률 시행령」[별표 1]
보일러 등의 설비 또는 기구 등의 위치·구조 및 관리와 화재예방을 위하여 불을 사용할 때 지켜야 하는 사항
(제18조제2항 관련)

1. 보일러

가. 가연성 벽·바닥 또는 천장과 접촉하는 증기기관 또는 연통의 부분은 규조토 등 난연성 또는 불연성 단열재로 덮어씌워야 한다.

나. 경유·등유 등 액체연료를 사용할 때에는 다음 사항을 지켜야 한다.

  1) 연료탱크는 보일러 본체로부터 수평거리 1미터 이상의 간격을 두어 설치할 것

  2) 연료탱크에는 화재 등 긴급상황이 발생하는 경우 연료를 차단할 수 있는 개폐밸브를 연료탱크로부터 0.5미터 이내에 설치할 것

  3) 연료탱크 또는 보일러 등에 연료를 공급하는 배관에는 여과장치를 설치할 것

  4) 사용이 허용된 연료 외의 것을 사용하지 않을 것

  5) 연료탱크가 넘어지지 않도록 받침대를 설치하고, 연료탱크 및 연료탱크 받침대는 「건축법 시행령」 제2조제10호에 따른 불연재료(이하 "불연재료"라 한다)로 할 것

다. 기체연료를 사용할 때에는 다음 사항을 지켜야 한다.

  1) 보일러를 설치하는 장소에는 환기구를 설치하는 등 가연성 가스가 머무르지 않도록 할 것

  2) 연료를 공급하는 배관은 금속관으로 할 것

  3) 화재 등 긴급 시 연료를 차단할 수 있는 개폐밸브를 연료용기 등으로부터 0.5미터 이내에 설치할 것

  4) 보일러가 설치된 장소에는 가스누설경보기를 설치할 것

라. 화목(火木) 등 고체연료를 사용할 때에는 다음 사항을 지켜야 한다.

  1) 고체연료는 보일러 본체와 수평거리 2미터 이상 간격을 두어 보관하거나 불연재료로 된 별도의 구획된 공간에 보관할 것

  2) 연통은 천장으로부터 0.6미터 떨어지고, 연통의 배출구는 건물 밖으로 0.6미터 이상 나오도록 설치할 것

  3) 연통의 배출구는 보일러 본체보다 2미터 이상 높게 설치할 것

  4) 연통이 관통하는 벽면, 지붕 등은 불연재료로 처리할 것

  5) 연통재질은 불연재료로 사용하고 연결부에 청소구를 설치할 것

마. 보일러 본체와 벽·천장 사이의 거리는 0.6미터 이상이어야 한다.

바. 보일러를 실내에 설치하는 경우에는 콘크리트바닥 또는 금속 외의 불연재료로 된 바닥 위에 설치해야 한다.

2. 난로

가. 연통은 천장으로부터 0.6미터 이상 떨어지고, 연통의 배출구는 건물 밖으로 0.6미터 이상 나오게 설치해야 한다.

나. 가연성 벽·바닥 또는 천장과 접촉하는 연통의 부분은 규조토 등 난연성 또는 불연성의 단열재로 덮어씌워야 한다.

다. 이동식난로는 다음의 장소에서 사용해서는 안 된다. 다만, 난로가 쓰러지지 않도록 받침대를 두어 고정시키거나 쓰러지는 경우 즉시 소화되고 연료의 누출을 차단할 수 있는 장치가 부착된 경우에는 그렇지 않다.

  1) 「다중이용업소의 안전관리에 관한 특별법」 제2조제1항제4호에 따른 다중이용업소

  2) 「학원의 설립·운영 및 과외교습에 관한 법률」 제2조제1호에 따른 학원

  3) 「학원의 설립·운영 및 과외교습에 관한 법률 시행령」 제2조제1항제4호에 따른 독서실

  4) 「공중위생관리법」 제2조제1항제2호에 따른 숙박업, 같은 항 제3호에 따른 목욕장업 및 같은 항 제6호에 따른 세탁업의 영업장

  5) 「의료법」 제3조제2항제1호에 따른 의원·치과의원·한의원, 같은 항 제2호에 따른 조산원 및 같은 항 제3호에 따른 병원·치과병원·한방병원·요양병원·정신병원·종합병원

  6) 「식품위생법 시행령」 제21조제8호에 따른 식품접객업의 영업장

  7) 「영화 및 비디오물의 진흥에 관한 법률」 제2조제10호에 따른 영화상영관

  8) 「공연법」 제2조제4호에 따른 공연장

  9) 「박물관 및 미술관 진흥법」 제2조제1호에 따른 박물관 및 같은 조 제2호에 따른 미술관

  10) 「유통산업발전법」 제2조제7호에 따른 상점가

  11) 「건축법」 제20조에 따른 가설건축물

  12) 역·터미널

3. 건조설비

가. 건조설비와 벽·천장 사이의 거리는 0.5미터 이상이어야 한다.

나. 건조물품이 열원과 직접 접촉하지 않도록 해야 한다.

다. 실내에 설치하는 경우에 벽·천장 및 바닥은 불연재료로 해야 한다.

4. 가스 · 전기시설

　가. 가스시설의 경우 「고압가스 안전관리법」, 「도시가스사업법」 및 「액화석유가스의 안전관리 및 사업법」에서 정하는 바에 따른다.

　나. 전기시설의 경우 「전기사업법」 및 「전기안전관리법」에서 정하는 바에 따른다.

5. 불꽃을 사용하는 용접 · 용단 기구

　용접 또는 용단 작업장에서는 다음 각 목의 사항을 지켜야 한다. 다만, 「산업안전보건법」 제38조의 적용을 받는 사업장에는 적용하지 않는다.

　가. 용접 또는 용단 작업장 주변 반경 5미터 이내에 소화기를 갖추어 둘 것

　나. 용접 또는 용단 작업장 주변 반경 10미터 이내에는 가연물을 쌓아두거나 놓아두지 말 것. 다만, 가연물의 제거가 곤란하여 방화포 등으로 방호
　　조치를 한 경우는 제외한다.

6. 노 · 화덕설비

　가. 실내에 설치하는 경우에는 흙바닥 또는 금속 외의 불연재료로 된 바닥에 설치해야 한다.

　나. 노 또는 화덕을 설치하는 장소의 벽 · 천장은 불연재료로 된 것이어야 한다.

　다. 노 또는 화덕의 주위에는 녹는 물질이 확산되지 않도록 높이 0.1미터 이상의 턱을 설치해야 한다.

　라. 시간당 열량이 30만킬로칼로리 이상인 노를 설치하는 경우에는 다음의 사항을 지켜야 한다.

　　1) 「건축법」 제2조제1항제7호에 따른 주요구조부(이하 "주요구조부"라 한다)는 불연재료 이상으로 할 것

　　2) 창문과 출입구는 「건축법 시행령」 제64조에 따른 60분+ 방화문 또는 60분 방화문으로 설치할 것

　　3) 노 주위에는 1미터 이상 공간을 확보할 것

7. 음식조리를 위하여 설치하는 설비

　「식품위생법 시행령」 제21조제8호에 따른 식품접객업 중 일반음식점 주방에서 조리를 위하여 불을 사용하는 설비를 설치하는 경우에는 다음 각 목의
　사항을 지켜야 한다.

　가. 주방설비에 부속된 배출덕트(공기 배출통로)는 0.5밀리미터 이상의 아연도금강판 또는 이와 같거나 그 이상의 내식성 불연재료로 설치할 것

　나. 주방시설에는 동물 또는 식물의 기름을 제거할 수 있는 필터 등을 설치할 것

　다. 열을 발생하는 조리기구는 반자 또는 선반으로부터 0.6미터 이상 떨어지게 할 것

　라. 열을 발생하는 조리기구로부터 0.15미터 이내의 거리에 있는 가연성 주요구조부는 단열성이 있는 불연재료로 덮어 씌울 것

비고

1. "보일러"란 사업장 또는 영업장 등에서 사용하는 것을 말하며, 주택에서 사용하는 가정용 보일러는 제외한다.

2. "건조설비"란 산업용 건조설비를 말하며, 주택에서 사용하는 건조설비는 제외한다.

3. "노 · 화덕설비"란 제조업 · 가공업에서 사용되는 것을 말하며, 주택에서 조리용도로 사용되는 화덕은 제외한다.

4. 보일러, 난로, 건조설비, 불꽃을 사용하는 용접 · 용단기구 및 노 · 화덕설비가 설치된 장소에는 소화기 1개 이상을 갖추어 두어야 한다..

⑤ 화재가 발생하는 경우 불길이 빠르게 번지는 고무류 · 플라스틱류 · 석탄 및 목탄 등 대통령령으로

정하는 특수가연물(特殊可燃物)의 저장 및 취급 기준은 대통령령으로 정한다.

시행령 제19조(화재의 확대가 빠른 특수가연물) ① 법 제17조제5항에서 "고무류 · 플라스틱류 · 석탄 및 목탄 등 대통령령으로 정하는 특수가연물(特殊可燃物)"이란 **별표 2**에서 정하는 품별별 수량 이상의 가연물을 말한다.
② 법 제17조제5항에 따른 특수가연물의 저장 및 취급 기준은 **별표 3**과 같다.

▶ 시행령 **[별표 2]** 특수가연물   ▶ 시행령 **[별표 3]** 특수가연물의 저장 및 취급 기준

과태료 ➡ **200만원** 이하 (➡ 위반 횟수에 상관없이 200만원)

• 제17조제5항에 따른 특수가연물의 저장 및 취급기준을 위반한 자

특수가연물이란 화재가 발생하는 경우 일반 가연물보다 불이 빠르게 번지는 고무류 · 플라스틱류 · 석탄 및 목탄 등으로서 대통령령으로 정하는 것을 말한다. 시행령 [별표 2]는 이를 구체적으로 면화류, 나무껍질 및 대팻밥, 넝마 및 종이부스러기, 사류絲類, 볏짚류, 가연성 고체류, 가연성 액체류, 목재가공품 및 나무부스러기로 열거한다.

특수가연물은 구 「소방법」 제27조에 따라 같은 법 시행령 제12조의 [별표 4]에 '품명과 수량' 이 규정되어 있었다. 2003년5월 29일 분법 이후에는 「소방기본법」 제15조와 같은 법 시행령 제6조의 [별표 2]에 규정되었다가, 이후 2021년11월 30일 「화재의 예방 및 안전관리에 관한 법률」이 독립 · 제정되면서 제17조제5항 및 시행령 제19조의 [별표 2]에 '품명과 수량' 이 명시되었다.

특수가연물은 「위험물안전관리법」에서 규제하는 '위험물' 보다 화재위험성은 낮지만 일반 가연물보다는 높은 중간 영역에 위치한다. 따라서 「위험물안전관리법」이 아닌 이 법에서 규제하며, 위험물에 비해 상대적으로 완화된 기준이 적용된다. 달리 말하면, 위험물로 규제하기에는 지나치게 엄격하고, 그렇다고 아무런 규제를 하지 않기에는 화재위험성을 간과할 수 없는 애매한 특성을 지닌다.

1958년 「소방법」 제정 시부터 일본의 제도를 참고하여 시작된 특수가연물 규제는 그 내용이 다소 확장되긴 하였으나, 현대 산업기술의 급속한 변화를 제대로 반영하지 못하고 있다는 점에서 한계를 보인다.

특수가연물의 최초 명칭은 1958년 「소방법 시행령」 제2조 [별표 3]의 '대량가연물' 이었다. 1968년1월 15일 시행령 전부개정 시 특수가연물로 변경되었는데, 당시에는 준위험물, 특수가연물, 위험물이 공존하였다. 이후 준위험물은 삭제되거나 일부는 위험물에 포함되었고, 특수가연물은 현재와 같은 지위를 유지하고 있다.

특수가연물의 저장 및 취급기준은 「소방법」 시절에는 시 · 도의 조례로 정하다가, 「소방기본법」 제정 시부터는 시행령으로 상향 규정되었다. 현재는 이 법의 시행령 [별표 3] '특수가연물의 저장 · 취급 기준' 으로 규정되며, 이를 위반하면 적발 시마다 200만 원의 과태료가 부과된다.

「화재의 예방 및 안전관리에 관한 법률 시행령」[별표 2]
특수가연물(제18조제2항 관련)

품 명		수 량
면화류		200킬로그램 이상
나무껍질 및 대팻밥		400킬로그램 이상
넝마 및 종이부스러기		1,000킬로그램 이상
사류(絲類)		1,000킬로그램 이상
볏짚류		1,000킬로그램 이상
가연성 고체류		3,000킬로그램 이상
석탄·목탄류		10,000킬로그램 이상
가연성 액체류		2세제곱미터 이상
목재가공품 및 나무부스러기		10세제곱미터 이상
고무류·플라스틱류	발포시킨 것	20세제곱미터 이상
	그 밖의 것	3,000킬로그램 이상

비고

1. "면화류"란 불연성 또는 난연성이 아닌 면상(綿狀) 또는 팽이모양의 섬유와 마사(麻絲) 원료를 말한다.

2. 넝마 및 종이부스러기는 불연성 또는 난연성이 아닌 것(동물 또는 식물의 기름이 깊이 스며들어 있는 옷감·종이 및 이들의 제품을 포함한다)으로 한정한다.

3. "사류"란 불연성 또는 난연성이 아닌 실(실부스러기와 솜털을 포함한다)과 누에고치를 말한다.

4. "볏짚류"란 마른 볏짚·북데기와 이들의 제품 및 건초를 말한다. 다만, 축산용도로 사용하는 것은 제외한다.

5. "가연성 고체류"란 고체로서 다음 각 목에 해당하는 것을 말한다.

   가. 인화점이 섭씨 40도 이상 100도 미만인 것

   나. 인화점이 섭씨 100도 이상 200도 미만이고, 연소열량이 1그램당 8킬로칼로리 이상인 것

   다. 인화점이 섭씨 200도 이상이고 연소열량이 1그램당 8킬로칼로리 이상인 것으로서 녹는점(융점)이 100도 미만인 것

   라. 1기압과 섭씨 20도 초과 40도 이하에서 액상인 것으로서 인화점이 섭씨 70도 이상 섭씨 200도 미만이거나 나목 또는 다목에 해당하는 것

6. 석탄·목탄류에는 코크스, 석탄가루를 물에 갠 것, 마세크탄(조개탄), 연탄, 석유코크스, 활성탄 및 이와 유사한 것을 포함한다.

7. "가연성 액체류"란 다음 각 목의 것을 말한다.

   가. 1기압과 섭씨 20도 이하에서 액상인 것으로서 가연성 액체량이 40중량퍼센트 이하이면서 인화점이 섭씨 40도 이상 섭씨 70도 미만이고 연소점이 섭씨 60도 이상인 것

   나. 1기압과 섭씨 20도에서 액상인 것으로서 가연성 액체량이 40중량퍼센트 이하이고 인화점이 섭씨 70도 이상 섭씨 250도 미만인 것

   다. 동물의 기름과 살코기 또는 식물의 씨나 과일의 살에서 추출한 것으로서 다음의 어느 하나에 해당하는 것

     1) 1기압과 섭씨 20도에서 액상이고 인화점이 250도 미만인 것으로서 「위험물안전관리법」 제20조제1항에 따른 용기기준과 수납·저장기준에 적합하고 용기외부에 물품명·수량 및 "화기엄금" 등의 표시를 한 것

     2) 1기압과 섭씨 20도에서 액상이고 인화점이 섭씨 250도 이상인 것

8. "고무류·플라스틱류"란 불연성 또는 난연성이 아닌 고체의 합성수지제품, 합성수지반제품, 원료합성수지 및 합성수지 부스러기(불연성 또는 난연성이 아닌 고무제품, 고무반제품, 원료고무 및 고무 부스러기를 포함한다)를 말한다. 다만, 합성수지의 섬유·옷감·종이 및 실과 이들의 넝마와 부스러기는 제외한다.

「화재의 예방 및 안전관리에 관한 법률 시행령」 [별표 3]

특수가연물의 저장 및 취급 기준 (제19조제2항 관련)

1. 특수가연물의 저장 · 취급 기준

특수가연물은 다음 각 목의 기준에 따라 쌓아 저장해야 한다. 다만, 석탄 · 목탄류를 발전용(發電用)으로 저장하는 경우는 제외한다.

가. 품명별로 구분하여 쌓을 것

나. 다음의 기준에 맞게 쌓을 것

구분	살수설비를 설치하거나 방사능력 범위에 해당 특수가연물이 포함되도록 대형수동식소화기를 설치하는 경우	그 밖의 경우
높이	15미터 이하	10미터 이하
쌓는 부분의 바닥면적	200제곱미터(석탄 · 목탄류의 경우에는 300제곱미터) 이하	50제곱미터(석탄 · 목탄류의 경우에는 200제곱미터) 이하

다. 실외에 쌓아 저장하는 경우 쌓는 부분이 대지경계선, 도로 및 인접 건축물과 최소 6미터 이상 간격을 둘 것. 다만, 쌓는 높이보다 0.9미터 이상 높은 「건축법 시행령」 제2조제7호에 따른 내화구조(이하 "내화구조"라 한다) 벽체를 설치한 경우는 그렇지 않다.

라. 실내에 쌓아 저장하는 경우 주요구조부는 내화구조이면서 불연재료여야 하고, 다른 종류의 특수가연물과 같은 공간에 보관하지 않을 것. 다만, 내화구조의 벽으로 분리하는 경우는 그렇지 않다.

마. 쌓는 부분 바닥면적의 사이는 실내의 경우 1.2미터 또는 쌓는 높이의 1/2 중 큰 값 이상으로 간격을 두어야 하며, 실외의 경우 3미터 또는 쌓는 높이 중 큰 값 이상으로 간격을 둘 것

2. 특수가연물 표지

가. 특수가연물을 저장 또는 취급하는 장소에는 품명, 최대저장수량, 단위부피당 질량 또는 단위체적당 질량, 관리책임자 성명 · 직책, 연락처 및 화기취급의 금지표시가 포함된 특수가연물 표지를 설치해야 한다.

나. 특수가연물 표지의 규격은 다음과 같다.

특수가연물	
화기엄금	
품 명	합성수지류
최대저장수량 (배수)	000톤(00배)
단위부피당 질량 (단위체적당 질량)	000kg/㎥
관리책임자 (직 책)	홍길동 팀장
연락처	02-000-0000

1) 특수가연물 표지는 한 변의 길이가 0.3미터 이상, 다른 한 변의 길이가 0.6미터 이상인 직사각형으로 할 것

2) 특수가연물 표지의 바탕은 흰색으로, 문자는 검은색으로 할 것. 다만, "화기엄금" 표시 부분은 제외한다.

3) 특수가연물 표지 중 화기엄금 표시 부분의 바탕은 붉은색으로, 문자는 백색으로 할 것

다. 특수가연물 표지는 특수가연물을 저장하거나 취급하는 장소 중 보기 쉬운 곳에 설치해야 한다.

제18조(화재예방강화지구의 지정 등)

① 시 · 도지사는 다음 각 호의 어느 하나에 해당하는 지역을 화재예방강화지구로 지정하여 관리할 수 있다.

1. 시장지역
   「전통시장 및 상점가 육성을 위한 특별법」 제2조에 따른 전통시장 X, 상점가 X, 골목형상점가 X, 문화관광형시장 X … X

2. 공장 · 창고가 밀집한 지역
   「산업집적활성화 및 공장설립에 관한 법률」 제2조제1호에 따른 공장 X

3. 목조건물이 밀집한 지역

4. 노후 · 불량건축물이 밀집한 지역

5. 위험물의 저장 및 처리 시설이 밀집한 지역
   「위험물안전관리법」 제2조제1항에 따른 위험물 X, 제조소등 X

6. 석유화학제품을 생산하는 공장이 있는 지역
   원유 또는 천연가스를 원료로 하여 화학적인 공정을 거쳐 생산되는 제품

7. 「산업입지 및 개발에 관한 법률」 제2조제8호에 따른 산업단지
   국가산업단지, 일반산업단지, 도시첨단산업단지, 농공단지

   → 소화전, 급수탑, 저수조(「소방기본법」 제10조제1호)
8. 소방시설 · 소방용수시설 또는 소방출동로가 없는 지역
   → 소화설비, 경보설비, 피난구조설비, 소화용수설비, 소화활동설비(「소방시설 설치 및 관리에 관한 법률」 제2조제1항제1호)

9. 「물류시설의 개발 및 운영에 관한 법률」 제2조제6호에 따른 물류단지
   도시첨단물류단지, 일반물류단지

10. 그 밖에 제1호부터 제9호까지에 준하는 지역으로서 소방관서장이 화재예방강화지구로 지정할 필요가 있다고 인정하는 지역

② 제1항에도 불구하고 시 · 도지사가 화재예방강화지구로 지정할 필요가 있는 지역을 화재예방강화지구로 지정하지 아니하는 경우 소방청장은 해당 시 · 도지사에게 해당 지역의 화재예방강화지구 지정을 요청할 수 있다.

화재예방강화지구는 제2조제4호의 정의에 따라 '시 · 도지사가 화재발생 우려가 크거나 화재가 발생할 경우 피해가 클 것으로 예상되는 지역에 대하여 화재의 예방 및 안전관리를 강화하기 위해 지정 · 관리하는 지역'을 말한다.

화재예방강화지구의 이전 명칭은 '화재경계지구'이다. 화재경계지구는 1958년 구「소방법」제정 시부터 존재하였는데, 당시에는 「소방법 시행령」제13조에 따라 '도시의 건물밀집지대' 중 다음과 같은 5가지만 지정 대상이었다.

1. 시장대지
2. 목조건물의 밀집한 지대
3. 공장, 창고 등이 조밀한 지대
4. 소방수리, 소방시설 및 소방통로의 불안전한 지대
5. 위험물의 저장지대

이후 1992년[7월 28일] 개정된 「소방법시행령」제42조에는 '석유화학제품을 생산하는 공장이 있는 지역'이 추가되어 총 6가지가 지정 대상이 되었으며, 「소방법」폐지 시까지 유지되었다. 다만 여전히 '도시의 건물 밀집지역'으로 한정되어 있었다.

2000년 9월 군산시 윤락업소 화재[87]와 2002년 1월 군산시 유흥주점 화재[88]를 계기로 화재경계지구에 대한 관심이 높아질 수 밖에 없었는데, 2003년[5월 29일] 「소방기본법」이 제정되면서 '도시의 건물밀집지역 등'으로 확대되었다. 구체적으로는 같은 법 시행령 제4조의 제7호 '그 밖에 제1호 내지 제6호에 준하는 지역으로서 소방본부장 또는 소방서장이 화재가 발생할 우려가 높거나 화재가 발생하는 경우 그로 인하여 피해가 클 것으로 인정하는 지역'이 추가되었다.

산업활동이 활발해지면서 2004년부터 2008년까지 5년간 울산·안산·여수 등 전국 산업단지에서 49건의 화재가 발생하여 36명이 사망하고 128명이 부상하였다.[89] 이와 별개로 소방관 2명이 순직한 경기 이천 CJ공장 화재(2007. 11.), 40명이 사망한 경기 이천 냉동창고 화재(2008. 1.), 8명이 사망한 경기 이천 물류센터 화재 (2008. 12.) 등 산업구조와 안전관리의 허점을 드러낸 화재가 연이어 발생하면서, 선제적·적극적인 화재예 방과 경계활동이 강화되었다. 이에 따라 2016년[1월 27일]에는 「소방기본법」제13조로 시행령에 있던 내용이 법 률로 상향 이동하면서, '「산업입지 및 개발에 관한 법률」제2조제8호에 따른 산업단지'가 추가되었다.

2021년[11월 30일] 화재예방법이 제정되면서, '화재경계지구'를 화재예방의 중요성을 명확하게 나타내기 위 하여 '화재예방강화지구'로 명칭을 변경하였고, '노후·불량건축물이 밀집한 지역'이 추가되어 지정 대 상은 9개가 되었다.

2023년[4월 11일] 개정으로 '「물류시설의 개발 및 운영에 관한 법률」제2조제6호에 따른 물류단지'가 마지막 으로 추가되어 현재까지 총 10가지가 되었다. 만약 시·도지사가 이러한 지역을 화재예방강화지구로 지정하지 않는 경우에는 소방청장이 지정을 요청을 할 수 있도록 하여 국가 차원의 관여 근거를 명시하고 있다.

---

87) 2000. 9. 19. 전라북도 군산시 대명동 윤락업소 화재: 성매매 강요를 당하던 20대 여성 5명이 화재 발생 후 쇠창살과 철제문으로 봉쇄된 방에 갇혀 탈출하지 못해 질식사 → 성매매특별법 제정의 직접적 계기, 소방 관련 법령 대폭 강화
88) 2002. 1. 29. 전라북도 군산시 개복동 유흥주점 화재: 불법 증축, 비상구 봉쇄, 내부 구조가 복잡하여 화재 발생 후 탈출에 실패 한 손님 및 종업원 포함 15명 사망, 26명 부상 → 비상구 및 화재 안전 규제 강화
89) 매일노동뉴스 2008.10.10. 산업단지공단 관할지역, 5년간 화재피해액만 660억원
https://www.labortoday.co.kr/news/articleView.html?idxno=83447&utm

③ 소방관서장은 대통령령으로 정하는 바에 따라 제1항에 따른 화재예방강화지구 안의 소방대상물의

시행령 제20조(화재예방강화지구의 관리) ① 소방관서장은 화재안전조사를 연 1회 이상 실시해야 한다.

위치 · 구조 및 설비 등에 대하여 화재안전조사를 하여야 한다.

할 수 있다. X

④ 소방관서장은 제3항에 따른 화재안전조사를 한 결과 화재의 예방강화를 위하여 필요하다고 인정할

소화전, 급수탑, 저수조(「소방기본법」 제10조제1호)

때에는 관계인에게 소화기구, 소방용수시설 또는 그 밖에 소방에 필요한 설비(이하 "소방설비등"

소화기, 간이소화용구, 자동확산소화기(「소방시설 설치 및 관리에 관한 법률 시행령」 [별표 1] 1.가.

이라 한다)의 설치(보수, 보강을 포함한다. 이하 같다)를 명할 수 있다.

보수 · 보강 · 설치 명령   하여야 한다. X

과태료 ➡ 200만원 이하 (➡ 위반 횟수에 상관없이 200만원)

• 제18조제4항에 따른 소방설비등의 설치 명령을 정당한 사유 없이 따르지 아니한 관계인

⑤ 소방관서장은 화재예방강화지구 안의 관계인에 대하여 대통령령으로 정하는 바에 따라

② 소방관서장은 화재예방강화지구 안의 관계인에 대하여 소방에 필요한 훈련 및 교육을 연 1회 이상 실시할 수 있다.
③ 소방관서장은 제2항에 따라 훈련 및 교육을 실시하려는 경우에는 관계인에게 훈련 또는 교육 10일 전까지 그 사실을 통보해야 한다.

소방에 필요한 훈련 및 교육을 실시할 수 있다.

실시하여야 한다. X

제18조의 제3항부터 제5항까지는 소방관서장이 실시하는 화재예방강화지구에 대한 구체적인 관리 내용을 규정한다. 이는 크게 ① 화재안전조사 및 그 결과에 따른 조치(소방설비등 설치명령)와 ② 관계인에 대한 소방 훈련 및 교육으로 구분된다.

먼저, 소방관서장은 연 1회 이상 화재안전조사를 실시하여야 하는데, 이는 의무 사항이다. 조사 결과 필요하다고 판단되는 경우 소방관서장은 소방설비등의 설치를 명할 수 있으며, 이는 선택 사항이다. 관계인이 자발적으로 보수 · 보강 · 설치 등을 하는 것이 가장 바람직하나, 이행이 이루어지지 않을 경우 소방관서의 공식 문서로 강제할 수 있다. 일단 문서로 발령된 소방설비등 보수 · 보강 · 설치명령을 정당한 사유 없이 이행하지 않은 관계인에게는 200만 원의 과태료가 부과된다.

두 번째는 관계인에 대한 소방훈련 · 교육이다. 소방관서장은 화재예방강화지구의 관계인에 대하여 연 1회 이상 소방훈련 및 교육을 실시할 수 있으며, 이를 실시하려는 경우에는 훈련 또는 교육 실시 10일 전까지 관계인에게 그 사실을 통보하여야 한다.

⑥ 시·도지사는 대통령령으로 정하는 바에 따라 제1항에 따른 화재예방강화지구의 지정 현황,

제3항에 따른 화재안전조사의 결과, 제4항에 따른 소방설비등의 설치 명령 현황,

제5항에 따른 소방훈련 및 교육 현황 등이 포함된

화재예방강화지구에서의 화재예방에 필요한 자료를 매년 작성·관리하여야 한다.

④ 시·도지사는 다음 각 호의 사항을 시행규칙 별지 제11호서식에 따른 화재예방강화지구 관리대장에 작성하고 관리해야 한다.
1. 화재예방강화지구의 지정 현황
2. 화재안전조사의 결과
3. 소방설비등의 설치(보수, 보강을 포함한다) 명령 현황
4. 소방훈련 및 교육의 실시 현황
5. 그 밖에 화재예방 강화를 위하여 필요한 사항

시·도지사의 화재예방강화지구에 대한 관리는 현황 파악에 국한된다. 시·도지사는 시행령 제20조제4항에 따라 화재예방강화지구의 지정 현황, 화재안전조사의 결과, 소방설비등의 보수·보강·설치 명령 현황, 소방훈련 및 교육의 실시 현황, 그 밖에 화재예방 강화를 위하여 필요한 사항 등을 『화재예방강화지구 관리대상』 시행규칙 별지 제11호서식에 따라 작성하고 관리하여야 한다.

화재예방강화지구에 대한 지정과 현황관리는 시·도지사가 하지만, 실질적인 관리는 소방관서장이 수행한다. 따라서 현재와 같이 시·도의 하부기관인 소방관서에서 관리하는 형태를 소방청 이하 소방관서에서 독립적으로 관리하는 형태로 전환하는 방안을 논의해 볼 여지가 있다. 달리 말하면, 화재예방강화지구의 지정·관리 업무를 지방소방사무에서 국가소방사무로 이관하는 방안이다.

제40조(소방안전 특별관리시설물의 안전관리)와 비교해 보면, '소방안전 특별관리시설물'의 안전관리는 소방청장의 의무 사항으로 규정하고 있으며, 시·도지사와 협의하는 기본 틀 위에서 진행된다. 따라서 상대적으로 규모가 작은 화재예방강화지구라 할 지라도 두 개 이상의 시·도에 걸쳐 있는 산업단지와 같은 입지 조건과 실질적인 관리 내용을 고려한다면 충분한 논의 대상이 될 것으로 보인다.

제19조(화재의 예방 등에 대한 지원)

① 소방청장은 제18조제4항에 따라 소방설비등의 설치를 명하는 경우 해당 관계인에게 소방설비등의

설치에 필요한 지원을 할 수 있다.

② 소방청장은 관계 중앙행정기관의 장 및 시·도지사에게 제1항에 따른 지원에 필요한 협조를

요청할 수 있다.

③ 시·도지사는 제2항에 따라 소방청장의 요청이 있거나 화재예방강화지구 안의 소방대상물의

화재안전성능 향상을 위하여 필요한 경우 특별시·광역시·특별자치시·도 또는 특별자치도

(이하 "시·도"라 한다)의 조례로 정하는 바에 따라 소방설비등의 설치에 필요한 비용을 지원할 수 있다.

화재예방을 위한 정책은 상당한 예산을 수반한다. 시설을 개선하고 인력을 배치하는 과정에서 비용이 발생하는 것은 피할 수 없는 일이다. 화재안전조사 결과에 따라 소방시설등의 보수나 설치 명령을 받은 건물 역시 마찬가지다. 문제는 이들 소방대상물이 대부분 개인 소유라는 점이다. 예기치 못한 재정 부담이 발생할 수밖에 없는 구조인 셈이다.

이러한 현실을 고려하여 소방청장은 관계인에게 설치 비용을 지원할 수 있는 제도를 마련하였다. 관계 중앙행정기관이나 시·도지사에게 협조를 요청할 수 있으며, 특별한 경우에는 지방자치단체의 조례를 근거로 비용을 지원할 수 있는 통로도 마련되어 있다. 결국 국가가 사적 건물의 안전시설 개선 비용을 부담하는 형태다.

이는 우리 사회가 지진 특징적인 모습이다. 개인의 재산임에도 불구하고 공공의 안전을 위해 국가가 비용을 분담하는 구조, 이것이 바로 한국 화재 안전 정책이 보여주는 독특한 면모라 할 수 있다.

제20조(화재 위험경보)

소방관서장은「기상법」제13조, 제13조의2 및 제13조의4에 따른 기상현상 및 기상영향에 대한

「기상법」제2조   「기상법」제13조제2항

예보 · 특보 · 태풍예보에 따라 화재의 발생 위험이 높다고 분석 · 판단되는 경우에는

→ 기상관측 결과, 수치예측 결과, 기후정보 등을 기초로 한 예상을 발표하는 것

→ 기상현상으로 인하여 중대한 재해가 발생될 것이 예상될 때 이에 대하여 주의를 환기하거나 경고를 하는 예보

행정안전부령으로 정하는 바에 따라 화재에 관한 위험경보를 발령하고 그에 따른 필요한 조치를 할 수 있다.

시행규칙 제9조(화재 위험경보)
① 소방관서장은「기상법」제13조에 따른 기상현상 및 기상영향에 대한 예보 · 특보에 따라 화재의 발생 위험이 높다고 분석 · 판단되는 경우에는 법 제20조에 따라 화재 위험경보를 발령하고, 보도기관을 이용하거나 정보통신망에 게재하는 등 적절한 방법을 통하여 이를 일반인에게 알려야 한다.
② 제1항에 따른 화재 위험경보 발령 절차 및 조치사항에 관하여 필요한 사항은 소방청장이 정한다.

화재는 대기 습도와 바람 등 기후 조건에 매우 민감하다. 대기의 수분은 가연물의 수분함유량에 직접적인 영향을 미치며, 이러한 가연물의 수분함유량과 바람의 속도 및 방향, 대기 온도 등은 발화 가능성과 화재 확산 속도를 결정하는 데 중요한 역할을 한다. 특히 건조한 대기는 대도심뿐만 아니라 산불에서도 매우 중요한 요소이다. 오랫동안 지속되어 온 불조심 강조 기간 역시 이러한 건조한 대기로 인한 화재 위험을 반영한 결과이기도 하다.

더욱이 환경오염으로 인한 이상기후는 이제 전 세계가 직면한 공통의 위기가 되었다. 예측 불가능한 기후변화는 소방 환경에도 직접적인 영향을 미치며, 이에 대한 신속한 대응은 선택이 아닌 필수다.

기상청장의 예보와 특보, 태풍예보에 따라 화재 발생 위험이 높다고 판단될 경우, 소방청장 또는 지역별 소방관서장은 '화재 위험경보'를 발령하고 언론과 정보통신망 등 적절한 방법으로 국민에게 알리며, 그에 따른 필요한 조치를 할 수 있다.

기상청장이 하는 '예보'란 기상관측 결과, 수치예측 결과, 기후정보 등을 기초로 한 예상을 발표하는 것을 말하며, '특보'란 기상현상으로 인하여 중대한 재해가 발생될 것으로 예상될 때 이에 대하여 주의를 환기하거나 경고를 하는 예보를 말한다.90) 그리고 '태풍예보'란 태풍으로 인한 재해의 대응을 지원하기 위하여 특정한 대상구역에서 태풍이 발생하거나 태풍이 그 대상구역에 위치하는 경우 필요한 예보를 말한다.91) 이중 특보는 주의보와 경보로 구분하며, 그 기준은「기상법 시행령」[별표 1]과 같다.

---

90)「기상법」제2조(정의)에 따른 '예보'와 '특보'의 정의

91) •「기상법」제13조의4(태풍예보) ① 기상청장은 태풍으로 인한 재해의 대응을 지원하기 위하여 북서태평양 중 대통령령으로 정하는 대상구역에서 태풍이 발생하거나 태풍이 그 대상구역에 위치하는 경우 필요한 예보(이하 "태풍예보"라 한다)를 하여야 한다.
•「기상법 시행령」제8조의4(태풍예보) ① 법 제13조의4제1항에서 "북서태평양 중 대통령령으로 정하는 대상구역"이란 다음 각 호의 좌표를 차례로 직선으로 연결하여 둘러싼 구역을 말한다.
1. 북위 60도와 동경 180도의 교점   2. 북위 60도와 동경 100도의 교점
3. 북위 0도와 동경 100도의 교점   4. 북위 0도와 동경 180도의 교점

「기상법 시행령」[별표 1] **특보의 기준** (제8조의2제2항 관련) 〈신설 2024. 2. 6.〉

종 류	주 의 보	경 보
호 우	3시간 누적강우량이 60 mm 이상 예상되거나 12시간 누적강우량이 110 mm 이상 예상될 때	3시간 누적강우량이 90 mm 이상 예상되거나 12시간 누적강우량이 180 mm 이상 예상될 때
대 설	24시간 동안 내려 쌓인 눈의 양이 5 cm 이상 예상될 때	24시간 동안 내려 쌓인 눈의 양이 20 cm 이상 예상될 때. 다만, 산지는 24시간 동안 내려 쌓인 눈의 양이 30 cm 이상 예상될 때를 말한다.
태 풍	태풍으로 인하여 강풍, 풍랑, 호우 또는 폭풍해일 현상이 주의보 기준에 도달할 것으로 예상될 때	태풍으로 인하여 다음 각 호의 어느 하나에 해당하는 경우 1. 강풍, 풍랑 또는 폭풍해일 현상이 경보 기준에 도달할 것으로 예상될 때 2. 총 강우량이 200 mm 이상 예상될 때
강 풍	육상에서 풍속 50.4 km/h(14 m/s) 이상 또는 순간풍속 72.0 km/h(20 m/s) 이상 예상될 때. 다만, 산지에서는 풍속 61.2 km/h(17 m/s) 이상 또는 순간풍속 90.0 km/h(25 m/s) 이상 예상될 때로 한다.	육상에서 풍속 75.6 km/h(21 m/s) 이상 또는 순간풍속 93.6 km/h(26 m/s) 이상 예상될 때. 다만, 산지에서는 풍속 86.4 km/h(24 m/s) 이상 또는 순간풍속 108.0 km/h(30 m/s) 이상 예상될 때로 한다.
황 사	-	황사로 인해 1시간 평균 미세먼지(PM-10) 농도 800 μg/㎥ 이상이 2시간 이상 지속될 것으로 예상될 때
건 조	실효습도 35 % 이하의 상태가 2일 이상 지속될 것으로 예상될 때	실효습도 25 % 이하의 상태가 2일 이상 지속될 것으로 예상될 때
한 파	10월 ~ 4월 사이의 기간 중에 다음 각 호의 어느 하나에 해당하는 경우 1. 아침 최저기온이 전날보다 10 ℃ 이상 하강하여 3 ℃ 이하이면서 평년값보다 3 ℃ 이상 낮을 것으로 예상될 때 2. 아침 최저기온 -12 ℃ 이하가 2일 이상 지속될 것으로 예상될 때 3. 급격한 저온현상으로 중대한 피해가 예상될 때	10월 ~ 4월 사이의 기간 중에 다음 각 호의 어느 하나에 해당하는 경우 1. 아침 최저기온이 전날보다 15 ℃ 이상 하강하여 3 ℃ 이하이면서 평년값보다 3 ℃ 이상 낮을 것으로 예상될 때 2. 아침 최저기온 -15 ℃ 이하가 2일 이상 지속될 것으로 예상될 때 3. 급격한 저온현상으로 광범위한 지역에서 중대한 피해가 예상될 때
폭 염	폭염으로 인하여 다음 각 호의 어느 하나에 해당하는 경우 1. 일 최고 체감온도 33 ℃ 이상이 2일 이상 지속될 것으로 예상될 때 2. 급격한 체감온도 상승 또는 폭염 장기화 등으로 중대한 피해가 예상될 때	폭염으로 인하여 다음 각 호의 어느 하나에 해당하는 경우 1. 일 최고 체감온도 35 ℃ 이상이 2일 이상 지속될 것으로 예상될 때 2. 급격한 체감온도 상승 또는 폭염 장기화 등으로 광범위한 지역에서 중대한 피해가 예상될 때
풍 랑	해상에서 풍속 50.4 km/h(14 m/s) 이상이 3시간 이상 지속되거나 유의파고가 3 m 이상 예상될 때	해상에서 풍속 75.6 km/h(21 m/s) 이상이 3시간 이상 지속되거나 유의파고가 5 m 이상 예상될 때
폭 풍 해 일	천문조, 폭풍, 저기압 등의 복합적인 영향으로 해수면이 상승하여 기상청장이 정하는 지역별 발효기준 값 이상이 예상될 때	천문조, 폭풍, 저기압 등의 복합적인 영향으로 해수면이 상승하여 기상청장이 정하는 지역별 발효기준 값 이상이 예상될 때

비고
1. "실효습도"란 물체의 건조한 정도를 나타내기 위하여 수일 전부터 현재까지의 습도를 가중하여 산출한 지수를 말한다.
2. "천문조"란 달이나 태양과 같은 천체의 인력(引力)에 의하여 일어나는 조수간만의 차를 말한다.

① <u>소방청장</u>은 화재발생 원인 및 연소과정을 조사·분석하는 등의 과정에서 법령이나 정책의 개선이
소방관서장 X

필요하다고 인정되는 경우 그 법령이나 정책에 대한 화재 위험성의 유발요인 및 완화 방안에 대한

평가(이하 "<u>화재안전영향평가</u>" 라 한다)를 실시할 수 있다.
하여야 한다. X

② <u>소방청장</u>은 제1항에 따라 화재안전영향평가를 실시한 경우 그 결과를 해당 법령이나 정책의 소관

기관의 장에게 통보하여야 한다.
할 수 있다. X

③ 제2항에 따라 결과를 <u>통보받은 소관 기관의 장</u>은 특별한 사정이 없는 한 이를 해당 법령이나 정책에

반영하도록 <u>노력</u>하여야 한다.

　

'화재안전영향평가' 란 화재발생 원인 및 연소과정을 조사·분석하는 등의 과정에서 법령이나 정책의 개선이 필요하다고 인정되는 경우, 그 법령이나 정책에 대한 화재위험성의 유발요인 및 완화 방안을 평가하는 것을 말하며, 소방청장이 제22조에 따른 '화재안전영향평가심의회' 를 구성·운영하여 실시한다.

이와 유사한 개념인 '화재조사' 는 소방청장, 소방본부장 또는 소방서장이 실시하는 것으로, 화재원인, 피해상황, 대응활동 등을 파악하기 위하여 자료의 수집, 관계인등에 대한 질문, 현장 확인, 감식, 감정 및 실험 등을 하는 일련의 행위를 말한다.[92] 양자 모두 화재가 발생한 이후 진행되는 과학적인 분석 절차를 기본으로 하지만, 화재조사는 화재원인, 피해상황, 대응활동 등에 대한 사실관계 파악을 목적으로 하고, 화재안전영향평가는 법령이나 정책의 개선 사항 발굴을 목적으로 한다는 점에서 구별된다.

따라서 화재안전영향평가의 결과로 도출된 개선사항이 소방청의 권한을 넘어 다른 기관의 법령이나 정책에 해당할 경우, 소방청장은 해당 기관의 장에게 이를 통보하고, 통보받은 기관은 이를 법령과 정책에 반영하도록 노력하여야 한다. 소방청과 관계 기관은 협력 체계를 강화하고, 개선 사항을 실질적으로 이행하는 데 적극적으로 노력할 책임이 있다. 국민의 안전을 확보하는 일은 어느 한 기관만의 책무가 아니라 관련 기관 모두가 공유하는 책임이기 때문이다.

---

92) 「소방의 화재조사에 관한 법률」 제2조제1항제2호

④ 화재안전영향평가의 방법·절차·기준 등에 필요한 사항은 대통령령으로 정한다.

시행령 제21조(화재안전영향평가의 방법·절차·기준 등)
① 소방청장은 화재안전영향평가를 하는 경우 화재현장 및 자료 조사 등을 기초로 화재·피난 모의실험 등 과학적인 예측·분석 방법으로 실시할 수 있다.
② 소방청장은 화재안전영향평가를 위하여 필요한 경우 해당 법령이나 정책의 소관 기관의 장에게 관련 자료의 제출을 요청할 수 있다. 이 경우 자료 제출을 요청받은 소관 기관의 장은 특별한 사유가 없으면 이에 따라야 한다.
③ 소방청장은 다음 각 호의 사항이 포함된 화재안전영향평가의 기준을 법 제22조에 따른 화재안전영향평가심의회의 심의를 거쳐 정한다.
1. 법령이나 정책의 화재위험 유발요인
2. 법령이나 정책이 소방대상물의 재료, 공간, 이용자 특성 및 화재 확산 경로에 미치는 영향
3. 법령이나 정책이 화재피해에 미치는 영향 등 사회경제적 파급 효과
4. 화재위험 유발요인을 제어 또는 관리할 수 있는 법령이나 정책의 개선 방안
④ 제1항부터 제3항까지에서 규정한 사항 외에 화재안전영향평가의 방법·절차·기준 등에 관하여 필요한 사항은 소방청장이 정한다.
「화재안전영향평가 운영절차 등에 관한 규정」 소방청예규

시행령 제21조에서는 화재안전영향평가의 방법, 절차, 기준 등을 명시하고 있다. 소방청장은 화재·피난 시뮬레이션 등 과학적인 방법으로 화재안전영향평가를 실시하며, 필요한 경우 해당 법령이나 정책의 관계 기관에 관련 자료를 요청할 수 있다.

화재안전영향평가의 기준은 화재안전영향평가심의회의 심의를 거쳐 정하는데, 다음과 같은 사항이 포함되어야 한다.

1. 법령이나 정책의 화재위험 유발요인
2. 법령이나 정책이 소방대상물의 재료, 공간, 이용자 특성 및 화재 확산 경로에 미치는 영향
3. 법령이나 정책이 화재피해에 미치는 영향 등 사회경제적 파급 효과
4. 화재위험 유발요인을 제어 또는 관리할 수 있는 법령이나 정책의 개선 방안

그 밖의 화재안전영향평가의 방법·절차·기준 등에 관하여 필요한 구체적인 사항은 「화재안전영향평가 운영절차 등에 관한 규정」(소방청예규)로 정한다.

① 소방청장은 화재안전영향평가에 관한 업무를 수행하기 위하여
소방관서장 X

화재안전영향평가심의회(이하 "심의회 " 라 한다)를 구성 · 운영할 수 있다.

② 심의회는 위원장 1명을 포함한 12명 이내의 위원으로 구성한다.
1명에서 12명까지

③ 위원장은 위원 중에서 호선하고, 위원은 다음 각 호의 사람으로 한다.

1. 화재안전과 관련되는 법령이나 정책을 담당하는 관계 기관의 소속 직원으로서

대통령령으로 정하는 사람
1. 행정안전부 · 보건복지부 · 기후에너지환경부 · 고용노동부 · 국토교통부 등 관련 중앙행정기관에서 화재안전 담당 고위공무원단(일반직, 특정직, 별정직) 중에서 해당 중앙행정기관의 장이 지명하는 사람 각 1명
2. 소방청에서 화재안전 관련 업무를 수행하는 소방준감 이상의 소방공무원 중에서 소방청장이 지명하는 사람

2. 소방기술사 등 대통령령으로 정하는 화재안전과 관련된 분야의 학식과 경험이 풍부한 전문가로서

소방청장이 위촉한 사람
1. 소방기술사
2. 한국소방안전원, 소방산업기술원, 화재보험협회, 가스안전공사, 전기안전공사에서 해당 기관장이 추천하는 사람
3. 대학, 산업대학, 교육대학, 전문대학, 원격대학, 기술대학, 각종학교 등에서 전 · 현직 부교수 이상

소방청장은 '화재안전영향평가심의회' 를 구성 · 운영하여 화재안전영향평가에 관한 업무를 수행한다. 화재안전평가심의회는 12명 이내의 위원으로 구정되며, 화재안전과 관련된 관계 기관 소속 공무원과 화재안전 분야의 학식과 경험이 풍부한 전문가로 구성한다. 위원장은 위원 중에서 호선으로 선출한다. 위원이 될 수 있는 사람은 다음과 같다.

1. 소방청 화재안전 관련 부서의 소방준감[93] 이상의 소방공무원 중 소방청장이 지명하는 사람
2. 행정안전부, 보건복지부, 기후에너지환경부, 고용노동부, 국토교통부, 그 밖에 심의회의 심의 안건과 관련된 중앙행정기관의 고위공무원단[94] 중 해당 기관장이 지명하는 사람 각 1명
3. 소방기술사, 한국소방안전원 · 한국소방산업기술원 · 화재보험협회 · 가스안전공사 · 전기안전공사의 기관장이 추천하는 사람, 부교수급 이상의 전 · 현직 교수 등으로서 소방청장이 위촉한 사람

---

93) 소방준감은 일반직 공무원 3급 상당의 고위직에 해당한다. 소방청 과장급 또는 소방본부의 과장급 이상의 보직을 맡는다.
   소방공무원의 계급 구분: 소방사→소방교→소방장→소방위→소방경→소방령→소방정→소방준감→소방감→소방정감→소방총감
94) 고위공무원단은 중앙행정기관의 실장 또는 국장급이며, 3급 이상의 일반직 공무원, 별정직 공무원, 특정직 공무원이다.

④ 제2항 및 제3항에서 규정한 사항 외에 심의회의 구성·운영 등에 필요한 사항은

대통령령으로 정한다.

시행령 제22조(심의회의 구성)

③ 법 제22조제3항제2호에 따른 위촉위원의 임기는 2년으로 하며 한 차례만 연임할 수 있다.

④ 심의회의 위원장은 심의회를 대표하고 심의회 업무를 총괄한다.

⑤ 위원장이 부득이한 사유로 직무를 수행할 수 없을 때에는 위원장이 지명한 위원이 그 직무를 대행한다.

⑥ 소방청장은 심의회의 위원이 다음 각 호의 어느 하나에 해당하는 경우에는 해당 위원을 해촉할 수 있다.

1. 심신장애로 직무를 수행할 수 없게 된 경우

2. 직무와 관련된 비위사실이 있는 경우

3. 직무태만, 품위손상이나 그 밖의 사유로 위원으로 적합하지 않다고 인정되는 경우

4. 위원 스스로 직무를 수행하기 어렵다는 의사를 밝히는 경우

화재안전영향평가심의회의 위원 중 지명된 공무원 외에 소방청장이 위촉한 위원의 임기는 2년이며, 한 차례만 연임할 수 있다. 위원장이 직무를 수행할 수 없을 때에는 위원장이 지명한 위원이 그 직무를 대행한다. 소방청장은 위원이 심신장애, 직무 관련 비위, 직무태만·품위손상 등으로 직무 수행에 적합하지 않거나 스스로 직무 수행이 어렵다고 의사를 밝힌 경우 해촉할 수 있다.

또한 심의회의 효율적 운영을 위해 분야별 전문위원회를 둘 수 있으며, 출석한 위원에게는 예산 범위 내에서 수당과 여비를 지급할 수 있다. 다만 공무원이 소관 업무와 직접 관련하여 출석하는 경우에는 지급하지 않는다.

그 밖의 화재안전영향평가심의회의 운영 등에 필요한 사항은 「화재안전영향평가 운영절차 등에 관한 규정」(소방청예규)로 정한다.

화재안전영향평가 운영절차 등에 관한 규정

[시행 2023. 4. 11.] [소방청예규 제80호, 2023. 4. 11., 제정]

제1조(목적) 이 예규는 「화재의 예방 및 안전관리에 관한 법률」 제21조 및 제22조와 같은 법 시행령 제21조, 제22조 및 제23조에 따른 화재안전영향평가의 방법·절차·기준 등에 필요한 사항을 정함을 목적으로 한다.

제2조(정의) 이 예규에서 사용하는 용어의 정의는 다음과 각 호와 같다.

1. "화재안전영향평가"란 「화재의 예방 및 안전관리에 관한 법률」(이하 "법"이라 한다) 제21조에 따라 화재발생 원인 및 연소과정을 조사·분석하는 과정에서 법령이나 정책의 개선을 위해 그 위험요인을 분석하고 개선 사항을 도출하기 위한 평가를 말한다.
2. "화재안전영향평가심의회"란 법 제22조에 따라 화재안전영향평가에 관한 업무를 수행하기 위한 위원회(이하 "심의회"라 한다)를 말한다.

제3조(영향평가의 실시) 소방청장은 화재발생으로 다음 각 호의 어느 하나에 해당하는 경우에 화재안전영향평가(이하 "영향평가"라 한다)를 실시할 수 있다.

1. 「소방의 화재조사에 관한 법률」 제7조에 따라서 화재합동조사단을 구성·운영하는 경우
2. 「대형화재 등 소방합동조사단 편성·운영에 관한 규정」에 따라서 소방합동조사단을 편성·운영하는 경우
3. 그 밖에 소방청장이 필요하다고 인정하는 경우

제4조(영향평가의 절차) 소방청장이 실시하는 영향평가의 세부 추진절차는 **별표**와 같다.

제5조(영향평가계획의 수립) ① 소방청장은 영향평가를 실시하려는 경우 영향평가 실시계획(이하 "실시계획"이라 한다)을 수립해야 한다.

② 소방청장은 제1항에 따른 실시계획을 수립하기 위하여 관련 법령 및 정책의 소관 기관의 장(이하 "소관 기관의 장"이라 한다)에게 현행 법령 및 정책 등에 대한 세부자료의 제출을 요청할 수 있다.

제6조(영향평가의 방법) ① 소방청장은 영향평가를 실시할 때에 다음 각 호의 사항을 참고하여 종합적인 검토 및 분석을 실시해야 한다. 이 경우 화재·피난 모의실험(simulation) 등 과학적 예측·분석 방법을 활용할 수 있다.

1. 화재안전 관계 법령 및 기술기준
2. 화재통계 및 화재조사 보고서
3. 국·내외 화재관련 논문 및 연구자료
4. 그 밖에 영향평가와 관련된 자료 일체

② 「화재의 예방 및 안전관리에 관한 법률 시행령」 제21조제2항에 따라 해당 법령이나 정책을 담당하는 소관 기관의 장으로부터 제출받은 자료가 있는 경우 해당 자료의 타당성을 면밀히 검토해야 한다.

제7조(현장조사 및 의견수렴) ① 소방청장은 영향평가를 위하여 필요한 경우 화재 발생장소 및 안전관리 현장 등에 대한 현장조사를 실시할 수 있다. 이 경우 소방청장은 관련기관·단체 또는 전문가 등을 현장조사에 참여시킬 수 있다.

② 소방청장은 영향평가를 실시함에 있어 심도 있는 의견수렴 등이 필요하다고 판단되는 경우 관련기관·단체 또는 전문가에게 자문을 구하거나 공청회·토론회 등을 개최할 수 있다.

제8조(심의회 구성·운영 등) ① 심의회는 대면회의를 원칙으로 하되, 부득이한 사유로 회의 소집이 어려운 경우 화상회의 또는 서면으로 대체할 수 있다.

② 위원장은 심의회를 개최하고자 하는 경우에 회의 개최 5일 전까지 회의일시, 장소 및 심의안건 등을 포함한 회의자료를 심의회의 위원(이하 "심의위원"이라 한다)에게 통보해야 한다.

③ 법 제22조제3항제2호에 따라 위촉된 심의위원의 위촉장은 별지 제1호서식에 의한다.

제9조(심의회 의결 및 통보) ① 심의회는 재적위원 3분의 2 이상의 출석으로 개의하고 출석위원 과반수 찬성으로 의결한다.

② 영향평가 의결서는 별지 제2호서식에 의한다.

③ 소방청장은 제1항의 의결사항을 의결한 날로부터 10일 이내에 소관 기관의 장에게 통보해야 한다.

제10조(간사) ① 심의회에는 사전준비, 회의진행 등 필요한 제반사항의 관리·운영을 위하여 간사를 둔다.

② 간사는 영향평가를 주관하는 담당부서의 과장이 되며, 다음 각 호의 사항을 처리한다.

1. 심의회의 사무처리, 업무연락
2. 심의회의 사전준비, 회의자료 작성
3. 심의결과 보고서 작성
4. 심의결과에 대한 이행실적 점검
5. 그 밖에 위원장이 요청하는 사항의 처리

제11조(전문위원회의 구성·운영) ① 심의회의 위원장은 영향평가의 전문성 및 업무의 효율적 수행을 위하여 심의회에 소방·건축·전기·화공·산업안전 각 분야별 전문위원회(이하 "전문위원회"라 한다)를 구성·운영할 수 있다.

② 전문위원회의 위원(이하 "전문위원"이라 한다)은 근무경력, 전문성, 필요성 등을 고려하여 심의회의 위원장이 위촉한다.

③ 분야별 전문위원회는 위원장 1명을 포함한 5명 이상의 전문위원으로 구성할 수 있으며, 위원장은 위원 중에서 호선한다.

④ 전문위원은 다음 각 호의 업무를 수행한다.

1. 화재현장 조사 결과 검토

2. 영향평가 안건 제시

3. 심의회에 의뢰할 안건의 검토

제12조(이행실태의 확인 등) ① 소방청장은 제9조제3항에 따른 소관 기관의 장에게 통보한 의결사항에 대하여 반기 1회 이상 이행실태를 확인·점검할 수 있다.

② 제1항에 따른 이행실태 확인·점검을 위해 이행계획 및 조치결과 등을 소관 기관의 장으로부터 제출받아 확인할 수 있다.

제13조(정보 관리) ① 소방청장은 영향평가에 필요한 화재통계, 사고사례 및 국내·외 연구결과 등 영향평가 자료를 수집·관리할 수 있다.

② 소방청장은 영향평가에 관련된 세부 평가자료, 자문현황 및 평가 결과 등을 전산에 등록하여 관리할 수 있다.

제14조(비밀 준수 의무) ① 심의위원 및 전문위원은 회의 과정에서 알게 된 사항을 누설하거나 다른 목적에 이용해서는 아니 된다.

② 심의내용은 누구든지 위원장의 허가 없이 이를 공개할 수 없다.

제15조(재검토기한) 소방청장은 「훈령·예규 등의 발령 및 관리에 관한 규정」에 따라 이 예규에 대하여 2023년 7월 1일 기준으로 매 3년이 되는 시점(매 3년째의 6월 30일까지를 말한다)마다 그 타당성을 검토하여 개선 등의 조치를 하여야 한다.

[별표] 화재안전영향평가 절차(제4조 관련)

추진절차	추진내용	비고
① 자료수집	• 화재 관련 기초자료 수집 • 영향평가 실시계획 수립 준비	소방청
② 영향평가 실시계획	• 영향평가 실시계획 수립	소방청
③ 화재·피난 모의실험 등	• 화재원인에 대한 실증실험 • 과학적 예측·분석	심의회
④ 평가 결과보고서 작성	• 심의회 심의안건 • 소방, 건축, 전기 등 분야별	심의회
⑤ 심의회 의결	• 출석위원 과반수 찬성 • 화재안전영향평가 확정	심의회
⑥ 제도개선 건의	• 소관 기관 통보 • 제도개선, 정책발굴	소방청
⑦ 사후관리	• 반기 1회 이상 이행실태 확인·점검	소방청

[별지 1] 위촉장 〈 생 략 〉

[별지 2] 화재안전영향평가 의결서 〈 생 략 〉

① 소방관서장은 어린이, 노인, 장애인 등 화재의 예방 및 안전관리에 취약한 자(이하 "화재안전취약자"
소방청장 X

→ 소방시설등을 구성하거나 소방용으로 사용되는 제품 또는 기기

라 한다)의 안전한 생활환경을 조성하기 위하여 소방용품의 제공 및 소방시설의 개선 등 필요한

화재안전취약자에 대한 지원의 대상
1. 「국민기초생활 보장법」 제2조제2호에 따른 수급자
2. 「장애인복지법」 제6조에 따른 중증장애인
3. 「한부모가족지원법」 제5조에 따른 지원대상자
4. 「노인복지법」 제27조의2에 따른 홀로 사는 노인
5. 「다문화가족지원법」 제2조제1호에 따른 다문화가족의 구성원
6. 그 밖에 화재안전에 취약하다고 소방관서장이 인정하는 사람

사항을 지원하기 위하여 노력하여야 한다.

② 제1항에 따른 화재안전취약자에 대한 지원의 대상·범위·방법 및 절차 등에 필요한 사항은

「화재안전취약자에 대한 지원의 방법 및 절차에 관한 규정」 소방청훈령
1. 소방시설등의 설치 및 개선
2. 소방시설등의 안전점검
3. 소방용품의 제공
4. 전기·가스 등 화재위험 설비의 점검 및 개선
5. 그 밖에 화재안전을 위하여 필요하다고 인정되는 사항

대통령령으로 정한다.
시행령 제24조(화재안전취약자 지원 대상 및 방법 등)

③ 소방관서장은 관계 행정기관의 장에게 제1항에 따른 지원이 원활히 수행되는 데 필요한 협력을
소방청장 X

요청할 수 있다. 이 경우 요청받은 관계 행정기관의 장은 특별한 사정이 없으면 요청에 따라야 한다.

제23조는 어린이, 노인, 장애인 등 화재예방과 안전관리에 취약한 자를 '화재안전취약자'로 규정하고, 이들에게 소방용품을 제공하거나 소방시설 개선 등에 필요한 사항을 지원하도록 명시한다.

화재는 누구에게나 위험하지만, 특히 스스로 대처하기 어려운 기초생활수급자, 중증장애인, 독거노인 등에게는 치명적이다. 이러한 규정은 사회적 약자를 대상으로 소방관서장이 적극적으로 안전망을 강화하고, 화재로 인한 피해를 최소화하기 위한 제도적 장치라 할 수 있다. 구체적인 지원 내용은 소방시설등의 설치 및 개선, 소방시설등의 안전점검, 소방용품의 제공, 전기·가스 등 화재위험 설비의 점검 및 개선, 그 밖에 화재안전을 위하여 필요하다고 인정되는 사항이다.

그 외의 지원의 방법 및 절차 등은 「화재안전취약자에 대한 지원의 방법 및 절차에 관한 규정」(소방청훈령)으로 정한다.

화재안전취약자에 대한 지원의 방법 및 절차에 관한 규정

[시행 2024. 6. 7.] [소방청훈령 제327호, 2024. 6. 7., 제정]

제1조(목적) 이 규정은 「화재의 예방 및 안전관리에 관한 법률」 제23조 및 같은 법 시행령 제24조에 따른 화재안전취약자에 대한 지원의 방법 및 절차 등에 필요한 사항을 정함을 목적으로 한다.

제2조(지원계획 등) ① 소방청장, 소방본부장 또는 소방서장(이하 "소방관서장"이라 한다)은 화재안전취약자에 대한 지원계획을 다음 각 호의 사항을 포함하여 매년 2월 28일까지 수립하여야 한다.

1. 당해 연도 지원 화재안전취약자의 범위
2. 화재안전취약자에 대한 지원 방법
3. 관계 행정기관 및 민간기관의 협력사항
4. 지원을 수행하기 위한 조직 및 인력 운영
5. 지원에 필요한 예산확보에 관한 사항
6. 그 밖에 화재안전취약자의 안전한 생활환경 조성을 위하여 필요한 사항 등

② 소방관서장은 제3조의 심의회를 개최하여 지원계획을 심의할 수 있다.

③ 소방관서장은 지원의 원활한 수행을 위해 재난 및 안전관리, 복지 등을 관장하는 관계 행정기관의 장에게 협력을 요청할 수 있다.

제3조(심의회) ① 소방관서장은 지원을 원활하게 수행하기 위해 소방관서와 관계 행정기관 및 민간기관의 소속원으로 구성된 심의회를 둘 수 있다.

② 심의회는 소방관서장이 지원의 원활한 수행을 위해 필요한 경우 개최하며, 그 밖에 심의회의 구성 및 운영에 필요한 사항은 소방관서장이 정한다.

제4조(예산의 확보) 소방관서장은 화재안전취약자를 지원하기 위한 예산의 확보에 노력하여야 한다.

제5조(재검토 기한) 소방청장은 이 훈령에 대하여 「훈령·예규 등의 발령 및 관리에 관한 규정」에 따라 2024년 7월 1일 기준으로 매 3년이 되는 시점(매 3년째의 6월 30일까지를 말한다)마다 그 타당성을 검토하여 개선 등의 조치를 하여야 한다.

① <u>특정소방대상물</u> 중 전문적인 안전관리가 요구되는 대통령령으로 정하는 특정소방대상물

소방시설을 설치하여야 하는 소방대상물   ▶ 특급 · 1급 · 2급 · 3급 소방안전관리대상물

(시행령 [별표 4] 소방안전관리자를 선임해야 하는 소방안전관리대상물의 범위와 소방안전관리자의 선임 대상별 자격 및 인원기준)

(이하 "<u>소방안전관리대상물</u>" 이라 한다)의 <u>관계인</u>은 소방안전관리업무를 수행하기 위하여

제30조제1항에 따른 소방안전관리자 자격증을 발급받은 사람을 <u>소방안전관리자</u>로 (선임)하여야 한다.

공식적인 절차를 거쳐 특정 직책이나 직위에 사람을 뽑아 임명하는 행위

이 경우 소방안전관리자의 업무에 대하여 보조자가 필요한 대통령령으로 정하는 소방안전관리대상물의

시행령 [별표 5] 소방안전관리보조자를 선임해야 하는 소방안전관리대상물의 범위와 선임 대상별 자격 및 인원기준

경우에는 소방안전관리자 외에 <u>소방안전관리보조자</u>를 추가로 (선임)하여야 한다.

소방대상물 중 소방시설을 설치하여야 하는 소방대상물을 '특정소방대상물' 이라 하며, 특정소방대상물 중 소방안전관리자를 선임하여야 하는 특정소방대상물을 '소방안전관리대상물' 이라 한다. 그리고 소방안전관리대상물은 특급, 1급, 2급, 3급으로 구분된다. 이를 도식으로 나타내면 다음과 같다.

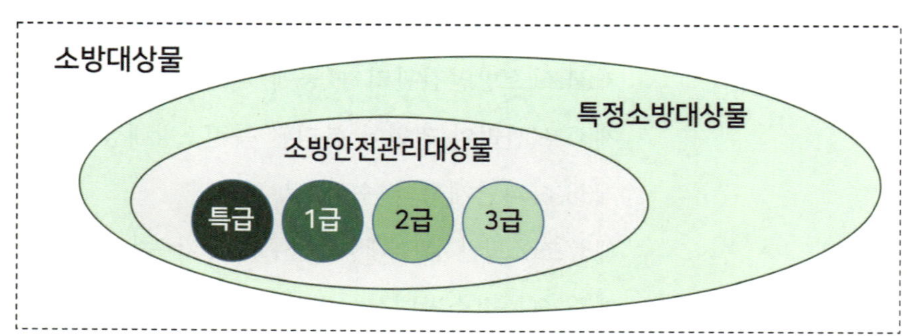

여기서 '소방안전관리자' 란 소방청장으로부터 관련 자격을 발급받은 사람을 말하며, 해당 대상물의 관계인이 선임하여 소방안전관리업무를 수행한다. 즉, 소방안전관리자는 관계인이 채용한 종업원이며, 그 임무는 해당 대상물의 소방안전관리이다. 소방안전관리자를 선임해야 하는 소방안전관리대상물의 범위와 소방안전관리자의 선임 대상별 자격 및 인원기준은 시행령 [별표 4]를 따른다.

'소방안전관리보조자' 란 소방안전관리자 1명이 소방안전관리업무를 수행하기에 어려운 대상물에 선임되어 소방안전관리자를 보조하는 사람이다. 소방안전관리보조자를 선임해야 하는 소방안전관리대상물의 범위와 선임 대상별 자격 및 인원기준은 시행령 [별표 5]에 의한다.

「화재의 예방 및 안전관리에 관한 법률 시행령」[별표 4] <개정 2024. 5. 7.>

소방안전관리자를 선임해야 하는 소방안전관리대상물의 범위와 소방안전관리자의 선임 대상별 자격 및 인원기준

(제25조제1항 관련)

1. 특급 소방안전관리대상물

가. 특급 소방안전관리대상물의 범위

「소방시설 설치 및 관리에 관한 법률 시행령」별표 2의 특정소방대상물 중 다음의 어느 하나에 해당하는 것

1) 50층 이상(지하층은 제외한다)이거나 지상으로부터 높이가 200미터 이상인 아파트

2) 30층 이상(지하층을 포함한다)이거나 지상으로부터 높이가 120미터 이상인 특정소방대상물(아파트는 제외한다)

3) 2)에 해당하지 않는 특정소방대상물로서 연면적이 10만제곱미터 이상인 특정소방대상물(아파트는 제외한다)

나. 특급 소방안전관리대상물에 선임해야 하는 소방안전관리자의 자격

다음의 어느 하나에 해당하는 사람으로서 특급 소방안전관리자 자격증을 발급받은 사람

1) 소방기술사 또는 소방시설관리사의 자격이 있는 사람

2) 소방설비기사의 자격을 취득한 후 5년 이상 1급 소방안전관리대상물의 소방안전관리자로 근무한 실무경력(법 제24조제3항에 따라 소방안전관리자로 선임되어 근무한 경력은 제외한다. 이하 이 표에서 같다)이 있는 사람

3) 소방설비산업기사의 자격을 취득한 후 7년 이상 1급 소방안전관리대상물의 소방안전관리자로 근무한 실무경력이 있는 사람

4) 소방공무원으로 20년 이상 근무한 경력이 있는 사람

5) 소방청장이 실시하는 특급 소방안전관리대상물의 소방안전관리에 관한 시험에 합격한 사람

다. 선임인원: 1명 이상

2. 1급 소방안전관리대상물

가. 1급 소방안전관리대상물의 범위

「소방시설 설치 및 관리에 관한 법률 시행령」별표 2의 특정소방대상물 중 다음의 어느 하나에 해당하는 것(제1호에 따른 특급 소방안전관리대상물은 제외한다)

1) 30층 이상(지하층은 제외한다)이거나 지상으로부터 높이가 120미터 이상인 아파트

2) 연면적 1만5천제곱미터 이상인 특정소방대상물(아파트 및 연립주택은 제외한다)

3) 2)에 해당하지 않는 특정소방대상물로서 지상층의 층수가 11층 이상인 특정소방대상물(아파트는 제외한다)

4) 가연성 가스를 1천톤 이상 저장·취급하는 시설

나. 1급 소방안전관리대상물에 선임해야 하는 소방안전관리자의 자격

다음의 어느 하나에 해당하는 사람으로서 1급 소방안전관리자 자격증을 발급받은 사람 또는 제1호에 따른 특급 소방안전관리대상물의 소방안전관리자 자격증을 발급받은 사람

1) 소방설비기사 또는 소방설비산업기사의 자격이 있는 사람

2) 소방공무원으로 7년 이상 근무한 경력이 있는 사람

3) 소방청장이 실시하는 1급 소방안전관리대상물의 소방안전관리에 관한 시험에 합격한 사람

다. 선임인원: 1명 이상

3. 2급 소방안전관리대상물

가. 2급 소방안전관리대상물의 범위

「소방시설 설치 및 관리에 관한 법률 시행령」 별표 2의 특정소방대상물 중 다음의 어느 하나에 해당하는 것(제1호에 따른 특급 소방안전관리대상물 및 제2호에 따른 1급 소방안전관리대상물은 제외한다)

  1) 「소방시설 설치 및 관리에 관한 법률 시행령」 별표 4 제1호다목에 따라 옥내소화전설비를 설치해야 하는 특정소방대상물, 같은 호 타목에 따라 스프링클러설비를 설치해야 하는 특정소방대상물 또는 같은 호 바목에 따라 물분무등소화설비[화재안전기준에 따라 호스릴(hose reel) 방식의 물분무등소화설비만을 설치할 수 있는 특정소방대상물은 제외한다]를 설치해야 하는 특정소방대상물

  2) 가스 제조설비를 갖추고 도시가스사업의 허가를 받아야 하는 시설 또는 가연성 가스를 100톤 이상 1천톤 미만 저장ㆍ취급하는 시설

  3) 지하구

  4) 「공동주택관리법」 제2조제1항제2호의 어느 하나에 해당하는 공동주택(「소방시설 설치 및 관리에 관한 법률 시행령」 별표 4 제1호다목 또는 라목에 따른 옥내소화전설비 또는 스프링클러설비가 설치된 공동주택으로 한정한다)

  5) 「문화유산의 보존 및 활용에 관한 법률」 제23조에 따라 보물 또는 국보로 지정된 목조건축물

나. 2급 소방안전관리대상물에 선임해야 하는 소방안전관리자의 자격

다음의 어느 하나에 해당하는 사람으로서 2급 소방안전관리자 자격증을 발급받은 사람, 제1호에 따른 특급 소방안전관리대상물 또는 제2호에 따른 1급 소방안전관리대상물의 소방안전관리자 자격증을 발급받은 사람

  1) 위험물기능장ㆍ위험물산업기사 또는 위험물기능사 자격이 있는 사람

  2) 소방공무원으로 3년 이상 근무한 경력이 있는 사람

  3) 소방청장이 실시하는 2급 소방안전관리대상물의 소방안전관리에 관한 시험에 합격한 사람

  4) 「기업활동 규제완화에 관한 특별조치법」 제29조, 제30조 및 제32조에 따라 소방안전관리자로 선임된 사람(소방안전관리자로 선임된 기간으로 한정한다)

다. 선임인원: 1명 이상

4. 3급 소방안전관리대상물

가. 3급 소방안전관리대상물의 범위

「소방시설 설치 및 관리에 관한 법률 시행령」 별표 2의 특정소방대상물 중 다음의 어느 하나에 해당하는 것(제1호에 따른 특급 소방안전관리대상물, 제2호에 따른 1급 소방안전관리대상물 및 제3호에 따른 2급 소방안전관리대상물은 제외한다)

  1) 「소방시설 설치 및 관리에 관한 법률 시행령」 별표 4 제1호마목에 따라 간이스프링클러설비(주택전용 간이스프링클러설비는 제외한다)를 설치해야 하는 특정소방대상물

  2) 「소방시설 설치 및 관리에 관한 법률 시행령」 별표 4 제2호다목에 따른 자동화재탐지설비를 설치해야 하는 특정소방대상물

나. 3급 소방안전관리대상물에 선임해야 하는 소방안전관리자의 자격

다음의 어느 하나에 해당하는 사람으로서 3급 소방안전관리자 자격증을 발급받은 사람 또는 제1호부터 제3호까지의 규정에 따라 특급 소방안전관리대상물, 1급 소방안전관리대상물 또는 2급 소방안전관리대상물의 소방안전관리자 자격증을 발급받은 사람

  1) 소방공무원으로 1년 이상 근무한 경력이 있는 사람

  2) 소방청장이 실시하는 3급 소방안전관리대상물의 소방안전관리에 관한 시험에 합격한 사람

  3) 「기업활동 규제완화에 관한 특별조치법」 제29조, 제30조 및 제32조에 따라 소방안전관리자로 선임된 사람(소방안전관리자로 선임된 기간으로 한정한다)

다. 선임인원: 1명 이상

비고
1. 동ㆍ식물원, 철강 등 불연성 물품을 저장ㆍ취급하는 창고, 위험물 저장 및 처리 시설 중 제조소등과 지하구는 특급 소방안전관리대상물 및 1급 소방안전관리대상물에서 제외한다.
2. 이 표 제1호에 따른 특급 소방안전관리대상물에 선임해야 하는 소방안전관리자의 자격을 산정할 때에는 동일한 기간에 수행한 경력이 두 가지 이상의 자격기준에 해당하는 경우 하나의 자격기준에 대해서만 그 기간을 인정하고 기간이 중복되지 않는 소방안전관리자 실무경력의 경우에는 각각의 기간을 실무경력으로 인정한다. 이 경우 자격기준별 실무경력 기간을 해당 실무경력 기준기간으로 나누어 합한 값이 1 이상이면 선임자격을 갖춘 것으로 본다.

「화재의 예방 및 안전관리에 관한 법률 시행령」[별표 5]
소방안전관리보조자를 선임해야 하는 소방안전관리대상물의 범위와 선임 대상별 자격 및 인원기준
(제25조제2항 관련)

1. 소방안전관리보조자를 선임해야 하는 소방안전관리대상물의 범위

별표 4에 따라 소방안전관리자를 선임해야 하는 소방안전관리대상물 중 다음 각 목의 어느 하나에 해당하는 소방안전관리대상물

가. 「건축법 시행령」 별표 1 제2호가목에 따른 아파트 중 300세대 이상인 아파트

나. 연면적이 1만5천제곱미터 이상인 특정소방대상물(아파트 및 연립주택은 제외한다)

다. 가목 및 나목에 따른 특정소방대상물을 제외한 특정소방대상물 중 다음의 어느 하나에 해당하는 특정소방대상물

  1) 공동주택 중 기숙사

  2) 의료시설

  3) 노유자 시설

  4) 수련시설

  5) 숙박시설(숙박시설로 사용되는 바닥면적의 합계가 1천500제곱미터 미만이고 관계인이 24시간 상시 근무하고 있는 숙박시설은 제외한다)

2. 소방안전관리보조자의 자격

가. 별표 4에 따른 특급 소방안전관리대상물, 1급 소방안전관리대상물, 2급 소방안전관리대상물 또는 3급 소방안전관리대상물의 소방안전관리자 자격이 있는 사람

나. 「국가기술자격법」 제2조제3호에 따른 국가기술자격의 직무분야 중 건축, 기계제작, 기계장비설비·설치, 화공, 위험물, 전기, 전자 및 안전관리에 해당하는 국가기술자격이 있는 사람

다. 「공공기관의 소방안전관리에 관한 규정」 제5조제1항제2호나목에 따른 강습교육을 수료한 사람

라. 법 제34조제1항제1호에 따른 강습교육 중 이 영 제33조제1호부터 제4호까지에 해당하는 사람을 대상으로 하는 강습교육을 수료한 사람

마. 소방안전관리대상물에서 소방안전 관련 업무에 2년 이상 근무한 경력이 있는 사람

3. 선임인원

가. 제1호가목에 따른 소방안전관리대상물의 경우에는 1명. 다만, 초과되는 300세대마다 1명 이상을 추가로 선임해야 한다.

나. 제1호나목에 따른 소방안전관리대상물의 경우에는 1명. 다만, 초과되는 연면적 1만5천제곱미터(특정소방대상물의 방재실에 자위소방대가 24시간 상시 근무하고 「소방장비관리법 시행령」 별표 1 제1호가목에 따른 소방자동차 중 소방펌프차, 소방물탱크차, 소방화학차 또는 무인방수차를 운용하는 경우에는 3만제곱미터로 한다)마다 1명 이상을 추가로 선임해야 한다.

다. 제1호다목에 따른 소방안전관리대상물의 경우에는 1명. 다만, 해당 특정소방대상물이 소재하는 지역을 관할하는 소방서장이 야간이나 휴일에 해당 특정소방대상물이 이용되지 않는다는 것을 확인한 경우에는 소방안전관리보조자를 선임하지 않을 수 있다.

❷ 다른 안전관리자(다른 법령에 따라 전기 · 가스 · 위험물 등의 안전관리 업무에 종사하는 자를 말한다.

이하 같다)는 소방안전관리대상물 중 소방안전관리업무의 전담이 필요한 대통령령으로 정하는

• 특급 소방안전관리대상물
• 1급 소방안전관리대상물

소방안전관리대상물의 소방안전관리자를 겸할 수 없다. → 특급 · 1급 소방안전관리대상물에는 안전관리자 겸직 금지

다만, 다른 법령에 특별한 규정이 있는 경우에는 그러하지 아니하다.

과태료 ➡ **300만원 이하** (➡ 위반 횟수에 상관없이 **300만원**)

• 제24조제2항을 위반하여 소방안전관리자를 겸한 자

소방대상물에는 전기설비, 정보통신설비, 위생설비, 가스설비, 급수설비, 환기설비, 난방설비, 냉방설비, 소화설비 등[95] 여러 종류의 설비가 하나의 대상물에 함께 설치되는 경우가 많다. 이러한 설비 중 일정 규모 이상이면 전문적인 안전관리가 필요하여 안전관리 기술자를 선임하는 경우가 있으며, 대표적인 것이 소방안전관리자, 전기안전관리자, 가스안전관리자이다. 또한 소방대상물이 독립된 위험물시설이거나 소방대상물 내에 부속된 위험물시설이 있는 경우에는 해당 위험물시설 전반에 대한 안전관리를 책임지는 위험물안전관리자가 있다.

이와 같이 하나의 소방대상물이 여러 종류의 안전관리 전문가를 필요로 하는 경우, 한 사람이 소방 · 전기 · 가스 · 위험물 등 여러 자격을 동시에 가지고 모든 분야의 안전관리를 책임지는 경우도 고려할 수 있다. 기업활동 규제 완화 차원[96]에서는 1명을 채용하여 여러 업무를 함께 수행하는 것이 인건비 절약 면에서 유리할 수 있다. 그러나 대규모 대상물의 경우 1명이 여러 안전관리업무를 겸하면 분야별 전문성을 살리기 어렵고, 부재 시에는 안전관리의 공백 우려가 크다.

따라서, 규모가 상대적으로 큰 특급 소방안전관리대상물과 1급 소방안전관리대상물에는 소방안전관리자가 다른 안전관리자를 겸직할 수 없도록 한다. 이를 위반하여 한 사람이 소방안전관리자와 다른 분야의 안전관리자를 겸한 경우에는, 채용한 관계인이 아닌 해당 안전관리자에게 300만 원의 과태료가 부과된다.

---

95) 「건축법」 제2조제1항제4호에서는 건축설비의 정의를 '건축물에 설치하는 전기 · 전화 설비, 초고속 정보통신 설비, 지능형 홈네트워크 설비, 가스 · 급수 · 배수(配水) · 배수(排水) · 환기 · 난방 · 냉방 · 소화(消火) · 배연(排煙) 및 오물처리의 설비, 굴뚝, 승강기, 피뢰침, 국기 게양대, 공동시청 안테나, 유선방송 수신시설, 우편함, 저수조(貯水槽), 방범시설, 그 밖에 국토교통부령으로 정하는 설비'로 정하고 있다.

96) 「기업활동 규제완화에 관한 특별조치법」 제29조(안전관리자의 겸직 허용), 제30조(중소기업자등에 대한 안전관리자 고용의무의 완화), 제31조(두 종류 이상의 자격증 보유자를 채용한 중소기업자등에 대한 의무고용의 완화), 제32조(위험물안전관리자 등의 공동채용) 참조.

③ 제1항에도 불구하고 제25조제1항에 따른 소방안전관리대상물의 관계인은 소방안전관리업무를

소방시설관리업자가 소방안전관리업무를 대행하는 소방안전관리대상물

대행하는 관리업자(「소방시설 설치 및 관리에 관한 법률」 제29조제1항에 따른 소방시설관리업의

• 전문 소방시설관리업
• 일반 소방시설관리업

등록을 한 자를 말한다. 이하 "관리업자" 라 한다)를 감독할 수 있는 사람을 지정하여

소방안전관리자로 선임할 수 있다. 이 경우 소방안전관리자로 선임된 자는 선임된 날부터 3개월 이내에

하여야 한다.
(벌칙 규정 있음)

「민법」 제157조(기간의 기산점): 기간의 초일(初日)은 산입하지 아니한다.
(초일불산입의 원칙)
→ 초일(선임된 날)을 제외한 후 달력상 3개월 뒤의 해당 일 전날까지
ex) 1월 9일에 선임된 경우는 4월 9일까지, 12월31일에 선임된 경우는 3월 31일까지
(3개월 이내 ≠ 90일 이내)

제34조에 따른 교육을 받아야 한다.

강습교육(선임 전), 실무교육(선임 후)

벌칙 ➡ **300만원** 이하의 **벌금**

• 소방안전관리자 또는 소방안전관리보조자를 선임하지 아니한 해당 소방안전관리대상물의 관계인
• 관리업자를 감독할 수 있는 사람을 지정하여 소방안전관리자로 선임하지 아니한 해당 소방안전관리대상물의 관계인

소방안전관리대상물에는 선임된 소방안전관리자가 소방안전관리업무를 수행하여야 하지만, 규모가 작은 소방안전관리대상물의 경우 소방시설 관리를 위한 전문 장비를 갖추는 부담이 생길 수 있고, 점검 시 여러 보조 인력이 필요하여 실질적인 소방안전관리업무를 수행하는 데 어려움이 따를 수 있다.

이에 따라 외부의 전문업체에 일부 업무를 대행하는 것이 효율적일 수 있어, 제25조(소방안전관리업무의 대행)에 따라 관리업자에게 별도의 비용을 지불하고 해당 업무를 대행시킬 수 있다. 이러한 경우에도 소방안전관리자 선임이 면제되지 않으며, 관리업자를 감독할 수 있는 사람을 지정하여 소방안전관리자로 선임하여야 한다.

이렇게 관리업자를 감독하기 위하여 선임된 소방안전관리자는 특별한 자격이 요구되지 않으나, 선임된 날부터 3개월 이내에 소방청장이 한국소방안전원에 위탁하여 실시하는 실무교육을 받아야 한다.

소방안전관리자를 선임해야 하는 의무는 관계인에게 있으므로, 소방안전관리자를 선임하지 않은 관계인은 300만 원 이하의 벌금에 처해진다. 소방안전관리보조자의 경우도 마찬가지이며, 관리업자 감독을 위하여 지정·선임된 소방안전관리자도 역시 동일하다.

④ 소방안전관리자 및 소방안전관리보조자의 선임 대상별 자격 및 인원기준은 대통령령으로 정하고,

시행령 [별표 4] 소방안전관리자를 선임해야 하는 소방안전관리대상물의 범위와 소방안전관리자의 선임 대상별 자격 및 인원기준
시행령 [별표 5] 소방안전관리보조자를 선임해야 하는 소방안전관리대상물의 범위와 선임 대상별 자격 및 인원기준

선임절차 등 그 밖에 필요한 사항은 행정안전부령으로 정한다.

• 시행규칙 제14조(소방안전관리자의 선임신고 등)
• 시행규칙 제16조(소방안전관리보조자의 선임신고 등)

소방안전관리자의 선임 대상별 자격 및 인원 기준은 『시행령 [별표 4] 소방안전관리자를 선임해야 하는 소방안전관리대상물의 범위와 소방안전관리자의 선임 대상별 자격 및 인원기준』을 따른다.

다만, 대지경계선[97] 안의 지역 또는 인접한 2개 이상의 대지에 소방안전관리자를 두어야 하는 특정소방대상물이 둘 이상 있으며, 그 관리에 관한 권원權原을 가진 자가 동일인인 경우에는 이를 하나의 특정소방대상물로 본다. 이 경우 해당 특정소방대상물이 둘 이상의 등급에 해당하면 그중에서 등급이 높은 특정소방대상물로 본다.[98]

그리고 소방안전관리보조자의 선임 대상별 자격 및 인원 기준은 『시행령 [별표 5] 소방안전관리보조자를 선임해야 하는 소방안전관리대상물의 범위와 선임 대상별 자격 및 인원기준』을 따른다.

관계인이 소방안전관리자와 소방안전관리보조자를 선임할 때는 각각 기준일로부터 30일 이내에 선임하여야 한다. 이때 기준일과 선임 연기 등에 관한 구체적 사항은 『시행규칙 제14조(소방안전관리자의 선임신고 등)』 및 『시행규칙 제16조(소방안전관리보조자의 선임신고 등)』를 따른다.

---

97) 건축물대장의 건축물현황도에 표시된 대지경계선을 말한다.
　※ 건축물대장: 건축물의 위치, 면적, 구조, 용도, 층수 등 물리적 현황과 소유자 정보를 기록한 공적 장부이다. 불법 증축 여부 확인,
　　　소유권 이전, 저당권 설정 등도 확인할 수 있다. 확인 방법은 '정부24' 또는 건축행정시스템 '세움터'에서 온라인으로
　　　무료 열람 및 발급이 가능하다.
98) 「화재의 예방 및 안전관리에 관한 법률 시행령」 제25조제3항

「화재의 예방 및 안전관리에 관한 법률 시행규칙」 제14조**(소방안전관리자의 선임신고 등)**

① 소방안전관리대상물의 관계인은 법 제24조 및 제35조에 따라 소방안전관리자를 다음 각 호의 구분에 따라 해당 호에서 정하는 날부터 **30일 이내**에 선임해야 한다.

1. 신축·증축·개축·재축·대수선 또는 용도변경으로 해당 특정소방대상물의 소방안전관리자를 **신규**로 선임해야 하는 경우: 해당 특정소방대상물의 **사용승인일**(건축물의 경우에는 「건축법」 제22조에 따라 건축물을 사용할 수 있게 된 날을 말한다. 이하 이 조 및 제16조에서 같다)

2. 증축 또는 용도변경으로 인하여 특정소방대상물이 영 제25조제1항에 따른 소방안전관리대상물로 된 경우 또는 특정소방대상물의 소방안전관리 등급이 변경된 경우: **증축공사의 사용승인일** 또는 **용도변경 사실을 건축물관리대장에 기재한 날**

3. 특정소방대상물을 양수하거나 「민사집행법」에 따른 경매, 「채무자 회생 및 파산에 관한 법률」에 따른 환가(換價), 「국세징수법」·「관세법」 또는 「지방세기본법」에 따른 압류재산의 매각이나 그 밖에 이에 준하는 절차에 따라 관계인의 권리를 취득한 경우: **해당 권리를 취득한 날** 또는 **관할 소방서장으로부터 소방안전관리자 선임 안내를 받은 날**. 다만, 새로 권리를 취득한 관계인이 종전의 특정소방대상물의 관계인이 선임신고한 소방안전관리자를 해임하지 않는 경우는 제외한다.

4. 법 제35조에 따른 특정소방대상물의 경우: 관리의 권원이 분리되거나 **소방본부장 또는 소방서장이 관리의 권원을 조정한 날**

5. 소방안전관리자의 해임, 퇴직 등으로 해당 소방안전관리자의 업무가 종료된 경우: 소방안전관리자가 **해임된 날, 퇴직한 날** 등 근무를 종료한 날

6. 법 제24조제3항에 따라 소방안전관리업무를 대행하는 자를 감독할 수 있는 사람을 소방안전관리자로 선임한 경우로서 그 업무대행 계약이 해지 또는 종료된 경우: **소방안전관리업무 대행이 끝난 날**

7. 법 제31조제1항에 따라 소방안전관리자 자격이 정지 또는 취소된 경우: **소방안전관리자 자격이 정지 또는 취소된 날**

② 영 별표 4 제3호 및 제4호에 따른 2급 또는 3급 소방안전관리대상물의 관계인은 제20조에 따른 소방안전관리자 자격시험이나 제25조에 따른 소방안전관리자에 대한 강습교육이 제1항에 따른 소방안전관리자 선임기간 내에 있지 않아 소방안전관리자를 선임할 수 없는 경우에는 소방안전관리자 **선임의 연기를 신청**할 수 있다.

③ 제2항에 따라 소방안전관리자 선임의 연기를 신청하려는 2급 또는 3급 소방안전관리대상물의 관계인은 별지 제14호서식의 소방안전관리자·소방안전관리보조자 선임 연기 신청서를 작성하여 소방본부장 또는 소방서장에게 제출해야 한다. 이 경우 소방본부장 또는 소방서장은 법 제33조에 따른 종합정보망(이하 "종합정보망"이라 한다)에서 강습교육의 접수 또는 시험응시 여부를 확인해야 하며, 2급 또는 3급 소방안전관리대상물의 관계인은 소방안전관리자가 선임될 때까지 법 제24조제5항의 소방안전관리업무를 수행해야 한다.

④ 소방본부장 또는 소방서장은 제3항에 따라 선임 연기 신청서를 제출받은 경우에는 **3일 이내**에 소방안전관리자 선임기간을 정하여 2급 또는 3급 소방안전관리대상물의 **관계인에게 통보**해야 한다.

⑤ 소방안전관리대상물의 관계인은 법 제24조 또는 제35조에 따라 소방안전관리자 또는 총괄소방안전관리자(「기업활동 규제완화에 관한 특별조치법」 제29조제2항·제3항, 제30조제2항 또는 제32조제2항에 따라 소방안전관리자를 겸임하거나 공동으로 선임되는 사람을 포함한다)를 선임한 경우에는 법 제26조제1항에 따라 별지 제15호서식의 소방안전관리자 선임신고서(전자문서를 포함한다)에 다음 각 호의 어느 하나에 해당하는 서류(전자문서를 포함한다)를 첨부하여 소방본부장 또는 소방서장에게 제출해야 한다. 이 경우 소방안전관리대상물의 관계인은 종합정보망을 이용하여 선임신고를 할 수 있다.

1. 제18조에 따른 소방안전관리자 자격증

2. 소방안전관리대상물의 소방안전관리에 관한 업무를 감독할 수 있는 직위에 있는 사람임을 증명하는 서류 및 소방안전관리업무의 대행 계약서 사본(법 제24조제3항에 따라 소방안전관리대상물의 관계인이 소방안전관리업무를 대행하게 하는 경우만 해당한다)

3. 「기업활동 규제완화에 관한 특별조치법」 제29조제2항·제3항, 제30조제2항 또는 제32조제2항에 따라 해당 소방안전관리대상물의 소방안전관리자를 겸임할 수 있는 안전관리자로 선임된 사실을 증명할 수 있는 서류 또는 선임사항이 기록된 자격증(자격수첩을 포함한다)

4. 계약서 또는 권원이 분리됨을 증명하는 관련 서류(법 제35조에 따른 권원별 소방안전관리자를 선임한 경우만 해당한다)

⑥ 소방본부장 또는 소방서장은 소방안전관리대상물의 관계인이 제5항에 따라 소방안전관리자 등을 선임하여 신고하는 경우에는 신고인에게 별지 제16호서식의 선임증을 발급해야 한다. 이 경우 소방본부장 또는 소방서장은 신고인이 종전의 선임이력에 관한 확인을 신청하는 경우에는 별지 제17호서식의 소방안전관리자 선임 이력 확인서를 발급해야 한다.

⑦ 소방본부장 또는 소방서장은 소방안전관리자의 선임신고를 접수하거나 해임 사실을 확인한 경우에는 지체 없이 관련 사실을 종합정보망에 입력해야 한다.

⑧ 소방본부장 또는 소방서장은 선임신고의 효율적 처리를 위하여 소방안전관리대상물이 완공된 경우에는 지체 없이 해당 소방안전관리대상물의 위치, 연면적 등의 정보를 종합정보망에 입력해야 한다.

「화재의 예방 및 안전관리에 관한 법률 시행규칙」 제16조**(소방안전관리보조자의 선임신고 등)**

① 소방안전관리대상물의 관계인은 법 제24조제1항 후단에 따라 소방안전관리자보조자를 다음 각 호의 구분에 따라 해당 호에서 정하는 날부터 **30일 이내**에 선임해야 한다.

  1. 신축 · 증축 · 개축 · 재축 · 대수선 또는 용도변경으로 해당 소방안전관리대상물의 소방안전관리보조자를 신규로 선임해야 하는 경우: 해당 소방안전관리대상물의 **사용승인일**

  2. 소방안전관리대상물을 양수하거나 「민사집행법」에 따른 경매, 「채무자 회생 및 파산에 관한 법률」에 따른 환가, 「국세징수법」 · 「관세법」 또는 「지방세기본법」에 따른 압류재산의 매각이나 그 밖에 이에 준하는 절차에 따라 관계인의 권리를 취득한 경우: **해당 권리를 취득한 날** 또는 **관할 소방서장으로부터 소방안전관리보조자 선임 안내를 받은 날**. 다만, 새로 권리를 취득한 관계인이 종전의 소방안전관리대상물의 관계인이 선임신고한 소방안전관리보조자를 해임하지 않는 경우는 제외한다.

  3. 소방안전관리보조자의 해임, 퇴직 등으로 해당 소방안전관리보조자의 업무가 종료된 경우: 소방안전관리보조자가 **해임된 날**, **퇴직한 날** 등 근무를 종료한 날

② 법 제24조제1항 후단에 따라 소방안전관리보조자를 선임해야 하는 소방안전관리대상물(이하 "보조자선임대상 소방안전관리대상물"이라 한다)의 관계인은 제25조에 따른 강습교육이 제1항에 따른 소방안전관리보조자 선임기간 내에 있지 않아 소방안전관리보조자를 선임할 수 없는 경우에는 소방안전관리보조자 **선임의 연기를 신청**할 수 있다.

③ 제2항에 따라 소방안전관리보조자 선임의 연기를 신청하려는 보조자선임대상 소방안전관리대상물의 관계인은 별지 제14호서식의 선임 연기 신청서를 작성하여 소방본부장 또는 소방서장에게 제출해야 한다. 이 경우 소방본부장 또는 소방서장은 종합정보망에서 강습교육의 접수 여부를 확인해야 한다.

④ 소방본부장 또는 소방서장은 제3항에 따라 선임 연기 신청서를 제출받은 경우에는 **3일 이내**에 소방안전관리보조자 선임기간을 정하여 보조자선임대상 소방안전관리대상물의 **관계인에게 통보**해야 한다.

⑤ 보조자선임대상 소방안전관리대상물의 관계인은 법 제24조제1항에 따른 소방안전관리보조자를 선임한 경우에는 법 제26조제1항에 따라 별지 제18호서식의 소방안전관리보조자 선임신고서(전자문서를 포함한다)에 다음 각 호의 어느 하나에 해당하는 서류(영 별표 5 제2호의 자격요건 중 해당 자격을 증명할 수 있는 서류를 말하며, 전자문서를 포함한다)를 첨부하여 소방본부장 또는 소방서장에게 제출해야 한다. 이 경우 보조자선임대상 소방안전관리대상물의 관계인은 종합정보망을 이용하여 선임신고를 할 수 있다.

  1. 제18조에 따른 소방안전관리자 자격증

  2. 영 별표 4에 따른 특급, 1급, 2급 또는 3급 소방안전관리대상물의 소방안전관리자가 되려는 사람에 대한 강습교육 수료증

  3. 소방안전관리대상물의 소방안전 관련 업무에 2년 이상 근무한 경력이 있는 사람임을 증명할 수 있는 서류

⑥ 소방본부장 또는 소방서장은 제5항에 따라 보조자선임대상 소방안전관리대상물의 관계인이 선임신고를 하는 경우 「전자정부법」 제36조제1항에 따른 행정정보의 공동이용을 통하여 선임된 소방안전관리보조자의 국가기술자격증(영 별표 5 제2호나목에 해당하는 사람만 해당한다)을 확인해야 한다. 이 경우 선임된 소방안전관리보조자가 확인에 동의하지 않으면 국가기술자격증의 사본을 제출하도록 해야 한다.

⑦ 소방본부장 또는 소방서장은 보조자선임대상 소방안전관리대상물의 관계인이 법 제26조제1항에 따른 소방안전관리보조자를 선임하고 제5항에 따라 신고하는 경우에는 신고인에게 별지 제16호서식의 소방안전관리보조자 선임증을 발급해야 한다. 이 경우 소방본부장 또는 소방서장은 신고인이 종전의 선임이력에 관한 확인을 신청하는 경우에는 별지 제17호서식의 소방안전관리보조자 선임 이력 확인서를 발급해야 한다.

⑧ 소방본부장 또는 소방서장은 소방안전관리보조자의 선임신고를 접수하거나 해임 사실을 확인한 경우에는 지체 없이 관련 사실을 종합정보망에 입력해야 한다.

⑤ 특정소방대상물(소방안전관리대상물은 제외한다)의 관계인과 소방안전관리대상물의 소방안전관리자는 다음 각 호의 업무를 수행한다. 다만, 제1호 · 제2호 · 제5호 및 제7호의 업무는 소방안전관리대상물의 경우에만 해당한다.

1. 제36조에 따른 피난계획에 관한 사항과 대통령령으로 정하는 사항이 포함된 소방계획서의 작성 및 시행
시행령 제27조(소방안전관리대상물의 소방계획서 작성 등)

2. 자위소방대(自衛消防隊) 및 초기대응체계의 구성, 운영 및 교육

3. 「소방시설 설치 및 관리에 관한 법률」 제16조에 따른 피난시설, 방화구획 및 방화시설의 관리
「건축법」 제49조에 따른 피난시설, 방화구획 및 방화시설

4. 소방시설이나 그 밖의 소방 관련 시설의 관리

5. 제37조에 따른 소방훈련 및 교육
제37조(소방안전관리대상물 근무자 및 거주자 등에 대한 소방훈련 등)

6. 화기(火氣) 취급의 감독

① 업무 수행 기록을 시행규칙 별지 제12호서식에 따라 월 1회 이상 작성 · 관리
② 업무 수행 중 보수 또는 정비가 필요한 사항을 발견한 경우, 지체 없이 관계인에게 알리고, 별지 제12호서식에 기록
③ 업무 수행에 관한 기록을 작성한 날부터 2년간 보관

7. 행정안전부령으로 정하는 바에 따른 소방안전관리에 관한 업무수행에 관한 기록 · 유지
(제3호 · 제4호 및 제6호의 업무를 말한다)

8. 화재발생 시 초기대응

9. 그 밖에 소방안전관리에 필요한 업무

과태료 ➡ 300만원 이하 (➡ 1차:100, 2차:200, 3차 이상:300만원)

• 제24조제5항에 따른 소방안전관리업무를 하지 아니한 특정소방대상물의 관계인 또는 소방안전관리대상물의 소방안전관리자

특정소방대상물의 소방안전관리는 관계인의 의무이다. 해당 특정소방대상물이 소방안전관리대상물에 해당한다면 관계인은 소방안전관리자를 선임하여야 하고, 선임된 소방안전관리자는 관계인의 수행 업무 중 전문성이 요구되는 핵심 업무를 수행하여야 한다. 제5항은 소방안전관리자가 수행하여야 하는 업무를 4가지로 명시하는데, 실질적으로는 '소방계획서의 작성 및 시행'이 나머지 업무를 모두 포함한다.

소방안전관리자는 이러한 업무수행 내용을 월 1회 이상 작성하고 관리하여야 하며, 보수 또는 정비가 필요한 사항을 발견하면 지체 없이 관계인에게 알리고 이를 기록하여야 한다. 이러한 업무수행 기록은 기록한 날부터 2년간 보관하여야 한다.

소방계획서는 관할 소방본부장 또는 소방서장의 지도·감독을 받아 작성하고 실행하여야 하는데, 그 구체적인 내용은 시행령 제27조(소방안전관리대상물의 소방계획서 작성 등)에 규정되어 있다. 이를 법 제24조제5항과 비교하여 정돈하면 다음의 [표 5]와 같다.

[표 5] 소방계획서의 내용과 소방안전관리 업무 비교

구분	시행령 제27조제1항(소방계획서의 내용)	법 제24조제5항(소방안전관리 업무)
일반 현황	1. 소방안전관리대상물의 위치·구조·연면적·용도 및 수용인원 등 일반 현황	
	2. 소방안전관리대상물에 설치한 소방시설, 방화시설, 전기시설, 가스시설 및 위험물시설의 현황	
점검·정비계획	3. 화재 예방을 위한 자체점검계획 및 대응대책	3. 「소방시설 설치 및 관리에 관한 법률」 제16조에 따른 피난시설, 방화구획 및 방화시설의 관리 4. 소방시설이나 그 밖의 소방 관련 시설의 관리
	4. 소방시설·피난시설 및 방화시설의 점검·정비계획	
피난계획	5. 피난층 및 피난시설의 위치와 피난경로의 설정, 화재안전취약자의 피난계획 등을 포함한 피난계획	1. 제36조에 따른 피난계획에 관한 사항
유지·관리계획	6. 방화구획, 제연구획(除煙區劃), 건축물의 내부 마감재료 및 방염대상물품의 사용 현황과 그 밖의 방화구조 및 설비의 유지·관리계획	
기타	7. 법 제35조제1항에 따른 관리의 권원이 분리된 특정소방대상물의 소방안전관리에 관한 사항	
훈련·교육	8. 소방훈련·교육에 관한 계획	5. 제37조에 따른 소방훈련 및 교육
자위소방대 및 초기대응체계	9. 법 제37조를 적용받는 소방안전관리대상물의 근무자 및 거주자의 자위소방대 조직과 대원의 임무(화재안전취약자의 피난 보조 임무를 포함한다)에 관한 사항	2. 자위소방대 및 초기대응체계의 구성, 운영 및 교육
화기 취급 감독	10. 화기 취급 작업에 대한 사전 안전조치 및 감독 등 공사 중 소방안전관리에 관한 사항	6. 화기 취급의 감독
	11. 소화에 관한 사항과 연소 방지에 관한 사항	
위험물 관리	12. 위험물의 저장·취급에 관한 사항(「위험물안전관리법」 제17조에 따라 예방규정을 정하는 제조소등은 제외한다)	
기록·유지	13. 소방안전관리에 대한 업무수행에 관한 기록 및 유지에 관한 사항	7. 행정안전부령으로 정하는 바에 따른 소방안전관리에 관한 업무수행에 관한 기록·유지(제3호·제4호 및 제6호의 업무를 말한다)
초기대응	14. 화재발생 시 화재경보, 초기소화 및 피난유도 등 초기대응에 관한 사항	8. 화재발생 시 초기대응
기타	15. 그 밖에 소방본부장 또는 소방서장이 소방안전관리대상물의 위치·구조·설비 또는 관리 상황 등을 고려하여 소방안전관리에 필요하여 요청하는 사항	9. 그 밖에 소방안전관리에 필요한 업무

☞ 소방안전관리자의 수행 업무를 간단히 말하면, 『**소방계획서의 작성 및 시행**』이다.

⑥ 제5항제2호에 따른 자위소방대와 초기대응체계의 구성, 운영 및 교육 등에 필요한 사항은

행정안전부령으로 정한다.

시행규칙 제11조(자위소방대 및 초기대응체계의 구성·운영 및 교육 등) → 소방안전관리대상물에 선임된 소방안전관리자의 수행업무

소방안전관리자는 해당 소방안전관리대상물에 근무하거나 거주하는 사람들로 자위소방대를 구성하여야 한다. 자위소방대의 편성·운영 목적은 화재 발생 시 비상연락, 초기소화 및 피난유도 등을 통한 인명·재산 피해의 최소화에 있으며, 소방안전관리대상물의 규모·용도 등의 특성을 고려하여 응급구조 및 방호안전기능 등을 추가하여 편성할 수 있다. 자위소방대는 초기대응체계를 포함하여 편성하되, 화재 발생 시 신속하게 대처할 수 있도록 해당 소방안전관리대상물에 근무하는 사람의 근무위치, 근무인원 등을 고려한다. 초기대응 체계는 해당 소방안전관리대상물이 이용되는 동안 상시적으로 운영되어야 한다.

자위소방대의 조직 구조와 임무는 다음 [표 6]과 같다.

[표 6] 자위소방대 조직과 임무

구 분	임 무
대장(1명)	자위소방대 총괄 지휘
부대장(1명)	대장 보좌, 대장이 부재 시 대장 임무 대행
비상연락팀	화재사실의 전파 및 신고
초기소화팀	화재 발생 시 초기화재 진압
피난유도팀	재실자(在室者) 및 피난약자를 안전한 장소로 대피 (피난약자: 장애인, 노인, 임산부, 영유아 및 어린이 등 이동이 어려운 사람)
응급구조팀	인명 구조, 부상자 응급조치
방호안전팀	화재확산방지 및 위험시설의 비상정지 등 방호안전 업무 수행

소방안전관리자는 자위소방대를 연 1회 이상 소집하여 그 편성 상태 및 초기대응체계를 점검하고, 편성된 근무자에 대한 소방교육을 실시해야 한다. 이 경우 초기대응체계에 편성된 근무자 등에 대해서는 화재 발생 초기대응에 필요한 기본 요령을 숙지할 수 있도록 소방교육을 실시하여야 한다. 소방교육은 소방훈련과 병행 하여 실시할 수 있으며, 교육결과는 교육실시일부터 2년간 보관하여야 한다.

소방청장은 자위소방대의 구성·운영 및 교육, 초기대응체계의 편성·운영 등에 필요한 지침을 작성하여 배포할 수 있으며, 소방본부장 또는 소방서장은 소방안전관리대상물의 소방안전관리자가 해당 지침을 준수 하도록 지도할 수 있다.

① 소방안전관리대상물 중 연면적 등이 일정규모 미만인 대통령령으로 정하는 소방안전관리대상물의

• 지상층이 11층 이상인 1급 소방안전관리대상물(연면적 15,000m² 이상인 특정소방대상물과 아파트는 제외)
• 2급 소방안전관리대상물, 3급 소방안전관리대상물

관계인은 제24조제1항에도 불구하고 관리업자로 하여금 같은 조 제5항에 따른 소방안전관리업무

중 대통령령으로 정하는 업무를 대행하게 할 수 있다. 이 경우 제24조제3항에 따라 선임된

① 피난시설, 방화구획 및 방화시설의 관리(제24조제5항제3호)
② 소방시설이나 그 밖의 소방 관련 시설의 관리(제24조제5항제4호)

소방안전관리자는 관리업자의 대행업무 수행을 감독하고 대행업무 외의 소방안전관리업무는

• 화기취급의 감독(제24조제5항제6호)
• 화재발생 시 초기대응(제24조제5항제8호)
• 그 밖에 소방안전관리에 필요한 업무(제24조제5항제9호)

직접 수행하여야 한다.

소방안전관리대상물에 선임된 소방안전관리자가 행하는 업무 중 매우 중요한 비중을 차지하는 것은 소방시설, 피난시설, 방화시설 등 소방안전과 관련한 하드웨어hardware에 대한 점검 및 정비 업무이다. 이러한 업무는 전문적인 장비와 인력이 필요하므로 전문성 확보와 비용 절감, 그리고 실질적인 안전을 위해 외부 업체(관리업자)의 대행 서비스를 이용하는 것이 유리하다.

2급·3급 소방안전관리대상물과 같이 규모가 작은 대상물은 관리업자의 대행 서비스를 이용하는 것이 직접 인력을 고용하는 것보다 경제적이며, 고장 발견 시 즉각적인 수리나 부품 교체가 가능하여 관리 편의성이 좋다. 또한 소방시설법령에 따른 정기 점검(작동점검, 종합점검) 결과를 소방서에 보고하는 행정 절차를 누락 없이 처리할 수 있으며, 사고 발생 시 관리 부실에 대한 책임을 최소화하고 신속한 사후 처리를 도모할 수 있다.

그러나 특급 소방안전관리대상물과 대부분의 1급 소방안전관리대상물은 업무 대행이 불가하다. 이들 대상물은 규모가 매우 크고 상주 인원이 많아 화재 발생 시 대형 인명피해가 발생할 수 있으며, 복잡한 소방시스템을 24시간 모니터링해야 하고, 자체소방대 운영을 위해서도 고도의 전문성이 요구된다. 따라서 전문성이 높은 소방안전관리자가 상주하며 소방안전관리 업무를 전담하도록 의무화한다.

1급 소방안전관리대상물은 원칙적으로 대행이 불가능하지만, 상대적으로 업무난이도가 낮은 '연면적 15,000㎡ 미만이면서 지상층의 층수가 11층 이상인 것(아파트 제외)'은 대행이 가능하다.

관리업자가 대행하는 구체적인 업무는 '피난시설, 방화구획 및 방화시설의 관리'와 '소방시설이나 그 밖의 소방 관련 시설의 관리'이며, 그 외의 업무는 해당 대상물에 선임된 소방안전관리자가 직접 수행한다.

② 제1항 전단에 따라 소방안전관리업무를 대행하는 자는 대행인력의 배치기준·자격·방법 등

소방시설관리업의 등록을 한 자("관리업자")

행정안전부령으로 정하는 준수사항을 지켜야 한다.

시행규칙 [별표 1] 소방안전관리업무 대행인력의 배치기준·자격 및 방법 등

③ 제1항에 따라 소방안전관리업무를 관리업자에게 대행하는 경우의 대가(代價)는

「엔지니어링산업진흥법」 제31조에 따른 엔지니어링사업의 대가 기준 가운데 행정안전부령으로

정하는 방식에 따라 산정한다.

실비정액가산방식

「엔지니어링산업진흥법」 제31조에 따른 「엔지니어링사업의 대가 기준」(산업통상부장관고시) 중 실비정액가산방식

직접인건비, 직접경비, 제경비, 기술료와 부가가치세를 합산하여 대가를 산출하는 방식

관리업자는 대행업무를 수행하기 위하여 대상물의 등급과 설치된 소방시설의 종류에 따라 적합한 기술등급을 갖춘 대행인력을 배치하여야 하고, 대행인력의 개인별 1일 업무량도 제한을 두고 있다. 구체적인 배치기준과 자격·방법 등은 『시행규칙 [별표 1] 소방안전관리업무 대행인력의 배치기준·자격 및 방법 등 준수사항』에 따른다.

대행업무를 수행하는 관리업자에게 지불하는 비용은 산업통상부장관이 고시한 「엔지니어링사업 대가의 기준」 중 실비정액가산방식을 따른다. 실비정액가산방식[99]은 직접인건비, 직접경비, 제경비, 기술료와 부가가치세를 합산하여 대가를 산출하는 방식이다.

---

99) 「엔지니어링사업대가의 기준」

제3조(정의) 1. "실비정액가산방식"이란 직접인건비, 직접경비, 제경비, 기술료와 부가가치세를 합산하여 대가를 산출하는 방식을 말한다.

제7조(직접인건비) 직접인건비란 해당 엔지니어링사업의 업무에 직접 종사하는 엔지니어링기술자의 인건비로서 투입된 인원수에 엔지니어링기술자의 기술등급별 노임단가를 곱하여 계산한다. 이 경우 엔지니어링기술자의 투입인원수 및 기술등급별 노임단가의 산출은 다음 각 호를 적용한다.
1. 투입인원수를 산출하는 경우에는 산업통상자원부장관이 인가한 표준품셈을 우선 적용한다. 다만 인가된 표준품셈이 존재하지 않거나 업무의 특성상 필요한 경우에는 견적 등 적절한 산출방식을 적용할 수 있다.
2. 노임단가를 산출하는 경우에는 기본급·퇴직급여충당금·회사가 부담하는 산업재해보상보험료, 국민연금, 건강보험료, 고용보험료, 퇴직연금급여 등이 포함된 한국엔지니어링협회가 「통계법」에 따라 조사·공표한 임금 실태조사보고서에 따른다.

제8조(직접경비) 직접경비란 당해 업무 수행과 관련이 있는 경비로서 여비(발주청 관계자 여비는 제외함), 특수자료비(특허, 노하우 등의 사용료), 제출 도서의 인쇄 및 청사진비, 측량비, 토질 및 재료비 등의 시험비 또는 조사비, 모형제작비, 다른 전문기술자에 대한 자문비 또는 위탁비와 현장운영 경비(직접인건비에 포함되지 아니한 보조원의 급여와 현장사무실의 운영비를 말한다) 등을 포함하며, 그 실제 소요될 것으로 추정되는 비용의 일체를 계산한다. 다만, 국내 출장여비 및 공사감리 등 현장에 상주해야 하는 엔지니어링사업의 주재비는 그 내역을 산정하기 어려운 경우 국내 출장여비는 비상주 직접인건비의 10%로 하고 주재비는 상주 직접인건비의 30%로 한다.

제9조(제경비) ① 제경비란 직접비(직접인건비와 직접경비)에 포함되지 아니하고 엔지니어링사업자의 행정운영을 위한 기획, 경영, 총무 분야 등에서 발생하는 간접 경비로서 임원·서무·경리직원 등의 급여, 사무실비, 사무용 소모품비, 비품비, 기계기구의 수선 및 상각비, 통신운반비, 회의비, 공과금, 운영활동 비용 등을 포함하며 직접인건비의 110~120%로 계산한다. 다만, 관련법령에 따라 계약상대자의 과실로 인하여 발생한 손해에 대한 손해배상보험료 또는 손해배상공제료는 별도로 계산한다.
② 제1항의 경비 중에서도 해당 엔지니어링사업의 수행을 위하여 직접적인 필요에 따라 발생한 비목에 관하여는 직접경비로 계산한다.

제10조(기술료) 기술료란 엔지니어링사업자가 개발·보유한 기술의 사용 및 기술축적을 위한 대가로서 조사연구비, 기술개발비, 기술훈련비 및 이윤 등을 포함하며 직접인건비에 제경비(단 제9조제1항 단서에 따른 손해배상보험료 또는 손해배상공제료는 제외함)를 합한 금액의 20~40%로 계산한다.

「화재의 예방 및 안전관리에 관한 법률 시행규칙」 [별표 1]

소방안전관리업무 대행인력의 배치기준·자격 및 방법 등 준수사항 (제12조 관련)

1. 업무대행 인력의 배치기준

「소방시설 설치 및 관리에 관한 법률」 제29조에 따라 소방시설관리업을 등록한 소방시설관리업자가 법 제25조제1항에 따라 영 제28조제2항 각 호의 소방안전관리업무를 대행하는 경우에는 다음 각 목에 따른 소방안전관리업무 대행인력(이하 "대행인력"이라 한다)을 배치해야 한다.

가. 소방안전관리대상물의 등급 및 소방시설의 종류에 따른 대행인력의 배치기준

[표 1] 소방안전관리등급 및 설치된 소방시설에 따른 대행인력의 배치 등급

소방안전관리대상물의 등급	설치된 소방시설의 종류	대행인력의 기술등급
1급 또는 2급	스프링클러설비, 물분무등소화설비 또는 제연설비	중급점검자 이상 1명 이상
	옥내소화전설비 또는 옥외소화전설비	초급점검자 이상 1명 이상
3급	자동화재탐지설비 또는 간이스프링클러설비	초급점검자 이상 1명 이상

비고

1. 소방안전관리대상물의 등급은 영 별표 4에 따른 소방안전관리대상물의 등급을 말한다.
2. 대행인력의 기술등급은 「소방시설공사업법 시행규칙」 별표 4의2에 따른 소방기술자의 자격 등급에 따른다.
3. 연면적 5천제곱미터 미만으로서 스프링클러설비가 설치된 1급 또는 2급 소방안전관리대상물의 경우에는 초급점검자를 배치할 수 있다.
   다만, 스프링클러설비 외에 제연설비 또는 물분무등소화설비가 설치된 경우에는 그렇지 않다
4. 스프링클러설비에는 화재조기진압용 스프링클러설비를 포함하고, 물분무등소화설비에는 호스릴(hose reel)방식은 제외한다.

나. 대행인력 1명의 1일 소방안전관리업무 대행 업무량은 [표 2] 및 [표 3]에 따라 산정한 배점을 합산하여 산정하며, 이 합산점수는 8점(이하 "1일 한도점수"라 한다)을 초과할 수 없다.

[표 2] 하나의 소방안전관리대상물의 면적별 배점기준표(아파트는 제외한다)

소방안전관리대상물의 등급	연면적	대행인력 등급별 배점		
		초급점검자	중급점검자	고급점검자 이상
3급	전체	0.7		
1급 또는 2급	1,500㎡ 미만	0.8	0.7	0.6
	1,500㎡ 이상 3,000㎡ 미만	1.0	0.8	0.7
	3,000㎡ 이상 5,000㎡ 미만	1.2	1.0	0.8
	5,000㎡ 이상 10,000㎡ 이하	1.9	1.3	1.1
	10,000㎡ 초과 15,000㎡ 이하	-	1.6	1.4

비고

주상복합아파트의 경우 세대부를 제외한 연면적과 세대수에 「소방시설 설치 및 관리에 관한 법률 시행규칙」 별표 3의 종합점검 대상의 경우 32, 작동점검 대상의 경우 40을 곱하여 계산된 값을 더하여 연면적을 산정한다. 다만, 환산한 연면적이 1만5천제곱미터를 초과한 경우에는 1만5천제곱미터로 본다.

[표 3] 하나의 소방안전관리대상물 중 아파트 배점기준표

소방안전관리대상물의 등급	세대구분	대행인력 등급별 배점		
		초급점검자	중급점검자	고급점검자 이상
3급	전체	0.7		
1급 또는 2급	30세대 미만	0.8	0.7	0.6
	30세대 이상 50세대 미만	1.0	0.8	0.7
	50세대 이상 150세대 미만	1.2	1.0	0.8
	150세대 이상 300세대 미만	1.9	1.3	1.1
	300세대 이상 500세대 미만	-	1.6	1.4
	500세대 이상 1,000세대 미만	-	2.0	1.8
	1,000세대 초과	-	2.3	2.1

다. 하루에 2개 이상의 대행 업무를 수행하는 경우에는 소방안전관리대상물 간의 이동거리(좌표거리를 말한다) 5킬로미터 마다 1일 한도점수에 0.01를 곱하여 계산된 값을 1일 한도점수에서 뺀다. 다만, 육지와 도서지역 간에 차량 출입이 가능한 교량으로 연결되지 않은 지역 또는 소방시설관리업자가 없는 시·군 지역은 제외한다.

라. 2명 이상의 대행인력이 함께 대행업무를 수행하는 경우 [표 2] 및 [표 3]의 배점을 인원수로 나누어 적용하되, 소수점 둘째자리에서 절사한다.

마. 영 별표 4 제2호가목3)에 해당하는 1급 소방안전관리대상물은 [표 2]의 배점에 10%를 할증하여 적용한다.

2. 대행인력의 자격기준 및 점검표

가. 대행인력은 「소방시설 설치 및 관리에 관한 법률」 제29조에 따라 소방시설관리업에 등록된 기술인력을 말한다.

나. 대행인력의 기술등급은 「소방시설공사업법 시행규칙」 별표 4의2 제3호다목의 소방시설 자체점검 점검자의 기술등급 자격에 따른다.

다. 대행인력은 소방안전관리업무 대행 시 [표 4]에 따른 소방안전관리업무 대행 점검표를 작성하고 관계인에게 제출해야 한다.

[표 4] 소방안전관리업무 대행 점검표

건물명		점검일	년 월 일(요일)
주 소			
점검업체명		건물등급	급
설비명	점검결과 세부 내용		
소방시설			
피난시설			
방화시설			
방화구획			
기타			

확인자	관계인	(서명)
기술인력	대행인력의 기술등급: 대행인력:	(서명)

비고
1. 소방시설 점검 시 공용부 점검을 원칙으로 한다. 다만, 단독경보형 감지기 등이 동작(오동작)한 경우에는 단독경보형 감지기 등이 동작한 장소도 점검을 실시한다.
2. 방문 시 리모델링 또는 내부 구획변경 등이 있는 경우에는 해당 부분을 점검하여 점검표에 그 결과를 기재한다.
3. 계단, 통로 등 피난통로 상에 피난에 장애가 되는 물건 등이 쌓여 있는 경우에는 즉시 이동조치 하도록 관계인에게 설명한다.
4. 방화문은 항시 닫힘 상태를 유지하거나 정상 작동될 수 있도록 관계인에게 설명한다.
5. 점검 완료 시 해당 소방안전관리자(또는 관계인)에게 점검결과를 설명하고 점검표에 기재한다.

① 소방안전관리대상물의 관계인이 제24조에 따라 소방안전관리자 또는 소방안전관리보조자를

특정소방대상물 X

선임한 경우에는 행정안전부령으로 정하는 바에 따라 선임한 날부터 14일 이내에

채용 또는 임명

• 시행규칙 제14조(소방안전관리자의 선임신고 등)
• 시행규칙 제16조(소방안전관리보조자의 선임신고 등)

「민법」 제157조(기간의 기산점): 초일불산입의 원칙
• 초일(선임한 날)을 제외한 후 계산된 기간의 마지막 날을 포함한다.
ex) 선임일이 8월 10일인 경우 → 8월 24일까지

소방본부장 또는 소방서장에게 신고하고, 소방안전관리대상물의 출입자가 쉽게 알 수 있도록

★ 형식적 요건(구비서류, 기재사항 등)을 모두 갖추어 신고서를 행정청에 제출(도달)하는 순간, 신고 의무가 이행된 것으로 본다.
「행정절차법」 제40조(신고) ☞ 자기완결적 신고(형식적 요건만 심사)

소방안전관리자의 성명과 그 밖에 행정안전부령으로 정하는 사항을 게시하여야 한다.

1. 소방안전관리대상물의 명칭 및 등급
2. 소방안전관리자의 성명 및 선임일자
3. 소방안전관리자의 연락처
4. 소방안전관리자의 근무 위치(화재 수신기 또는 종합방재실을 말한다)

어떤 내용이나 정보를 많은 사람이 알 수 있도록
일정한 장소에 내걸거나 갖추어 두어 널리 알리는 행위

☞ 소방안전관리자 성명 등의 게시는 시행규칙 별표 2의 소방안전관리자 현황표에 따른다.
이 경우 시행규칙 별표 5에 따른 소방시설등 자체점검기록표를 함께 게시할 수 있다.

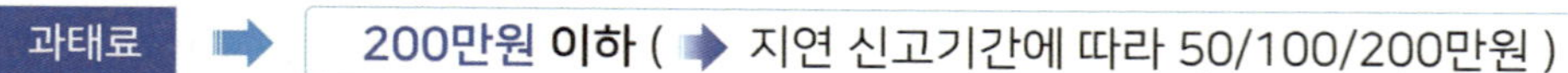

과태료 ➡ **200만원 이하** (➡ 지연 신고기간에 따라 50/100/200만원)

• 제26조제1항을 위반하여 기간 내 선임신고를 하지 아니한 관계인

↳ 지연 신고기간 3개월 이상 또는 미신고
↳ 지연 신고기간 1개월 미만

과태료 ➡ **200만원 이하** (➡ 1차:50, 2차:100, 3차 이상:200만원)

• 제26조제1항을 위반하여 소방안전관리자의 성명 등을 게시하지 아니한 관계인

관계인이 소방안전관리자 또는 소방안전관리보조자를 선임하면 그 사실을 소방관서에 신고하여야 한다. '선임'이란 특정한 법적 권한과 의무를 부여하는 행위이다. 구체적으로는 자격자를 신규로 채용(고용)하거나 자격이 있는 기존 직원을 해당 직위에 임명하는 것으로 관계인과 직원 사이에서 일어나는 법적 행위이다. 이에 반해 '선임신고'는 관계인이 소방관서에 선임 사실을 알리는 것으로 관계인과 소방관서 사이에서 이루어지는 행위이다. 이는 보고적 신고[100]의 성격을 가지며, 이미 일어난 사실의 통보를 의미한다.

---

100) 보고적 신고 vs. 창설적 신고

가족관계등록법상 신고는 그 성격에 따라 크게 보고적 신고와 창설적 신고로 나뉜다. 쉽게 말해 '이미 일어난 사실을 알리는 것'인지, 아니면 '신고를 해야 비로소 법적 효력이 생기는 것'인지의 차이이다.

'보고적 신고'는 출생신고, 사망신고, 확정판결에 의한 이혼, 개명 신고 등과 같이 이미 발생한 사실을 관청에 알리는 것으로, 신고와 상관없이 사건이 발생한 때 이미 법적 효과가 생기며, 신고 의무 기간을 어기면 과태료가 부과된다.

반면에 '창설적 신고'는 혼인신고, 협의이혼 신고, 입양신고 등과 같이 관청에 신고를 해야만 비로소 새로운 법률관계가 만들어지거나 변경되는 것으로 신고 기간의 제한이 없고, 신고를 하지 않는다고 해서 과태료가 부과되지 않는다.

소방관련법규에서 등장하는 신고는 모두 과태료가 부과될 수 있는 '보고적 신고'의 성격을 갖는다.

「행정절차법」 제40조(신고)에 따르면, 법령 등에서 행정청에 일정한 사항을 통지함으로써 의무가 끝나는 신고를 규정하고 있는 경우 신고를 관장하는 행정청은 신고에 필요한 구비서류, 접수기관, 그 밖에 법령 등에 따른 신고에 필요한 사항을 게시하거나 이에 대한 편람을 갖추어 두고 누구나 열람할 수 있도록 하여야 한다. 또한 형식적 요건(기재사항, 첨부서류 등)을 갖춘 경우는 신고서가 접수기관에 도달된 때에 신고 의무가 이행된 것으로 본다. 이를 '자기완결적 신고'라고 하며, 요건을 갖춘 신고서가 행정기관에 도달하는 순간 즉시 법적 효과가 발생하는 것을 의미한다. 쉽게 말해, 행정청이 '수리했다'는 별도의 결정을 내릴 필요 없이, 서류만 제대로 제출하면 신고의 의무를 다한 것으로 간주한다.

관계인은 소방안전관리자 또는 소방안전관리보조자를 선임한 날부터 14일 이내에 소방관서에 선임신고를 하여야 하고, 해당 소방대상물의 잘 보이는 곳에 선임된 소방안전관리자의 성명·선임일자·연락처·근무 위치, 소방안전관리대상물의 명칭 및 등급 등을 기재한 『소방안전관리자 현황표』를 게시하여야 한다.

벌칙 규정을 살펴보면, 관계인이 소방안전관리자 또는 소방안전관리보조자를 선임하지 않으면 300만 원 이하의 벌금이지만, 선임신고를 하지 않으면 200만 원 이하의 과태료가 부과된다. 또한 시행규칙 [별표 2]에 따른 『소방안전관리자 현황표』를 게시하지 않은 경우에도 200만 원 이하의 과태료가 부과된다.

시행규칙 [별표 2] 『소방안전관리자 현황표』

소방안전관리자 현황표 (대상명:)

이 건축물의 소방안전관리자는 다음과 같습니다.

☐ 소방안전관리자: (선임일자: 년   월   일)

☐ 소방안전관리대상물 등급: 급

☐ 소방안전관리자 근무 위치(화재 수신기 위치):

「화재의 예방 및 안전관리에 관한 법률」 제26조제1항에 따라 이 표지를 붙입니다.

소방안전관리자 연락처:

비고
이 현황표의 규격은 다음과 같이 한다. 다만, 소방안전관리대상물의 특성을 고려하여 크기, 재질, 글씨체를 정할 수 있다.
1. 크기: A3 용지(가로 420밀리미터 × 세로 297밀리미터)
2. 재질: 아트지(스티커) 또는 종이
3. 글씨체
  가. 소방안전관리자 현황표: 나눔고딕Extra Bold 46포인트(흰색)
  나. 대상명: 나눔고딕Extra Bold 35포인트(흰색)
  다. 본문 제목 및 내용: 나눔바른고딕 30포인트(검정색)
  라. 하단내용: 나눔바른고딕 24포인트(검정색)
  마. 연락처: 나눔고딕Extra Bold 30포인트(흰색)
4. 바탕색: 남색(RGB: 28,61,98), 회색(RGB: 242,242,242)

② 소방안전관리대상물의 관계인이 소방안전관리자 또는 소방안전관리보조자를 해임한 경우에는
특정소방대상물 X

그 관계인 또는 해임된 소방안전관리자 또는 소방안전관리보조자는

소방본부장이나 소방서장에게 그 사실을 알려 해임한 사실의 확인을 받을 수 있다.

해임신고 의무 없음
• 해임된 소방안전관리자 보호(책임 소재 명확화)
• 업무 공백에 따른 행정적/법적 불이익 방지(재선임 독려)

※ 해임신고의무는 과거 「소방법」에는 규정되어 있었지만,
1999.2.5.개정으로 방화관리자(소방안전관리자의 과거 명칭) 및 위험물안전관리자 해임신고의무가 폐지됨(「소방법」 제9조제4항 및 제20조)

    소방안전관리자의 해임이란 일반적인 징계 의미와는 달리, 해당 대상물의 소방안전관리를 책임지는 보직에서 물러나는 행정적 절차이다. 다시 말하면 소방안전관리자를 선임해야 하는 관계인과 소방안전관리자 사이의 업무수행 관계를 종료하는 것으로, 자진 사퇴, 해고, 계약 만료, 자격의 정지 또는 취소 등 사유를 불문하고 업무를 그만두게 되면 해임된다.

    과거의 「소방법」 제9조제4항[101]에서는 소방안전관리자(구 방화관리자) 선임신고 의무와 더불어 해임신고 의무가 있었으나 1999년 2월 5일 개정[102]으로 해임신고 의무가 삭제되었다. 그 대신에 관계인 또는 해임된 소방안전관리자(소방안전관리보조자)가 소방관서에 해임 사실을 알려 그 사실을 명확히 함으로써, 해임된 소방안전관리자를 법적 책임에서 자유롭게 하고, 관계인에게는 재선임을 독려하여 소방안전관리 업무 공백을 방지할 수 있도록 규정한다.

---

101) 「소방법」 제9조 (특수장소의 방화관리) ④ 제1항의 규정에 의하여 방화관리자를 선임한 때에는 7일 이내에 내무부령이 정하는 바에 의하여 소방서장에게 신고하여야 한다. 방화관리자를 해임한 때에도 또한 같다.
102) 「소방법」 제9조 (특수장소의 방화관리) ④ 제1항의 규정에 의하여 방화관리자를 선임한 때에는 30일 이내에 행정자치부령이 정하는 바에 의하여 소방서장에게 신고하여야 한다. <개정 1999. 2. 5.>

제27조(관계인 등의 의무)

① 특정소방대상물의 관계인은 그 특정소방대상물에 대하여 제24조제5항에 따른 소방안전관리업무를
소방안전관리대상물 X

수행하여야 한다.

② 소방안전관리대상물의 관계인은 소방안전관리자가 소방안전관리업무를 성실하게 수행할 수 있도록
특정소방대상물 X

지도 · 감독하여야 한다.

과태료 ➡ **300만원** 이하 (➡ 위반 횟수에 상관없이 300만원)

• 제27조제2항을 위반하여 소방안전관리업무의 지도 · 감독을 하지 아니한 관계인

소방시설을 설치하여야 하는 소방대상물인 '특정소방대상물'의 관계인은 제24조제5항에 규정된 9가지 업무를 모두 수행하여야 하고, 소방안전관리자를 선임하여야 하는 소방대상물인 '소방안전관리대상물'의 관계인은 선임된 소방안전관리자가 해당 업무를 수행할 수 있도록 지도하고 감독하여야 할 책임이 있다.

소방안전관리자를 지도 · 감독하지 아니한 관계인에게는 적발 시마다 300만 원의 과태료가 부과된다.

1. 제36조에 따른 피난계획에 관한 사항과 대통령령으로 정하는 사항이 포함된 소방계획서의 작성 및 시행 ★★★
시행령 제27조(소방안전관리대상물의 소방계획서 작성 등)

2. 자위소방대(自衛消防隊) 및 초기대응체계의 구성, 운영 및 교육

3. 「소방시설 설치 및 관리에 관한 법률」 제16조에 따른 피난시설, 방화구획 및 방화시설의 관리
「건축법」 제49조에 따른 피난시설, 방화구획 및 방화시설

4. 소방시설이나 그 밖의 소방 관련 시설의 관리

5. 제37조에 따른 소방훈련 및 교육
제37조(소방안전관리대상물 근무자 및 거주자 등에 대한 소방훈련 등)

6. 화기(火氣) 취급의 감독
① 업무 수행 기록을 시행규칙 별지 제12호서식에 따라 월 1회 이상 작성 · 관리
② 업무 수행 중 보수 또는 정비가 필요한 사항을 발견한 경우, 지체 없이 관계인에게 알리고, 별지 제12호서식에 기록
③ 업무 수행에 관한 기록을 작성한 날부터 2년간 보관

7. 행정안전부령으로 정하는 바에 따른 소방안전관리에 관한 업무수행에 관한 기록 · 유지

(제3호 · 제4호 및 제6호의 업무를 말한다)

8. 화재발생 시 초기대응

9. 그 밖에 소방안전관리에 필요한 업무

③ 소방안전관리자는 인명과 재산을 보호하기 위하여 소방시설 · 피난시설 · 방화시설 및 방화구획 등이

법령에 위반된 것을 발견할 때에는 지체 없이 소방안전관리대상물의 관계인에게 소방대상물의

개수 · 이전 · 제거 · 수리 등 필요한 조치를 할 것을 요구하여야 하며,

관계인이 시정하지 아니하는 경우 소방본부장 또는 소방서장에게 그 사실을 알려야 한다.

이 경우 소방안전관리자는 공정하고 객관적으로 그 업무를 수행하여야 한다.

벌칙 ➡ **300만원** 이하의 **벌금**

• 소방시설 · 피난시설 · 방화시설 및 방화구획 등이 법령에 위반된 것을 발견하였음에도 필요한 조치를 할 것을 요구하지 아니한 소방안전관리자

④ 소방안전관리자로부터 제3항에 따른 조치요구 등을 받은 소방안전관리대상물의 관계인은

지체 없이 이에 따라야 하며, 이를 이유로 소방안전관리자를 해임하거나 보수(報酬)의 지급을

거부하는 등 불이익한 처우를 하여서는 아니 된다.

벌칙 ➡ **300만원** 이하의 **벌금**

• 위법사항에 대한 조치요구 등을 한 소방안전관리자에게 불이익한 처우를 한 관계인

소방안전관리자는 공정하고 객관적으로 업무를 수행하여야 하며, 업무 수행 중 소방시설 등이 법령에 위반된 것을 발견한 경우에는 지체 없이 관계인에게 보고하여 필요한 조치를 요구하여야 한다. 이때 관계인이 소방안전관리자의 요구를 받고도 시정하지 아니하면 소방안전관리자는 소방본부장 또는 소방서장에게 그 사실을 알려 조치 요구 의무를 수행하였음을 확인하여야 법적 책임을 면할 수 있다.

관계인은 위법 사항에 대한 소방안전관리자의 조치 요구에 지체 없이 따라야 하며, 이를 이유로 소방안전관리자에게 불이익한 처우를 하게 되면 300만 원 이하의 벌금에 처해진다.

이는 인명과 재산을 보호하기 위한 소방안전관리자의 소신 있는 업무 수행을 보장하고, 관계인의 소방안전관리자에 대한 존중과 조치 요구에 대한 성실한 이행을 강제하는 강력한 법적 수단으로 기능한다.

제28조(소방안전관리자 선임명령 등)

① 소방본부장 또는 소방서장은 제24조제1항에 따른 소방안전관리자 또는 소방안전관리보조자를 선임하지 아니한 소방안전관리대상물의 관계인에게 소방안전관리자 또는 소방안전관리보조자를 선임하도록 명할 수 있다.

• 소방본부장 또는 소방서장의 소방안전관리자 또는 소방안전관리보조자 선임명령을 정당한 사유 없이 위반한 관계인

② 소방본부장 또는 소방서장은 제24조제5항에 따른 업무를 다하지 아니하는 특정소방대상물의 관계인 또는 소방안전관리자에게 그 업무의 이행을 명할 수 있다.

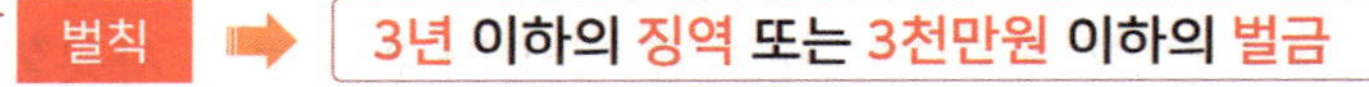

• 소방본부장 또는 소방서장의 업무이행 명령을 정당한 사유 없이 위반한 관계인 또는 소방안전관리자

소방관서장의 각종 명령에 대한 불이행은 화재예방법상 가장 무거운 처벌이 부과된다. 제14조에 따른 화재안전조사 결과에 따른 조치명령, 제41조제5항에 따른 화재예방안전진단 결과에 따른 보수·보강 등의 조치명령과 더불어 제28조에 따른 소방안전관리자 또는 소방안전관리보조자 선임명령과 소방안전관리 업무 이행명령은 그 내용이 사소할지라도 소방관서에서 문서로 통보한 기간 내에 이행하지 않으면 3년 이하의 징역 또는 3,000만 원 이하의 벌금에 처해진다.

따라서 관계인과 소방안전관리자 등은 법령에 정해진 업무를 일상적으로 수행하는 것 못지않게, 업무가 미비하여 소방관서로부터 문서로 통보받은 각종 명령에 대하여 더욱 예민하게 주의를 기울여야 한다.

① 「소방시설 설치 및 관리에 관한 법률」 제15조제1항에 따른 공사시공자가 화재발생 및 화재피해의

「건설산업기본법」 제2조제4호에 따른 건설공사를 하는 자

토목공사, 건축공사, 산업설비공사, 조경공사, 환경시설공사, 시설물 설치·유지·보수공사(부지조성공사 포함), 기계설비나 그 밖의 구조물의 설치 및 해체공사 등(전기공사, 정보통신공사, 소방시설공사, 국가유산 수리공사 제외)

우려가 큰 대통령령으로 정하는 특정소방대상물(이하 "건설현장 소방안전관리대상물" 이라 한다)을

• 신축·증축·개축·재축·이전·용도변경 또는 대수선을 하려는 부분의 연면적의 합계가 15,000 m² 이상인 것
• 신축·증축·개축·재축·이전·용도변경 또는 대수선을 하려는 부분의 연면적이 5,000 m² 이상인 것으로서 ① 지하층의 층수가 2개 층 이상인 것
② 지상층의 층수가 11층 이상인 것
③ 냉동창고, 냉장창고 또는 냉동·냉장창고

신축 · 증축 · 개축 · 재축 · 이전 · 용도변경 또는 대수선하는 경우에는

"건축" (「건축법」 제2조제1항제8호)

건축물의 기둥, 보, 내력벽, 주계단 등의 구조나 외부 형태를 수선·변경하거나 증설하는 것

건축물의 종류를 유사한 구조, 이용 목적 및 형태별로 묶어 분류한 것

「건축법시행령」 제2조(정의)

• 신축: 건축물이 없는 대지에 새로 건축물을 축조(築造)하는 것 → 건축물의 외벽의 중심선으로 둘러싸인 부분의 수평투영면적(영 제119조제1항제2호)
→ 하나의 건축물 각 층의 바닥면적의 합계(영 제119조제1항제4호)
• 증축: 기존 건축물이 있는 대지에서 건축물의 건축면적, 연면적, 층수 또는 높이를 늘리는 것
→ 승강기탑과 지하층 제외, 층의 구분이 명확하지 않을 경우 4 m마다 하나의 층으로 봄(영 제119조제9호)
• 개축: 기존 건축물의 전부 또는 일부(내력벽·기둥·보·지붕틀 중 셋 이상 포함)를 해체하고 그 대지에 종전과 같은 규모의 범위에서 건축물을 다시 축조하는 것
→ 건축물의 주요구조부 중 하나로, 상부 구조물의 하중을 지탱하고 아래로 전달하는 역할을 하는 벽
• 재축: 건축물이 천재지변이나 그 밖의 재해(災害)로 멸실된 경우 그 대지에 일정 요건을 모두 갖추어 다시 축조하는 것
• 이전: 건축물의 주요구조부를 해체하지 아니하고 같은 대지의 다른 위치로 옮기는 것

제24조제1항에 따른 소방안전관리자로서 제34조에 따른 교육을 받은 사람을

소방안전관리자 자격증을 발급받은 사람

강습교육, 실무교육

→ 건축물의 사용승인

소방시설공사 착공 신고일부터 건축물 사용승인일(「건축법」 제22조에 따라 건축물을 사용할 수 있게

소방시설공사업자가 소방본부장이나 소방서장에게 신고

건축주가 건축허가권자(특별자치시장·특별자치도지사, 시장·군구·구청장)에게 사용승인을 받은 날

된 날을 말한다)까지 소방안전관리자로 선임하고

행정안전부령으로 정하는 바에 따라 소방본부장 또는 소방서장에게 신고하여야 한다.
① 공사시공자는 소방안전관리자를 선임한 날부터 14일 이내 별지 제19호서식의 건설현장 소방안전관리자 선임신고서에 다음 각 호의 서류를 첨부하여 신고해야 한다.
　1. 소방안전관리자 자격증
　2. 건설현장 소방안전관리자가 되려는 사람에 대한 강습교육 수료증
　3. 건설현장 소방안전관리대상물의 공사 계약서 사본
② 소방본부장 또는 소방서장은 신고인에게 별지 제16호서식의 건설현장 소방안전관리자 선임증을 발급해야 한다.
　이 경우 신고인이 종전의 선임이력에 관한 확인을 신청하는 경우 별지 제17호서식의 건설현장 소방안전관리자 선임 이력 확인서를 발급해야 한다.

벌칙 ➡ 300만원 이하의 벌금

• 건설현장 소방안전관리대상물에 소방안전관리자를 선임하지 아니한 공사시공자

과태료 ➡ 200만원 이하 (➡ 지연 신고기간에 따라 50/100/200만원)

• 제29조제1항을 위반하여 기간 내에 선임신고를 하지 아니한 공사시공자

→ 지연 신고기간 3개월 이상 또는 미신고
→ 지연 신고기간 1개월 미만

건설 현장에는 수많은 특수한 위험 요인이 있다.

용접, 절단, 도장 등 불꽃이나 열을 발생시키는 작업이 많아 화재 발생 가능성이 높은 작업이 지속되며, 목재, 단열재, 포장재, 도료류 등 불에 잘 타는 자재가 대량으로 존재한다. 또한 전기 배선이나 가스설비가 임시로 설치되어 있어 안전관리가 미흡할 경우 사고 위험이 증가하며, 구조물이 완성되지 않아 대피로가 제한적이고, 동시에 많은 근로자가 작업하기 때문에 인명피해 가능성이 매우 크다. 특히 소방시설을 비롯한 피난시설, 방화구획 및 방화시설 등 안전시설이 미완성 상태이다.

급속한 산업화에 따라 건설 현장이 다양화·대형화되면서 2025년에도 부산 기장군 리조트 화재[103], 홍콩 타이포 왕푹 코트 아파트 화재[104] 등 대형 화재가 발생하였다.

2021년[11월 30일] 화재예방법이 제정되면서 일정 규모 이상의 건설공사 현장은 공사 기간(착공 신고일부터 사용승인일까지) 동안 '건설현장 소방안전관리자'를 선임하도록 하여 소방안전의 사각지대로 남아있었던 건설현장의 안전관리를 강화하였다.

[2005년 홍콩 타이포 왕푹코트 아파트 화재]

건설현장 소방안전관리자를 선임하여야 하는 대상을 '건설현장 소방안전관리대상물'이라 하며, 공사 면적이 15,000㎡ 이상이거나, 5,000㎡ 이상으로 지하층이 2개 층 이상이거나 지상층이 11층 이상인 것 또는 냉동창고이거나 냉장창고인 것이 이에 해당한다.

건설현장 소방안전관리자는 공사시공자가 선임하며, 공사시공자는 소방안전관리자의 선임신고 의무, 소방안전관리 업무 수행 의무, 소방안전관리자에 대한 지도·감독 의무 등 소방안전관리대상물의 관계인 또는 특정소방대상물의 관계인과 동일한 의무를 갖는다.

건설현장 소방안전관리자로 선임될 수 있는 자격 조건은 소방안전관리자 자격증이 있는 사람으로서 한국소방안전원에서 실시하는 24시간의 해당 강습교육을 이수한 사람이어야 한다.

공사시공자는 건설현장 소방안전관리자를 선임하고 선임한 날부터 14일 이내에 『건설현장 소방안전관리자 선임신고서』[시행규칙 별지 제19호서식]에 소방안전관리자 자격증, 강습교육 수료증, 공사계약서 사본을 첨부하여 소방본부장 또는 소방서장에게 신고하여야 한다.

만일, 공사시공자가 건설현장 소방안전관리자를 선임하지 않은 경우에는 특정소방대상물에 소방안전관리자를 선임하지 않은 경우와 동일하게 300만 원 이하의 벌금에 처해지고, 선임한 날부터 14일 이내에 선임신고를 하지 않으면 지연 신고기간에 따라 200만 원 이하의 과태료가 부과된다.

---

103) 2025년 2월 14일 반얀트리 해운대 리조트 신축공사장 화재로 6명이 사망하고 27명이 다쳤다.
104) 2025년 11월 26일 홍콩 타이포구에 위치한 왕푹코트 아파트단지 리모델링 공사 중 화재로 168명이 사망하고 79명이 다쳤다.

② 제1항에 따른 <u>건설현장 소방안전관리대상물의 소방안전관리자의 업무</u>는 다음 각 호와 같다.

1. 건설현장의 소방계획서의 작성

「소방시설 설치 및 관리에 관한 법률 시행령」 [별표 8] 임시소방시설의 종류와 설치기준 등
☞ 소화기, 간이소화장치, 비상경보장치, 가스누설경보기, 간이피난유도선, 비상조명등, 방화포

2. 「소방시설 설치 및 관리에 관한 법률」 제15조제1항에 따른 임시소방시설의 설치 및 관리에 대한 감독

화재위험작업을 하기 전에 설치하여야 하는 설치 및 철거가 쉬운 화재대비시설

3. 공사진행 단계별 피난안전구역, 피난로 등의 확보와 관리

4. 건설현장의 작업자에 대한 소방안전 교육 및 훈련

5. 초기대응체계의 구성 · 운영 및 교육

6. 화기취급의 감독, 화재위험작업의 허가 및 관리

※「소방시설 설치 및 관리에 관한 법률 시행령」 제18조제1항 – '화재위험작업'
1. 인화성 · 가연성 · 폭발성 물질을 취급하거나 가연성 가스를 발생시키는 작업
2. 용접 · 용단 등 불꽃을 발생시키거나 화기(火氣)를 취급하는 작업
3. 전열기구, 가열전선 등 열을 발생시키는 기구를 취급하는 작업
4. 알루미늄, 마그네슘 등을 취급하여 폭발성 부유분진을 발생시킬 수 있는 작업

7. 그 밖에 건설현장의 소방안전관리와 관련하여 <u>소방청장이 고시하는 업무</u>

현재까지 없음

과태료 ➡ **300만원** 이하 (➡ 1차:100, 2차:200, 3차 이상:300만원)

• 제29조제2항에 따른 건설현장 소방안전관리대상물의 소방안전관리자의 업무를 하지 아니한 소방안전관리자

③ 그 밖에 건설현장 소방안전관리대상물의 소방안전관리에 관하여는 <u>제26조부터 제28조까지</u>의

제26조(소방안전관리자 선임신고 등)
제27조(관계인 등의 의무)
제28조(소방안전관리자 선임명령 등)

규정을 준용한다. 이 경우 "소방안전관리대상물의 관계인" 또는 "특정소방대상물의 관계인"은

"공사시공자"로 본다.

건설현장 소방안전관리자의 업무는 제24조제5항의 소방안전관리자의 업무와 유사하지만, 소방시설, 피난시설, 방화구획, 방화시설 등을 대신하여 임시소방시설이 설치되고, 화재위험작업이 빈번하므로 이와 관련된 업무가 추가된다. 또한 공사 진행 단계별 피난안전구역과 피난로 등을 확보하여야 한다.

'임시소방시설' 이란 화재위험작업을 하기 전에 설치하여야 하는 설치 및 철거가 쉬운 화재대비시설로서 소화기, 간이소화장치, 비상경보장치, 가스누설경보기, 간이피난유도선, 비상조명등, 방화포를 말한다.

제30조(소방안전관리자 자격 및 자격증의 발급 등)

① 제24조제1항에 따른 소방안전관리자의 자격은 다음 각 호의 어느 하나에 해당하는 사람으로서

소방청장으로부터 소방안전관리자 자격증을 발급받은 사람으로 한다.

1. 소방청장이 실시하는 소방안전관리자 자격시험에 합격한 사람

특급, 1급, 2급, 3급

2. 다음 각 목에 해당하는 사람으로서 대통령령으로 정하는 사람

시행령 [별표 4] 소방안전관리자를 선임해야 하는 소방안전관리대상물의 범위와 소방안전관리자의 선임 대상별 자격 및 인원기준

→ 국가기술자격 X

가. 소방안전과 관련한 국가기술자격증을 소지한 사람

• 소방기술사 = 특급 (소방시설관리사 = 특급)
• 소방설비기사, 소방설비산업기사 = 1급
• 위험물기능장, 위험물산업기사, 위험물기능사 = 2급

나. 가목에 해당하는 국가기술자격증 중 일정 자격증을 소지한 사람으로서

소방안전관리자로 근무한 실무 경력이 있는 사람

• 소방설비기사 + 1급 경력 5년 이상 = 특급
• 소방설비산업기사 + 1급 경력 7년 이상 = 특급

다. 소방공무원 경력자 • 소방공무원 경력 1년 이상 3급, 3년 이상 2급, 7년 이상 1급, **20년 이상 특급**

라. 「기업활동 규제완화에 관한 특별조치법」에 따라

소방안전관리자로 선임된 사람(소방안전관리자로 선임된 기간에 한정한다) 2급, 3급에 한함

소방안전관리자의 자격증은 특급, 1급, 2급, 3급의 네 가지 등급으로 구분된다. 가장 등급이 높은 특급은 모든 소방안전관리대상물에 소방안전관리자로 선임될 수 있으며, 가장 등급이 낮은 3급은 소규모인 3급 소방안전관리대상물에만 선임될 수 있다.

소방안전관리자가 자신의 등급을 높이기 위해서는 해당 등급의 소방 관련 자격을 취득하거나 실무경력을 쌓아 상위 등급의 자격증을 발급받을 수 있다. 소방공무원은 경력만으로도 소방안전관리자 자격증을 발급받을 수 있는데, 20년 이상 경력이 있는 사람은 특급, 7년 이상이면 1급, 3년 이상이면 2급, 1년 이상이면 3급 자격증을 발급받을 수 있다.

또한 소방청장이 실시하는 소방안전관리자 등급별 자격시험에 합격하여 소방안전관리자 자격증을 발급받을 수도 있다. 이 경우에는 등급별 응시 자격을 갖추어야 한다. 예를 들면, 소방공무원 경력이 10년인 사람은 1급 자격증을 바로 발급받을 수 있으나 특급 자격증을 발급받기 위해서는 특급시험에 응시하여 합격하여야 한다.

다른 예로, 소방설비기사를 취득한 사람은 1급 자격증을 바로 발급받을 수 있으나 특급 자격증을 발급받기 위해서는 소방설비기사 자격 취득 후 5년 이상 1급 소방안전관리대상물의 소방안전관리자로 근무한 실무경력이 있어야 한다. 만일 경력이 2년이면 특급시험에 응시할 수 있으므로 특급시험에 합격하여 취득 기간을

단축할 수 있다.

소방안전관리자 자격의 법적 성격을 살펴보면 다음과 같다.

「자격기본법」에 의한 자격은 국가자격과 민간자격으로 크게 구분한다. 국가자격은 법령에 따라 국가가 신설하여 관리·운영하는 자격을 말하고, 민간자격은 국가 외의 자가 신설하여 관리·운영하는 자격으로 '등록자격'과 '공인자격'이 있다. 공인자격은 주무부장관[105]이 공인한 민간자격을 말하며, 등록자격은 주무부장관에게 등록한 민간자격 중 공인자격을 제외한 자격을 말한다.

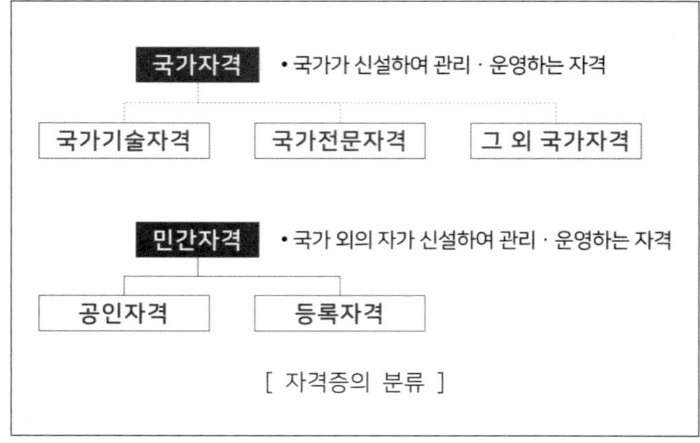

국가자격은 국가기술자격, 국가전문자격, 그 외 국가자격으로 구분할 수 있다.[106]

국가기술자격은 「국가기술자격법」에 근거하며, 국가자격 중 산업과 관련이 있는 기술·기능 및 서비스 분야의 자격을 말한다. 기술·기능 분야의 국가기술자격은 직무분야별 종목에 따라 기술사, 기능장, 기사, 산업기사 및 기능사로 등급을 구분하고, 서비스 분야의 국가기술자격은 직종(국제의료관광코디네이터, 게임기획전문가, 스포츠경영관리사, 직업상담사, 컴퓨터활용능력, 비서, 한글속기 등 22개)[107]에 따라 단일 등급 또는 3등급 이내로 구분된다.[108]

국가전문자격은 「국가기술자격법」 외의 개별 법령에 따라 특정 전문 분야의 업(業)을 독점하여 독립적으로 또는 주된 인력으로 수행할 수 있는 권한이 부여되는 자격이다. 「변호사법」에 의한 변호사, 「행정사법」에 의한 행정사, 「공인중개사법」에 의한 공인중개사, 「수의사법」에 의한 수의사, 「의료법」에 의한 의사·치과의사·한의사·조산사, 「간호법」에 의한 간호사, 「사회복지사업법」에 의한 사회복지사, 「건축사법」에 의한 건축사 등 방대한 분야에서 우리의 실생활에 스며들어 있다.

소방안전관리자의 종류는 특급·1급·2급·3급과 공공기관·업무대행감독·건설현장 소방안전관리자 등 7가지가 있다. 이중 특급·1급·2급·3급 소방안전관리자는 소방청장이 발급하는 자격증을 소지하고 특정 업무를 수행할 수 있는 독점적 권한을 갖는 자격이므로 국가전문자격이다. 그러나 공공기관 소방안전관리자, 업무대행 감독 소방안전관리자, 그리고 건설현장 소방안전관리자는 소방청장이 실시하는 시험 과정을 거치지 않으므로 자격증이 아니라 수료증만 발급된다.

이 외에도 소방분야의 국가전문자격에는 「소방시설 설치 및 관리에 관한 법률」에 의한 소방시설관리사와 「소방기본법」에 의한 소방안전교육사가 있다.

---

105) "주무부장관"이란 소관 민간자격을 등록받거나 공인하고 이를 지도·감독하는 중앙행정기관의 장을 말한다.

106) 법적 구분은 아니다. 국가자격은 ① 국가기술자격과 ② 그 외 국가자격(또는 국가전문자격 등)으로 구분하기도 하는데, ②는 「국가기술자격법」의 적용을 받지 않는다는 점을 강조하기 위해 사용하는 표현이다.

107) 「국가기술자격법 시행령」 [별표 1] 서비스 분야 국가기술자격의 등급 <개정 2025. 3. 11.>

108) 「국가기술자격법」 제9조(국가기술자격의 등급)

② 소방청장은 제1항 각 호에 따른 자격을 갖춘 사람이 소방안전관리자 자격증 발급을 신청하는 경우

행정안전부령으로 정하는 바에 따라 자격증을 발급하여야 한다.

① 소방안전관리자 자격증을 발급받으려는 사람은 별지 제20호서식의 소방안전관리자 자격증 발급 신청서에 자격증명서류, 신분증 사본, 사진을 첨부하여 소방청장에게 제출해야 한다. 이 경우 소방청장은 「전자정부법」 제36조제1항에 따른 행정정보의 공동이용을 통하여 소방안전관리자 자격증의 발급 요건인 국가기술자격증(자격증 발급을 위하여 필요한 경우만 해당한다)을 확인할 수 있으며, 신청인이 확인에 동의하지 않는 경우에는 그 사본을 제출하도록 해야 한다.
② 소방안전관리자 자격증의 발급을 신청받은 소방청장은 3일 이내에 법 제30조제1항 각 호에 따른 자격을 갖춘 사람에게 별지 제21호서식의 소방안전관리자 자격증을 발급해야 한다. 이 경우 소방청장은 별지 제22호서식의 소방안전관리자 자격증 발급대장에 등급별로 기록하고 관리해야 한다.

③ 제2항에 따라 소방안전관리자 자격증을 발급받은 사람이 소방안전관리자 자격증을 잃어버렸거나

못 쓰게 된 경우에는 행정안전부령으로 정하는 바에 따라 소방안전관리자 자격증을 재발급받을 수 있다.

③ 소방안전관리자 자격증을 발급받은 사람이 그 자격증을 잃어버렸거나 자격증이 못 쓰게 된 경우에는 별지 제20호서식의 소방안전관리자 자격증 재발급 신청서(전자문서를 포함한다)를 작성하여 소방청장에게 자격증의 재발급을 신청할 수 있다. 이 경우 소방청장은 신청자에게 자격증을 3일 이내에 재발급하고 시행규칙 별지 제22호서식의 소방안전관리자 자격증 재발급대장에 재발급 사항을 기록하고 관리해야 한다.
④ 소방청장은 별지 제22호서식의 소방안전관리자 자격증 (재)발급대장을 종합정보망에서 전자적 처리가 가능한 방법으로 작성·관리해야 한다.

④ 제2항 또는 제3항에 따라 발급 또는 재발급 받은 소방안전관리자 자격증을

다른 사람에게 빌려 주거나 빌려서는 아니 되며, 이를 알선하여도 아니 된다.

벌칙 ➡ 1년 이하의 징역 또는 1천만원 이하의 벌금

• 소방안전관리사 자격증을 다른 사람에게 빌려 주거나 빌리거나 이를 알선한 자

소방안전관리자 자격증을 발급받기 위해서는 각 등급에 해당하는 자격 또는 경력을 갖추고 관련 서류를 첨부하여 한국소방안전원에 제출하여야 한다. 소방청장은 제48조제2항에 따라 소방안전관리자 자격증의 발급·재발급 업무를 한국소방안전원에 위탁한다. 서류를 접수한 한국소방안전원은 3일 이내(실무상으로는 즉시)에 발급하며, 소방안전관리자 자격증을 분실하거나 훼손되어 재발급받으려는 경우에도 마찬가지이다.

만약, 소방안전관리자 자격증을 대여하는 경우, 빌려준 사람뿐만 아니라 대여받은 사람, 그리고 이를 연결해 준 중개인(브로커, 알선자)까지 모두 처벌 대상이 되며, 1년 이하의 징역 또는 1,000만 원 이하의 벌금에 처해진다. 이는 대가성 여부와 상관없으며, 단 한 번만 대여했더라도 대여한 자의 자격증은 정지 기간 없이 즉시 취소된다.

① 소방청장은 제30조제2항에 따라 소방안전관리자 자격증을 발급받은 사람이

다음 각 호의 어느 하나에 해당하는 경우에는 행정안전부령으로 정하는 바에 따라
시행규칙 **[별표 3]** 소방안전관리자 자격의 정지 및 취소 기준

그 자격을 취소하거나 1년 이하의 기간을 정하여 그 자격을 정지시킬 수 있다.

다만, 제1호 또는 제3호에 해당하는 경우에는 그 자격을 취소하여야 한다.

1. 거짓이나 그 밖의 부정한 방법으로 소방안전관리자 자격증을 발급받은 경우 　자격취소

2. 제24조제5항에 따른 소방안전관리업무를 게을리한 경우 　1차-경고(시정명령), 2차-자격정지(3개월), 3차-자격정지(6개월)

3. 제30조제4항을 위반하여 소방안전관리자 자격증을 다른 사람에게 빌려준 경우 　자격취소

4. 제34조에 따른 실무교육을 받지 아니한 경우 　1차-경고(시정명령), 2차-자격정지(3개월), 3차-자격정지(6개월)

5. 이 법 또는 이 법에 따른 명령을 위반한 경우

② 제1항에 따라 소방안전관리자 자격이 취소된 사람은 취소된 날부터 2년간 소방안전관리자 자격증을

발급받을 수 없다.

　소방안전관리대상물에 선임된 소방안전관리자는 해당 업무를 성실히 수행하여야 한다. 만약, 업무가 성실하지 못하여 적발된 경우에는 행정처분을 받게 되는데, 1차 위반 시에는 경고(시정명령), 2차 위반 시 3개월, 3차 이상 위반 시에는 6개월 동안 자격이 정지된다. 이때 위반행위의 횟수에 따른 행정처분 기준은 최근 3년간 같은 위반행위로 행정처분을 받은 경우에 적용한다. 선임 후 실무교육을 받지 않은 경우에도 이와 동일하다.

　또한, 부정한 방법으로 자격증을 발급받거나 자격증을 다른 사람에게 대여하면 1차 위반 시에도 자격이 취소되며, 자격이 취소된 사람은 취소된 날부터 2년간 자격증을 다시 발급받을 수 없다.

「화재의 예방 및 안전관리에 관한 법률 시행규칙」 [별표 3]

소방안전관리자 자격의 정지 및 취소 기준 (제19조 관련)

1. 일반기준

가. 위반행위가 둘 이상인 경우로서 그에 해당하는 각각의 처분기준이 다른 경우에는 그 중 무거운 처분기준에 따른다.

나. 위반행위의 횟수에 따른 행정처분 기준은 최근 3년간 같은 위반행위로 행정처분을 받은 경우에 적용한다. 이 경우 기준 적용일은 위반행위에 대한 **행정처분일**과 그 처분 후에 한 위반행위가 다시 **적발된 날**을 기준으로 한다.

다. 나목에 따라 가중된 부과처분을 하는 경우 가중처분의 적용 차수는 그 위반행위 전 부과처분 차수(나목에 따른 기간 내에 처분이 둘 이상 있었던 경우에는 높은 차수를 말한다)의 다음 차수로 한다.

라. 처분권자는 위반행위의 동기 · 내용 · 횟수 및 위반 정도 등 다음의 감경 사유에 해당하는 경우 그 처분기준의 2분의 1의 범위에서 감경할 수 있다.

  1) 위반행위가 사소한 부주의나 오류 등으로 인한 것으로 인정되는 경우

  2) 위반행위를 바로 정정하거나 시정하여 해소한 경우

  3) 그 밖에 위반행위의 정도, 위반행위의 동기와 그 결과 등을 고려하여 처분을 줄일 필요가 있다고 인정되는 경우

2. 개별기준

위반사항	근거법령	행정처분기준		
		1차 위반	2차 위반	3차 이상 위반
가. 거짓이나 그 밖의 부정한 방법으로 소방안전관리자 자격증을 발급받은 경우	법 제31조제1항제1호	자격취소		
나. 법 제24조제5항에 따른 소방안전관리업무를 게을리한 경우	법 제31조제1항제2호	경고(시정명령)	자격정지(3개월)	자격정지(6개월)
다. 법 제30조제4항을 위반하여 소방안전관리자 자격증을 다른 사람에게 빌려준 경우	법 제31조제1항제3호	자격취소		
라. 제34조에 따른 실무교육을 받지 않는 경우	법 제31조제1항제4호	경고(시정명령)	자격정지(3개월)	자격정지(6개월)

제32조(소방안전관리자 자격시험)

① 제30조제1항제1호에 따른 소방안전관리자 자격시험에 응시할 수 있는 사람의 자격은

대통령령으로 정한다.
시행령 [별표 6] 소방안전관리자 자격시험에 응시할 수 있는 사람의 자격

② 제1항에 따른 소방안전관리자 자격의 시험방법, 시험의 공고 및 합격자 결정 등

소방안전관리자의 자격시험에 필요한 사항은 행정안전부령으로 정한다.
시행규칙 제20조(소방안전관리자 자격시험의 방법)
시행규칙 제21조(소방안전관리자 자격시험의 공고) - 30일 전 공고
시행규칙 제22조(소방안전관리자 자격시험이 합격자 결정) - 전과목 평균 70점 이상
시행규칙 제23조(소방안전관리자 자격시험 과목 및 시험위원 위촉 등) - [별표 4]
시행규칙 제24조(부정행위 기준 등)

소방안전관리자 자격증을 발급받기 위해서는 관련 자격증 또는 해당 경력이 있거나 소방청장이 실시하는 소방안전관리자 자격시험에 합격하여야 한다.

소방안전관리자 자격시험은 등급별로 응시할 수 있는 자격 요건이 구분되어 시행규칙 [별표 6]에 상세히 규정되어 있다. 등급이 가장 높은 특급은 응시 자격 조건이 가장 까다롭고, 3급은 응시 자격 조건이 가장 완화되어 있으나, 등급별로 과도하게 복잡·다양한 응시 자격 조건은 개선의 여지가 있어 보인다. 많은 직종과 경력에 응시 기회를 개방하는 듯 보이지만, 한국소방안전원의 강습교육을 중심으로 간소화하여 실무 능력을 수련한 후 응시하도록 하는 방안이 더 효율적일 것으로 판단된다.

소방청장은 제48조제2항제4호에 따라 소방안전관리자 자격시험 업무를 한국소방안전원에 위탁한다. 한국소방안전원에서 실시하는 소방안전관리자 자격시험은 특급, 1급, 2급, 3급으로 구분되며, 특급은 매년 2회 이상, 1·2·3급은 매월 1회 이상 실시되고, 시험일 30일 전에 공고되므로 응시 기회가 많다.

그 밖에 시험에 필요한 구체적인 사항은 시행규칙 제20조~제24조를 따르며, 자격시험 과목 및 시험방법은 시행규칙 [별표 4]에 따른다.

「화재의 예방 및 안전관리에 관한 법률 시행령」 [별표 6]
소방안전관리자 자격시험에 응시할 수 있는 사람의 자격 (제31조 관련)

1. 특급 소방안전관리자

가. 1급 소방안전관리대상물의 소방안전관리자로 5년(소방설비기사의 경우에는 자격 취득 후 2년, 소방설비산업기사의 경우에는 자격 취득 후 3년) 이상 근무한 실무경력(법 제24조제3항에 따라 소방안전관리자로 선임되어 근무한 경력*은 제외한다. 이하 이 표에서 같다)이 있는 사람

나. 1급 소방안전관리대상물의 소방안전관리자로 선임될 수 있는 자격을 갖춘 후 특급 또는 1급 소방안전관리대상물의 소방안전관리보조자로 7년 이상 근무한 실무경력이 있는 사람

다. 소방공무원으로 10년 이상 근무한 경력이 있는 사람

라. 「고등교육법」 제2조제1호부터 제6호까지 규정 중 어느 하나에 해당하는 학교(이하 "대학"이라 한다) 또는 「초ㆍ중등교육법 시행령」 제90조제1항제10호 및 제91조에 따른 고등학교(이하 "고등학교"라 한다)에서 소방안전관리학과(소방청장이 정하여 고시하는 학과를 말한다. 이하 이 표에서 같다)를 전공하고 졸업한 사람(법령에 따라 이와 같은 수준의 학력이 있다고 인정되는 사람을 포함한다)으로서 해당 학과를 졸업한 후 2년 이상 1급 소방안전관리대상물의 소방안전관리자로 근무한 실무경력이 있는 사람

마. 다음의 어느 하나에 해당하는 요건을 갖춘 후 3년 이상 1급 소방안전관리대상물의 소방안전관리자로 근무한 실무경력이 있는 사람
  1) 대학 또는 고등학교에서 소방안전 관련 교과목(소방청장이 정하여 고시하는 교과목**을 말한다. 이하 이 표에서 같다)을 12학점 이상 이수하고 졸업한 사람
  2) 법령에 따라 1)에 해당하는 사람과 같은 수준의 학력이 있다고 인정되는 사람으로서 해당 학력 취득 과정에서 소방안전 관련 교과목을 12학점 이상 이수한 사람
  3) 대학 또는 고등학교에서 소방안전 관련 학과(소방청장이 정하여 고시하는 학과를 말한다. 이하 이 표에서 같다)를 전공하고 졸업한 사람(법령에 따라 이와 같은 수준의 학력이 있다고 인정되는 사람을 포함한다)

바. 소방행정학(소방학 및 소방방재학을 포함한다) 또는 소방안전공학(소방방재공학 및 안전공학을 포함한다) 분야에서 석사 이상 학위를 취득한 후 2년 이상 1급 소방안전관리대상물의 소방안전관리자로 근무한 실무경력이 있는 사람

사. 특급 소방안전관리대상물의 소방안전관리보조자로 10년 이상 근무한 실무경력이 있는 사람

아. 법 제34조제1항제1호에 따른 강습교육 중 이 영 제33조제1호에 해당하는 사람을 대상으로 하는 강습교육***을 수료한 사람

자. 「초고층 및 지하연계 복합건축물 재난관리에 관한 특별법」 제12조제1항 각 호 외의 부분 본문에 따라 총괄재난관리자로 지정되어 1년 이상 근무한 경력이 있는 사람

2. 1급 소방안전관리자

가. 대학 또는 고등학교에서 소방안전관리학과를 전공하고 졸업한 사람(법령에 따라 이와 같은 수준의 학력이 있다고 인정되는 사람을 포함한다)으로서 해당 학과를 졸업한 후 2년 이상 2급 소방안전관리대상물 또는 3급 소방안전관리대상물의 소방안전관리자로 근무한 실무경력이 있는 사람

나. 다음의 어느 하나에 해당하는 요건을 갖춘 후 3년 이상 2급 소방안전관리대상물 또는 3급 소방안전관리대상물의 소방안전관리자로 근무한 실무경력이 있는 사람
  1) 대학 또는 고등학교에서 소방안전 관련 교과목을 12학점 이상 이수하고 졸업한 사람
  2) 법령에 따라 1)에 해당하는 사람과 같은 수준의 학력이 있다고 인정되는 사람으로서 해당 학력 취득 과정에서 소방안전 관련 교과목을 12학점 이상 이수한 사람
  3) 대학 또는 고등학교에서 소방안전 관련 학과를 전공하고 졸업한 사람(법령에 따라 이와 같은 수준의 학력이 있다고 인정되는 사람을 포함한다)

다. 소방행정학(소방학 및 소방방재학을 포함한다) 또는 소방안전공학(소방방재공학 및 안전공학을 포함한다) 분야에서 석사 이상 학위를 취득한 사람

라. 5년 이상 2급 소방안전관리대상물의 소방안전관리자로 근무한 실무경력이 있는 사람

마. 법 제34조제1항제1호에 따른 강습교육 중 이 영 제33조제1호 및 제2호에 해당하는 사람을 대상으로 하는 강습교육****을 수료한 사람

바. 2급 소방안전관리대상물의 소방안전관리자로 선임될 수 있는 자격을 갖춘 후 특급 또는 1급 소방안전관리대상물의 소방안전관리보조자로 5년 이상 근무한 실무경력이 있는 사람

사. 2급 소방안전관리대상물의 소방안전관리자로 선임될 수 있는 자격을 갖춘 후 2급 소방안전관리대상물의 소방안전관리보조자로 7년 이상 근무한 실무경력(특급 또는 1급 소방안전관리대상물의 소방안전관리보조자로 근무한 실무경력이 있는 경우에는 이를 포함하여 합산한다)이 있는 사람

아. 산업안전기사 또는 산업안전산업기사의 자격을 취득한 후 2년 이상 2급 소방안전관리대상물 또는 3급 소방안전관리대상물의 소방안전관리자로 근무한 실무경력이 있는 사람

자. 제1호에 따라 특급 소방안전관리대상물의 소방안전관리자 시험응시 자격이 인정되는 사람

*법 제24조제3항에 따라 소방안전관리자로 선임되어 근무한 경력 → 관리업자가 소방안전관리를 대행하는 대상물에 선임된 소방안전관리자로 근무한 경력
**소방청장이 정하여 고시하는 교과목
  1. 소방안전관리론(소방학개론, 재난관리론, 소방관계법규 포함), 2. 유체역학, 3. 위험물질론 및 약제화학, 4. 소방시설의 구조원리,
  5. 방화 및 방폭공학, 6. 건축공학, 7. 전기ㆍ전자공학, 8. 가스안전, 9. 기계공학, 10. 화재유동학(열역학, 열전달 포함), 11. 화재조사론
***영 제33조제1호에 해당하는 사람을 대상으로 하는 강습교육 → 특급 소방안전관리자 강습교육
****영 제33조제1호 및 제2호에 해당하는 사람을 대상으로 하는 강습교육 → 특급 소방안전관리자 강습교육, 1급 소방안전관리자 강습교육

3. 2급 소방안전관리자

가. 대학 또는 고등학교에서 소방안전관리학과를 전공하고 졸업한 사람(법령에 따라 이와 같은 수준의 학력이 있다고 인정되는 사람을 포함한다)

나. 다음의 어느 하나에 해당하는 사람
 1) 대학 또는 고등학교에서 소방안전 관련 교과목을 6학점 이상 이수하고 졸업한 사람
 2) 법령에 따라 1)에 해당하는 사람과 같은 수준의 학력이 있다고 인정되는 사람으로서 해당 학력 취득 과정에서 소방안전 관련 교과목을 6학점 이상 이수한 사람
 3) 대학 또는 고등학교에서 소방안전 관련 학과를 전공하고 졸업한 사람(법령에 따라 이와 같은 수준의 학력이 있다고 인정되는 사람을 포함한다)

다. 소방본부 또는 소방서에서 1년 이상 화재진압 또는 그 보조 업무에 종사한 경력이 있는 사람

라. 「의용소방대 설치 및 운영에 관한 법률」 제3조에 따라 의용소방대원으로 임명되어 3년 이상 근무한 경력이 있는 사람

마. 군부대(주한 외국군부대를 포함한다) 및 의무소방대의 소방대원으로 1년 이상 근무한 경력이 있는 사람

바. 「위험물안전관리법」 제19조에 따른 자체소방대의 소방대원으로 3년 이상 근무한 경력이 있는 사람

사. 「대통령 등의 경호에 관한 법률」에 따른 경호공무원 또는 별정직공무원으로서 2년 이상 안전검측 업무에 종사한 경력이 있는 사람

아. 경찰공무원으로 3년 이상 근무한 경력이 있는 사람

자. 법 제34조제1항제1호에 따른 강습교육 중 이 영 제33조제1호부터 제3호까지에 해당하는 사람을 대상으로 하는 강습교육*을 수료한 사람

차. 「공공기관의 소방안전관리에 관한 규정」 제5조제1항제2호나목에 따른 강습교육**을 수료한 사람

카. 특급 소방안전관리대상물, 1급 소방안전관리대상물, 2급 소방안전관리대상물 또는 3급 소방안전관리대상물의 소방안전관리보조자로 3년 이상 근무한 실무경력이 있는 사람

타. 3급 소방안전관리대상물의 소방안전관리자로 2년 이상 근무한 실무경력이 있는 사람

파. 건축사 · 산업안전기사 · 산업안전산업기사 · 건축기사 · 건축산업기사 · 일반기계기사 · 전기기능장 · 전기기사 · 전기산업기사 · 전기공사기사 · 전기공사산업기사 · 건설안전기사 또는 건설안전산업기사 자격을 가진 사람

하. 제1호 및 제2호에 따라 특급 또는 1급 소방안전관리대상물의 소방안전관리자 시험응시 자격이 인정되는 사람

4. 3급 소방안전관리자

가. 「의용소방대 설치 및 운영에 관한 법률」 제3조에 따라 의용소방대원으로 임명되어 의용소방대원으로 2년 이상 근무한 경력이 있는 사람

나. 「위험물안전관리법」 제19조에 따른 자체소방대의 소방대원으로 1년 이상 근무한 경력이 있는 사람

다. 「대통령 등의 경호에 관한 법률」에 따른 경호공무원 또는 별정직공무원으로 1년 이상 안전검측 업무에 종사한 경력이 있는 사람

라. 경찰공무원으로 2년 이상 근무한 경력이 있는 사람

마. 법 제34조제1항제1호에 따른 강습교육 중 이 영 제33조제1호부터 제4호까지에 해당하는 사람을 대상으로 하는 강습교육***을 수료한 사람

바. 「공공기관의 소방안전관리에 관한 규정」 제5조제1항제2호나목에 따른 강습교육**을 수료한 사람

사. 특급 소방안전관리대상물, 1급 소방안전관리대상물, 2급 소방안전관리대상물 또는 3급 소방안전관리대상물의 소방안전관리보조자로 2년 이상 근무한 실무경력이 있는 사람

아. 제1호부터 제3호까지의 규정에 따라 특급 소방안전관리대상물, 1급 소방안전관리대상물 또는 2급 소방안전관리대상물의 소방안전관리자 시험응시 자격이 인정되는 사람

*영 제33조제1호부터 제3호까지에 해당하는 사람을 대상으로 하는 강습교육 → 특급, 1급, 2급 소방안전관리자 강습교육

**「공공기관의 소방안전관리에 관한 규정」 제5조제1항제2호나목에 따른 강습교육 → 특급 소방안전관리자 강습교육, 공공기관 소방안전관리자 강습교육

***영 제33조제1호부터 제4호까지에 해당하는 사람을 대상으로 하는 강습교육 → 특급, 1급, 2급, 3급 소방안전관리자 강습교육

소방안전 관련 교과목·소방안전 관련 학과 및 소방관련 학과 등에 관한 기준

[시행 2023. 12. 13.] [소방청고시 제2023-46호, 2023. 12. 13., 일부개정.]

제1조(목적) 이 고시는 「화재의 예방 및 안전관리에 관한 법률 시행령」 제31조 및 별표 6, 「소방시설 설치 및 관리에 관한 법률 시행령」 제37조제5호, 「소방기본법 시행령」 제7조의2 및 별표 2의2에 따른 소방안전 관련 교과목·소방안전 관련 학과 및 소방안전관리학과 등의 범위를 정함을 목적으로 한다.

제2조(소방안전 관련 교과목) 「화재의 예방 및 안전관리에 관한 법률 시행령」 제31조 및 별표 6에 따른 "소방안전 관련 교과목"이란 다음 각 호의 어느 하나에 해당하는 교과목을 말한다.
 1. 소방안전관리론(소방학개론, 재난관리론, 소방관계법규를 포함한다)
 2. 유체역학
 3. 위험물질론 및 약제화학
 4. 소방시설의 구조원리
 5. 방화 및 방폭공학
 6. 건축공학
 7. 전기·전자공학
 8. 가스안전
 9. 기계공학
 10. 화재유동학(열역학, 열전달을 포함한다)
 11. 화재조사론

제3조(소방안전 관련 학과) 「화재의 예방 및 안전관리에 관한 법률 시행령」 별표 6 및 「소방시설 설치 및 관리에 관한 법률 시행령」 제37조제5호에 따른 소방안전 관련 분야 중 소방안전 관련 학과란 다음 각 호의 어느 하나에 해당하는 학과를 말한다.
 1. 전기공학과(전기과, 전기설비과, 전자과, 전자공학과, 전기전자과, 전기전자공학과, 전기제어공학과를 포함한다)
 2. 산업안전공학과(산업안전과, 산업공학과, 안전공학과, 안전시스템공학과를 포함한다)
 3. 기계공학과(기계과, 기계학과, 기계설계학과, 기계설계공학과, 정밀기계공학과를 포함한다)
 4. 건축공학과(건축과, 건축학과, 건축설비학과, 건축설계학과를 포함한다)
 5. 화학공학과(공업화학과, 화학공업과를 포함한다)
 6. 학군, 전공 또는 학부제로 운영되는 대학의 경우에는 제1호부터 제5호까지 학과에 해당하는 학과(과 또는 공학과를 포함한다)

제4조(소방안전관리학과) 「화재의 예방 및 안전관리에 관한 법률 시행령」 별표 6 및 「소방시설 설치 및 관리에 관한 법률 시행령」 제37조제5호에 따른 소방안전 관련 분야 중 소방안전관리학과란 다음 각 호의 어느 하나에 해당하는 학과를 말한다.
 1. 소방안전관리과(소방안전과를 포함하다)
 2. 소방시스템학과
 3. 소방학과
 4. 소방환경관리학과(소방환경안전학과, 소방환경방재학과, 소방환경학과를 포함한다)
 5. 소방공학과
 6. 소방행정학과
 7. 소방방재학과
 8. 소방기계·전기·설비과
 9. 학군, 전공 또는 학부제로 운영되는 대학의 경우에는 제1호부터 제8호까지 학과에 해당하는 학과(과 또는 공학과를 포함한다)

제4조의2(소방안전교육사 응시자격) 「소방기본법 시행령」 별표 2의2 제5호에서 소방청장이 고시하는 학과에 개설된 소방청장이 고시하는 교과목은 다음 각 호와 같다.
 1. 제3조에 따른 소방안전 관련 학과에 개설된 제2조 각 호의 어느 하나에 해당하는 교과목 또는 제4조에 따른 소방안전관리학과에 개설된 전공과목
 2. 교육학과, 응급구조학과, 의학과, 간호학과 또는 그 밖에 이와 유사한 학과에 개설된 전공과목

제5조(교과목 및 학과 인정 등 신청절차) ① 소방안전 관련 교과목, 소방안전 관련학과 또는 소방안전관리학과를 인정받고자 하는 사람은 다음 각 호의 서류(전자문서로 된 서류를 포함한다)를 한국소방안전원장(이하 "안전원장"이라 한다)에게 제출하여야 한다.
 1. 졸업증명서, 학위수여증, 그 밖에 총장, 학장및 교장이 인정하여 관련학과 학위(졸업)를 확인할 수 있는 증명서류 1부
 2. 신분증(본인여부 확인용도에 한한다) 사본
 ② 제1항에 따라 인정신청을 받은 안전원장은 이를 확인하여 3일 이내에 그 결과를 통보하여야 한다.
 ③ 안전원장은 제1항에 따른 제출서류를 보관하여야 하며 이를 관리대장에 기록하고 유지하여야 한다. 다만, 소방안전관리자 등 종합정보망에서 관리가 가능한 경우에는 그러하지 아니하다.
 ④ 시·도 소방본부장은 제3항에 따라 보관하는 제출서류에 대하여 그 관리상태를 분기별로 확인하여야 한다. 다만, 소방안전관리자 등 종합정보망에서 확인이 가능한 경우에는 그러하지 아니하다.

제6조(재검토기간) 소방청장은 「훈령·예규 등의 발령 및 관리에 관한 규정」에 따라 이 훈령에 대하여 2023년 7월 1일 기준으로 매 3년이 되는 시점(매 3년째의 6월 30일까지를 말한다)마다 그 타당성을 검토하여 개선 등의 조치를 하여야 한다.

「화재의 예방 및 안전관리에 관한 법률 시행규칙」 제20조~제24조

소방안전관리자 자격시험의 방법, 공고, 합격자 결정 등

제20조(소방안전관리자 자격시험의 방법) ① 소방청장은 법 제30조제1항제1호에 따른 소방안전관리자 자격시험(이하 "소방안전관리자 자격시험"이라 한다)을 다음 각 호와 같이 실시한다. 이 경우 특급 소방안전관리자 자격시험은 제1차시험과 제2차시험으로 나누어 실시한다.
1. 특급 소방안전관리자 자격시험: 연 2회 이상
2. 1급·2급·3급 소방안전관리자 자격시험: 월 1회 이상
② 소방안전관리자 자격시험에 응시하려는 사람은 별지 제23호서식의 소방안전관리자 자격시험 응시원서(전자문서를 포함한다)에 다음 각 호의 서류(전자문서를 포함한다)를 첨부하여 소방청장에게 제출해야 한다.
1. 사진(가로 3.5센티미터 × 세로 4.5센티미터)
2. 응시자격 증명서류
③ 소방청장은 제2항에 따라 소방안전관리자 자격시험 응시원서를 접수한 경우에는 시험응시표를 발급해야 한다.

제21조(소방안전관리자 자격시험의 공고) 소방청장은 특급, 1급, 2급 또는 3급 소방안전관리자 자격시험을 실시하려는 경우에는 응시자격·시험과목·일시·장소 및 응시절차를 모든 응시 희망자가 알 수 있도록 시험 시행일 30일 전에 인터넷 홈페이지에 공고해야 한다.

제22조(소방안전관리자 자격시험의 합격자 결정 등) ① 특급, 1급, 2급 및 3급 소방안전관리자 자격시험은 매과목을 100점 만점으로 하여 매과목 40점 이상, 전과목 평균 70점 이상 득점한 사람을 합격자로 한다.
② 소방안전관리자 자격시험은 다음 각 호의 방법으로 채점한다. 이 경우 특급 소방안전관리자 자격시험의 제2차시험 채점은 제1차시험 합격자의 답안지에 대해서만 실시한다.
1. 선택형 문제: 답안지 기재사항을 전산으로 판독하여 채점
2. 주관식 서술형 문제: 제23조제2항에 따라 임명·위촉된 시험위원이 채점. 이 경우 3명 이상의 채점자가 문항별 배점과 채점 기준표에 따라 별도로 채점하고 그 평균 점수를 해당 문제의 점수로 한다.
③ 특급 소방안전관리자 자격시험의 제1차시험에 합격한 사람은 제1차시험에 합격한 날부터 2년간 제1차시험을 면제한다.
④ 소방청장은 소방안전관리자 자격시험을 종료한 날부터 30일(특급 소방안전관리 자격시험의 경우에는 60일) 이내에 인터넷 홈페이지에 합격자를 공고하고, 응시자에게 휴대전화 문자 메시지로 합격 여부를 알려 줄 수 있다.

제23조(소방안전관리자 자격시험 과목 및 시험위원 위촉 등) ① 소방안전관리자 자격시험 과목 및 시험방법은 **별표 4**와 같다.
② 소방청장은 소방안전관리자 자격시험의 시험문제 출제, 검토 및 채점을 위하여 다음 각 호의 어느 하나에 해당하는 사람 중에서 시험 위원을 임명 또는 위촉해야 한다.
1. 소방 관련 분야에서 석사 이상의 학위를 취득한 사람
2. 「고등교육법」 제2조제1호부터 제6호까지에 해당하는 학교에서 소방안전 관련 학과의 조교수 이상으로 2년 이상 재직한 사람
3. 소방위 이상의 소방공무원
4. 소방기술사
5. 소방시설관리사
6. 그 밖에 화재안전 또는 소방 관련 법령이나 정책에 전문성이 있는 사람
③ 제2항에 따라 위촉된 시험위원에게는 예산의 범위에서 수당, 여비 및 그 밖에 필요한 경비를 지급할 수 있다.
④ 제1항부터 제3항까지에서 규정한 사항 외에 소방안전관리자 자격시험의 운영 등에 필요한 세부적인 사항은 소방청장이 정한다.

제24조(부정행위 기준 등) ① 소방안전관리자 자격시험에서의 부정행위는 다음 각 호와 같다.
1. 대리시험을 의뢰하거나 대리로 시험에 응시한 행위
2. 다른 수험자의 답안지 또는 문제지를 엿보거나, 다른 수험자에게 이를 알려주는 행위
3. 다른 수험자와 답안지 또는 문제지를 교환하는 행위
4. 시험 중 다른 수험자와 시험과 관련된 대화를 하는 행위
5. 시험 중 시험문제 내용과 관련된 물건을 휴대하여 사용하거나 이를 주고받는 행위(해당 물건의 휴대 여부를 확인하기 위한 검색 요구에 따르지 않는 행위를 포함한다)
6. 시험장 안이나 밖의 사람으로부터 도움을 받아 답안지를 작성하는 행위
7. 다른 수험자와 성명 또는 수험번호를 바꾸어 제출하는 행위
8. 수험자가 시험시간에 통신기기 및 전자기기 등을 사용하여 답안지를 작성하거나 다른 수험자를 위하여 답안을 송신하는 행위(해당 물건의 휴대 여부를 확인하기 위한 검색 요구에 따르지 않는 행위를 포함한다)
9. 감독관의 본인 확인 요구에 따르지 않는 행위
10. 시험 종료 후에도 계속해서 답안을 작성하거나 수정하는 행위
11. 그 밖의 부정 또는 불공정한 방법으로 시험을 치르는 행위
② 제1항 각 호에 따른 부정행위를 하는 응시자를 적발한 경우에는 해당 시험을 정지하고 무효로 처리한다.

「화재의 예방 및 안전관리에 관한 법률 시행규칙」 [별표 4]
소방안전관리자 자격시험 과목 및 시험방법 (제23조제1항 관련)

● 특급 소방안전관리자

구분	과목	시험 내용	문항수	시험방법	시험시간
제1차 시험	제1과목	소방안전관리자 제도, 화재통계 및 피해분석, 위험물안전관리 법령 및 안전관리, 직업윤리 및 리더십, 소방 관계 법령, 건축·전기·가스 관계 법령 및 안전관리, 재난관리 일반 및 관련 법령, 초고층재난관리 법령, 화재예방 사례 및 홍보	50문항	선택형	120분
	제2과목	소방기초이론, 연소·방화·방폭공학, 고층건축물 소방시설 적용기준, 공사장 안전관리 계획 및 감독, 화기취급감독 및 화재위험작업 허가·관리, 종합방재실 운용, 고층건축물 화재 등 재난사례 및 대응방법, 화재원인 조사실무, 소방시설의 종류 및 기준, 피난안전구역 운영, 위험성 평가기법 및 성능위주 설계, 화재피해 복구	50문항		
제2차 시험	제1과목	소방시설(소화·경보·피난구조·소화용수·소화활동설비)의 구조 점검·실습·평가	10문항	주관식서술형 (단답형, 기입형 또는 계산형 문 제를 포함할 수 있다)	90분
	제2과목	피난시설, 방화구획 및 방화시설의 관리, 통합안전점검 실시(가스, 전기, 승강기 등), 소방계획 수립 이론·실습·평가(피난약자의 피난계획 등 포함), 방재계획 수립 이론·실습·평가, 소방시설등 자체점검 서식의 작성 실습·평가, 구조 및 응급처치 이론·실습·평가, 소방안전 교육 및 훈련 이론·실습·평가, 화재 시 초기대응 및 피난 실습·평가, 재난예방 및 피해경감계획 수립 이론·실습·평가, 자위소방대 및 초기대응체계 구성 등 이론·실습·평가, 업무 수행기록의 작성·유지 및 실습·평가	10문항		

● 1급 소방안전관리자

구분	시험 내용	문항수	시험방법	시험시간
제1과목	소방안전관리자 제도, 소방 관계 법령, 건축 관계 법령, 소방학개론 화기취급감독 및 화재위험작업 허가·관리, 공사장 안전관리 계획 및 감독 위험물·전기·가스 안전관리, 종합방재실 운영, 피난시설, 방화구획 및 방화시설의 관리, 소방시설의 종류 및 기준, 소방시설(소화·경보·피난구조·소화용수·소화활동설비)의 구조	25문항	선택형 (기입형을 포함할 수 있다)	60분
제2과목	소방시설(소화·경보·피난구조·소화용수·소화활동설비)의 점검·실습·평가, 소방계획 수립 이론·실습·평가(피난약자의 피난계획 등 포함), 자위소방대 및 초기대응체계 구성 등 이론·실습·평가, 소방시설등 자체점검 서식 작성 실습·평가, 업무 수행기록의 작성·유지 및 실습·평가, 구조 및 응급처치 이론·실습·평가, 소방안전 교육 및 훈련 이론·실습·평가, 화재 시 초기대응 및 피난 실습·평가	25문항		

● 2급 소방안전관리자

구분	시험 내용	문항수	시험방법	시험시간
제1과목	소방안전관리자 제도, 소방 관계 법령(건축 관계 법령 포함), 소방학개론, 화기취급감독 및 화재위험작업 허가·관리, 위험물·전기·가스 안전관리, 피난시설, 방화구획 및 방화시설의 관리, 소방시설의 종류 및 기준, 소방시설(소화설비, 경보설비, 피난구조설비)의 구조	25문항	선택형 (기입형을 포함할 수 있다)	60분
제2과목	소방시설(소화설비, 경보설비, 피난구조설비)의 점검·실습·평가, 소방계획 수립 이론·실습·평가(피난약자의 피난계획 등 포함), 자위소방대 및 초기대응체계 구성 등 이론·실습·평가, 소방시설등 자체점검 서식 작성 실습·평가, 응급처치 이론·실습·평가, 소방안전 교육 및 훈련 이론·실습·평가, 화재 시 초기대응 및 피난 실습·평가, 업무 수행기록의 작성·유지 실습·평가	25문항		

● 3급 소방안전관리자

구분	시험 내용	문항수	시험방법	시험시간
제1과목	소방 관계 법령, 화재일반, 화기취급감독 및 화재위험작업 허가·관리, 위험물·전기·가스 안전관리, 소방시설(소화설비, 경보설비, 피난구조설비)의 구조	25문항	선택형 (기입형을 포함할 수 있다)	60분
제2과목	소방시설(소화설비, 경보설비, 피난구조설비)의 점검·실습·평가, 소방계획 수립 이론·실습·평가(업무 수행기록의 작성·유지 실습·평가, 피난약자의 피난계획 등 포함), 소방시설등 자체점검 서식 작성 실습·평가, 응급처치 이론·실습·평가, 소방안전 교육 및 훈련 이론·실습·평가, 화재 시 초기대응 및 피난 실습·평가,	25문항		

① 소방청장은 소방안전관리자 및 소방안전관리보조자에 대한 다음 각 호의 정보를 효율적으로 관리하기 위하여 종합정보망을 구축·운영할 수 있다.

1. 제26조제1항에 따른 소방안전관리자 및 소방안전관리보조자의 선임신고 현황

2. 제26조제2항에 따른 소방안전관리자 및 소방안전관리보조자의 해임 사실의 확인 현황

3. 제29조제1항에 따른 건설현장 소방안전관리자 선임신고 현황

4. 제30조제1항 및 제2항에 따른 소방안전관리자 자격시험 합격자 및 자격증의 발급 현황

5. 제31조제1항에 따른 소방안전관리자 자격증의 정지·취소 처분 현황

6. 제34조에 따른 소방안전관리자 및 소방안전관리보조자의 교육 실시현황

② 제1항에 따른 종합정보망의 구축·운영 등에 필요한 사항은 대통령령으로 정한다.

소방청장은 종합정보망의 효율적인 운영을 위해 필요한 경우 다음 각 호의 업무를 수행할 수 있다.
1. 종합정보망과 유관 정보시스템의 연계·운영
2. 법 제33조제1항 각 호의 정보를 저장·가공 및 제공하기 위한 시스템의 구축·운영

소방안전관리자, 소방안전관리보조자, 건설현장 소방안전관리자에 대한 정보망 관리는 현대사회의 필수적인 요소가 되었다. 선임신고, 해임사실 확인, 자격시험 합격자 및 자격증 발급, 자격증의 정지·취소 처분, 교육 실시 등의 현황을 효율적으로 관리하기 위하여 소방청장은 종합정보망을 구축·운영한다.

소방청장은 제48조제2항제6호에 따라 소방안전관리자 등에 관한 종합정보망의 구축·운영에 관한 업무를 한국소방안전원에 위탁한다. 이러한 정보망은 소방관서에서 운영하는 유관 정보시스템과 연계·운영되며, 소방안전관리자 등에 관한 자격시험 일정 및 그 밖의 정보가 필요하면 한국소방안전원 홈페이지에서 실시간 확인할 수 있다.

제34조(소방안전관리자 등에 대한 교육)

① 소방안전관리자가 되려고 하는 사람 또는 소방안전관리자(소방안전관리보조자를 포함한다)로

선임된 사람은 소방안전관리업무에 관한 능력의 습득 또는 향상을 위하여 행정안전부령으로
시행규칙 제25조 ~ 제33조

정하는 바에 따라 소방청장이 실시하는 다음 각 호의 강습교육 또는 실무교육을 받아야 한다.

과태료 ➡ **100만원** 이하 (➡ 위반 횟수에 상관없이 **50만원**)

• 제34조제1항제2호를 위반하여 실무교육을 받지 아니한 소방안전관리자 및 소방안전관리보조자

1. **강습**교육 (선임 전)

    가. 소방안전관리자의 자격을 인정받으려는 사람으로서 대통령령으로 정하는 사람
    특급, 1급, 2급, 3급, 공공기관의 소방안전관리자가 되려는 사람
    나. 제24조제3항에 따른 소방안전관리자로 선임되고자 하는 사람
    관리업자를 감독하는 소방안전관리자 (업무대행 감독 소방안전관리자)
    다. 제29조에 따른 소방안전관리자로 선임되고자 하는 사람
    건설현장 소방안전관리자

2. **실무**교육 (선임 후)

    가. 제24조제1항에 따라 선임된 소방안전관리자 및 소방안전관리보조자

    나. 제24조제3항에 따라 선임된 소방안전관리자

소방안전관리자 등에 대한 교육은 소방청장이 한국소방안전원에 위탁하여 수행한다. 교육은 선임 전 받는 강습교육과 선임 후 받는 실무교육으로 구분된다.

강습교육 대상은 특급 소방안전관리자, 1급 소방안전관리자, 2급 소방안전관리자, 3급 소방안전관리자, 공공기관의 소방안전관리자, 관리업자에게 소방안전관리를 대행하는 경우 선임되는 소방안전관리자(업무대행 감독 소방안전관리자), 그리고 건설현장 소방안전관리자이다.

실무교육 대상은 이미 선임되어 소방안전관리 업무를 수행 중인 소방안전관리자와 소방안전관리보조자, 업무대행 감독 소방안전관리자이다. 이와 달리 공공기관의 소방안전관리자와 건설현장 소방안전관리자는 제34조제1항제2호에 명시되어 있지 않다.

② 제1항에 따른 교육실시방법은 다음 각 호와 같다. 다만, 「감염병의 예방 및 관리에 관한 법률」

제2조에 따른 감염병 등 불가피한 사유가 있는 경우에는 행정안전부령으로 정하는 바에 따라

제1호 또는 제3호의 교육을 제2호의 교육으로 실시할 수 있다.

1. 집합교육

2. 정보통신매체를 이용한 원격교육

3. 제1호 및 제2호를 혼용한 교육

    강습교육과 실무교육에 관한 세부적인 사항은 시행규칙 제25조 ~ 제32조에 규정되어 있으며, 강습교육의 과목, 시간 및 운영방법은 시행규칙 [별표 5]에, 실무교육의 과목, 시간 및 운영방법은 시행규칙 [별표 6]에 규정되어 있다.

    특급, 1급, 2급 및 3급 강습교육을 수료한 사람은 수료 즉시 자격증을 발급받을 수 있는 것이 아니라 해당 자격시험에 응시할 수 있는 응시 자격만 주어진다. 예를 들면, 특급 강습교육[160시간]을 수료한 사람은 특급시험에 응시할 수 있고, 시험에 합격하면 특급 소방안전관리자 자격증을 발급받을 수 있다. 시험 실시의 근거는 제30조제1항제1호 및 제32조이다.

    '업무대행 감독 소방안전관리자'는 제24조제3항을 그대로 해석하면 특별한 자격이 없어도 선임될 수 있으며, 선임 후 3개월 이내에 실무교육을 이수하면 된다. 그러나 업무대행 감독 소방안전관리자는 제34조제1항제1호나목 및 시행규칙 제28조에 따라 강습교육[16시간] 대상으로 명시되어 있고, 제34조제1항제2호나목 및 시행규칙 제29조에 따라 선임된 날부터 6개월 이내에 실무교육[8시간 이내]을 받도록 규정되어 있다. 법령의 통일성을 위하여 개정이 필요한 부분이다.

    '건설현장 소방안전관리자'는 소방안전관리자 자격증[특급-3급] 소지자에 한 해 시험 없이 24시간의 강습교육만 수료하면 선임될 수 있다. '공공기관 소방안전관리자'도 마찬가지로 시험 없이 40시간의 강습교육을 수료하면 선임될 수 있으나, 반드시 감독직(과장급 이상의 공무원 또는 부서장)에 있는 사람으로서 「공공기관의 소방안전관리에 관한 규정」 제5조에 따라 자격을 갖춘 경우에만 선임이 가능하다.

    소방안전관리자와 소방안전관리보조자가 실무교육을 받지 않으면 50만 원의 과태료[시행령[별표9]]가 부과된다.

「화재의 예방 및 안전관리에 관한 법률 시행규칙」 제25조~제33조
소방안전관리자 강습교육과 실무교육

제25조(강습교육의 실시) ① 소방청장은 법 제34조제1항제1호에 따른 강습교육(이하 "강습교육"이라 한다)의 대상·일정·횟수 등을 포함한 강습교육의 실시계획을 매년 수립·시행해야 한다.
② 소방청장은 강습교육을 실시하려는 경우에는 강습교육 실시 20일 전까지 일시·장소, 그 밖에 강습교육 실시에 필요한 사항을 인터넷 홈페이지에 공고해야 한다.
③ 소방청장은 강습교육을 실시한 경우에는 수료자에게 별지 제24호서식의 수료증(전자문서를 포함한다)을 발급하고 강습교육의 과정별로 별지 제25호서식의 강습교육수료자 명부대장(전자문서를 포함한다)을 작성·보관해야 한다.

제26조(강습교육 수강신청 등) ① 강습교육을 받으려는 사람은 강습교육의 과정별로 별지 제26호서식의 강습교육 수강신청서(전자문서를 포함한다)에 다음 각 호의 서류(전자문서를 포함한다)를 첨부하여 소방청장에게 제출해야 한다.
1. 사진(가로 3.5센티미터 × 세로 4.5센티미터)
2. 재직증명서(법 제39조제1항에 따른 공공기관에 재직하는 사람만 해당한다)
② 소방청장은 강습교육 수강신청서를 접수한 경우에는 수강증을 발급해야 한다.

제27조(강습교육의 강사) 강습교육을 담당할 강사는 과목별로 다음 각 호의 어느 하나에 해당하는 사람 중에서 소방에 관한 학식·경험·능력 등을 고려하여 소방청장이 임명 또는 위촉한다. 〈개정 2025. 6. 26.〉
1. 안전원 직원
2. 소방기술사
3. 소방시설관리사
4. 소방안전 관련 학과에서 부교수 이상의 직(職)에 재직 중이거나 재직한 사람
5. 소방안전 관련 분야에서 석사 이상의 학위를 취득한 사람
6. 소방공무원으로 5년 이상 근무한 사람
7. 제1호부터 제6호까지에서 규정한 사람 외에 소방안전관리업무에 관한 전문적 지식과 경험이 있다고 소방청장이 인정하는 사람

제28조(강습교육의 과목, 시간 및 운영방법) 강습교육의 과목, 시간 및 운영방법은 **별표 5**와 같다.

제29조(실무교육의 실시) ① 소방청장은 법 제34조제1항제2호에 따른 실무교육(이하 "실무교육"이라 한다)의 대상·일정·횟수 등을 포함한 실무교육의 실시 계획을 매년 수립·시행해야 한다.
② 소방청장은 실무교육을 실시하려는 경우에는 실무교육 실시 30일 전까지 일시·장소, 그 밖에 실무교육 실시에 필요한 사항을 인터넷 홈페이지에 공고하고 교육대상자에게 통보해야 한다.
③ 소방안전관리자는 소방안전관리자로 **선임된 날부터 6개월 이내**에 실무교육을 받아야 하며, **그 이후에는 2년마다**(최초 실무교육을 받은 날을 기준일로 하여 매 2년이 되는 해의 기준일과 같은 날 전까지를 말한다) 1회 이상 실무교육을 받아야 한다. 다만, 소방안전관리 강습교육 또는 실무교육을 받은 후 1년 이내에 소방안전관리자로 선임된 사람은 해당 강습교육 또는 실무교육을 수료한 날을 실무교육을 받은 날로 본다. 〈개정 2025. 6. 26.〉
④ 소방안전관리보조자는 그 선임된 날부터 6개월(영 별표 5 제2호마목에 따라 소방안전관리보조자로 지정된 사람의 경우 3개월을 말한다) 이내에 실무교육을 받아야 하며, 그 이후에는 2년마다(최초 실무교육을 받은 날을 기준일로 하여 매 2년이 되는 해의 기준일과 같은 날 전까지를 말한다) 1회 이상 실무교육을 받아야 한다. 다만, 소방안전관리자 강습교육 또는 실무교육이나 소방안전관리보조자 실무교육을 받은 후 1년 이내에 소방안전관리보조자로 선임된 사람은 해당 강습교육 또는 실무교육을 수료한 날을 실무교육을 받은 날로 본다. 〈개정 2025. 6. 26.〉

제30조(실무교육의 강사) 실무교육을 담당할 강사는 다음 각 호의 어느 하나에 해당하는 사람 중에서 소방에 관한 학식·경험·능력 등을 종합적으로 고려하여 소방청장이 임명 또는 위촉한다. 〈개정 2025. 6. 26.〉 ☞ **강습교육의 강사와 동일**
1. 안전원 직원
2. 소방기술사
3. 소방시설관리사
4. 소방안전 관련 학과에서 부교수 이상의 직에 재직 중이거나 재직한 사람
5. 소방안전 관련 분야에서 석사 이상의 학위를 취득한 사람
6. 소방공무원으로 5년 이상 근무한 사람
7. 제1호부터 제6호까지에서 규정한 사람 외에 소방안전관리업무에 관한 전문적 지식과 경험이 있다고 소방청장이 인정하는 사람

제31조(실무교육의 과목, 시간 및 운영방법) 실무교육의 과목, 시간 및 운영방법은 **별표 6**과 같다.

제32조(실무교육 수료증 발급 및 수료자명부의 통보) ① 소방청장은 실무교육을 수료한 사람에게 실무교육 수료증(전자문서를 포함한다)을 발급하고, 별지 제27호서식의 실무교육 수료자명부(전자문서를 포함한다)에 작성·관리해야 한다.
② 소방청장은 매월 15일까지 제1항에 따른 실무교육 수료자명부를 소방본부장 또는 소방서장에게 통보해야 한다. 〈개정 2025. 6. 26.〉

제33조(원격교육 실시방법) 법 제34조제2항제2호에 따른 원격교육은 실시간 양방향 교육, 인터넷을 통한 영상강의 등 정보통신매체를 이용하여 실시한다.

「화재의 예방 및 안전관리에 관한 법률 시행규칙」 [별표 5] <개정 2025. 6. 26.>

강습교육의 과목, 시간 및 운영방법 (제28조 관련)

1. 교육과정별 과목 및 시간

교육대상	교육과목	교육시간
가. 영 별표 4의 **특급** 소방안전관리대상물에 소방안전관리자가 되려는 사람	소방안전관리자 제도, 화재통계 및 피해분석, 직업윤리 및 리더십, 소방 관계 법령, 건축·전기·가스 관계 법령 및 안전관리, 위험물안전관계 법령 및 안전관리, 재난관리 일반 및 관련 법령, 초고층재난관리 법령, 소방기초이론, 연소·방화·방폭공학, 화재예방 사례 및 홍보, 고층건축물 소방시설 적용기준, 소방시설의 종류 및 기준, 소방시설(소화설비, 경보설비, 피난구조설비, 소화용수설비, 소화활동설비)의 구조·점검·실습·평가, 공사장 안전관리 계획 및 감독, 화기취급감독 및 화재위험작업 허가·관리, 종합방재실 운용, 피난안전구역 운영, 고층건축물 화재 등 재난사례 및 대응방법, 화재원인 조사실무, 위험성 평가기법 및 성능위주 설계, 소방계획의 수립 이론·실습·평가(피난약자의 피난계획 등 포함), 자위소방대 및 초기대응체계 구성 등 이론·실습·평가, 방재계획 수립 이론·실습·평가, 재난예방 및 피해경감계획 수립 이론·실습·평가, 소방시설등 자체점검 서식의 작성 실습·평가, 통합안전점검 실시(가스, 전기, 승강기 등), 피난시설, 방화구획 및 방화시설의 관리, 구조 및 응급처치 이론·실습·평가, 소방안전 교육 및 훈련 이론·실습·평가, 화재 시 초기대응 및 피난 실습·평가, 업무 수행기록의 작성·유지 실습·평가, 화재피해 복구, 초고층 건축물 안전관리 우수사례 토의, 소방신기술 동향, 시청각 교육	160시간
나. 영 별표 4의 **1급** 소방안전관리대상물에 소방안전관리자가 되려는 사람	소방안전관리자 제도, 소방 관계 법령, 건축 관계 법령, 소방학개론, 화기취급감독 및 화재위험작업 허가·관리, 공사장 안전관리 계획 및 감독, 위험물·전기·가스 안전관리, 종합방재실 운영, 소방시설의 종류 및 기준 소방시설(소화설비, 경보설비, 피난구조설비, 소화용수설비, 소화활동설비)의 구조·점검·실습·평가, 소방계획의 수립 이론·실습·평가(피난약자의 피난계획 등 포함), 자위소방대 및 초기대응체계 구성 등 이론·실습·평가, 소방시설등 자체점검 서식 작성 실습·평가, 피난시설, 방화구획 및 방화시설의 관리, 구조 및 응급처치 이론·실습·평가, 소방안전 교육 및 훈련 이론·실습·평가, 화재 시 초기대응 및 피난 실습·평가, 업무 수행기록의 작성·유지 실습·평가, 형성평가(시험)	80시간
다. 영 별표 4의 **2급** 소방안전관리대상물에 소방안전관리자가 되려는 사람	소방안전관리자 제도, 소방 관계 법령(건축 관계 법령 포함), 소방학개론, 화기취급감독 및 화재위험작업 허가·관리, 위험물·전기·가스 안전관리, 소방시설의 종류 및 기준, 소방시설(소화설비, 경보설비, 피난구조설비)의 구조·점검·실습·평가, 소방계획의 수립 이론·실습·평가(피난약자의 피난계획 등 포함), 자위소방대 및 초기대응체계 구성 등 이론·실습·평가, 소방시설등 자체점검 서식 작성 실습·평가, 피난시설, 방화구획 및 방화시설의 관리, 응급처치 이론·실습·평가, 소방안전 교육 및 훈련 이론·실습·평가, 화재 시 초기대응 및 피난 실습·평가, 업무 수행기록의 작성·유지 실습·평가, 형성평가(시험)	40시간
라. 영 별표 4의 **3급** 소방안전관리대상물에 소방안전관리자가 되려는 사람	소방 관계 법령, 화재일반, 화기취급감독 및 화재위험작업 허가·관리, 위험물·전기·가스 안전관리, 소방시설(소화설비, 경보설비, 피난구조설비)의 구조·점검·실습·평가, 소방계획의 수립 이론·실습·평가(업무 수행기록의 작성·유지 실습·평가 및 피난약자의 피난계획 등 포함), 소방시설등 자체점검 서식 작성 실습·평가, 응급처치 이론·실습·평가, 소방안전 교육 및 훈련 이론·실습·평가, 화재 시 초기대응 및 피난 실습·평가, 형성평가(시험)	24시간

마. 영 제40조의 **공공기관**에 소방안전관리자가 되려는 사람	소방안전관리자 제도, 직업윤리 및 리더십, 소방 관계 법령, 건축 관계 법령, 공공기관 소방안전규정의 이해, 소방학개론, 소방시설의 종류 및 기준, 소방시설(소화설비, 경보설비, 피난구조설비, 소화용수설비, 소화활동설비)의 구조·점검·실습·평가, 소방안전관리업무 대행 감독, 공사장 안전관리 계획 및 감독, 화기취급감독 및 화재위험작업 허가·관리, 위험물·전기·가스 안전관리, 소방계획의 수립 이론·실습·평가(피난약자의 피난계획 등 포함), 자위소방대 및 초기대응체계 구성 등 이론·실습·평가, 소방시설등 자체점검 서식 및 외관점검표 작성 실습·평가, 피난시설, 방화구획 및 방화시설의 관리, 응급처치 이론·실습·평가, 소방안전 교육 및 훈련 이론·실습·평가, 화재 시 초기대응 및 피난 실습·평가, 업무 수행기록의 작성·유지 실습·평가, 공공기관 소방안전관리 우수사례 토의, 형성평가(수료)	40시간
바. 법 제24조제3항에 따른 **업무대행 감독** 소방안전관리자가 되려는 사람	소방 관계 법령, 소방안전관리업무대행 감독, 소방시설 유지·관리, 화기취급감독 및 위험물·전기·가스 안전관리, 소방계획의 수립 이론·실습·평가(업무 수행기록의 작성·유지 및 피난약자의 피난계획 등 포함), 자위소방대 구성운영 등 이론·실습·평가, 응급처치 이론·실습·평가 소방안전 교육 및 훈련 이론·실습·평가, 화재 시 초기대응 및 피난 실습·평가, 형성평가(수료)	16시간
사. 법 제29조제1항에 따른 **건설현장** 소방안전관리자가 되려는 사람	소방 관계 법령, 건설현장 관련 법령, 건설현장 화재일반, 건설현장 위험물·전기·가스 안전관리 임시소방시설의 구조·점검·실습·평가, 화기취급감독 및 화재위험작업 허가·관리, 건설현장 소방계획 이론·실습·평가, 초기대응체계 구성·운영 이론·실습·평가, 건설현장 피난계획 수립, 건설현장 작업자 교육훈련 이론·실습·평가, 응급처치 이론·실습·평가, 형성평가(수료)	24시간

2. 교육운영방법

가. 교육과정별 교육시간 편성기준

교육대상	시간 합계	이론 (30%)	실무(70%)	
			일반 (30%)	실습 및 평가 (40%)
특급 소방안전관리자	160시간	48시간	48시간	64시간
1급 소방안전관리자	80시간	24시간	24시간	32시간
2급 및 공공기관 소방안전관리자	40시간	12시간	12시간	16시간
3급 소방안전관리자	24시간	7시간	7시간	10시간
업무 대행감독 소방안전관리자	16시간	5시간	5시간	6시간
건설현장 소방안전관리자	24시간	7시간	7시간	10시간

나. 가목에 따른 평가는 서식작성, 설비운용(소방시설에 대한 점검능력을 포함한다) 및 비상대응 등 실습내용에 대한 평가를 말한다.

다. 교육과정을 수료하려는 사람은 가목에 따른 교육시간 합계의 90퍼센트 이상을 출석하고, 나목에 따른 실습내용 평가에 합격(해당 평가항목을 이수하거나 평가기준을 충족한 경우를 말한다)해야 한다. 다만, 결강시간은 1일 최대 3시간을 초과할 수 없다.

라. 공공기관 소방안전관리업무에 관한 강습과목 중 일부 과목은 16시간 범위에서 원격교육으로 실시할 수 있다.

마. 구조 및 응급처치과목에는 「응급의료에 관한 법률 시행규칙」 제6조제1항에 따른 구조 및 응급처치에 관한 교육의 내용과 시간이 포함되어야 한다.

「화재의 예방 및 안전관리에 관한 법률 시행규칙」 [별표 6]

소방안전관리자 및 소방안전관리보조자에 대한 실무교육의 과목, 시간 및 운영방법 (제31조 관련)

1. 소방안전관리자에 대한 실무교육의 과목 및 시간

교육과목	교육시간
가. 소방 관계 법규 및 화재 사례 나. 소방시설의 구조원리 및 현장실습 다. 소방시설의 유지 · 관리요령 라. 소방계획서의 작성 및 운영 마. 업무 수행 기록 · 유지에 관한 사항 바. 자위소방대의 조직과 소방 훈련 및 교육 사. 피난시설 및 방화시설의 유지 · 관리 아. 화재 시 초기대응 및 인명 대피 요령 자. 소방 관련 질의회신 등	8시간 이내

비고: 교육과목 중 이론 과목 및 서식작성 등은 4시간 이내에서 원격교육으로 실시할 수 있다.

2. 소방안전관리보조자에 대한 실무교육의 과목 및 시간

교육과목	교육시간
가. 소방 관계 법규 및 화재 사례 나. 화재의 예방 · 대비 다. 소방시설 유지관리 실습 라. 초기대응체계 교육 및 훈련 실습 마. 화재발생 시 대응 실습 등	4시간

3. 교육운영 방법

가. 실무교육은 이론 · 실습 또는 실습 · 평가로 구분하여 실시할 수 있다. 이 경우 실습 · 평가는 교육시간을 달리 정할 수 있다.

나. 실무교육의 수료를 위한 출석기준은 제1호 및 제2호에 따른 교육시간의 90퍼센트 이상으로 한다. 다만, 실습 · 평가의 경우에는 가목 후단에 따라 달리 정한 시간의 100퍼센트로 한다.

제35조(관리의 권원이 분리된 특정소방대상물의 소방안전관리)

① 다음 각 호의 어느 하나에 해당하는 특정소방대상물로서 그 관리의 권원(權原)이 분리되어 있는

특정소방대상물의 경우 그 관리의 권원별 관계인은 대통령령으로 정하는 바에 따라 제24조제1항에

• 소유권, 관리권 및 점유권에 따라 각각 소방안전관리자 선임(동일인에게 각 권원이 귀속된 경우에는 하나로 본다)
• 법령 또는 계약에 따라 공동으로 관리하거나 하나의 화재 수신기 및 소화펌프가 설치된 경우 하나의 관리 권원으로 보아 소방안전관리자 1명 선임
• 화재 수신기 또는 소화펌프(가압송수장치 포함)가 별도로 설치되어 있는 경우에는 각각 하나의 관리 권원으로 보아 각각 소방안전관리자 선임

따른 소방안전관리자를 선임하여야 한다. 다만, 소방본부장 또는 소방서장은 관리의 권원이 많아

효율적인 소방안전관리가 이루어지지 아니한다고 판단되는 경우 대통령령으로 정하는 바에 따라

화재위험성 등을 고려하여 관리의 권원을 조정하여 소방안전관리자를 선임하도록 할 수 있다.

관리의 권원을 조정하여 소방안전관리자를 선임하도록 할 수 있다.

1. 복합건축물(지하층을 제외한 층수가 11층 이상 또는 연면적 3만제곱미터 이상인 건축물)

2. 지하가(지하의 인공구조물 안에 설치된 상점 및 사무실, 그 밖에 이와 비슷한 시설이 연속하여

   지하도에 접하여 설치된 것과 그 지하도를 합한 것을 말한다)

3. 그 밖에 대통령령으로 정하는 특정소방대상물

   「소방시설 설치 및 관리에 관한 법률 시행령」 [별표 4]에 따른 판매시설 중 도매시장, 소매시장 및 전통시장

　

도심 속 또는 인구가 밀집된 곳에서 흔히 볼 수 있는 복합건축물은 구조적 특성과 이해관계의 대립 때문에 소방안전관리의 대표적인 사각지대로 꼽힌다. 단순히 사람이 많거나 대상물의 규모가 크기 때문이 아니라 행정적·심리적·물리적 요인이 복잡하게 얽혀 있기 때문이다.

복합건축물은 관리의 권원이 복잡하게 분리되어 소위 '구분소유' 건물이거나 운영 주체가 여럿인 경우가 많다. 공용부분에서 결함이 발견되면 비용 부담을 두고 관리단과 개별 점포주 사이에 갈등이 발생하며, 특정 구역의 소방시설이 고장 나도 다른 구역 소유주는 비용 분담을 거부하는 일이 잦다. 소방시스템이 하나로 연결된 경우가 많아서 화재경보기가 울려도 오작동으로 치부하거나 임의로 차단하는 관행이 존재하며, 점포별로 인테리어 공사를 하면서 스프링클러헤드를 막거나 감지기를 제거해도 전체 건물 관리자가 이를 일일이 통제하기 어렵다. 개별 상인들이 공용 공간에 상품이나 쓰레기를 쌓아두는 경우가 많고, 보안을 이유로 특정 층에서 계단실 문을 잠가버리면 화재 시 건물 전체의 피난 경로가 차단되는 치명적인 결과를 초래하는 일이 잦다. 각자의 생업에 종사하는 입주민들이 많다 보니 합동 소방훈련을 실시해도 실제 참여율이 낮아 실제 상황 대처 능력도 떨어진다.

하나의 소방대상물에 주인은 여럿이라는 모순을 안고 있는 복합건축물의 소방안전관리상 문제를 해결하기 위하여, 제35조는 관리 권원별로 소방안전관리자를 각각 선임하거나, 소방 시스템을 기준으로 소방안전관리자를 선임하는 것을 기본으로 한다. 만일 관계인들이 자체적으로 조정할 수 없는 경우는, 소방본부장 또는 소방서장이 이를 조정하여 소방안전관리자를 선임하도록 할 수 있다.

구체적으로 살펴보면, 지상층이 11층 이상이거나 연면적 30,000 m² 이상인 건축물, 지하가, 도매시장, 소매시장 및 전통시장은 소유권, 관리권 및 점유권에 따라 각각 소방안전관리자를 선임해야 한다. 만일 둘 이상의 소유권, 관리권 또는 점유권이 동일인에게 귀속된 경우는 하나의 관리 권한으로 보아 소방안전관리자를 선임할 수 있다.

법령 또는 계약 등에 따라 공동으로 관리하는 경우는 하나의 관리 권한으로 보아 소방안전관리자를 1명 선임할 수 있다. 또한 하나의 화재 수신기 및 소화펌프(가압송수장치 포함)가 설치된 경우도 하나의 관리 권한으로 보아 소방안전관리자를 1명 선임할 수 있다. 반면, 화재 수신기 또는 소화펌프가 별도로 설치되어 있는 경우에는 설치된 화재 수신기 또는 소화펌프가 화재를 감지·소화 또는 경보할 수 있는 부분을 각각 하나의 관리 권한으로 보아 각각 소방안전관리자를 선임하여야 한다.

② 제1항에 따른 관리의 권원별 관계인은 상호 협의하여 특정소방대상물의 전체에 걸쳐 소방안전관리상

필요한 업무를 총괄하는 소방안전관리자(이하 "총괄소방안전관리자" 라 한다)를 제1항에 따라

선임된 소방안전관리자 중에서 선임하거나 별도로 선임하여야 한다.

이 경우 총괄소방안전관리자의 자격은 대통령령으로 정하고

시행령 [별표 4]에 따른 소방안전관리대상물의 등급별 선임자격을 갖추되, 해당 특정소방대상물 전체를 기준으로 한다.

업무수행 등에 필요한 사항은 행정안전부령으로 정한다.

시행규칙 제14조(소방안전관리자의 선임신고 등)

벌칙  300만원 이하의 벌금

- 관리의 권원이 분리된 특정소방대상물에 관리의 권원별 소방안전관리자를 선임하지 아니한 관계인
- 관리의 권원이 분리된 특정소방대상물에 총괄소방안전관리자를 선임하지 아니한 관리의 권원별 관계인

③ 제2항에 따른 총괄소방안전관리자에 대하여는 제24조, 제26조부터 제28조까지 및 제30조부터

제24조(특정소방대상물의 소방안전관리)
제26조(소방안전관리자 선임신고 등), 제27조(관계인 등의 의무), 제28조(소방안전관리자 선임명령 등)

제34조까지에서 규정한 사항 중 소방안전관리자에 관한 사항을 준용한다.

제30조(소방안전관리자 자격 및 자격증의 발급 등)
제31조(소방안전관리자 자격의 정지 및 취소)
제32조(소방안전관리자 자격시험)
제33조(소방안전관리자 등 종합정보망의 구축·운영)
제34조(소방안전관리자 등에 대한 교육)

하나의 소방대상물에 관리 권원별 여러 소방안전관리자가 선임되어 각자의 업무를 수행하게 되면 여러 가지 문제가 발생할 수 있다.

예방 측면에서 보면, 대상물 전체의 소방 시스템이 유기적으로 작동하는지 확인하는 통합 점검이 어려워지고, 공용 공간의 소방시설 고장 시 관리책임을 서로 미루게 될 가능성이 높다. 또한 평상시 소방서와의 긴급 연락이나 안전 지침을 건물 전체에 전파할 단일 창구가 사라진다.

건물 전체 인원이 참여하는 합동 소방훈련이 체계적으로 이루어지지 않아 실제 상황에서 대피로를 찾지 못하는 혼란이 가중될 수 있고, 화재 시에는 각 구역의 자위소방대원들이 서로 다른 판단을 내릴 수 있어 초기 대응의 골든타임을 놓치게 된다.

따라서 이러한 문제점을 해결하기 위해서는 배의 선장 역할을 할 수 있는 '총괄소방안전관리자'가 필요하다. 총괄소방안전관리자는 권원별 관계인이 선임한 각각의 소방안전관리자 중에서 선임하거나 별도로 선임하여야 한다.

해당 특정소방대상물의 전체에 걸쳐 소방안전관리상 필요한 업무를 총괄하는 총괄소방안전관리자는 해당 특정소방대상물 전체를 기준으로 소방안전관리대상물의 등급별 선임자격을 갖추어야 하며, 선임신고 등 행정절차와 수행 업무는 일반적인 소방안전관리자와 동일하다.

만일 총괄소방안전관리자를 선임하지 않은 경우는 관리 권원별 관계인 모두에게 300만 원 이하의 벌금이 각각 부과된다.

④ 제1항 및 제2항에 따라 선임된 소방안전관리자 및 총괄소방안전관리자는 해당 특정소방대상물의
관리의 권원별 관계인이 선임 / 관리의 권원별 관계인이 상호 협의하여 선임

소방안전관리를 효율적으로 수행하기 위하여 공동소방안전관리협의회를 구성하고,

해당 특정소방대상물에 대한 소방안전관리를 공동으로 수행하여야 한다.

이 경우 공동소방안전관리협의회를 구성·운영 및 공동소방안전관리의 수행 등에 필요한 사항은

대통령령으로 정한다.
다음 각 호의 공동소방안전관리 업무를 협의회의 협의를 거쳐 공동으로 수행하며, 업무 수행에 필요한 기준을 정하여 운영할 수 있다.
1. 특정소방대상물 전체의 소방계획 수립 및 시행에 관한 사항
2. 특정소방대상물 전체의 소방훈련·교육의 실시에 관한 사항
3. 공용 부분의 소방시설 및 피난·방화시설의 유지·관리에 관한 사항
4. 그 밖에 공동으로 소방안전관리를 할 필요가 있는 사항

관리의 권원별 관계인이 선임한 소방안전관리자와 관리의 권원별 관계인이 상호 협의하여 선임한 총괄소방안전관리자는 공동소방안전관리협의회를 구성하여 소방안전관리를 공동으로 수행하여야 한다.

공동소방안전관리협의회는 특정소방대상물 전체의 소방계획, 소방교육·훈련, 관련 시설의 유지·관리 등 공동으로 소방안전관리를 할 필요가 있는 사항에 관하여 협의하고, 업무수행에 필요한 기준을 정한다.

제36조(피난계획의 수립 및 시행)

① 소방안전관리대상물의 관계인은 그 장소에 근무하거나 거주 또는 출입하는 사람들이

특정소방대상물 X

화재가 발생한 경우에 안전하게 피난할 수 있도록 피난계획을 수립·시행하여야 한다.

② 제1항의 피난계획에는 그 소방안전관리대상물의 구조, 피난시설 등을 고려하여 설정한 피난경로가

포함되어야 한다.

③ 소방안전관리대상물의 관계인은 피난시설의 위치, 피난경로 또는 대피요령이 포함된

피난유도 안내정보를 근무자 또는 거주자에게 정기적으로 제공하여야 한다.

할 수 있다. X

과태료 ➡ **300만원** 이하 (➡ 1차:100, 2차:200, 3차 이상:300만원)

• 제36조제3항을 위반하여 피난유도 안내정보를 제공하지 아니한 관계인

④ 제1항에 따른 피난계획의 수립·시행, 제3항에 따른 피난유도 안내정보 제공에 필요한 사항은

• 피난유도 안내정보 제공 방법
1. 연 2회 피난안내 교육을 실시하는 방법
2. 분기별 1회 이상 피난안내방송을 실시하는 방법
3. 피난안내도를 층마다 보기 쉬운 위치에 게시하는 방법
4. 엘리베이터, 출입구 등 시청이 용이한 장소에 피난안내영상을 제공하는 방법

행정안전부령으로 정한다.

• 피난계획에 포함되어야 하는 사항
1. 화재경보의 수단 및 방식
2. 층별, 구역별 피난대상 인원의 연령별·성별 현황
3. 피난약자의 현황
4. 각 거실에서 옥외(옥상 또는 피난안전구역을 포함한다)로 이르는 피난경로
5. 피난약자 및 피난약자를 동반한 사람의 피난동선과 피난방법
6. 피난시설, 방화구획, 그 밖에 피난에 영향을 줄 수 있는 제반 사항

피난계획은 소방안전관리대상물의 관계인과 소방안전관리자의 의무 중 하나이며, 소방계획서의 피난계획에 관한 내용과도 중복되는 사항이다. 제36조는 피난계획을 좀 더 구체적으로 규정한다.

피난계획에는 피난경로가 포함되어야 하며, 관계인은 피난경로와 피난시설의 위치 또는 대피요령이 포함된 피난유도 안내정보를 근무자 또는 거주자에게 정기적으로 제공하여야 할 의무가 있다.

피난계획에 포함되어야 하는 구체적인 사항은 화재경보의 수단과 방식, 층별·구역별 피난 대상 인원의 연령별·성별 현황, 피난약자의 현황, 각 거실에서 옥외(옥상 또는 피난안전구역 포함)에 이르는 피난경로,

피난약자와 피난약자를 동반한 사람의 피난동선과 피난방법, 피난시설 및 방화구획 그 밖에 피난에 영향을 줄 수 있는 제반 사항 등이 포함되어야 한다.

피난계획을 수립할 때는, 피난로는 짧고 명확해야 하며, 한 경로가 차단되더라도 다른 방향으로 대피할 수 있어야 한다. 엘리베이터처럼 복잡한 기계장치 대신 계단 등 기본적 수단을 사용하여야 하며, 피난로가 되는 복도·계단 등은 불에 잘 타지 않는 구조로 하여야 한다. (원칙: 경로 단순화, 2방향 피난로 확보, 원시적 수단 사용, 불연화된 통로, Fool proof & Fail safe)

여기서 '피난'과 '피난안전구역'의 의미를 좀 더 살펴보면, 화재나 재난 상황에서 피난은 단순히 밖으로 나가는 탈출이 아니라, 생존을 위하여 사람들이 안전한 장소까지 이동하는 것을 말한다. 이때 등장하는 '피난안전구역'은 건축법령[109]에 따라 초고층 건축물 또는 준초고층 건축물에서 화재나 재난 발생 시 사람들이 안전하게 대피할 수 있도록 건축물 중간층에 설치하는 대피 공간으로, 소방대가 도착하거나 추가 피난이 가능할 때까지 머무를 수 있는 안전 구역을 의미한다.

피난안전구역은 해당 건축물의 1개 층 전체를 대피 공간으로 하며, 피난층[110] 또는 지상층으로 통하는 직통 계단과 직접 연결되어 있다. 초고층 건축물[111]에는 지상층으로부터 최대 30개 층마다 1개소 이상 피난안전 구역을 설치하여야 하며, 준초고층 건축물[112]에는 해당 건축물의 1/2에 해당하는 중간층으로부터 상하 5개 층 이내에 1개소 이상 설치하여야 한다.

피난유도 안내정보를 제공하는 방법은 연 2회 피난안내 교육을 실시하는 방법, 분기별 1회 이상 피난안내 방송을 실시하는 방법, 피난안내도를 층마다 보기 쉬운 위치에 게시하는 방법, 엘리베이터나 출입구 등 시청이 용이한 장소에 피난안내영상을 제공하는 방법 등으로 정하고 있다.

관계인은 근무자 또는 거주자에게 피난유도 안내정보를 반드시 제공하여야 하며, 이를 위반하면 300만 원 이하의 과태료가 부과된다.

---

109) 「건축법」 제50조의2(고층건축물의 피난 및 안전관리)
　　「건축법 시행령」 제34조제3항 및 제4항
　　「건축물의 피난·방화구조 등의 기준에 관한 규칙」 제8조의2(피난안전구역의 설치기준)
　　※ 고층건축물의 화재안전성능기준(NFPC 604) 제10조(피난안전구역의 소방시설)
110) 피난층: 직접 지상으로 통하는 출입구가 있는 층 및 피난안전구역(「건축법 시행령」 제34조제1항)
111) 초고층 건축물: 50층 이상 또는 높이가 200 m 이상인 건축물(「건축법 시행령」 제2조제15호)
112) 준초고층 건축물: 30 ~ 49층 또는 높이 120 ~ 200 m 미만인 건축물
　　　　　(준초고층 건축물: 고층건축물 중 초고층 건축물이 아닌 것, 「건축법 시행령」 제2조제15호의2)
　　　　　(고층건축물: 30층 이상 또는 높이가 120 m 이상인 건축물, 「건축법」 제2조제1항제19호)

① 소방안전관리대상물의 관계인은 그 장소에 근무하거나 거주하는 사람 등(이하 이 조에서 "근무자등"
　　　　　　　　특정소방대상물 X

이라 한다)에게 소화 · 통보 · 피난 등의 훈련(이하 "소방훈련" 이라 한다)과 소방안전관리에 필요한

교육을 하여야 하고, 피난훈련은 그 소방대상물에 출입하는 사람을 안전한 장소로 대피시키고

유도하는 훈련을 포함하여야 한다.

이 경우 소방훈련과 교육의 횟수 및 방법 등에 관하여 필요한 사항은 행정안전부령으로 정한다.

① 연 1회 이상 실시(소방본부장 또는 소방서장 요청 시 2회의 범위에서 추가로 실시)
② 소방본부장 또는 소방서장은 특급 및 1급 소방안전관리대상물에 대한 소방훈련과 교육을 소방기관과 합동으로 실시하게 할 수 있다.
③ 관계인은 소방훈련 및 교육에 필요한 장비 및 교재 등을 갖추어야 한다.
④ 관계인은 소방훈련과 교육 실시 결과를 시행규칙 별지 제28호서식의 소방훈련 · 교육 실시 결과 기록부에 기록하고, 이를 소방훈련 및 교육을 실시한 날부터 2년간 보관해야 한다.

과태료 ➡ **300만원** 이하 (➡ 1차:100, 2차:200, 3차 이상:300만원)

• 제37조제1항을 위반하여 소방훈련 및 교육을 하지 아니한 관계인

② 소방안전관리대상물 중 소방안전관리업무의 전담이 필요한 대통령령으로 정하는 소방안전관리대상물의
　　　　　　　　　　　　　　　　　　　　　　　　特급 소방안전관리대상물, 1급 소방안전관리대상물

관계인은 제1항에 따른 소방훈련 및 교육을 한 날부터 30일 이내에 소방훈련 및 교육 결과를

행정안전부령으로 정하는 바에 따라 소방본부장 또는 소방서장에게 제출하여야 한다.
시행규칙 별지 제29조서식의 소방훈련 · 교육 실시 결과서 작성

➤ 지연 제출기간 1개월 미만
과태료 ➡ **200만원** 이하 (➡ 지연 제출기간에 따라 50/100/200만원)
➤ 지연 제출기간 3개월 이상 또는 미제출

• 제37조제2항을 위반하여 기간 내에 소방훈련 및 교육 결과를 제출하지 아니한 관계인

③ 소방본부장 또는 소방서장은 제1항에 따라 소방안전관리대상물의 관계인이 실시하는

소방훈련과 교육을 지도 · 감독할 수 있다.

제36조와 마찬가지로, 소방훈련·교육은 관계인과 소방안전관리자의 주 업무 중 하나이며, 소방계획서의 피난계획에 관한 내용과도 중복되는 사항이다. 제37조는 소방훈련·교육을 좀 더 구체적으로 규정한다.

소방훈련은 화재 초기에 소화기나 옥내소화전 등을 활용한 소화훈련, 화재의 발생을 건물 내 사람들에게 알리고 119에 신고하는 통보훈련, 그리고 제36조의 피난계획에 따른 피난훈련을 말한다. 간단히 **소·통·피 훈련**이라고도 하면 기억하기 쉽다. 피난훈련에는 해당 소방대상물에 상주하는 근무자 또는 거주자 외에 그 장소에 출입하는 사람들을 피난시키는 훈련도 당연히 포함하여야 한다. 그러나 아쉽게도 필수적으로 포함되어야 할 응급처치에 관한 교육은 규정되어 있지 않다.

제37조에서 규정하는 소방안전교육은 해당 소방대상물에 상주하는 사람들을 대상으로 하는 소방안전관리에 관한 교육이다. 이 교육도 소방훈련과 마찬가지로 화재 예방과 대응 능력을 높이기 위한 활동이지만, 성격과 목적이 다르다.

교육과 훈련의 차이점을 먼저 설명하면, 교육은 머리를 키우는 과정이고 훈련은 손과 몸을 익히는 과정이다. 교육은 지식, 이론, 태도 등을 배우는 것이며, 훈련은 특정 기술이나 능력을 몸으로 반복 숙달하는 실습이다.

교육(Education)	훈련(Training)
Know Why	Know How
Think your own thoughts	Think other people's thoughts
Logic, Theory, academic research	Skill, Technique

소방안전관리대상물의 관계인이 해당 소방안전관리대상물에 근무하거나 거주하는 사람을 대상으로 하는 소방안전관리에 관한 교육은 매우 작은 의미의 기초적인 소방교육이다. 즉, 소·통·피 훈련의 이론교육에 불과할 수밖에 없으며, 전문적인 소방교육과 혼동하지 않아야 한다.

참고로, **넓은 의미의 소방교육**은 「소방기본법」의 목적 달성을 위한 모든 교육, 즉 생명·신체·재산을 직접 보호하기 위한 **화재예방·화재진압·구조·구급 교육**이다.

소방교육 분야를 좀 더 세분화하면, 대표적으로 화공·기계·전기·건축 등 공학 이론을 바탕으로 하는 소방설비·위험물·화재조사와 같은 응용 엔지니어링 분야가 있고, 행정학·정치학·법학·사회학·심리학 등을 기초로 하는 소방행정 분야, 응급의학·외상학·화상학 등 의학을 바탕으로 하는 구급 분야, 화재학·화재진압전술·현장지휘·인명구조학 등을 바탕으로 하는 화재진압·인명구조 분야가 있다.

이러한 광대한 분야의 소방교육과 더불어, 소방훈련 역시 훈련 대상에 따라 매우 다양하고 반복되는 고된 훈련들이 존재한다. 대표적인 것은 소방관의 화재진압·구조·구급 훈련이다.

따라서 민간 생활 분야의 소방교육·훈련은 매우 기초적이며 누구에게나 필수적인 것으로, 자기 자신과 주변 사람을 살리기 위한 소·통·피에 관한 간단한 교육·훈련이므로 이를 형식적으로 하거나 생략해서는 안 된다. 좀 더 실질적인 교육·훈련을 위해서는 응급처치에 관한 교육도 포함할 것을 권장한다.

소방안전관리대상물의 관계인은 소방교육·훈련을 연 1회 이상 실시하여야 하는데, 소방본부장 또는 소방서장이 요청하면 추가로 실시하여야 한다. 이 경우 특급 및 1급은 소방기관과 합동으로 실시하게 할 수 있다. 또한 관계인은 소방교육·훈련에 필요한 장비와 교재 등을 갖추어야 하고, 소방교육·훈련 실시 결과는 2년간 보관하여야 한다. 특급 및 1급의 경우에는 교육·훈련일로부터 30일 이내에 소방교육·훈련 결과를 소방본부장 또는 소방서장에게 제출하여야 한다.

소방교육·훈련을 누락한 관계인에게는 300만 원 이하의 과태료가 부과되고, 소방교육·훈련 결과를 제출하지 아니한 특급 또는 1급 대상물의 관계인은 지연 제출기간에 따라 200만 원 이하의 과태료가 부과된다.

④ 소방본부장 또는 소방서장은 소방안전관리대상물 중 불특정 다수인이 이용하는 대통령령으로 정하는
특정소방대상물의 근무자등에게 불시에 소방훈련과 교육을 실시할 수 있다.

① 의료시설 ② 교육연구시설 ③ 노유자시설
④ 소방본부장 또는 소방서장이 정하는 시설

이 경우 소방본부장 또는 소방서장은 그 특정소방대상물 근무자등의 불편을 최소화하고 안전 등을
확보하는 대책을 마련하여야 하며, 소방훈련과 그 내용, 방법 및 절차 등은
행정안전부령으로 정하는 바에 따라 관계인에게 사전 통지하여야 한다.

관계인에게 불시 소방훈련 · 교육 실시 10일 전까지
별지 제30호서식의 불시 소방훈련 · 교육 계획서를 통지

⑤ 소방본부장 또는 소방서장은 제4항에 따라 소방훈련과 교육을 실시한 경우에는
그 결과를 평가할 수 있다.

이 경우 소방훈련과 교육의 평가방법 및 절차 등에 필요한 사항은 행정안전부령으로 정한다.

① 평가 계획 사전 수립
② 평가기준: 1. 내용의 적절성
　　　　　　 2. 유형 및 방법의 적합성
　　　　　　 3. 참여인력, 시설 및 장비 등의 적정성
　　　　　　 4. 여건 및 참여도
③ 현장평가를 원칙으로 하되, 필요에 따라 서면평가 등을 병행
　 (참가자에 대한 설문조사 또는 면접조사 실시 가능)
④ 소방훈련 · 교육 종료일부터 10일 이내에
　 시행규칙 별지 제31호서식의 불시 소방훈련 · 교육 평가 결과서 통지

　제37조제3항 및 제4항에 따라 소방본부장 또는 소방서장은 의료시설, 교육연구시설, 노유자 시설, 그 밖에 화재 발생 시 불특정 다수의 인명피해가 예상되어 소방훈련 · 교육이 필요하다고 인정하는 특정소방대상물에는 그 장소에 근무하거나 거주하는 사람 등을 대상으로 '불시'에 소방훈련 · 교육을 실시할 수 있으며, 그 결과를 평가할 수 있다.

　'불시(不時)'라는 말은 원래 예상하지 못한 때, 갑작스러운 시점을 뜻한다. 따라서 불시 소방훈련 · 교육이란 사전에 알리지 않고 갑자기 진행하는 훈련 · 교육을 말하는데, 시행규칙 제38조(불시 소방훈련 및 교육 사전통지)에는 불시 소방훈련 · 교육 실시 10일 전까지 소방안전관리대상물의 관계인에게 불시 소방훈련 · 교육 계획서를 통지해야 한다고 의무사항으로 규정하고 있다.

　이를 해석하면, 불시 소방훈련 · 교육 대상은 '근무자등'이므로 근무자등에게는 불시로 하나 관계인에게는 미리 알린다는 의미이다.

　따라서 근무자등(그 장소에 근무하거나 거주하는 사람 등)의 범위를 어디까지로 보아야 하는지에 따라 불시가 아닐 수도 있다. 그리고 불시훈련의 필요성과 효과성은 보편적으로 기대할 수 있지만, 불시교육은 본래 효과가 없다. 지식 습득과 이해를 목표로 하는 교육은 기본적으로 학습자의 사전 준비와 집중이 필요하며,

적절한 교육 환경을 갖추어야 한다. 예고 없는 교육은 학습자에게 부담이나 반감을 줄 수 있어 참여 의욕을 떨어뜨릴 수밖에 없다. 불시교육의 결과 평가도 마찬가지이다. 학습자의 실제 지식수준이 아니라 순간적인 반응만 확인하게 되어 학습자의 지속적인 성장이나 지식 정착 여부를 평가하기 어렵다.

또한 소방본부장 또는 소방서장은 불시 훈련·교육에 대한 현장평가 결과를 불시 소방훈련·교육 종료일부터 10일 이내에 관계인에게 통지하도록 되어 있지만, 그 평가 결과에 따른 구체적인 불이익이 없어 불시 훈련·교육의 실효성에 의문이 든다. 실효성 있는 소방훈련·교육을 위한 강력한 당근과 채찍은 국민적인 공감대가 형성될 때 가능할 것으로 보인다.

① <u>소방본부장</u>이나 <u>소방서장</u>은 제37조를 적용받지 아니하는 특정소방대상물의 <u>관계인</u>에 대하여
　　　소방안전관리대상물 근무자등에 대한 소방훈련　　　　　소방안전관리대상물 X

특정소방대상물의 화재예방과 소방안전을 위하여 행정안전부령으로 정하는 바에 따라
　　　소방안전교육 대상자는 다음 각 호의 어느 하나에 해당하는 특정소방대상물의 관계인으로 한다.
　　　1. 소화기 또는 비상경보설비가 설치된 공장 · 창고 등의 특정소방대상물
　　　2. 그 밖에 관할 소방본부장 또는 소방서장이 화재에 대한 취약성이 높다고 인정하는 특정소방대상물

<u>소방안전교육</u>을 할 수 있다.

② 제1항에 따른 교육대상자 및 특정소방대상물의 범위 등에 필요한 사항은 행정안전부령으로 정한다.
　　　소방본부장 또는 소방서장은 교육일 10일 전까지 시행규칙 별지 제32호서식의
　　　특정소방대상물 관계인 소방안전교육 계획서를 작성하여 통보해야 한다.

제37조(피난계획의 수립 및 시행)와 제38조(소방안전관리대상물 근무자 및 거주자 등에 대한 소방훈련 등)는 소방안전관리자가 선임되어 근무하는 소방안전관리대상물과 관련한 내용이다. 제38조는 소방안전관리자가 선임되지 않는 특정소방대상물 중 일부에 대하여 해당 관계인에 대한 소방안전교육을 명시한다.

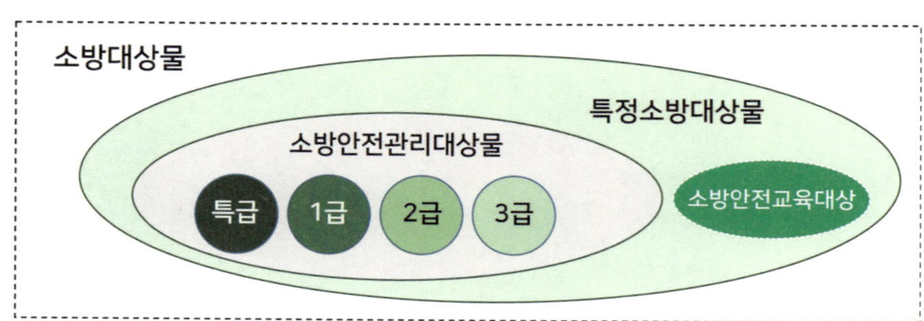

소방안전교육은 모든 국민에게 필요하며, 당연히 모든 특정소방대상물의 관계인에게도 필요하지만 막대한 인력, 예산, 시설이 필요하여 현실적으로 지속적이고 균등한 교육 제공이 어렵다.

따라서 특정소방대상물 중 화재에 대한 취약성이 높다고 인정하는 일부 특정소방대상물의 관계인 중 관할 소방서장이 소방안전교육이 필요하다고 인정하는 사람을 대상으로 소방안전교육을 실시할 수 있다.

해당 대상물은 '소화기 또는 비상경보설비가 설치된 공장 · 창고 등의 특정소방대상물' 과 '관할 소방본부장 또는 소방서장이 화재에 대한 취약성이 높다고 인정하는 특정소방대상물' 이다.

소방본부장 또는 소방서장은 해당 관계인에게 소방안전교육을 실시하려는 경우에는 교육일 10일 전까지 『특정소방대상물 관계인 소방안전교육 계획서』^{시행규칙 별지 제32호서식}를 작성하여 통보해야 한다.

제39조(공공기관의 소방안전관리)

① 국가, 지방자치단체, 국공립학교 등 대통령령으로 정하는 공공기관의 장은 소관 기관의 근무자 등의

• 「공공기관의 운영에 관한 법률」 제4조에 따른 공공기관
• 「지방공기업법」 제49조에 따라 설립된 지방공사 또는 같은 법 제76조에 따라 설립된 지방공단
• 「사립학교법」 제2조제1항에 따른 사립학교

생명 · 신체와 건축물 · 인공구조물 및 물품 등을 화재로부터 보호하기 위하여 화재예방, 자위소방대의

조직 및 편성, 소방시설등의 자체점검과 소방훈련 등의 소방안전관리를 하여야 한다.

② 제1항에 따른 공공기관에 대한 다음 각 호의 사항에 관하여는 제24조부터 제38조까지의

국가, 지자체, 국공립학교, 사립학교, 공공기관, 지방공사, 지방공단

규정에도 불구하고 대통령령으로 정하는 바에 따른다.

「공공기관의 소방안전관리에 관한 규정」

1. 소방안전관리자의 자격 · 책임 및 선임 등 제5조(소방안전관리자의 선임), 제6조(소방안전관리자의 선임 통보)
제7조(소방안전관리자의 책무)

2. 소방안전관리의 업무대행 제7조의2(소방안전관리자의 업무 대행)

3. 자위소방대의 구성 · 운영 및 교육 제12조(자위소방대의 편성), 제13조(자위소방대의 임무)

4. 근무자 등에 대한 소방훈련 및 교육 제14조(소방훈련과 교육)

5. 그 밖에 소방안전관리에 필요한 사항 제8조(소방안전관리자의 교육), 제9조(화기 단속 등), 제10조(공공기관의 방호원의 업무) 등

공공기관의 법적 개념은 공기업, 준정부기관 등 「공공기관의 운영에 관한 법률」에 따라 재정경제부장관이 지정한 법인 · 단체 또는 기관을 말한다. 정부가 투자 · 출자하거나 재정 지원을 통해 설립 · 운영되며, 국민 생활과 밀접한 공공서비스를 제공하는 역할을 한다. 이윤을 추구하는 민간기업과 달리 공익과 사회적 가치 실현을 목적으로 한다.

국가와 지방자치단체는 헌법과 법률에 의해 직접 권한을 가진 공공의 주체이며, 공공서비스를 제공하는 기관을 설립 · 운영하는 주체이지, 그 자체가 공공기관으로 분류되지는 않는다. 또한 「공공기관의 운영에 관한 법률」에 따르면, 지방자치단체가 설립한 지방공사와 지방공단도 공공기관이 아니며, 국공립학교와 사립학교 역시 공공기관이 아니다.

그러나 제39조에서 언급된 공공기관은 「공공기관의 운영에 관한 법률」 제4조[113]에 따른 공공기관뿐만 아니라, 국가와 지방자치단체는 물론 국공립학교, 사립학교, 지방공사, 지방공단까지도 광범위하게 포함한다.

이렇게 「공공기관의 운영에 관한 법률」에 따른 공공기관 외에, 공익적 기능을 수행하는 넓은 의미의 공공기관까지도 포함하여 소방안전관리 관련 조항을 별도로 규정한 것은, 언뜻 보면 공공기관에 대한 소방안전을 강화하는 것으로 보일 수 있지만, 실제로는 매우 완화된 규정이며 제39조 위반 시 처벌 조항도 없다. 이는 공공기관이 소방안전관리 업무를 소홀히 한 경우 해당 기관장을 문책함으로써 조직 차원의 책임성을 확보하는 방식을 채택한 것으로 보인다. 이러한 접근은 형벌 대신 기관 내부의 인사 및 감사 시스템을 통해 실질적인 책임을 묻겠다는 공공부문 특유의 관리 방식을 반영한 것이다. 법 조항에 공공기관의 특수성을 고려한 규정을 명시한 것은 공공부문의 조직 구조와 인사 체계를 감안한 현실적 접근으로 이해할 수 있다.

「공공기관의 소방안전관리에 관한 규정」(대통령령) 제5조(소방안전관리자의 선임)는 공공기관의 실정을 고려한 유연한 자격 요건을 제시한다.

3급 자격으로도 1급·2급 대상물에 선임 가능하며, '공공기관 소방안전관리자 강습교육' [40시간]만 이수하면 1급·2급·3급 대상물에 선임할 수 있다. 또한 선임 자격을 갖춘 사람이 없는 경우에는 강습교육을 받을 사람을 미리 지정하고 그 지정된 사람을 소방안전관리자로 선임할 수도 있다. 특급의 경우에도 특급 자격을 갖춘 사람이 없어도 특급 강습교육만 이수하면 자격시험 합격 여부와 관계없이 특급 대상물에 선임할 수 있다. 이는 공공기관의 인력 운영 여건을 고려하여 교육을 통한 역량 강화에 중점을 둔 제도로 볼 수 있다.

그 외는 일반 대상과 특별히 다른 점은 없으나 소방교육·훈련을 연 2회 이상 실시하되, 그 중 1회 이상은 소방관서와 합동으로 실시하여야 한다.

---

113) 「공공기관의 운영에 관한 법률」 제4조(공공기관)
① 재정경제부장관은 국가·지방자치단체가 아닌 법인·단체 또는 기관(이하 "기관"이라 한다)으로서 다음 각 호의 어느 하나에 해당하는 기관을 공공기관으로 지정할 수 있다.
1. 다른 법률에 따라 직접 설립되고 정부가 출연한 기관
2. 정부지원액(법령에 따라 직접 정부의 업무를 위탁받거나 독점적 사업권을 부여받은 기관의 경우에는 그 위탁업무나 독점적 사업으로 인한 수입액을 포함한다. 이하 같다)이 총수입액의 2분의 1을 초과하는 기관
3. 정부가 100분의 50 이상의 지분을 가지고 있거나 100분의 30 이상의 지분을 가지고 임원 임명권한 행사 등을 통하여 해당 기관의 정책 결정에 사실상 지배력을 확보하고 있는 기관
4. 정부와 제1호부터 제3호까지의 어느 하나에 해당하는 기관이 합하여 100분의 50 이상의 지분을 가지고 있거나 100분의 30 이상의 지분을 가지고 임원 임명권한 행사 등을 통하여 해당 기관의 정책 결정에 사실상 지배력을 확보하고 있는 기관
5. 제1호부터 제4호까지의 어느 하나에 해당하는 기관이 단독으로 또는 두개 이상의 기관이 합하여 100분의 50 이상의 지분을 가지고 있거나 100분의 30 이상의 지분을 가지고 임원 임명권한 행사 등을 통하여 해당 기관의 정책 결정에 사실상 지배력을 확보하고 있는 기관
6. 제1호부터 제4호까지의 어느 하나에 해당하는 기관이 설립하고, 정부 또는 설립 기관이 출연한 기관
② 제1항에도 불구하고 재정경제부장관은 **다음 각 호의 어느 하나에 해당하는 기관을 공공기관으로 지정할 수 없다.**
1. 구성원 상호 간의 상호부조·복리증진·권익향상 또는 영업질서 유지 등을 목적으로 설립된 기관
2. **지방자치단체가 설립하고, 그 운영에 관여하는 기관**
3. 「방송법」에 따른 한국방송공사와 「한국교육방송공사법」에 따른 한국교육방송공사
③ 제1항제2호의 규정에 따른 정부지원액과 총수입액의 산정 기준·방법 및 같은 항 제3호부터 제5호까지의 규정에 따른 사실상 지배력 확보의 기준에 관하여 필요한 사항은 대통령령으로 정한다.

공공기관의 소방안전관리에 관한 규정

[시행 2022. 12. 1.] [대통령령 제33005호, 2022. 11. 29., 타법개정]

제1조(목적) 이 영은 「화재의 예방 및 안전관리에 관한 법률」 제39조에 따라 공공기관의 건축물·인공구조물 및 물품 등을 화재로부터 보호하기 위하여 소방안전관리에 필요한 사항을 규정함을 목적으로 한다.

제2조(적용 범위) 이 영은 다음 각 호의 어느 하나에 해당하는 공공기관에 적용한다.

1. 국가 및 지방자치단체
2. 국공립학교
3. 「공공기관의 운영에 관한 법률」 제4조에 따른 공공기관
4. 「지방공기업법」 제49조에 따라 설립된 지방공사 또는 같은 법 제76조에 따라 설립된 지방공단
5. 「사립학교법」 제2조제1항에 따른 사립학교

제3조 삭제 〈2009. 4. 6.〉

제4조(기관장의 책임) 제2조에 따른 공공기관의 장(이하 "기관장"이라 한다)은 다음 각 호의 사항에 대한 감독책임을 진다.

1. 소방시설, 피난시설 및 방화시설의 설치·유지 및 관리에 관한 사항
2. 소방계획의 수립·시행에 관한 사항
3. 소방 관련 훈련 및 교육에 관한 사항
4. 그 밖의 소방안전관리 업무에 관한 사항

제5조(소방안전관리자의 선임) ① 기관장은 소방안전관리 업무를 원활하게 수행하기 위하여 **감독직에 있는 사람**으로서 다음 각 호의 구분에 따른 자격을 갖춘 사람을 소방안전관리자로 선임하여야 한다. 다만, 「소방시설 설치 및 관리에 관한 법률 시행령」 제11조에 따라 소화기 또는 비상경보설비만을 설치하는 공공기관의 경우에는 소방안전관리자를 선임하지 아니할 수 있다.

1. 「화재의 예방 및 안전관리에 관한 법률 시행령」 별표 4 제1호가목의 특급 소방안전관리대상물에 해당하는 공공기관: 같은 호 나목 각 호의 어느 하나에 해당하는 사람
2. 제1호에 해당하지 않는 공공기관: 다음 각 목의 어느 하나에 해당하는 사람

    가. 「화재의 예방 및 안전관리에 관한 법률 시행령」 별표 4 제1호나목, 같은 표 제2호나목 및 같은 표 제3호나목1)·3)·4)의 어느 하나에 해당하는 사람
    나. 「화재의 예방 및 안전관리에 관한 법률」(이하 "법"이라 한다) 제34조제1항제1호에 따른 소방안전관리자 등에 대한 강습 교육(특급 소방안전관리대상물의 소방안전관리 업무 또는 공공기관의 소방안전관리 업무를 위한 강습 교육으로 한정하며, 이하 "강습교육"이라 한다)을 받은 사람

② 기관장은 제1항 각 호에 해당하는 사람이 없는 경우에는 강습 교육을 받을 사람을 미리 지정하고 그 지정된 사람을 소방안전관리자로 선임할 수 있다.

③ 공공기관의 건축물이나 그 밖의 시설이 2개 이상의 구역(건축물대장의 건축물 현황도에 표시된 대지경계선 안쪽 지역을 말한다)에 분산되어 위치한 경우에는 각 구역별로 소방안전관리자를 선임하여야 하며, 공공기관의 건축물이나 그 밖의 시설을 관리하는 기관이 따로 있는 경우에는 그 관리기관의 장이 소방안전관리자를 선임하여야 한다.

④ 기관장은 소방안전관리자의 퇴직 등의 사유로 새로 소방안전관리자를 선임하여야 할 때에는 그 사유가 발생한 날부터 30일 이내에 소방안전관리자를 선임하여야 한다.

제6조(소방안전관리자의 선임 통보) 기관장은 제5조에 따라 소방안전관리자를 선임하였을 때에는 선임한 날부터 14일 이내에 그 선임 사실과 선임된 소방안전관리자의 소속·직위 및 성명을 관할 소방서장 및 「소방기본법」 제40조에 따른 한국소방안전원의 장에게 통보하여야 한다. 이 경우 소방안전관리자가 제5조제1항 각 호의 어느 하나에 해당하는 사람임을 증명하는 서류를 함께 제출하여야 하고, 제5조제2항에 따라 강습교육을 받을 사람을 미리 지정하여 소방안전관리자를 선임한 경우에는 선임된 소방안전관리자가 강습교육을 받은 경우 지체 없이 그 사실을 증명하는 서류를 제출하여야 한다.

제7조(소방안전관리자의 책무) 제5조에 따라 선임된 소방안전관리자는 법 제24조제5항 각 호의 소방안전관리 업무를 성실히 수행하여야 한다.

제7조의2(소방안전관리자의 업무 대행) 기관장은 「소방시설 설치 및 관리에 관한 법률」 제29조에 따라 소방시설관리업의 등록을 한 자(이하 "소방시설관리업자"라 한다)에게 소방안전관리 업무를 대행하게 할 수 있다. 이 경우 해당 공공기관의 소방안전관리자는 소방안전관리 업무를 대행하는 소방시설관리업자의 업무를 감독하여야 한다.

제8조(소방안전관리자의 교육) 기관장은 제5조에 따라 선임된 소방안전관리자가 화재 예방 및 안전관리의 효율화, 새로운 기술의 보급과 안전의식의 향상을 위한 실무교육(법 제34조제1항제2호에 따른 실무교육으로 한다)을 받도록 하여야 한다.

제9조(화기 단속 등) 실(室)이 벽·칸막이 등으로 나누어진 경우 그 사용책임자는 해당 실 안의 화기 단속 및 화재 예방을 위한 조치를 하여야 한다.

제10조(공공기관의 방호원 등의 업무) ① 방호원(공공기관의 건축물·인공구조물 및 물품 등을 화재, 외부의 침입 또는 도난 등으로부터 보호하기 위하여 경비 업무를 담당하는 사람을 말하되, 군인·경찰 및 교도관은 제외한다)·일직근무자 및 숙직자(일직근무자 및 숙직자를 두는 경우로 한정한다)는 옥외·공중집합장소 및 공중사용시설의 화기 단속과 화재 예방을 위한 조치를 하여야 한다.

② 숙직자는 근무 중 화재 예방을 위하여 방호원을 지휘·감독한다.

제11조(기관장의 소방활동) 기관장은 화재가 발생하면 소방대가 현장에 도착할 때까지 경보를 울리거나 대피를 유도하는 등의 방법으로 사람을 구출하거나 불을 끄거나 불이 번지지 아니하도록 필요한 조치를 하여야 한다.

제12조(자위소방대의 편성) ① 기관장은 화재가 발생하는 경우에 화재를 초기에 진압하고 인명 및 재산의 피해를 최소화하기 위하여 자위소방대(自衛消防隊)를 편성·운영하여야 한다.

② 자위소방대는 해당 공공기관에 근무하는 모든 인원으로 구성하고, 자위소방대에는 대장·부대장 각 1명과 지휘반·진압반·구조구급반 및 대피유도반을 둔다.

③ 제2항에 따른 각 반(班)은 해당 기관에 근무하는 직원의 수를 고려하여 적절히 구성한다.

제13조(자위소방대의 임무) 자위소방대의 대장·부대장과 각 반의 임무는 다음 각 호와 같다.

1. 대장은 자위소방대를 총괄·지휘·운용한다.
2. 부대장은 대장을 보좌하고, 대장이 부득이한 사유로 임무를 수행할 수 없을 때에는 그 임무를 대행한다.
3. 지휘반은 대장의 지휘를 받아 다른 반의 임무를 조정하고, 화재진압 등에 관한 훈련계획을 수립·시행한다.
4. 진압반은 대장과 지휘반의 지휘를 받아 화재를 진압한다.
5. 구조구급반은 대장과 지휘반의 지휘를 받아 인명을 구조하고 부상자를 응급처치한다.
6. 대피유도반은 대장과 지휘반의 지휘를 받아 근무자 등을 안전한 장소로 대피하도록 유도한다.

제14조(소방훈련과 교육) ① 기관장은 해당 공공기관의 모든 인원에 대하여 **연 2회 이상 소방훈련과 교육**을 실시하되, 그 중 **1회 이상은 소방관서와 합동으로 소방훈련**을 실시하여야 한다. 다만, 상시 근무하는 인원이 10명 이하이거나 제5조제1항 각 호 외의 부분 단서에 따라 소방안전관리자를 선임하지 아니할 수 있는 공공기관의 경우에는 소방관서와 합동으로 하는 소방훈련을 실시하지 아니할 수 있다.

② 기관장은 제1항에 따라 소방훈련과 교육을 실시할 때에는 소화·화재통보·피난 등의 요령에 관한 사항을 포함하여 실시하여야 한다.

③ 기관장은 제1항에 따라 실시한 소방훈련과 교육에 대한 기록을 2년간 보관하여야 한다.

제15조 삭제 〈2014. 7. 7.〉

제40조(소방안전 특별관리시설물의 안전관리)

제41조(화재예방안전진단)

제42조(진단기관의 지정 및 취소)

① 소방청장은 화재 등 재난이 발생할 경우 사회 · 경제적으로 피해가 큰 다음 각 호의 시설(이하

"소방안전 특별관리시설물" 이라 한다)에 대하여 소방안전 특별관리를 하여야 한다.

1. 「공항시설법」 제2조제7호의 공항시설

2. 「철도산업발전기본법」 제3조제2호의 철도시설

3. 「도시철도법」 제2조제3호의 도시철도시설

4. 「항만법」 제2조제5호의 항만시설

5. 「문화유산의 보존 및 활용에 관한 법률」 제2조제3항의 지정문화유산 및 「자연유산의 보존 및
   국가지정문화유산, 시 · 도지정문화유산, 문화유산자료

   활용에 관한 법률」 제2조제5호에 따른 천연기념물등인 시설(시설이 아닌 지정문화유산 및
   천연기념물, 명승, 시 · 도자연유산 또는 자연유산자료

   천연기념물등을 보호하거나 소장하고 있는 시설을 포함한다)

6. 「산업기술단지 지원에 관한 특례법」 제2조제1호의 산업기술단지   기업 · 대학 · 연구소 · 지방자치단체 등이 공동으로
   산업 및 기술 관련 사업을 수행하는 지역혁신의 거점이
   되는 토지 · 건물 · 시설 등의 집합체

7. 「산업입지 및 개발에 관한 법률」 제2조제8호의 산업단지   국가산업단지, 일반산업단지, 도시첨단산업단지, 농공단지

8. 「초고층 및 지하연계 복합건축물 재난관리에 관한 특별법」 제2조제1호 · 제2호의

   50층 이상 또는 높이가 200미터 이상인 건축물   지하부분이 지하역사 또는 지하도상가와 연결된 건축물로서 다음 요건을 모두 갖춘 것
   초고층 건축물 및 지하연계 복합건축물   가. 층수가 11층 이상이거나 수용인원이 5천명 이상인 건축물
   나. 건축물 안에 문화 및 집회시설, 판매시설, 운수시설, 업무시설, 숙박시설, 위락(慰樂)시설 중
   테마파크업의 시설 또는 대통령령으로 정하는 용도의 시설이 하나 이상 있는 건축물

9. 「영화 및 비디오물의 진흥에 관한 법률」 제2조제10항의 영화상영관 중

   수용인원 1천명 이상인 영화상영관

10. 전력용 및 통신용 지하구

11. 「한국석유공사법」 제10조제1항제3호의 석유비축시설

12. 「한국가스공사법」 제11조제1항제2호의 천연가스 인수기지 및 공급망

13. 「전통시장 및 상점가 육성을 위한 특별법」 제2조제1호의 전통시장으로서

자연발생적으로 또는 사회적·경제적 필요에 의하여 조성되고,
상품이나 용역의 거래가 상호신뢰에 기초하여 주로 전통적 방식으로 이루어지는 장소로서
특별자치시장·특별자치도지사·시장·군수·구청장이 인정하는 곳

대통령령으로 정하는 전통시장

점포가 500개 이상인 전통시장

14. 그 밖에 대통령령으로 정하는 시설물

1. 「전기사업법」 제2조제4호에 따른 발전사업자가 가동 중인 **발전소**(「발전소주변지역 지원에 관한 법률 시행령」 제2조제2항에 따른 발전소는 제외한다)
2. 「물류시설의 개발 및 운영에 관한 법률」 제2조제5호의2에 따른 **물류창고**로서 **연면적 100,000 m² 이상**인 것
3. 「도시가스사업법」 제2조제5호에 따른 **가스공급시설**

　제40조에 따른 '소방안전 특별관리시설물'은 화재 등 재난이 발생하면 사회적·경제적 피해가 심각할 것으로 예상되는 시설물이다. 제18조에 따른 화재예방강화지구는 화재 등 재난이 발생했을 때 대응이 까다로운 지역 전체를 대상으로 지정하는 반면, 소방안전 특별관리시설물은 주로 국민의 사회생활에 큰 영향을 미치는 초대형 시설물을 대상으로 한다.

　'시설' Facility이 어떤 목적을 위해 갖춰놓은 모든 유·무형의 수단을 포괄하는 넓은 개념[114]이라면, '시설물' Structure/Construction은 일정한 목적을 위해 인공적으로 만들어진 구체적인 물건(구조물)을 의미하며, 주로 공학적·법적 관점에서 사용된다.

　소방청장이 소방안전 특별관리시설물을 지정하여 특별관리하는 이유는, 단순히 화재위험을 줄이는 차원을 넘어, 국가 경제와 사회 기반망에 막대한 영향을 줄 수 있는 시설을 선제적으로 보호하기 위한 제도적 장치이다.

　공항, 철도, 초고층 건물, 초대형 영화상영관^{수용인원 1,000명 이상}, 초대형 전통시장^{점포 500개 이상} 등은 화재 발생 시 다수의 인명이 동시에 위험에 노출될 수 있고, 항만, 산업단지, 석유비축시설, 가스공급시설, 발전소, 대형 물류창고^{연면적 10만제곱미터 이상} 등은 국가 경제와 에너지 공급망에 직접적인 영향을 주는 핵심 인프라이다. 또한 지정문화유산이나 천연기념물인 시설은 단순한 재산 가치 이상으로 사회문화적 의미가 크기 때문에 특별한 보호가 필요하다.

　소방안전 특별관리시설물은 국가의 특별한 관리계획에 따라 정기적인 화재예방안전진단, 소방훈련, 피난계획 수립 등을 통해 체계적으로 관리된다. 특히, 화재예방안전진단은 단순 점검을 넘어 위험성 평가와 개선대책 수립까지 포함하는 종합적인 안전관리 체계이다.

---

114) 도구, 기구, 설비 등을 포함한 전체 시스템을 말하며, 물리적인 건물뿐만 아니라, 그 안의 제도, 서비스, 인력까지 포함하는 경우가 많다. '노인복지시설'이라면 건물 자체뿐만 아니라 그곳에서 제공하는 서비스와 운영 체계까지 아우르는 표현이다.

② 소방청장은 제1항에 따른 특별관리를 체계적이고 효율적으로 하기 위하여 시·도지사와 협의하여

소방안전 특별관리기본계획을 제4조제1항에 따른 기본계획에 포함하여 수립 및 시행하여야 한다.

③ 시·도지사는 제2항에 따른 소방안전 특별관리기본계획에 저촉되지 아니하는 범위에서

관할 구역에 있는 소방안전 특별관리시설물의 안전관리에 적합한 소방안전 특별관리시행계획을

제4조제6항에 따른 세부시행계획에 포함하여 수립 및 시행하여야 한다.

④ 그 밖에 제2항 및 제3항에 따른 소방안전 특별관리기본계획 및 소방안전 특별관리시행계획의

수립·시행에 필요한 사항은 대통령령으로 정한다.

① 소방청장은 법 제40조제2항에 따른 소방안전 특별관리기본계획(이하 "특별관리기본계획"이라 한다)을 5년마다 수립하여 시·도에 통보해야 한다.
② 특별관리기본계획에는 다음 각 호의 사항이 포함되어야 한다.
1. 화재예방을 위한 중기·장기 안전관리정책
2. 화재예방을 위한 교육·홍보 및 점검·진단
3. 화재대응을 위한 훈련
4. 화재대응과 사후 조치에 관한 역할 및 공조체계
5. 그 밖에 화재 등의 안전관리를 위하여 필요한 사항
③ 시·도지사는 특별관리기본계획을 시행하기 위하여 매년 법 제40조제3항에 따른 소방안전 특별관리시행계획(이하 "특별관리시행계획"이라 한다)을 수립·시행하고, 그 결과를 다음 연도 1월 31일까지 소방청장에게 통보해야 한다.
④ 특별관리시행계획에는 다음 각 호의 사항이 포함되어야 한다.
1. 특별관리기본계획의 집행을 위하여 필요한 사항
2. 시·도에서 화재 등의 안전관리를 위하여 필요한 사항
⑤ 소방청장 및 시·도지사는 특별관리기본계획 또는 특별관리시행계획을 수립하는 경우 성별, 연령별, 화재안전취약자별 화재 피해현황 및 실태 등을 고려해야 한다

소방청장은 시·도지사와 협의하여 5년마다 『소방안전 특별관리기본계획』을 수립·시행한다. 이 계획은 제4조제1항에 따라 소방청장이 5년마다 수립·시행하는 『화재의 예방 및 안전관리에 관한 기본계획』에 포함하여 수립하고 시·도에 통보한다.

시·도지사는 통보받은 『소방안전 특별관리기본계획』을 시행하기 위해 관할 구역의 『소방안전 특별관리시행계획』을 매년 수립한다. 이 계획은 소방청장이 수립하는 『화재의 예방 및 안전관리에 관한 기본계획』과 『화재의 예방 및 안전관리에 관한 시행계획』에 따라 시·도지사가 매년 수립하는 『화재의 예방 및 안전관리에 관한 세부시행계획』에 포함하여 수립·시행하고, 그 결과를 다음 연도 1월 31일까지 소방청장에게 통보하여야 한다.

5년마다 수립하는 『소방안전 특별관리기본계획』에는 성별, 연령별, 화재안전취약자별 화재 피해현황 및 실태 등을 고려하여 화재예방을 위한 중·장기 안전관리정책, 교육·홍보 및 점검·진단, 훈련, 화재대응과 사후 조치에 관한 역할 및 공조체계 등이 포함된다. 그리고 이에 따라 매년 수립하는 『소방안전 특별관리시행계획』에는 관할 구역의 화재안전관리를 위한 더욱 구체적인 사항이 포함된다.

제41조(화재예방안전진단)

① 대통령령으로 정하는 소방안전 특별관리시설물의 관계인은 화재의 예방 및 안전관리를 체계적 ·

시행령 제43조(화재예방안전진단의 대상)

효율적으로 수행하기 위하여 대통령령으로 정하는 바에 따라 「소방기본법」 제40조에 따른

시행령 제44조(화재예방안전진단의 실시 절차 등)

한국소방안전원(이하 "안전원" 이라 한다) 또는 소방청장이 지정하는 화재예방안전진단기관

(이하 "진단기관" 이라 한다)으로부터 정기적으로 화재예방안전진단을 받아야 한다.

1. 공항시설 중 여객터미널의 연면적이 1,000 m² 이상인 것
2. 철도시설 중 역 시설의 연면적이 5,000 m² 이상인 것
3. 도시철도시설 중 역사 및 역 시설의 연면적이 5,000 m² 이상인 것
4. 항만시설 중 여객이용시설 및 지원시설의 연면적이 5,000 m² 이상인 것
5. 전력용 및 통신용 지하구 중 공동구
6. 천연가스 인수기지 및 공급망 중 「소방시설 설치 및 관리에 관한 법률 시행령」 별표 2 제17호나목에 따른 가스시설
7. 발전소 중 연면적이 5,000 m² 이상인 것
8. 가스공급시설 중 가연성 가스 탱크의 저장용량의 합계가 100톤 이상이거나 저장용량이 30톤 이상인 가연성 가스 탱크가 있는 것

지상에 노출된 산소 또는 가연성 가스 탱크의 저장용량의 합계가 100톤 이상이거나 저장용량이 30톤 이상인 탱크가 있는 시설

벌칙 ➡ 1년 이하의 징역 또는 1천만원 이하의 벌금

• 진단기관으로부터 화재예방안전진단을 받지 아니한 해당 관계인

② 제1항에 따른 화재예방안전진단의 범위는 다음 각 호와 같다.

1. 화재위험요인의 조사에 관한 사항

2. 소방계획 및 피난계획 수립에 관한 사항

3. 소방시설등의 유지 · 관리에 관한 사항

4. 비상대응조직 및 교육훈련에 관한 사항

5. 화재 위험성 평가에 관한 사항

1. 화재 등의 재난 발생 후 재발방지 대책의 수립 및 그 이행에 관한 사항
2. 지진 등 외부 환경 위험요인 등에 대한 예방 · 대비 · 대응에 관한 사항
3. 화재예방안전진단 결과 보수 · 보강 등 개선요구 사항 등에 대한 이행 여부

6. 그 밖에 화재예방진단을 위하여 대통령령으로 정하는 사항

　소방안전 특별관리시설물 중 일정 규모 이상인 8가지 시설물의 관계인은 화재의 예방 및 안전관리를 체계적·효율적으로 수행하기 위하여 정기적으로 화재예방안전진단을 받아야 한다. 그 대상이 되는 시설물의 종류와 규모는 시행령 제43조에 따르며, 요약하면 [표 7]과 같다. 화재예방안전진단의 결과에 따라 해당 시설물의 안전등급이 결정되는데, 안전등급의 기준은 [표 8]과 같다.

[표 7] 화재예방안전진단의 대상(시행령 제43조)

종 류	규 모
공항시설 (「공항시설법」 제2조제7호)	여객터미널의 연면적이 1,000 ㎡ 이상인 공항시설
철도시설 (「철도산업발전기본법」 제3조제2호)	역 시설의 연면적이 5,000 ㎡ 이상인 철도시설
도시철도시설 (「도시철도법」 제2조제3호)	역사 및 역 시설의 연면적이 5,000 ㎡ 이상인 도시철도시설
항만시설 (「항만법」 제2조제5호)	여객이용시설 및 지원시설의 연면적이 5,000 ㎡ 이상인 항만시설
전력용 및 통신용 지하구	공동구: 전기·가스·수도 등의 공급설비, 통신시설, 하수도시설 등 지하매설물을 공동 수용함으로써 미관의 개선, 도로구조의 보전 및 교통의 원활한 소통을 위하여 지하에 설치하는 시설물)
천연가스 인수기지 및 공급망 (「한국가스공사법」 제11조제1항제2호)	산소 또는 가연성 가스를 제조·저장 또는는 취급하는 시설 중 지상에 노출된 산소 또는 가연성 가스 탱크의 저장용량의 합계가 100톤 이상이거나 저장용량이 30톤 이상인 탱크가 있는 가스시설
발전소 (「전기사업법」 제2조제4호에 따른 발전사업자가 가동 중인 발전소)	연면적이 5,000 ㎡ 이상인 발전소
가스공급시설 (「도시가스사업법」 제2조제5호)	가연성 가스 탱크의 저장용량의 합계가 100톤 이상이거나 저장용량이 30톤 이상인 가연성 가스 탱크가 있는 가스공급시설

[표 8] 안전등급 기준(시행령 [별표 7])

안전등급	화재예방안전진단 대상물의 상태
우수(A)	화재예방안전진단 실시 결과 문제점이 발견되지 않은 상태
양호(B)	화재예방안전진단 실시 결과 문제점이 일부 발견되었으나 대상물의 화재안전에는 이상이 없으며 대상물 일부에 대해 보수·보강 등의 조치명령이 필요한 상태
보통(C)	화재예방안전진단 실시 결과 문제점이 다수 발견되었으나 대상물의 전반적인 화재안전에는 이상이 없으며 대상물에 대한 다수의 보수·보강 등의 조치명령이 필요한 상태
미흡(D)	화재예방안전진단 실시 결과 광범위한 문제점이 발견되어 대상물의 화재안전을 위해 보수·보강 등의 조치명령의 즉각적인 이행이 필요하고 대상물의 사용 제한을 권고할 필요가 있는 상태
불량(E)	화재예방안전진단 실시 결과 중대한 문제점이 발견되어 대상물의 화재안전을 위해 보수·보강 등의 조치명령의 즉각적인 이행이 필요하고 대상물의 사용 중단을 권고할 필요가 있는 상태

※ 비고: 안전등급의 세부적인 기준은 「소방안전 특별관리시설물의 화재예방안전진단 세부절차 및 평가방법 등에 관한 규정」(소방청고시)를 따른다.

소방안전관리대상물이 건축되어 화재예방안전진단의 대상 시설물에 해당하게 된 경우, 해당 관계인은 「건축법」에 따른 사용승인이나 「소방시설공사업법」에 따른 완공검사를 받은 날부터 5년이 경과한 날이 속하는 해에 최초 화재예방안전진단을 받아야 한다.

그리고 진단 결과로 통보된 안전등급에 따라 정기적으로 화재예방안전진단을 받아야 하는데 등급이 낮을수록 짧은 기간 내에 받아야 한다. 구체적으로, A등급은 안전등급을 통보받은 날부터 6년이 경과한 날이 속하는 해에 받아야 하며, B · C등급은 5년, D · E등급은 4년이 경과한 날이 속하는 해에 받아야 한다. 화재예방안전진단을 받지 않은 관계인에 대한 벌칙은 1년 이하의 징역 또는 1,000만 원 이하의 벌금이다.

화재예방안전진단은 『한국소방안전원』(이하 '안전원')과 『소방청장이 지정하는 화재예방안전진단기관』(이하 '진단기관')이 할 수 있다. 화재예방안전진단을 받아야 하는 소방안전 특별관리시설물의 관계인은 『화재예방안전진단 신청서』^{시행규칙 별지 제33호서식}를 작성하여 안전원 또는 진단기관에 제출하고, 필요한 자료의 열람 및 화재예방안전진단에 적극 협조하여야 한다.

화재예방안전진단의 범위는 다음과 같다.

① 화재위험요인의 조사에 관한 사항

② 소방계획 및 피난계획 수립에 관한 사항

③ 소방시설등의 유지 · 관리에 관한 사항

④ 비상대응조직 및 교육훈련에 관한 사항

⑤ 화재 위험성 평가에 관한 사항

⑥ 화재 등의 재난 발생 후 재발방지 대책의 수립 및 그 이행에 관한 사항

⑦ 지진 등 외부 환경 위험요인 등에 대한 예방 · 대비 · 대응에 관한 사항

⑧ 화재예방안전진단 결과 보수 · 보강 등 개선요구 사항 등에 대한 이행 여부

화재예방안전진단 신청을 받은 안전원 또는 진단기관은 신청일로부터 10일 이내에 진단 일정, 준비 사항 등을 관계인에게 통보하고, 위험요인을 조사하고 위험성을 평가하여 위험성 감소대책을 수립하는 절차에 따라 화재예방안전진단을 실시하는데, 그 실시 방법은 다음과 같다.

① 준공도면, 시설 현황, 소방계획서 등 자료수집 및 분석

② 화재위험요인 조사, 소방시설등의 성능점검 등 현장조사 및 점검

③ 정성적 · 정량적 방법을 통한 화재위험성 평가

④ 불시 · 무각본 훈련에 의한 비상대응훈련 평가

⑤ 그 밖에 지진 등 외부 환경 위험요인에 대한 예방 · 대비 · 대응태세 평가

그 밖에 화재예방안전진단의 세부 절차 및 평가방법 등에 관하여 필요한 사항은 「소방안전 특별관리시설물의 화재예방안전진단 세부절차 및 평가방법 등에 관한 규정」(소방청고시)를 따른다.

③ 제1항에 따라 안전원 또는 진단기관의 화재예방안전진단을 받은 연도에는 제37조에 따른 소방훈련과

교육 및 「소방시설 설치 및 관리에 관한 법률」 제22조에 따른 자체점검을 받은 것으로 본다.

화재예방안전진단을 받은 연도에는 제37조(소방안전관리대상물 근무자 및 거주자 등에 대한 소방훈련 등)에 따라 연 1회 이상 실시하여야 하는 소방훈련·교육과 「소방시설 설치 및 관리에 관한 법률」 제22조(소방시설등의 자체점검)115)에 따른 자체점검을 받은 것으로 본다.

자체점검이란 특정소방대상물의 관계인이 소방시설등의 정상 작동 여부를 직접 확인하거나 전문업체(관리업자)에 맡겨 정기적으로 점검하는 법적 의무이다. 자체점검은 '작동점검'과 '종합점검'으로 구분하는데, 소방시설등을 인위적으로 조작하여 정상 작동 여부를 점검하는 것을 작동점검이라 하고, 작동점검을 포함하여 소방시설등의 설비별 주요 구성 부품의 구조기준이 화재안전기준과 관련 법령에서 정하는 기준에 적합한지 여부를 점검하는 것을 종합점검이라 한다. 각각 연 1회 이상 실시하여야 한다.

화재예방안전진단을 받은 연도에 소방훈련·교육과 자체점검을 면제하는 것은 법적 의무 부담을 줄이고 중복 규제에 대한 저항을 완화하고자 함이다. 화재예방안전진단의 평가 방법에 소방훈련·교육과 소방시설등에 대한 점검이 포함되어 있기 때문이다.

---

115) 「소방시설 설치 및 관리에 관한 법률」 제22조(소방시설등의 자체점검)

① 특정소방대상물의 관계인은 그 대상물에 설치되어 있는 소방시설등이 이 법이나 이 법에 따른 명령 등에 적합하게 설치·관리되고 있는지에 대하여 다음 각 호의 구분에 따른 기간 내에 스스로 점검하거나 제34조에 따른 점검능력 평가를 받은 관리업자 또는 행정안전부령으로 정하는 기술자격자(이하 "관리업자등"이라 한다)로 하여금 정기적으로 점검(이하 "자체점검"이라 한다)하게 하여야 한다. 이 경우 관리업자등이 점검한 경우에는 그 점검 결과를 행정안전부령으로 정하는 바에 따라 관계인에게 제출하여야 한다.
1. 해당 특정소방대상물의 소방시설등이 신설된 경우: 「건축법」 제22조에 따라 건축물을 사용할 수 있게 된 날부터 60일
2. 제1호 외의 경우: 행정안전부령으로 정하는 기간

② 자체점검의 구분 및 대상, 점검인력의 배치기준, 점검자의 자격, 점검 장비, 점검 방법 및 횟수 등 자체점검 시 준수하여야 할 사항은 행정안전부령으로 정한다.

③ 제1항에 따라 관리업자등으로 하여금 자체점검하게 하는 경우의 점검 대가는 「엔지니어링산업 진흥법」 제31조에 따른 엔지니어링사업의 대가 기준 가운데 행정안전부령으로 정하는 방식에 따라 산정한다.

④ 제3항에도 불구하고 소방청장은 소방시설등 자체점검에 대한 품질확보를 위하여 필요하다고 인정하는 경우에는 특정소방대상물의 규모, 소방시설등의 종류 및 점검인력 등에 따라 관계인이 부담하여야 할 자체점검 비용의 표준이 될 금액(이하 "표준자체점검비"라 한다)을 정하여 공표하거나 관리업자등에게 이를 소방시설등 자체점검에 관한 표준가격으로 활용하도록 권고할 수 있다.

⑤ 표준자체점검비의 공표 방법 등에 관하여 필요한 사항은 소방청장이 정하여 고시한다.

⑥ 관계인은 천재지변이나 그 밖에 대통령령으로 정하는 사유로 자체점검을 실시하기 곤란한 경우에는 대통령령으로 정하는 바에 따라 소방본부장 또는 소방서장에게 면제 또는 연기 신청을 할 수 있다. 이 경우 소방본부장 또는 소방서장은 그 면제 또는 연기 신청 승인 여부를 결정하고 그 결과를 관계인에게 알려주어야 한다.

④ 안전원 또는 진단기관은 제1항에 따른 화재예방안전진단 결과를 행정안전부령으로 정하는 바에 따라 소방본부장 또는 소방서장, 관계인에게 제출하여야 한다.

① 진단 완료일부터 60일 이내에 시행규칙 별지 제34호서식의 **화재예방안전진단 결과 보고서** 제출(세부 보고서와 화재예방안전진단 지정서 첨부)
② **결과 보고서에 포함되어야 하는 사항**
1. 해당 소방안전 특별관리시설물 현황
2. 화재예방안전진단 실시 기관 및 참여인력
3. 화재예방안전진단 범위 및 내용
4. 화재위험요인의 조사 · 분석 및 평가 결과
5. 영 제44조제2항에 따른 안전등급 및 위험성 감소대책
6. 그 밖에 소방청장이 정하는 사항
③ **소방본부장** 또는 **소방서장**은 제출받은 화재예방안전진단 결과 보고서에 건축 · 전기 · 가스 등의 시설에 대한 관계 법령 위반 사실이 포함되어 있는 경우에는 관계 기관에 해당 내용을 통보해야 한다.

지연 제출기간 1개월 미만

과태료 ➡ **300만원** 이하 (➡ 지연 제출기간에 따라 100/200/300만원)

지연 제출기간 3개월 이상 또는 미제출

• 제41조제4항을 위반하여 화재예방안전진단 결과를 제출하지 아니한 안전원 또는 진단기관

⑤ 소방본부장 또는 소방서장은 제4항에 따라 제출받은 화재예방안전진단 결과에 따라 보수 · 보강 등의 조치가 필요하다고 인정하는 경우에는 해당 소방안전 특별관리시설물의 관계인에게 보수 · 보강 등의 조치를 취할 것을 명할 수 있다.

해야 한다. X

벌칙 ➡ **3년** 이하의 **징역** 또는 **3천만원** 이하의 **벌금**

• 화재예방안전진단 결과에 따른 소방본부장 또는 소방서장의 보수 · 보강 등의 조치명령을 정당한 사유 없이 위반한 관계인

화재예방안전진단을 실시한 안전원 또는 진단기관은 진단 완료일부터 60일 이내에 『화재예방안전진단 결과 보고서』^{시행규칙 별지 제34호서식}를 소방본부장 또는 소방서장, 그리고 해당 관계인에게 제출하여야 한다. 안전원 또는 진단기관은 행정의 신속성을 도모하고 관계인의 정당한 업무를 보호하기 위하여 결과 보고서 제출 기간을 반드시 지켜야 한다. 제출 기간 내에 결과 보고서를 제출하지 못한 안전원 또는 진단기관에는 300만 원 이하의 과태료가 부과된다.

진단 결과를 제출받은 소방본부장 또는 소방서장은 그 결과에 따라 관계인에게 보수 · 보강 등의 조치명령을 할 수 있는데, 이를 정당한 사유 없이 이행하지 않으면, 3년 이하의 징역 또는 3,000만 원 이하의 벌금에 처한다. 이처럼 이 법에 따른 가장 무거운 벌칙을 적용하는 이유는 화재안전진단의 중요성과 엄중함 때문이다.

관계인은 소방본부장 또는 소방서장의 보수 · 보강 등 조치명령 외에 건축 · 전기 · 가스 관련 법령 위반에 대한 별도의 명령을 받을 수도 있다. 화재안전진단 결과 보고서에 건축 · 전기 · 가스 등의 시설에 대한 관련 법령 위반 사실이 포함되어 있는 경우에는 관계 기관에 해당 내용이 통보되기 때문이다.

⑥ 화재예방안전진단 업무에 종사하고 있거나 종사하였던 사람은 업무를 수행하면서 알게 된 비밀을

이 법에서 정한 목적 외의 용도로 사용하거나 다른 사람 또는 기관에 제공하거나 누설하여서는 아니 된다.

벌칙 ➡ 300만원 이하의 벌금

• 화재예방안전진단 업무를 수행하면서 알게 된 비밀을 이 법에서 정한 목적 외의 용도로 사용하거나 다른 사람 또는 기관에 제공하거나 누설한 자

※「형법」제127조(공무상 비밀의 누설) 공무원 또는 공무원이었던 자가 법령에 의한 직무상 비밀을 누설한 때에는 2년 이하의 징역이나 금고 또는 5년 이하의 자격정지에 처한다.
※「국가공무원법」제60조(비밀 엄수의 의무) 공무원은 재직 중은 물론 퇴직 후에도 직무상 알게 된 비밀을 엄수(嚴守)하여야 한다.
※「지방공무원법」제52조(비밀 엄수의 의무) 공무원은 직무상 알게 된 비밀을 엄수하여야 한다.
※「행정조사기본법」제4조(행정조사의 기본원칙)
　⑤ 다른 법률에 따르지 아니하고는 행정조사의 대상자 또는 행정조사의 내용을 공표하거나 직무상 알게 된 비밀을 누설하여서는 아니된다.
　⑥ 행정기관은 행정조사를 통하여 알게 된 정보를 다른 법률에 따라 내부에서 이용하거나 다른 기관에 제공하는 경우를 제외하고는 원래의 조사목적 이외의 용도로 이용하거나 타인에게 제공하여서는 아니 된다.

　화재예방안전진단을 수행하는 과정에서는 진단 대상 시설물의 물리적 실체와 그 내부의 운영 시스템, 그리고 구성원들의 업무능력은 물론 조직 문화까지 포함한 비공개 부분을 정밀하게 살펴야 한다. 이러한 과정에서 안전원과 진단기관은 필연적으로 다양한 내부 정보를 습득하게 된다.

　또한 진단 대상물이 「국가정보원법」과 「보안업무규정」에 따른 국가보안시설[116]이거나 「통합방위법」에 따른 국가중요시설[117]에 해당하는 경우는 보안 관련 정보 관리가 더욱 엄격하게 요구된다. 실제로 많은 시설이 국가보안시설인 동시에 국가중요시설로 중복 지정되어 국정원과 국방부의 관리를 모두 받기도 한다.

　한국소방안전원과 화재예방안전진단기관의 구성원은 모두 공무원이 아닌 민간인이다. 따라서 이들이 진단 과정에서 습득하는 시설물의 내부 정보, 보안 체계, 운영 현황 등에 대한 비밀 보호 의무가 법적으로 명확히 규정되어야 한다.

　비밀누설 금지는 단순히 정보를 보호하는 차원을 넘어, 진단 업무의 신뢰성과 지속 가능성을 담보하는 핵심 장치이다. 진단 대상 기관이 민감한 내부 정보를 안심하고 공개할 수 있어야만 정확하고 실효성 있는 진단이 가능하기 때문이다. 만약 진단 과정에서 습득한 정보가 외부로 유출된다면, 이는 해당 시설의 보안 취약점 노출은 물론 국가안보까지 영향을 미칠 수 있다.

　이에 따라 안전원과 진단기관의 임직원 및 관계자가 업무상 알게 된 비밀을 누설하는 경우 300만 원 이하의 벌금에 처한다. 이는 제48조제3항에 따른 비밀누설 금지 위반과 동일한 처벌 기준이다.

---

116) 「보안업무규정」제32조(국가보안시설 및 국가보호장비 지정) ① 국가정보원장은 파괴 또는 기능이 침해되거나 비밀이 누설될 경우 전략적·군사적으로 막대한 손해가 발생하거나 국가안전보장에 연쇄적 혼란을 일으킬 우려가 있는 시설 및 항공기·선박 등 중요 장비를 각각 국가보안시설 및 국가보호장비로 지정할 수 있다.

117) 「통합방위법」제2조(정의)
　13. "국가중요시설"이란 공공기관, 공항·항만, 주요 산업시설 등 적에 의하여 점령 또는 파괴되거나 기능이 마비될 경우 국가안보와 국민생활에 심각한 영향을 주게 되는 시설을 말한다.

소방안전 특별관리시설물의 화재예방안전진단 세부절차 및 평가방법 등에 관한 규정

[시행 2023. 3. 6.] [소방청고시 제2023-28호, 2023. 3. 6., 제정]

제1장 총 칙

제1조(목적) 이 고시는 「화재의 예방 및 안전관리에 관한 법률 시행규칙」 제41조 및 제42조에 따라 화재예방안전진단의 세부절차, 평가방법 등에 필요한 사항을 정함을 목적으로 한다.

제2조(정의) 이 고시에서 사용하는 용어의 정의는 다음과 같다.

1. "소방안전 특별관리시설물"이란 「화재의 예방 및 안전관리에 관한 법률」(이하 "법"이라 한다) 제41조의 화재예방안전진단(이하 "진단"이라 한다)을 받아야 하는 같은 법 시행령(이하 "영"이라 한다) 제43조의 시설을 말한다.
2. "화재위험요인"이란 화재를 일으킬 가능성이 있는 것의 고유한 특징이나 속성을 말한다.
3. "위험성 평가"란 정성적, 정량적 방법을 통해 위험성(화재위험요인이 인적 또는 물적 피해로 이어질 수 있는 가능성과 중대성을 조합한 것을 말한다. 이하 같다)을 평가하고 안전등급을 산정하는 것을 말한다.
4. "현장조사"란 화재위험요인 및 화재 발생 위험성을 파악하기 위해 실시하는 서류·현장조사 또는 확인을 말한다.

제3조(진단실시 방법) 「소방기본법」 제40조에 따른 한국소방안전원 또는 소방청장이 지정하는 화재예방안전진단기관(이하 "진단기관등"이라 한다)은 다음 각 호에 따라서 진단을 실시하여야 한다.

1. 진단을 실시할 때에는 영 별표 8에 따른 전문인력 및 「화재의 예방 및 안전관리에 관한 법률 시행규칙」(이하 "규칙"이라 한다) 별표 7에 따른 장비를 활용하여 진단할 것
2. 전문인력의 참여 공사량(공동구의 경우 그 길이에 폭의 길이 1.8 미터를 곱하여 계산된 값으로 한다)은 규칙 별표 9의 제3호나목부터 라목까지의 진단 단계별 각 공사량 이상일 것
3. 소방안전 특별관리시설물 자체 안전관리규정, 보안규정 등을 준수할 것

제2장 화재예방안전진단 실시

제4조(진단대상 보고 및 통보) ① 소방본부장은 다음 연도 진단 대상을 파악하여 매년 11월 30일까지 소방청장에게 보고하여야 한다.

② 소방본부장 또는 소방서장은 매년 12월 10일까지 관계인에게 다음 연도 진단 대상임을 사전에 통보하여야 한다.

제5조(진단의 시기) ① 관계인이 진단을 받아야 하는 기한은 영 제44조제1항 및 제2항에서 정하는 해의 12월 31일까지로 한다.

② 관계인이 동일인이고 하나의 대지에 둘 이상의 진단 대상이 있는 경우에는 이를 하나의 대상으로 보고 진단을 받을 수 있다. 이 경우, 진단의 시기는 각 대상 중 진단 시기가 가장 빠른 대상을 기준으로 한다.

제6조(진단의 신청 및 진단절차 등) ① 진단기관등은 관계인으로부터 진단 신청을 받은 날부터 10일 이내에 진단 일정, 준비사항 등을 관계인에게 통보하여야 한다.

② 진단의 세부 절차는 **별표 1**과 같다.

③ 영 별표 7 비고에서 정하는 안전등급의 세부적인 기준은 **별표 2**와 같다.

④ 진단기관등의 장은 진단에 앞서 영 별표 8 제2호에 따른 전문인력에 대한 보안교육, 안전교육, 기타 진단과 관련된 교육을 실시하여야 한다.

제7조(진단의 평가방법 등) ① 진단의 평가방법에 관한 사항은 다음 각 호와 같다.

1. 법 제41조제2항제1호에 따른 화재위험요인의 조사의 평가기준은 **별표 3**과 같다.
2. 법 제41조제2항제2호에 따른 소방계획 및 피난계획의 수립, 영 제45조제1호에 따른 화재 등의 재난 발생 후 재발방지 대책의 수립 및 그 이행에 관한 평가기준은 **별표 4**와 같다.
3. 법 제41조제2항제3호에 따른 소방시설등의 유지·관리에 관한 평가기준은 **별표 5**와 같다.
4. 법 제41조제2항제4호에 따른 비상대응조직 및 교육훈련에 관한 평가기준은 **별표 6**과 같다.
5. 법 제41조제2항제5호에 따른 화재 위험성 평가에 관한 평가기준은 **별표 7**과 같으며, 평가절차는 **별표 8**과 같다.
6. 영 제45조제2호에 따른 지진 등 외부 환경 위험요인에 대한 예방·대비·대응 태세에 관한 사항 및 영 제45조제3호에 따른 화재예방안전진단 결과 보수·보강 등 개선요구 사항 등에 대한 이행 여부 및 기타 그 밖에 안전에 필요한 사항에 대한 진단의 평가기준은 **별표 9**와 같다.
7. 제1호부터 제6호에 따라 평가하는 경우 **별표 10**에 따른 현장조사 진단항목별 가중치(진단 항목별 위험성에 따라 반영하는 수치를 말한다)를 반영하여야 한다.

② 소방안전 특별관리시설물별 진단을 위한 평가표는 다음 각 호와 같다. 이 경우 진단기관등은 평가표를 진단을 실시한 해의 다음 연도부터 12년간 보관하여야 하며, 이를 전자적으로 기록·유지할 수 있다.

1. 법 제40조제1항제1호에 따른 공항시설 중 여객터미널의 연면적이 1천 제곱미터 이상인 공항시설 화재예방안전진단 평가표: 별지 제1호서식
2. 법 제40조제1항제2호에 따른 철도시설 중 역 시설의 연면적이 5천 제곱미터 이상인 철도시설 화재예방안전진단 평가표: 별지 제2호서식
3. 법 제40조제1항제3호에 따른 도시철도시설 중 역사 및 역 시설의 연면적이 5천 제곱미터 이상인 도시철도시설 화재예방안전진단 평가표: 별지 제3호서식

4. 법 제40조제1항제4호에 따른 항만시설 중 여객이용시설 및 지원시설의 연면적이 5천 제곱미터 이상인 항만시설 화재예방안전진단 평가표: 별지 제4호서식

5. 법 제40조제1항제10호에 따른 전력용 및 통신용 지하구 중 「국토의 계획 및 이용에 관한 법률」 제2조제9호에 따른 공동구 화재예방안전진단 평가표: 별지 제5호서식

6. 법 제40조제1항제12호에 따른 천연가스 인수기지 및 공급망 중 「소방시설 설치 및 관리에 관한 법률 시행령」 별표 2 제17호나목에 따른 가스시설 화재예방안전진단 평가표: 별지 제6호서식

7. 영 제41조제2항제3호에 따른 가스공급시설 중 가연성 가스 탱크의 저장용량의 합계가 100 톤 이상이거나 저장용량이 30톤 이상인 가연성 가스 탱크가 있는 가스공급시설 화재예방안전진단 평가표: 별지 제7호서식

8. 영 제41조제2항제1호에 따른 발전소 중 연면적이 5천 제곱미터 이상인 발전소 화재예방안전진단 평가표: 별지 제8호서식

③ 진단기관등은 진단을 완료하고 진단과정에서 나온 계략적인 내용을 관계인에게 간략하게 설명할 수 있다.

제3장 보고서 작성 및 진단결과 제출 등

제8조(보고서 작성) ① 진단기관등은 진단을 실시하고 별지 제9호서식의 화재예방안전진단 결과 세부 보고서(이하 "세부 보고서"라 한다)를 작성하여야 한다.

② 진단에 참여한 모든 전문인력의 검토를 거쳐 세부 보고서 작성 및 별표 2에 따른 안전등급을 부여한다.

제9조(보수·보강 등 조치) 소방본부장 또는 소방서장은 법 제41조제5항에 따른 보수·보강 등의 조치를 명할 때에는 별지 제10호서식의 화재예방안전진단 결과 조치명령서를 관계인에게 발급하여야 한다.

제4장 보칙

제10조(재검토기한) 소방청장은 「훈령·예규 등의 발령 및 관리에 관한 규정」에 따라 이 고시에 대하여 2023년 7월 1일 기준으로 매 3년이 되는 시점(매 3년째의 6월 30일까지를 말한다)마다 그 타당성을 검토하여 개선 등의 조치를 하여야 한다.

[별표 1] 화재예방안전진단의 세부 절차(제6조제2항 관련)
[별표 2] 안전등급의 세부적인 기준(제6조제3항 관련)
[별표 3] 화재위험요인 분야 평가기준(제7조제1항제1호 관련)
[별표 4] 소방계획 및 피난계획의 수립 분야 평가기준(제7조제1항제2호 관련)
[별표 5] 소방시설등의 유지·관리 분야 평가기준(제7조제1항제3호 관련)
[별표 6] 비상대응조직 및 교육훈련 분야 평가기준(제7조제1항제4호 관련)
[별표 7] 화재위험성평가 분야 평가기준(제7조제1항제5호 관련)
[별표 8] 화재위험성평가 분야 평가절차(제7조제1항제5호 관련)
[별표 9] 기타 분야 평가기준(제7조제1항제6호 관련)
[별표 10] 현장조사 진단항목별 가중치(제7조제1항제7호 관련)

[별지 1] 공항시설 화재예방안전진단 평가표 〈 생 략 〉
[별지 2] 철도시설 화재예방안전진단 평가표 〈 생 략 〉
[별지 3] 도시철도시설 화재예방안전진단 평가표 〈 생 략 〉
[별지 4] 항만시설 화재예방안전진단 평가표 〈 생 략 〉
[별지 5] 공동구 화재예방안전진단 평가표 〈 생 략 〉
[별지 6] 천연가스 인수기지 화재예방안전진단 평가표 〈 생 략 〉
[별지 7] 가스공급시설 화재예방안전진단 평가표 〈 생 략 〉
[별지 8] 발전소 화재예방안전진단 평가표 〈 생 략 〉
[별지 9] 화재예방안전진단 결과 세부 보고서 〈 생 략 〉
[별지 10] 화재예방안전진단 결과 조치명령서 〈 생 략 〉

「소방안전 특별관리시설물의 화재예방안전진단 세부절차 및 평가방법 등에 관한 규정」
[별표 1] 화재예방안전진단의 세부 절차(제6조제2항 관련)

「소방안전 특별관리시설물의 화재예방안전진단 세부절차 및 평가방법 등에 관한 규정」
[별표 2] 안전등급의 세부적인 기준(제6조제3항 관련)

안전등급은 영 제44조제3항의 별표7에서 정하는 화재예방안전진단 대상물의 상태 및 다음 각 호의 세부 기준에 따라 안전등급을 부여한다.

1. 평가 점수 부여

표의 각 분야별 평가기준에 따라 평가 점수를 부여한다.

분야	평가 점수
화재위험요인	[별표 3]
소방계획 및 피난계획의 수립	[별표 4]
소방시설등의 유지·관리	[별표 5]
비상대응조직 및 교육훈련	[별표 6]
화재위험성평가	[별표 7]
기타	[별표 9]

※ 대상처에 따라 해당 없는 세부 항목은 5점으로 부여한다.

2. 세부항목별 점수 산정

제1호에서 부여한 평가 점수에 별표 10의 세부항목별 가중치를 곱하여 그 세부항목별 점수를 구한다.

분야	세부항목별 점수
화재위험요인	[별표 3] × [별표 10]
소방계획 및 피난계획의 수립	[별표 4] × [별표 10]
소방시설등의 유지·관리	[별표 5] × [별표 10]
비상대응조직 및 교육훈련	[별표 6] × [별표 10]
화재위험성평가	[별표 7] × [별표 10]
기타	[별표 9] × [별표 10]

3. 분야별 점수 합계

세부항목별 점수를 분야별로 합산한다.

분야	점수 합계
화재위험요인	Σ [별표 3 × 별표 10]
소방계획 및 피난계획의 수립	Σ [별표 4 × 별표 10]
소방시설등의 유지·관리	Σ [별표 5 × 별표 10]
비상대응조직 및 교육훈련	Σ [별표 6 × 별표 10]
화재위험성평가	Σ [별표 7 × 별표 10]
기타	Σ [별표 9 × 별표 10]

4. 등급점수의 산출

제3호의 점수합계를 제5호의 가중치점수 만점으로 나눈 후 제6호의 분야별 배점으로 곱한다.

분야	등급점수
화재위험요인	Σ [별표 3 × 별표 10] ÷ 제5호 가중치점수 만점 × 제6호 분야별 배점
소방계획 및 피난계획의 수립	Σ [별표 4 × 별표 10] ÷ 제5호 가중치점수 만점 × 제6호 분야별 배점
소방시설등의 유지·관리	Σ [별표 5 × 별표 10] ÷ 제5호 가중치점수 만점 × 제6호 분야별 배점
비상대응조직 및 교육훈련	Σ [별표 6 × 별표 10] ÷ 제5호 가중치점수 만점 × 제6호 분야별 배점
화재위험성평가	Σ [별표 7 × 별표 10] ÷ 제5호 가중치점수 만점 × 제6호 분야별 배점
기타	Σ [별표 9 × 별표 10] ÷ 제5호 가중치점수 만점 × 제6호 분야별 배점

5. 분야별 가중치점수 만점

[단위: 점]

분야 \ 용도	가중치점수 만점							
	공항시설	철도시설	도시철도	항만시설	공동구	천연가스인수기지	가스공급시설	발전소
계	105.03	91.19	65.37	130.23	96.38	184.74	184.74	154.44
화재위험요인	27.32	12.73	10.56	19.06	29.37	36.33	36.33	8.67
소방계획 및 피난계획의 수립	18.07	16.24	12.03	30.38	7.11	6.00	6.00	30.64
소방시설등의 유지·관리	30.55	27.40	17.94	41.20	28.67	76.53	76.53	73.78
비상대응조직 및 교육훈련	11.42	11.16	7.26	15.84	12.96	12.47	12.47	15.84
화재위험성평가	14.47	19.51	14.64	19.51	14.64	48.57	48.57	19.51
기타	3.20	4.15	2.94	4.24	3.63	4.84	4.84	6.00

6. 분야별 배점

[단위: 점]

분야 \ 용도	배점							
	공항시설	철도시설	도시철도	항만시설	공동구	천연가스인수기지	가스공급시설	발전소
계	100	100	100	100	100	100	100	100
화재위험요인	19.0	22.9	18.1	19.0	28.6	28.6	28.6	19.0
소방계획 및 피난계획의 수립	28.6	25.7	27.6	28.6	9.5	9.5	9.5	28.6
소방시설등의 유지·관리	23.8	22.9	24.8	23.8	23.8	23.8	23.8	23.8
비상대응조직 및 교육훈련	14.3	14.3	15.2	14.3	14.3	14.3	14.3	14.3
화재위험성평가	9.5	9.5	9.5	9.5	19.0	19.0	19.0	9.5
기타	4.8	4.7	4.8	4.8	4.8	4.8	4.8	4.8

7. 등급점수의 합계

분야별로 산출된 제4호의 등급점수를 모두 합한다.(소수점 셋째자리 이하는 버림)

> 등급점수의 합계 = 화재위험요인 분야 등급점수 + 소방계획 및 피난계획의 수립 분야 등급점수 + 소방시설등의 유지·관리 분야 등급점수
> + 비상대응훈련 및 교육훈련 분야 등급점수 + 화재위험성평가 분야 등 등급점수 + 기타 분야 등급점수

8. 안전 등급

안전등급	등급점수 합계	화재예방안전진단 대상물의 상태
우수 (A)	90.00점 이상 100점 이하	화재예방안전진단 실시 결과 문제점이 발견되지 않은 상태
양호 (B)	80.00점 이상 89.99점 이하	화재예방안전진단 실시 결과 문제점이 일부 발견되었으나 대상물의 화재안전에는 이상이 없으며 대상물 일부에 대해 조치명령이 필요한 상태
보통 (C)	70.00점 이상 79.99점 이하	화재예방안전진단 실시 결과 문제점이 다수 발견되었으나 대상물의 전반적인 화재안전에는 이상이 없으며 대상물에 대한 다수의 조치명령이 필요한 상태
미흡 (D)	60.00점 이상 69.99점 이하	화재예방안전진단 실시 결과 광범위한 문제점이 발견되어 대상물의 화재안전을 위해 조치명령의 즉각적인 이행이 필요하고 대상물의 사용 제한을 권고할 필요가 있는 상태
불량 (E)	59.99점 이하	화재예방안전진단 실시 결과 중대한 문제점이 발견되어 대상물의 화재안전을 위해 조치명령의 즉각적인 이행이 필요하고 대상물의 사용 중단을 권고할 필요가 있는 상태

「소방안전 특별관리시설물의 화재예방안전진단 세부절차 및 평가방법 등에 관한 규정」 **[별표 3] 화재위험요인 분야 평가기준**(제7조제1항제1호 관련)

1. 공통진단항목

분야	항목	세부 항목	평가 기준				
			평가 점수				
			1점	2점	3점	4점	5점
위험물	인허가	무허가 위험물 저장 취급 여부	지정수량 이상 무허가이고 관련설비 미비	무허가이나 관련 설비는 갖춤	변경허가 및 관련설비 미비	변경허가 미비나 관련 설비 갖춤	허가를 득함
	각 류 별 취급 방법	1~6류 별 취급 주의사항	지정수량이상 취급하고, 취급 시 중요사항 위반 (심각한 수준)	지정수량 이상 취급하고 기타 취급사항 위반	지정수량 미만 취급하고 취급 중요사항 위반	지정수량 미만 취급하고 기타 취급사항 위반	취급 기준 준수
	표지 및 게시판	설치 상태 (규격, 내용 등)	표지 및 게시판 전체 미설치	표지 및 게시판 일부 미설치	설치는 되어 있으나 내용, 크기, 규격 등 부적합	일부 손상 및 탈락	이상 없음
	유출 방지 조치	방유턱 등 유출방지조치	지정수량 이상 저장탱크 등에 방유턱 미설치	지정수량 미만 저장탱크 등에 방유턱 설치 또는 방적용량 미달(지정수량 이상과 미만 공통)	방유턱 용량 법적 만족하나 탱크 용량에 미치지 못함	방유턱의 균열, 손상 등 누출 위험	이상 없음
	위험물탱크	탱크 설치 기준 적합성	탱크의 파손, 균열 손상, 부식 상태가 매우 심각하여 즉각 조치 필요	통기관 등 탱크 부대설비의 기준 미준수	탱크 자체의 위험성 일부 존재	탱크 부대설비의 위험성 일부 존재	이상 없음
	용기	운반용기, 수납용기 적절성	용기의 파손, 균열, 손상, 부식 등이 심각하여 즉시 조치 필요	운반용기, 수납용기의 법적 기준 미준수	법적 기준은 준수하였으나 일부 위험성이 존재	표시의 규격 내용이 일부 미비	이상 없음
	정기점검 등	점검 여부, 일반점검표 기록의 적정성 등	법적 정기점검 미실시	법적 정기점검은 실시하였으나 형식적인 점검만 실시	정기점검 등 실시하였으나 일부 부적합한 점검 상태	법적 정기점검 만실시	법적 정기점검, 일상점검 모두 실시 및 점검 항목별 정확한 점검 실시
	안전관리자	선임여부, 자격 등	위험물안전관리자 미선임	안전관리자 선임하였으나 업무 숙지 미비, 실무교육 미실시	위험물안전관리자 대리자 미지정	안전관리자 감독 미비	이상 없음
	기타 위험물 안전시설 등	환기, 배출장치, 유분리장치 등	환기, 배출, 유분리장치 등 심각한 위험 상태	설비 기준 미준수	기준 준수하였으나 위험 상태가 존재	기준 준수하였으며 심각한 위험상태는 아니나 일부 위험 존재	이상 없음
전기	변압기	누유 등 이상 유무	변압기유의 심각한 누설 등 화재 위험 존재	변압기 기능 등의 저하로 화재 위험 존재	변압기 화재위험은 적으나 기능 저하	변압기 화재위험 및 기능저하 없으나 일부 손상	이상 없음
	개폐기, 차단기	열화 및 손상 등	개폐기 차단기의 심각한 손상 및 열화 발생	열화상카메라를 통한 온도 측정 시 기준 초과	열화상카메라를 통한 온도 측정 시 기준 일부 초과	위험성이 적은 부분손상 또는 노화	이상 없음
	배전반, 분전반	설치위치, 관리상태	배전반, 분전반의 심각한 손상 및 화재 위험	열화상카메라를 통한 온도 측정 시 기준 초과	열화상카메라를 통한 온도 측정 시 기준 일부 초과	위험성이 적은 부분손상 또는 노화	이상 없음
	전선	열화, 노후, 피복손상 등	전선의 심각한 손상 및 화재 위험	열화상카메라를 통한 온도 측정 시 기준 초과	열화상카메라를 통한 온도 측정 시 기준 일부 초과	위험성이 적은 부분손상 또는 노화	이상 없음
	콘센트	문어발식, 접지, 과부하(누전)차단형 설치	접지불량, 문어발식, 과부하(누전) 차단형 미설치 사용 다수 발견	문어발식 일부 사용, 접지 일부 미비, 과부하(누전)차단형 미설치	전체 접지 설치, 문어발식 일부 사용, 과부하(누전)차단형 미설치	과부하(누전) 차단형 만 미설치됨	이상 없음
	전열기	관리상태(인가, 점검표)	인가 절차규정 없음(미인가된 전열기 다수 발견)	미 인가된 전열기 발견	전열기 인가되었으나 관리 및 일일 점검표 미부착 또는 점검 미실시	인가 및 점검 실시하나 일부 관리 부족	이상 없음
	접지	접지 여부(종별 적합), 접지선 열화, 피복손상	접지 미설치	접지 설치되었으나 접지저항 기준 미달	접지선 일부 열화, 피복 심각한 손상 등	접지선 피복의 가벼운 손상 등 기타 사항	이상 없음
	누전차단기	설치 및 정상작동 여부	누전차단기 미설치 다수	누전차단기 일부 미설치	누전차단기 기능 불량	누전차단기 외형 손상	이상 없음
	비상발전기	정기점검 여부, 연료 상태, 축전지 및 충전장치	비상발전기 작동 불량	비상발전기 배터리 전압 불량 등 일부 기능 불량	연료 부족 (적정 가동시간 대비)	작동에 큰 영향을 미치지 않는 외형 불량 및 가연물 비치 등	이상 없음
	방폭전기설비	방폭전기설비 설치 적정	방폭 지역에 비 방폭 설비 설치로 화재위험성 큼	방폭 설비의 기능 이상, 외형상 위험성 존재	법적 비 방폭 지역이나 잔류 유증기 등 존재 장소에 비 방폭 설치	방폭설비의 일부 외형 손상(큰 위험성 없음)	이상 없음
	안전관리자	선임여부, 자격 등	법적 전기안전관리자 선임 대상이나 미선임	선임하였으나 안전관리자 업무 미실시	안전관리자 업무 일부 미흡	법적 대상이 아닌 곳의 관리 부족	이상 없음
가스	저장설비 등	화기와의 거리	가스 저장설비와 화기와의 거리 미준수				이상 없음
	정압기	가스누출검지통보설비 및 이상압력통보장치 설치 및 작동상태(도시가스)	설비 미설치	1개만 설치됨	모두 설치되었으나 작동 불량	설치 및 작동 이상 없으나 외형 손상, 노후 상태	이상 없음
	가스용기	설치장소, 보관실 적정성 관리상태	실내에 보관 및 화기, 위험물과 함께 보관	실외에 화기, 위험물과 함께 보관	소량 실내에 보관 (화기, 위험물 없음)	전도 위험 등 그 밖의 일부 위험 존재	이상 없음
	배관	누설, 부식 및 파손 등 여부, 미사용 배관 막음 상태, 호스 3미터 이하, "T"형으로 연결 금지	배관 등의 심한 누설, 부식, 파손, 미사용 배관 방치 등 심각한 위험 존재	호스 3미터 이상, 분기 티 연결 등 위험성이 존재	배관 노후, 일부 부식, 손상 등 일부 위험성 존재	배관의 표시, 색상 등 부적합 등	이상 없음
	가스누설 자동차단장치	설치 및 작동 상태	법적 설치장소에 미설치	법적 설치장소에 설치하였으나 작동 불량	법적 설치장소 설치되었으나 전원(배터리) 분리 상태 현장 조치 가능상태	법적 대상이 아닌 곳이나 위험성 있는 곳의 미설치 등	이상 없음
	연소기구	환기구 및 급기구, 배기통 설치 상태	연소기구의 심각한 불량 또는 가스 누설 등 심각한 위험 존재	환기구, 급기, 배기 등의 부족으로 불연성 가스 누설 위험 존재	연소기구의 외형의 손상, 부식, 노후화가 심한 상태	연소기구의 외형 등 일부 손상 상태 등	이상 없음
	안전관리자	안전관리자 선임, 표시 등	법적 가스안전관리자 선임대상 미선임	선임하였으나 안전관리자 업무 미실시	안전관리자 업무 일부 미흡	법적 대상이 아닌 곳의 관리 부족	이상 없음
기타	발화원 관리	주방, 보일러실 등의 안전관리	화재 위험이 심각한 장소 다수 존재	화재 위험이 심각한 장소 일부 존재	화재 위험이 다소 있는 곳 일부 존재	화재 위험이 경미하나 존재	이상 없음
		주방후드 안전관리	주방후드 오일 필터 미설치	주방후드 오일 필터 파손, 손상, 일부 제거	주방후드 오일 필터 이상 없으나 청소 등 미비로 기름때 존재	오일 필터 설치 관리 이상 없으나 방염필터 아님	이상 없음 (방염 필터로 설치)
		흡연 등 관리	흡연 장소, 금연 장소의 미정 및 관리 부재	금연 장소 규정하였으나 적극적 관리 부재	금연 장소에서 흡연 확인 (담배꽁초 등 다수 발견)	금연 장소가 아닌 장소에서 흡연 확인	이상 없음
		소량 인화성 물질 등 기타 발화원 관리	기타 발화원 관리 상 심각한 위험성 존재	기타 발화원 관리 상 위험이 존재	기타 발화원 관리 상 경미한 위험 존재	기타 발화원이 될 만한 물질 다수 존재(위험은 없음)	이상 없음 (기타 발화원 없음)
		용접, 용단 등 화기 작업 시 안전 조치 등	용접 등 작업 시 허가절차, 감독 및 안전조치 불량	용접 작업 시 허가 절차 및 안전조치는 하였으나, 감독 및 교육 미비	감독 미비	교육 미비	이상 없음
	가연물 관리	가연성물질 관리상태 (화재하중 관리)	가연성 샌드위치 패널, 우레탄 폼, 드라이비트 등 사용	가연성 샌드위치패널 일부 사용	샌드위치 패널, 우레탄폼, 드라이비트 미설치나 기타 가연물질 다수 보관	기타 가연물질 일부 보관, 일부 위험성 존재	이상 없음
	방염	방염물품 사용	법적 방염 대상에 대다수 비 방염 물품 사용	법적 방염 대상에 일부 비 방염 물품 사용	방염물품의 일부 손상, 표시 확인 불가	법적 방염 대상은 아니나 위험장소에 비 방염물품 존재	이상 없음
	기타	폐쇄회로텔레비전(CCTV) 등 설치 및 관리상태 등 기타 화재위험 요인 발생 및 조치 사항	외부 침입 및 화재 위험이 심각한 장소에 쇄회로텔레비전(CCTV) 등 미설치	폐쇄회로텔레비전(CCTV)설치는 되어 있으나 관리 안함	폐쇄회로텔레비전(CCTV)설치는 되어 있으나 관리가 미흡	기타 화재 위험 존재	이상 없음

2. 시설별 추가 진단항목

1) 공항시설 2) 공동구시설 3) 천연가스인수기지 및 가스공급시설 4) 발전소시설 〈 각 도표 생략 〉

「소방안전 특별관리시설물의 화재예방안전진단 세부절차 및 평가방법 등에 관한 규정」
[별표 4] 소방계획 및 피난계획의 수립 분야 평가기준(제7조제1항제2호 관련)

1. 공통진단항목

분야	항목	세부항목	1점	2점	3점	4점	5점
경영의지, 안전관리	경영자 의식	중요 정책에 소방, 안전 포함 여부(인터뷰 등), 안전관련 규정, 매뉴얼 수립 및 이행, 위험요인 평가 및 조치	경영자의 중요정책에 소방, 안전 미포함, 규정 매뉴얼 수립이행사항 없음, 위험요인 평가 및 조치 등 없음	규정매뉴얼만 있고 중요정책에 없음, 평가 조치 미비	규정 매뉴얼 구비, 평가 조치 실시	중요 정책에 소방 포함, 규정 매뉴얼 구비, 평가 조치만 미비	경영자의 중요정책에 소방, 안전포함, 규정 매뉴얼 수립이행, 위험요인 평가 및 조치 완벽
	안전조직	안전조직 규모, 체계, 운영, 위원회 구성 및 운영	안전조직 미비	법적 요구사항만 만족, 규모 체계 부족	법적 요구사항 만족, 체계는 갖추어져 있으나 인력 부족	규모, 체계, 위원회 구성 등 만족하나 운영상 일부 미흡	규모, 체계, 운영, 인원, 위원회 등 운영 적합
	소방안전관리자	지위, 권한, 선임 기간, 보유자격, 임무 및 책임 인지도	지위가 과장급 이하, 기사 자격 이하, 경력 부족, 임무 역할 부족	지위가 과장급 이하, 기사 자격 이상, 경력 부족, 임무 역할 부족	지위가 과장급 이상, 기사 자격 이상, 경력 부족, 임무 역할 부족	지위가 과장급 이상, 기사 자격 이상, 10년 이상 현사업장 경력, 임무 역할 부족	지위가 과장급 이상, 기사 자격 이상, 10년 이상 현사업장 경력, 임무 역할 충분
	관련 서류	소방계획서(적절성, 이행), 피난계획도 및 피난안내도	소방계획서, 피난계획도, 피난안내도 미비	소방계획서, 피난계획도가 형식적 작성	피난계획 구체적이지 않고 부족함	계획의 일부가 부족하나 큰 영향을 미치지는 않음	계획이 완벽하여 실행에 적합
	관련 행정	소방시설 점검 및 조치 상태	소방계획서 상 점검 계획 미수립, 조치계획 미수립, 조치 미비	점검계획 수립 부적합, 조치 미비	계획수립은 적합하나 조치 미비	점검계획 수립 및 조치는 적합하나 일부 경미한 사항 부족	점검계획 및 조치 상태 충분
	소방 홍보	현수막, 포스터 등 안전 홍보 실적	홍보 미실시	포스터 등만 부착	포스터 부착, 현수막 만 게시	매월 소방안전 홍보	매주 단위 이상 홍보 (소방 방송 등)
	안전자료 배포	자위소방대 임무카드, 실별 대피 방법 등	자료 작성 및 배포 사항 없음	자료 작성만 하고 배포 없음	자료 작성 및 배포는 게시판 등에만	각 사무실에 배포하나 각 임무 숙지 미흡	각 개인에게 배포하는 등 임무 숙지토록 배포
예산	안전 분야 투자	안전 투자 실적	투자 실적 없음	법적 소방설비 보수사항만 투자	일반안전에 관한 신규 투자 실적 있음 (소방안전은 없음)	소방안전에 관련된 신규 안전설비 등에 투자 실적이 있음	소방안전 설비 투자하고 투자 계획의 규모가 사업체에 중요 사항으로 생각하고 있음
소방 및 피난계획	예방 및 완화	화재예방 및 일상적 안전관리 계획 수립 여부	계획 미수립	계획이 형식적	계획수립이 대상물의 특성을 반영 못함	계획수립은 적합하나 일부 경미한 사항 부족, 부적합	계획이 대상물의 특성을 반영하여 완벽하여 실행에 적합
	대비	자위소방대 구성 및 교육 훈련 계획 수립	자위소방대 미구성, 교육 훈련 계획 미수립	자위소방대 형식적 구성, 교육훈련 형식적 계획 수립	자위소방대 형식적 구성, 교육훈련 구체적 계획수립	자위소방대의 역할, 임무 등 구체적 수립, 교육 훈련 구체적 수립하나 일부 미흡	자위소방대 주야간, 휴일 역할, 임무 등 실시 가능토록 수립, 매번 다양한 교육, 훈련 실시
	대응	초기 대응 및 피난계획 수립 여부	초기대응체계 미구성, 피난계획 미수립	초기 대응체계 수립, 피난계획 미수립	계획은 수립하였으나 형식적	계획이 구체적이고 실시 가능하며 현실적이나 일부 미흡한 사항 존재	계획이 구체적이고, 실시가능하며, 현실적이고, 피난계획 등을 모두 정확히 숙지
	복구	복구계획 수립	복구계획 미수립	복구계획 형식적	복구계획에 대한 구체적 방안, 예산 없음	복구계획이 구체적이고, 예산 반영 가능하나 일부 미흡함 존재	복구계획이 구체적이고, 예산 반영 가능하고 조직이 갖추어져 있음
설비계획	화재감지	공간 내 주요 화재위험요인에 대비할 수 있는 화재 감지기 선정 여부	감지기 선정 사유 계획 수립 없음	감지기 선정계획이 부적합	감지기 일부 선정계획이 부적합	적합한 감지기 선정계획을 수립하고 사용하나 일부 계획 상 미흡	적합한 감지기 선정계획을 통해 화재 위험요인 대비 가능
	자동소화	공간 내 주요 화재위험요인에 대비할 수 있는 자동소화방법 선정 여부	자동소화설비 선정 사유 계획 수립 없음	자동소화설비 선정계획이 부적합	자동소화설비는 없으나 대비책을 마련함	자동소화설비가 있거나 완벽한 대비계획이 있으나, 보강을 요함	적합한 자동소화방법 선정계획을 통해 화재 위험요인 대비 가능
	방화구획	공간 내 주요 화재위험요인에 대비할 수 있는 수직/수평 방화구획 선정 여부	방화구획 선정 사유 계획 수립 없음	방화구획 선정계획이 부적합	방화구획 선정에 대한 계획이 있으나 일부 미흡	방화구획 선정에 대한 계획이 있으나 보강을 요함	적절한 방화구획 선정계획을 통해 화재 위험 요인 대비 가능
	내화구조	공간 내 주요 화재위험요인에 대비할 수 있는 내화구조 선정 여부	내화구조 선정 사유 계획 수립 없음	내화구조 선정계획이 부적합	내화구조 선정에 대한 계획이 있으나 일부 미흡함	내화구조 선정에 대한 계획이 있으나 보강을 요함	적절한 내화구조 선정계획을 통해 화재 위험 요인 대비 가능
	피난설비 등	공간 내 주요 화재위험요인에 대비할 수 있는 피난용량(비상구, 피난로 폭 등) 확보 여부	피난계획 미수립	비상구, 피난로 폭 등 피난용량을 고려하지 않음	피난용량을 일부 고려하였으나 미흡함	피난용량을 고려하여 계획 수립하였으나 보강을 요함	적절한 피난계획을 수립
재발방지 대책 등 수립 및 그 이행	재난 재발방지 대책 수립	화재 등의 재난 발생 후 재발방지 대책의 수립	재발방지 대책 미수립	재발방지 대책은 수립하였으나 매우 형식적이고 이행하기 어려움	재발방지 대책 수립 부적합	재발방지 대책 이행 사항 일부 경미한 사항 부족	재발방지 대책 수립이 완벽하여 실행에 적합
	재난 재발방지대책의 이행	화재 등의 재난 발생 후 재발방지 대책의 이행	이행 실적 없음	대책의 일부만 이행	대책의 절반 정도 이행	대책의 절반 이상 이행하였으나 일부 미 이행	대책에 대한 이행이 완벽함

2. 시설별 추가 진단항목

- 공동구시설

분야	항목	세부항목	1점	2점	3점	4점	5점
유사시 대비계획	비상사태별 대비 계획	계획의 수립 및 시행의 적절성	계획 미 수립	계획이 형식적	계획 수립이 대상물의 특성을 반영 못함	계획 수립은 적합하나 일부 경미한 사항 부족, 부적합	계획이 대상물의 특성을 반영하고 완벽하여 실행에 적합

「소방안전 특별관리시설물의 화재예방안전진단 세부절차 및 평가방법 등에 관한 규정」
[별표 5] 소방시설등의 유지·관리 분야 평가기준(제7조제1항제3호 관련)

1. 공통진단항목

분야	항목	세부항목	1점	2점	3점	4점	5점
소화	소화기구	소화기의 종류, 배치, 압력 적합성	소화기 적응성 부적합, 배치기준, 압력 부적합 다수(10개 이상)	부적합 5개 이상 10개 미만	5개미만	일부 사용 시 장애 요인 존재	이상 없음
		기타 소화기구의 적합성	기타 소화기구 부적합 10개 이상	부적합 10개 미만 5개 이상	5개미만	일부 사용 시 장애 요인 존재	이상 없음
	옥내·외소화전	가압송수장치 성능 및 작동 상태	가압송수장치 작동 불가	가압송수장치 수동기동 가능하나 자동은 불가	가압송수장치 일시 정지 또는 수동 상태 유지 및 일부 기능 미비	가압송수장치의 일부 경미한 기능 미비	이상 없음
		방수압력 적절성	방수압력 전체 기준 미달	방수압력 일부 기준 미달	방수압력 기준의 10퍼센트 내의 미달	방수압력의 일시적인 미달(복구)	이상 없음
		기타 소화전설비의 적절성	작동 불가 또는 심각한 상태	작동 기능 일부 불량 및 심한 상태	외형의 손상, 변형 등이 심한 상태	경미한 기능 및 상태 미비	이상 없음
	자동소화설비 (장치)	가압송수장치 성능 및 작동 상태	가압송수장치 작동 불가	가압송수장치 수동기동 가능하나 자동은 불가	가압송수장치 일시 정지 또는 수동 상태 유지 및 일부 기능 미비	가압송수장치의 일부 경미한 기능 미비	이상 없음
		가스계소화설비등의 작동상태	작동 불가 또는 매우 심각한 상태	작동 기능 일부 불량 및 심한 상태	작동은 되나 약제 부족 및 완전 소화가 불가	일부 사용 시 장애 요인 존재	이상 없음
		헤드 및 감지기의 작동 여부	작동 불가 또는 매우 심각한 상태	작동 기능 일부 불량 및 심한 상태	외형의 손상, 변형 등이 심한 상태	경미한 기능 및 상태 미비	이상 없음
		자동 작동 및 유지관리 상태	자동 기동 불가, 유지관리 불량으로 작동 불량	수동기동 가능하나 자동은 불가	일시 수동 또는 정지 상태, 유지관리 불량	경미한 기능 및 상태 미비	이상 없음
		기타 자동소화설비의 적절성	심각한 상태	기능 일부 불량 및 심한 상태	외형의 손상, 변형 등이 심한 상태	경미한 기능 및 상태 미비	이상 없음
경보	자동화재탐지설비	감지기 설치 및 회로 감시상태	미설치 구역 존재 (1회로 이상) 또는 감시 불가 (1회로 이상)	감지기 회로 일부불가 (1회로 미만), 미설치 구역 존재 (1회로 미만, 10개 이상)	감지기 일부 불량 (10개 이상), 일부 미설치 장소 있음 (감지기 단위 5개 이상~10개미만)	감지기 불량 (10개 미만), 감지기 미설치 (감지기 단위 5개 미만)	이상 없음
		감지기 작동 및 적응성	감시 불가 (1회로 이상)	감지기 회로 일부불가 (1회로 미만), 적응성 부적합	감지기 일부 불량 (10개 이상), 적응성 일부 부적합	감지기 불량 (10개 미만)	이상 없음
	음향장치	경보 소리 측정 (가장 들리지 않을 만한 곳에서 측정)	경보 작동 불가(시스템)	경보 작동 불가 (구역 단위), 소리로 경보 불가한 구역 존재 (보완 대책 미비)	경보장치 불량 (10개 이상), 일부 미설치 장소 있음 (5개미만)	경보장치 불량 (10개 미만)	이상 없음
	기타 경보설비	감시기능 등의 적합성	작동 불가 또는 심각한 상태	작동 기능 일부 불량 및 심한 상태	외형의 손상, 변형 등이 심한 상태	경미한 기능 및 상태 미비	이상 없음
피난	피난기구	설치 및 사용의 적합성	사용 불가 (피난 수단 없음)	사용 불가 (대체 피난 가능)	장애 발생, 심한 손상 등으로 사용 장애	일부 손상 등 경미한 부적합	이상 없음
	인명구조기구	설치 및 사용의 적합성	사용 불가 (피난 수단 없음)	사용 불가 (대체 피난 가능)	장애 발생, 심한 손상 등으로 사용 장애	일부 손상 등 경미한 부적합	이상 없음
	기타 피난구조설비	설치 및 동작의 적합성	사용 불가 또는 작동 불량 심각한 상태	사용 불가 또는 작동 불량 일부	사용 장애 또는 기준 부족 상태	경미한 기능 및 상태 미비	이상 없음
소화활동 (용수)	제연설비 (거실, 급기가압)	송풍기, 댐퍼 등의 작동	팬 작동 불량, 댐퍼 한 개 구역 전체 작동 불량	팬 자동 기동 불량, 댐퍼 한 개 구역 전체 자동 불량	팬 성능 부족, 댐퍼 5개 미만 작동 불량	경미한 기능 및 상태 미비	이상 없음
		최소 차압 및 개방력 등의 적합성	전체 차압 불량	차압 일부 불량 (5개미만)	차압은 이상 없음, 개방력 초과 5개미만	경미한 기능 및 상태 미비	이상 없음
		시스템의 적합성	매우 심각한 상태	기능 일부 불량 및 심한 상태	외형의 손상, 변형 등이 심한 상태	경미한 기능 및 상태 미비	이상 없음
	기타 소화활동설비	설치 및 사용의 적합성	사용불가 (1개 구역 이상)	일부 사용 불가 (1개 구역 미만)	일부 사용 장애 (5개미만)	경미한 기능 및 상태 미비	이상 없음
구조	내화구조	내화구조 및 내화피복 등 상태	내화구조 기준 미달, 내화피복 미설치	심각한 손상	일부 심한 손상	일부 손상 등 경미한 부적합	이상 없음
	마감재	외부마감재료 (불연, 준불연, 난연)	법적 드라이비트 등 가연성 재료 사용 불가 장소 전체적 사용	법적 가연성 재료 사용 불가 장소 일부 사용	법 적용 전 가연성 재료 전체적 사용	법 적용 전 가연성 재료 일부 사용	이상 없음
		내부마감재료 (불연, 준불연, 난연)	주된 용도 건물에 가연성 재료 전체적 사용	주된 용도 건물에 가연성 재료 일부 사용 (가연성 샌드위치 패널)	가연성 재료 건물 외부 창고 등에 사용	일부 경미하게 사용	이상 없음
		필로티 마감재료 (불연, 준불연, 난연)	법적 가연성 재료 사용 불가 장소 전체적 사용	법적 가연성 재료 사용 불가 장소 일부 사용	법 적용 전 가연성 재료 전체적 사용	법 적용 전 가연성 재료 일부 사용	이상 없음
구획	방화구획	면적별, 층별, 용도별	방화구획 설정 부적합	방화구획 일부 부적합	방화구획을 구성하는 출입문, 벽 일부 부적합	1층 방화구획 층간구획 미비	이상 없음
		관통부 마감재 처리	관통부 마감재 처리 전체적 부적합	관통부 마감재 일부 부적합	처리했으나 재료 및 공사방법 부적합	처리 후 관통 지역 일부 존재	이상 없음
		필로티 주차장 구획	법령적용 후 방화구획 안됨	법령 적용 후 방화구획 일부 부적합	법 적용 전 방화구획 안됨	법 적용 전 방화구획 일부 부적합	이상 없음
		방재실, 발전기실 특수용도	방화구획 전체적 부적합	벽체 등 일부 부적합	출입문 등 일부 부적합	관통부 일부 부적합	이상 없음
	방화문	방화문 설치 및 관리의 적합성	방화문 제거	방화문 손상, 변형, 기능 부적합	방화문 폐쇄 불량 (완전히 닫히지 않음)	방화문 일부 누설 위험	이상 없음
		자동폐쇄 시 정상 작동 여부	전체적으로 수동으로 관리	일부 자동 폐쇄 불가	일부 자동 폐쇄 장애 (장애물 비치 등)	일부 자동 폐쇄 시 틈 발생	이상 없음
		폐쇄 장애 여부	자동폐쇄장치 제거 등	말발굽 등 설치	고임목 등 설치	장애물 일시적 비치 (현장 이동)	이상 없음
	방화셔터	방화셔터의 설치 적절성 (일체형 시 출입문 포함)	셔터 제거	셔터 심각한 손상, 변형 등	출입문 미설치 등 피난 불가	경미한 손상 등	이상 없음
		자동폐쇄 시 정상 작동 여부	전체적으로 수동으로 관리	일부 자동 폐쇄 불가	일부 자동 폐쇄 장애 (이단강하 작동 안 됨)	감지기 불량, 이단강하 미설치 등 일부 부적합	이상 없음
		폐쇄 장애 여부	폐쇄가 되지 않게 구조 변경 등	폐쇄가 되지 않게 고정 장애물 비치	장애물 지속 비치	장애물 일시적 비치 (현장 이동)	이상 없음

건축 피난 시설 등	계단, 복도, 출입구	유효 너비, 장애물 비치 등	유효너비 미확보 (공사 등으로 변경 불가)	유효너비 미확보 (가구 등 비치, 이동불가)	유효너비 미확보 (가구 등 비치, 이동가능)	장애물 현장 이동 조치	이상 없음
	계단의 구조	계단의 구조 (특피, 피난, 직통, 옥외)	계단의 구조가 피난에 심각한 장애	계단의 구조가 피난에 심한 장애	계단의 구조가 피난에 일부 장애	계단의 구조 일부 부적합	이상 없음
	직통 계단	직통계단 간 통로 연결 여부	직통계단 간 연결 안 됨	직통계단 간 일부 실내로 연결	직통계단 간 일부 장애물 비치	직통계단 간 일부 장애 (현장 조치 완료)	이상 없음
		직통계단에서 거실 보행거리 적합	다수 보행거리 30미터 초과	5개 이하 보행거리 초과	2개 이하 보행거리 초과	보행거리 1개 초과	이상 없음
	주출입구	도로로 통하는 통로 확보 여부	도로로 통하는 통로 없음	도로로 통하는 통로 있으나 피난 불가	도로로 통하는 통로 있으나 피난 시 장애 발생, 통로 폭 기준 부적합	도로로 통하는 통로 있으나 장애발생(현장조치완료)	이상 없음
		건물 바깥쪽으로 출구 적절성	출구 없음	출구 있으나 거리 (50미터, 30미터) 초과	출구에 장애물 비치, 2개 이상 설치 장소에 1개만 설치	장애물 있으나 현장 조치 완료	이상 없음
	옥상피난	피난 가능 여부 및 비상문 자동개폐장치의 기능 (옥상광장대상)	법적 옥상광장 설치 대상이나 미설치	법적 대상이고 설치하였으나 피난 불가	출입문 등 폐쇄 상태 또는 장애 발생	피난 장애 있으나 현장 조치 완료	이상 없음
	헬리포트 (경사지붕대피공간)	헬리포트 (대피공간) 유지관리 (피난 가능)	미설치	설치되었으나 실제 피난 불가	설치되었으나 피난 장애 발생	시설기준 미비, 장애 현장조치	이상 없음
	양방향 피난	양방향 피난 가능 여부	양방향 피난 불가 장소 다수 존재	양방향 피난 불가 장소 일부 존재	양방향 피난 불가 장애물 존재 (현장 제거 불가)	장애물 현장 이동 조치	이상 없음
		보행거리 적정 여부	보행거리 초과 다수	보행거리 초과 5개 이하	보행거리 초과 2개 이하	보행거리 1개 초과	이상 없음
	비상구	비상구 피난 가능 여부 (지하 등)	(지하) 비상구 미설치	(지하) 비상구 설치되었으나 피난불가	비상구 장애물 비치 (현장 제거 불가)	비상구 장애물 현장 이동 조치	이상 없음
	무허가	무허가 증축 등	무허가 증축 발생(한 개 층 또는 층 내부) - 소방설비 없음	옥상 무허가 증축 발생 -소방설비 없음	무허가이나 소방시설 모두 설치됨	허가 진행 중	이상 없음
	기타	내진 등 기타 건축피난시설 적절성	내진 법적 대상이나 미적용	내진 법적 대상이나 부적합	내진 법적 대상이나 일부 부적합	내진 대상 아니지만 중요시설에 적용 안함	이상 없음

2. 시설별 추가 진단항목

1) 공항시설

분야	항목	세부항목	평가 기준				
			평가 점수				
			1점	2점	3점	4점	5점
전기	전력시설 (사용, 예비)	소방시설 등 적절성, 적합성	작동 불가	작동 기능 일부 불량	작동은 되나 약제 부족 및 완전 소화가 불가	경미한 손상 등	이상 없음
	통신시설	관제소, 송수신소, 통신소 등의 소방시설 등 적절성, 적합성	작동 불가	작동 기능 일부 불량	작동은 되나 약제 부족 및 완전 소화가 불가	경미한 손상 등	이상 없음
위험물 소화설비	포소화설비	수원	수원 공급 불가	수원 기준량 부족	수원 공급 밸브 차단 및 공급설비 불량	저수위 등 기기 불량 (공급 이상 없음)	이상 없음
		가압송수장치	작동 불가	작동 기능 일부 불량	작동은 되나 기준 미달	경미한 손상 등	이상 없음
		약제저장탱크	약제 없음 또는 공급 불가	약제 부족 및 심각한 상태	밸브 폐쇄 상태 및 공급 장애, 심한 장애	외형의 손상, 부식 등 경미한 불량	이상 없음
		약제혼합장치	혼합 불가	혼합 비율 등 부적합	밸브 폐쇄 상태 및 공급 장애, 심한 장애	외형의 손상, 부식 등 경미한 불량	이상 없음
		기동장치	작동 불가	작동 기능 일부 불량	작동은 되나 기준 미달	외형의 손상, 부식 등 경미한 불량	이상 없음
		전동기 제어장치	작동 불가	작동 기능 일부 불량	작동은 되나 기준 미달	외형의 손상, 부식 등 경미한 불량	이상 없음
		유수, 압력검지장치	작동 불가	작동 기능 일부 불량	작동은 되나 기준 미달	외형의 손상, 부식 등 경미한 불량	이상 없음
		배관 등	배관의 누수 등 심각한 상태	배관의 폐쇄, 변형, 균열, 부식이 심한 상태	배관의 폐쇄(개방 가능), 변형, 균열, 부식, 도장상태 일부 불량	외형의 손상, 부식 등 경미한 불량	이상 없음
		포방출구	작동 불가	작동 기능 일부 불량	작동은 되나 기준 미달	외형의 손상, 부식 등 경미한 불량	이상 없음
		포소화전	작동 불가	작동 기능 일부 불량	작동은 되나 기준 미달	외형의 손상, 부식 등 경미한 불량	이상 없음
		연결송액구	작동 불가	작동 기능 일부 불량	작동은 되나 기준 미달	외형의 손상, 부식 등 경미한 불량	이상 없음
		예비동력원	미설치 또는 작동 불가, 심각한 상태	작동 기능 일부 불량 및 심한 상태	작동은 되나 기준 미달	외형의 손상, 부식 등 경미한 불량	이상 없음

2) 철도시설 〈 도표 생략 〉
3) 도시철도시설 〈 도표 생략 〉
4) 항만시설 〈 도표 생략 〉
5) 공동구 〈 도표 생략 〉
6) 천연가스인수기지 및 가스공급시설 〈 도표 생략 〉
7) 발전소시설 〈 도표 생략 〉

「소방안전 특별관리시설물의 화재예방안전진단 세부절차 및 평가방법 등에 관한 규정」
[별표 6] 비상대응조직 및 교육훈련 분야 평가기준(제7조제1항제4호 관련)

1. 공통진단항목 - 일반진단

| 분야 | 항목 | 세부항목 | 평가 기준 평가 점수 | | | | |
			1점	2점	3점	4점	5점
소방교육 훈련	소방교육	소방교육 실시	교육 미실시	방재실 인원만 참여	안전관리 조직만 참여	입주자, 종업원 등 대부분 참여하였으나, 내용이 미흡	대부분의 직원 참여하였으며, 내용도 충실한 교육 실시
	소방훈련	소방훈련 실시	훈련 미실시	훈련 중 일부만(소화기, 소화전 등) 일부 인원으로 자체적으로 실시	훈련 중 일부만 대부분 직원 참여	종합훈련을 대부분 직원 참여하였으나 매번 동일 상황(시나리오)으로 실시	소방서와 합동훈련, 직원 대부분 참여, 시나리오 변경
비상대응 조직	자위소방대	초기대응체계	체계 미구성(편성)	체계 구성(편성)되었으나 실제와 동떨어진 구성, 임무 미숙지	체계 구성(편성)되어 있으나 임무 미숙지	일부 미흡	체계 구성(편성), 임무숙지, 실제 적용 가능
		자위소방대 조직	조직 미구성	조직 구성되었으나 실제와 동떨어진 구성, 임무 미숙지	조직 구성되어 있으나 각 팀의 역할 분배 미흡 (주, 야간, 휴일 적용 부적합)	조직 구성상 일부 미흡	실제 적용 가능한 조직, 주, 야, 휴일 조직 구성, 역할 분배 적합
		임무 숙지 여부	각 조직원 임무 분배 없음	임무는 분배되어 있으나 임무 숙지 불량	각자의 구체적인 임무에 대한 정확한 지식, 행동 요령을 숙지 못함	변경된 인원에 대한 적용 미흡 등	각 조직원의 임무 및 행동에 대해 숙지한 상태, 변경인원 적용
		교육훈련 실시	교육훈련 미실시	자위소방대 중 일부 인원만 참여	대부분 참여하였으나 일부 팀(주, 야간, 휴일조 등)이 미참여	일부 인원 미참여, 훈련 내용 미흡 등	모든 조직이 참여하고 훈련 내용 등 적합
비상대응 훈련	비상대응훈련 평가 점수 (100점 만점)	비상대응조직 및 교육훈련 파트 총점 중 90퍼센트 차지	2) 현장진단 평가 점수 환산(5점 척도)				

2) 현장진단 평가 점수 환산(5점 척도)

현장진단 점수	100점~90점	89점~80점	79점~70점	69점~60점	59점 이하
평가 기준	5	4	3	2	1

2. 시설별 추가 진단항목

1) 공항시설

| 분야 | 항목 | 세부항목 | 평가 기준 평가 점수 | | | | |
			1점	2점	3점	4점	5점
공항교육 훈련	일반 교육 훈련	구조, 소방직원 교육 적합성 - 초기 1주, 직무 1주, 정기 1주/2년	교육 미실시	3개 중 1개만 받은 사람이 있음	3개중 2개만 받은 사람이 있음	교육은 모두 받았으나 교육 내용 부실	교육 모두 받고, 내용 충실함
		연료 및 위험물취급종사자 교육, 훈련	교육훈련 미실시	교육훈련 받지 않은 사람이 5명 이상	교육훈련 받지 않은 사람이 2명 이상	교육훈련은 모두 받았으나 내용 부실	모두 받고 내용도 충실함
	공항비상계획 훈련	교육훈련 시기 등 적절성 - 종합훈련(2년), 부분훈련(종합안한 해), 도상(6개월)	훈련 미실시	종합훈련 2년 안에 미실시	부분훈련 미실시	도상훈련 미실시, 내용 부실	모든 훈련을 실시하고 내용도 충실함

2) 철도시설

| 분야 | 항목 | 세부항목 | 평가 기준 평가 점수 | | | | |
			1점	2점	3점	4점	5점
교육 훈련	안전교육	철도종사자의 안전교육 적합 여부 -6시간이상/분기(강의 및 실습)	교육 미실시	종사자 일부만 참여, 내용 부실, 강의 및 실습으로 이루어지지 않음	종사자 대부분 참여, 내용 부실, 강의 및 실습으로 이루어지지 않음	종사자 모두 참여, 강의 및 실습으로 이루어짐, 내용 부실	종사자 모두 참여, 강의 및 실습으로 이루어짐, 내용 충실

3) 도시철도시설

| 분야 | 항목 | 세부항목 | 평가 기준 평가 점수 | | | | |
			1점	2점	3점	4점	5점
교육 훈련	안전교육	철도종사자의 안전교육 적합 여부 -6시간이상/분기 (강의 및 실습)	교육 미실시	종사자 일부만 참여, 내용 부실, 강의 및 실습으로 이루어지지 않음	종사자 대부분 참여, 내용 부실, 강의 및 실습으로 이루어지지 않음	종사자 모두 참여, 강의 및 실습으로 이루어짐, 내용 부실	종사자 모두 참여, 강의 및 실습으로 이루어짐, 내용 충실

4) 공동구시설

| 분야 | 항목 | 세부항목 | 평가 기준 평가 점수 | | | | |
			1점	2점	3점	4점	5점
교육훈련	소방서, 경찰서 참여 교육훈련	교육훈련 실시 적합 여부 (비상사태 별 대비계획수립과 적합 여부)	비상사태 계획 미수립	교육훈련 미실시	교육훈련 일부 직원 참여	교육훈련 미흡	이상 없음

5) 천연가스인수기지 및 가스공급시설

| 분야 | 항목 | 세부항목 | 평가 기준 평가 점수 | | | | |
			1점	2점	3점	4점	5점
교육훈련	안전교육 (전문교육)	교육대상, 과정, 시기 등 적절성 -안전관리 책임자, 안전관리원, 안전점검원(신규6개월, 3년마다)	모두 교육 미이수	안전관리 책임자 교육 미이수	안전관리원 교육 미이수	안전점검원 교육 미이수	모두 교육 이수

「소방안전 특별관리시설물의 화재예방안전진단 세부절차 및 평가방법 등에 관한 규정」
[별표 7] 화재위험성평가 분야 평가기준(제7조제1항제5호 관련)

- 공통진단항목

분야	항목	세부항목	평가 기준		
			평가 점수		
			1점	3점	5점
예방	플래시오버 (flash over) 가능성 평가	공간(개구부, 공간크기, 가연물 적재량, 등) 내 플래시오버 가능 여부	위험성이 확인됨, 위험경감대책 수립이 적용될 수 없음.	위험성이 확인됨, 위험경감대책 수립이 마련될 수 있으나 적용을 위한 시간이 필요	정량적 평가를 통해 위험성이 확인되지 않은 경우. 또는 위험성이 확인되었으나, 위험경감대책 수립을 통해 효과적인 위험관리가 가능함
	풀(pool) 화재의 규모 및 화재 전파 가능성 평가	연료 누출에 의해 발생한 풀 화재의 크기 및 복사열 예측	위험성이 확인됨, 위험경감대책 수립이 적용될 수 없음.	위험성이 확인됨, 위험경감대책 수립이 마련될 수 있으나 적용을 위한 시간이 필요	정량적 평가를 통해 위험성이 확인되지 않은 경우. 또는 위험성이 확인되었으나, 위험경감대책 수립을 통해 효과적인 위험관리가 가능함
	방유제 용적 적정성 평가	유출제어용으로 설치된 방유제의 용적이 안전성 확보를 위해 충분한지 평가	위험성이 확인됨, 위험경감대책 수립이 적용될 수 없음.	위험성이 확인됨, 위험경감대책 수립이 마련될 수 있으나 적용을 위한 시간이 필요	정량적 평가를 통해 위험성이 확인되지 않은 경우. 또는 위험성이 확인되었으나, 위험경감대책 수립을 통해 효과적인 위험관리가 가능함
화재 감지기	열감지기 작동 시점 적절성 평가	공간 내 설치된 열감지기의 작동 시간 계산	위험성이 확인됨, 위험경감대책 수립이 적용될 수 없음.	위험성이 확인됨, 위험경감대책 수립이 마련될 수 있으나 적용을 위한 시간이 필요	정량적 평가를 통해 위험성이 확인되지 않은 경우. 또는 위험성이 확인되었으나, 위험경감대책 수립을 통해 효과적인 위험관리가 가능함
	연감지기 작동 시점 적절성 평가	공간 내 설치된 연감지기의 작동 시간 계산	위험성이 확인됨, 위험경감대책 수립이 적용될 수 없음.	위험성이 확인됨, 위험경감대책 수립이 마련될 수 있으나 적용을 위한 시간이 필요	정량적 평가를 통해 위험성이 확인되지 않은 경우. 또는 위험성이 확인되었으나, 위험경감대책 수립을 통해 효과적인 위험관리가 가능함
	교차회로로 설계된 자동화재탐지 방법의 적정성 평가	천장이 높거나, 들보와 같은 구조로 구획되어 있는 천장부에 설치되어 있는 화재감지기의 화재 탐지 시간 계산	위험성이 확인됨, 위험경감대책 수립이 적용될 수 없음.	위험성이 확인됨, 위험경감대책 수립이 마련될 수 있으나 적용을 위한 시간이 필요	정량적 평가를 통해 위험성이 확인되지 않은 경우. 또는 위험성이 확인되었으나, 위험경감대책 수립을 통해 효과적인 위험관리가 가능함
자동소화	스프링클러 작동 시점 적절성 평가	공간 내 설치된 스프링클러의 작동 시간 계산	위험성이 확인됨, 위험경감대책 수립이 적용될 수 없음.	위험성이 확인됨, 위험경감대책 수립이 마련될 수 있으나 적용을 위한 시간이 필요	정량적 평가를 통해 위험성이 확인되지 않은 경우. 또는 위험성이 확인되었으나, 위험경감대책 수립을 통해 효과적인 위험관리가 가능함
피난/대응	거주가능시간 평가	화재로 인한 실내 온도 상승 및 연기 발생에 의한 가시거리 계산	위험성이 확인됨, 위험경감대책 수립이 적용될 수 없음.	위험성이 확인됨, 위험경감대책 수립이 마련될 수 있으나 적용을 위한 시간이 필요	정량적 평가를 통해 위험성이 확인되지 않은 경우. 또는 위험성이 확인되었으나, 위험경감대책 수립을 통해 효과적인 위험관리가 가능함
	피난 용량 평가	피난용량 계산	위험성이 확인됨, 위험경감대책 수립이 적용될 수 없음.	위험성이 확인됨, 위험경감대책 수립이 마련될 수 있으나 적용을 위한 시간이 필요	정량적 평가를 통해 위험성이 확인되지 않은 경우. 또는 위험성이 확인되었으나, 위험경감대책 수립을 통해 효과적인 위험관리가 가능함
	제연 용량 적정성 평가	피난/대응에 필요한 제연/배연 성능 평가	위험성이 확인됨, 위험경감대책 수립이 적용될 수 없음.	위험성이 확인됨, 위험경감대책 수립이 마련될 수 있으나 적용을 위한 시간이 필요	정량적 평가를 통해 위험성이 확인되지 않은 경우. 또는 위험성이 확인되었으나, 위험경감대책 수립을 통해 효과적인 위험관리가 가능함
내화구조 및 구획	구조물 (기둥, 보, 내력벽 등) 내화시간 적정성 평가	필요한 내화등급을 맞추기 위한 내화 보호층 (스프레이식, 기타 건자재)의 두께 계산	위험성이 확인됨, 위험경감대책 수립이 적용될 수 없음.	위험성이 확인됨, 위험경감대책 수립이 마련될 수 있으나 적용을 위한 시간이 필요	정량적 평가를 통해 위험성이 확인되지 않은 경우. 또는 위험성이 확인되었으나, 위험경감대책 수립을 통해 효과적인 위험관리가 가능함
3차원 화재피난시 뮬레이션	실내화재	감지기 종류/위치/등 적정성 제연 적정성 화재하중 위험성평가 스프링클러설비 설계적정성 피난적정성	위험성이 확인됨, 위험경감대책 수립이 적용될 수 없음.	위험성이 확인됨, 위험경감대책 수립이 마련될 수 있으나 적용을 위한 시간이 필요	정량적 평가를 통해 위험성이 확인되지 않은 경우. 또는 위험성이 확인되었으나, 위험경감대책 수립을 통해 효과적인 위험관리가 가능함
	실외화재	연료누출 가능 지점이 건물과 30미터 이내에 존재할 경우, 화재위험성평가 필요, 고려되어야 하는 사항들 -연료누출지점 -연료누출량 -풀(pool) 크기 -배수로 경사 설계 -화염에 노출된 벽체가 받는피해 -벽체의 개구부 (창문, 문 등) 피해 영향 -건물 내부화재로 이어질 경우 (풀 화재에 의해 유리창이 깨지거나 복사열에 의한 건물내부로의 2차 화재전파가 이루어질 수 있음)	위험성이 확인됨, 위험경감대책 수립이 적용될 수 없음	위험성이 확인됨, 위험경감대책 수립이 마련될 수 있으나 적용을 위한 시간이 필요	정량적 평가를 통해 위험성이 확인되지 않은 경우. 또는 위험성이 확인되었으나, 위험경감대책 수립을 통해 효과적인 위험관리가 가능함

「소방안전 특별관리시설물의 화재예방안전진단 세부절차 및 평가방법 등에 관한 규정」
[별표 8] 화재위험성평가 분야 평가절차(제7조제1항제5호 관련)

<table>
<tr><td>

[1단계] 평가 대상 선정

  1. 평가범위/대상 분류 및 선정 (용도 고려 화재 및 피난안전수준 고려)
  2. 관련자료 수집 (건축물 기본 설계도서/건축, 소방, 기타 화재안전 자료)

</td><td>

진단기관등
관계인

</td></tr>
</table>

⇩

<table>
<tr><td>

[2단계] 화재 위험요인 도출

  1. 화재위험요인 확인 (현장인터뷰, 화재사례, 논문조사 등)
  2. 건물 및 시설 사용자의 특성 고려
  3. 예상되는 화재위험 및 불안전한 상태
  4. 적용된 법규 및 기준 준수 상태 검토

</td><td>

진단기관등

</td></tr>
</table>

⇩

<table>
<tr><td>

[3단계] 목표 설정

  1. 이해당사자들의 화재안전 목표 설정
  2. 용도별 목표 선택 (인명안전, 재산보호, 업무연속성)

</td><td>

진단기관등
관계인

</td></tr>
</table>

⇩

<table>
<tr><td>

[4단계] 화재시나리오 설정

  1. 용도특성에 맞는 화재시나리오 선정
  2. 화재시나리오 및 인명안전기준 등 설정

</td><td>

진단기관등

</td></tr>
</table>

⇩

<table>
<tr><td>

[5단계] 위험성평가 실시

  1. 평가방법
  가. 수계산
  나. 화재 및 피난 시뮬레이션
  2. 평가실시: 위험성 평가는 다음과 같으며 수계산 및 화재 및 피난 시뮬레이션 프로그램으로 수행
  가. 예방분야: 플래시오버(flash over), 풀(pool) 화재 화재전파, 방유제 용적 적정성 평가
  나. 화재감지: 열, 연기, 교차회로 화재감지기 적정성 평가
  다. 자동소화: 스프링클러 작동 시점 적정성 평가
  라. 피난대응: 거주가능시간, 피난용량, 제연용량 적정성 평가
  마. 내화구조 및 구획: 주요구조물 내화기준 및 내화시간 적정성 평가
  바. 3차원 화재시뮬레이션: 실내화재 및 실외화재 구분 (용도별 화재위험요인에 따라 화재시나리오 설정 후 실시)
  ※ 3차원 화재시뮬레이션은 「소방시설 설치 및 관리에 관한 법률」 제8조(성능위주설계)에 따른 성능위주
    설계 기준을 적용할 것

</td><td>

진단기관등

</td></tr>
</table>

⇩

<table>
<tr><td>

[6단계] 보고서작성 및 최종평가

  1. 위험도 평가 (체크리스트 점수 평가)
  2. 보고서 작성
  3. 보고서 주요 내용
  가. 용도특성, 화재하중, 위험성분석, 수용인원
  나. 위험성평가 화재시나리오 및 적용근거기준
  다. 적용된 위험성평가 자료 (수계산, 모델링)
  라. 문제점 및 개선사항 도출

</td><td>

진단기관등

</td></tr>
</table>

「소방안전 특별관리시설물의 화재예방안전진단 세부절차 및 평가방법 등에 관한 규정」
[별표 9] 기타 분야 평가기준(제7조제1항제6호 관련)

1. 공통진단항목

분야	항목	세부항목	평가 기준				
			평가 점수				
			1점	2점	3점	4점	5점
진단결과 개선사항	진단결과 보수보강 등 개선 요구사항	보수보강 등 개선 요구사항 등에 대한 이행 여부	보수보강 및 개선 요구사항 불이행	보수보강 사항 불이행	개선 요구사항 불이행	보수보강 및 개선 요구사항을 이행하였으나 미흡	보수보강 및 개선 요구사항 이행
외부환경 위험요인	예방/대비/대응 태세	지진 등 외부 환경 위험요인에 대한 예방, 대비, 대응 태세	예방, 대비, 대응 태세 미비	예방, 대비, 대응 태세 수립은 하였으나 부적합이 많고 수행하지 않음	예방, 대비, 대응 태세 수립하였으나 수행하지 않음	예방, 대비, 대응 태세 수립하였으나 미흡하거나 일부 미수행	예방, 대비, 대응 태세 수립 및 적합한 수행

2. 시설별 추가 진단항목

1) 공항시설

분야	항목	세부항목	평가 기준				
			평가 점수				
			1점	2점	3점	4점	5점
규정 등	공항운영규정	규정의 적합성, 수행 여부 - 공항비상계획, 항공기 구조 및 소방, 위험물 취급 절차, 자체 안전점검 프로그램, 교육훈련 프로그램, 안전관리시스템 등	규정 미비	규정은 있으나 부적합이 많고 수행하지 않음	적합한 규정이 있으나 수행하지 않음	일부 규정이 미흡하거나 일부 미 수행	적합한 규정과 수행
	위험물 안전관리기준	안전관리기준 및 절차의 적합성, 수행 여부	기준 미비	기준은 있으나 부적합이 많고 수행하지 않음	적합한 기준이 있으나 수행하지 않음	일부 기준이 미흡하거나 일부 미 수행	적합한 기준과 수행
	항공기 급유 안전조치 기준	포함되어야 할 사항 등 적합성, 수행 여부	기준 미비	기준은 있으나 부적합이 많고 수행하지 않음	적합한 기준이 있으나 수행하지 않음	일부 기준이 미흡하거나 일부 미 수행	적합한 기준과 수행
자체점검	이동지역, 지장물	점검 주기, 방법, 절차, 조치 등	점검 미실시	점검 실시하였으나 형식적, 조치 미흡	점검 실시하였으나 조치 안함	일부 점검 미흡, 일부 조치 미흡	점검 및 조치 완료
	자체 안전점검	점검 주기 및 내용 - 월 1회, 기록유지(12개월) 내용 - 위험물, 구조소방 등	점검 미실시	점검 실시하였으나 형식적, 조치 미흡	점검 실시하였으나 조치 안함	일부 점검 미흡, 일부 조치 미흡	점검 및 조치 완료
	연료시설 및 장비 점검	점검 주기 및 내용 점검 주기 - 3개월, 기록유지(12개월), 검사 내용	점검 미실시	점검 실시하였으나 형식적, 조치 미흡	점검 실시하였으나 조치 안함	일부 점검 미흡, 일부 조치 미흡	점검 및 조치 완료

2) 철도시설

분야	항목	세부항목	평가 기준				
			평가 점수				
			1점	2점	3점	4점	5점
규정 등	안전관리 체계 (소방부분)	철도안전 시행계획의 적합성 및 수행 여부	계획 미비	계획은 수립되어 있으나 부적합이 많고 수행하지 않음	계획이 일부 미흡하고 일부 수행하지 않음	계획은 적합하나 일부 미 수행	적합한 규정과 적절한 수행
		안전관리 체계의 적합성 및 수행 여부	안전관리 체계 시정조치 후 미조치	안전관리 체계 시정조치 후 일부 미조치	시정조치 후 조치 하였으나 반복 발생	조치는 하였으나 조치사항의 일부 부적합	적절한 조치
		철도시설유지관리시행계획의 적합성 및 수행 여부	계획 미비	계획은 수립되어 있으나 부적합이 많고 수행하지 않음	계획이 일부 미흡하고 일부 수행하지 않음	계획은 적합하나 일부 미수행	적합한 규정과 적절한 수행
자체점검	시설점검	점검의 주기, 내용, 조치 적절성 - 정기점검(시설관리자가 정함) - 정밀진단(10년 경과 시 등급에 따라 6,5,4년 마다), 성능평가 (5년마다) - 긴급점검(긴급 시)에 따른 조치여부	점검 미실시	정기점검 미실시	정기점검 실시 하였으나 정밀진단 또는 성능평가 미실시	모든 점검 실시하였으나 조치 미비	모든 점검 실시 및 조치 완료

3) 도시철도시설

분야	항목	세부항목	평가 기준				
			평가 점수				
			1점	2점	3점	4점	5점
규정 등	안전관리 체계 (소방부분)	철도안전 시행계획의 적합성 및 수행 여부	계획 미비	계획은 수립되어 있으나 부적합이 많고 수행하지 않음	계획이 일부 미흡하고 일부 수행하지 않음	계획은 적합하나 일부 미 수행	적합한 규정과 적절한 수행
		안전관리 체계의 적합성 및 수행 여부	안전관리 체계 시정조치 후 미조치	안전관리 체계 시정조치 후 일부 미조치	시정조치 후 조치 하였으나 반복 발생	조치는 하였으나 조치사항의 일부 부적합	적절한 조치
		철도시설유지관리시행계획의 적합성 및 수행 여부	계획 미비	계획은 수립되어 있으나 부적합이 많고 수행하지 않음	계획이 일부 미흡하고 일부 수행하지 않음	계획은 적합하나 일부 미 수행	적합한 규정과 적절한 수행
자체점검	시설점검	점검의 주기, 내용, 조치 적절성 - 정기점검(시설 관리자가 정함) - 정밀진단(10년 경과 시 등급에 따라 6,5,4년 마다), 성능평가(5년마다) - 긴급점검(긴급 시) 에 따른 조치여부	점검 미실시	정기점검 미실시	정기점검 실시하였으나 정밀진단 또는 성능평가 미실시	모든 점검 실시하였으나 조치 미비	모든 점검 실시 및 조치 완료

4) 항만시설

분야	항목	세부항목	평가 기준				
			평가 점수				
			1점	2점	3점	4점	5점
항만시설 안전점검	정기안전점검 정밀안전점검 긴급안전점검	점검 실시 여부, 기간 및 기록 보존의 적절성 -정기: 1회/연 -정밀: 1회/6년,1회/10년 -긴급: 관리청 판단결과에 대한 조치 여부	미실시	조치 불량	기간 부적절	기록 미보관	이상 없음

5) 공동구시설

분야	항목	세부항목	평가 기준				
			평가 점수				
			1점	2점	3점	4점	5점
안전관리	안전 및 유지관리계획	계획의 수립 및 이행 여부(5년마다 수립)	계획 미수립	수립 주기 부적합	이행 상태 불량	내용 미흡	이상 없음
	안전점검(정기, 정밀) 및 정밀안전진단	점검 실시 및 결과 조치 여부 (공동구: 시설물안전법에 따른 점검)	점검 미실시	조치 미실시	점검 형식적	점검 미흡	이상 없음
		점검주기 적합 여부 - 공동구 등급 확인: B등급 이상 목표 - 정기안전점검: A, B, C등급(1회/반기), 　　　　D, E등급(3회/연) - 정밀안전점검: A그룹(1회/3년) 　　　B, C그룹 (1회/2년), 　　　D, 기타그룹(1회/1년) - 정밀안전진단: A그룹 (1회/6년) 　　　B, C그룹 (1회/5년), 　　　D, 기타그룹(1회/4년)	C, D, E등급	정기안전점검 주기 부적합	정밀안전점검 주기 부적합	정밀안전진단 주기 부적합	이상 없음
	공동구협의회	협의회 구성 및 운영의 적합성	미구성	구성이 형식적	운영이 형식적	운영 미흡	이상 없음

6) 천연가스인수기지 및 가스공급시설

분야	항목	세부항목	평가 기준				
			평가 점수				
			1점	2점	3점	4점	5점
규정 등	안전관리규정	안전관리규정의 적절성	미 작성	작성이 형식적, 부적합이 많고 실시하지 않음	작성에 부적합이 많고 일부 실시하지 않음	작성에 부적합이 약간 있고, 일부 실시 미흡	이상 없음
		안전관리규정 실시기록의 작성, 보존(3년) 여부	미 작성	대부분 미 작성	일부 미 작성	작성 미흡	보존 기간 부적합
안전 관리자	안전관리자 등 (안전관리총괄자, 부총괄자, 책임자, 안전관리원, 안전점검원)	조직, 인원, 자격, 경력의 적절성	조직 없음	인원 기준 미달	자격기준 미달	경력 기준 미달	이상없음
		업무수행의 적절성	업무 미 수행	업무 수행 부적절	겸직 (책임자, 관리원, 점검원)	업무 미흡	이상 없음
		대리자 지정 및 직무 대행의 적절성	대리자 미 지정	대리자 자격 부적합	대리자 지정 기간 초과	대리자 업무 미흡	이상 없음
점검	정기검사 수시검사 정밀안전진단 안전성평가	정기검사, 수시검사의 적절성	모두 미실시	정기검사 미실시	수시검사 미실시	정기검사 기간 초과	이상 없음
		검사 결과 조치 여부	모두 미 조치	대부분 미 조치	일부 미 조치	조치 미흡	이상 없음
		진단 및 평가 실시, 시기 등 적절성 - 정밀안전진단: 가스공급시설 　(15년 지난날이 속하는 해 및 이후 매5 년), 　액화천연가스저장탱크 　(5년 지난날의 연도에 1회, 　15년 지난날이 속하는 해 및 매 5년) - 안전성평가: 가스공급시설 　(설치 후 매 5년] 　　진단 및 평가결과 조치여부	모두 미실시	안전성 평가 미실시	정밀안전진단 미실시	결과 조치 미비	이상 없음
	탱크의 기초	침하상태의 정기 점검 여부	미실시	결과조치 대부분 미 조치	점검 주기 부적절	결과 조치 미비	이상 없음
	물분무장치	이상 작동 확인 및 기록유지(매월 1회)	미실시	결과조치 대부분 미 조치	점검 주기 부적절	결과 조치 미비	이상 없음
	긴급차단장치	누출검사와 작동검사 실시 여부(연1회)	미실시	결과조치 대부분 미 조치	점검 주기 부적절	결과 조치 미비	이상 없음
	비상전력	정기 검사 여부 및 결과	미실시	결과조치 대부분 미 조치	점검 주기 부적절	결과 조치 미비	이상 없음
	가스누출 경보기	작동상황 점검(주1회)	미실시	결과조치 대부분 미 조치	점검 주기 부적절	결과 조치 미비	이상 없음

7) 발전소시설

분야	항목	세부항목	평가 기준				
			평가 점수				
			1점	2점	3점	4점	5점
점검	정기검사	정기검사 여부	미실시	조치사항 미조치	실시기간 미준수	서류 미보관	이상 없음
관리자	전기안전관리자	안전관리자 자격, 업무수행 적합 여부	자격 없음	교육 미이수	업무 미수행	업무 수행 일부 미비	이상 없음

「소방안전 특별관리시설물의 화재예방안전진단 세부절차 및 평가방법 등에 관한 규정」
[별표 10] 현장조사 진단항목별 가중치(제7조제1항제7호 관련)

1. 공통진단항목

1) 화재위험요인

분야	진단 내용		가중치						
	항목	세부항목	공항시설	철도시설	도시철도	항만시설	공동구	천연가스인수기지, 가스공급시설	발전소
위험물	인허가	무허가 위험물 저장 취급 여부	0.151	0.275	0.228	0.361	0.154	0.228	0.013
	각류별 취급 방법	1~6류 별 취급 주의사항	0.054	0.098	0.081	0.128	0.055	0.081	0.004
	표지 및 게시판	설치 상태 (규격, 내용 등)	0.004	0.007	0.006	0.011	0.004	0.006	0.001
	유출 방지 조치	방유턱 등 유출방지조치	0.051	0.093	0.077	0.146	0.052	0.077	0.006
	위험물탱크	탱크 설치 기준 적합성	0.062	0.111	0.092	0.175	0.062	0.093	0.008
	용기	운반용기, 수납용기 적절성	0.014	0.026	0.022	0.041	0.015	0.022	0.002
	정기점검 등	점검 여부, 일반점검표 기록의 적정성 등	0.032	0.059	0.049	0.092	0.033	0.049	0.004
	안전관리자	선임여부, 자격 등	0.090	0.163	0.135	0.257	0.091	0.136	0.011
	기타 위험물 안전시설 등	환기, 배출장치, 유분리장치 등	0.032	0.059	0.049	0.077	0.033	0.049	0.003
전기	변압기	누유 등 이상 유무	0.026	0.046	0.038	0.082	0.028	0.026	0.004
	개폐기, 차단기	열화 및 손상 등	0.046	0.083	0.069	0.123	0.049	0.046	0.005
	배전반, 분전반	설치위치, 관리상태	0.033	0.059	0.049	0.088	0.035	0.033	0.003
	전선	열화, 노후, 피복손상 등	0.017	0.030	0.025	0.044	0.018	0.017	0.003
	콘센트	문어발식, 접지, 과부하(누전)차단형 설치	0.007	0.012	0.010	0.022	0.007	0.007	0.002
	전열기	관리상태(인가, 점검표)	0.004	0.007	0.006	0.010	0.004	0.004	0.001
	접지	접지 여부(종별 적합), 접지선 열화, 피복손상	0.037	0.067	0.055	0.118	0.040	0.037	0.006
	누전차단기	설치 및 정상작동 여부	0.019	0.034	0.028	0.050	0.020	0.019	0.002
	비상발전기	정기점검 여부, 연료 상태, 축전지 및 충전장치	0.058	0.104	0.086	0.184	0.062	0.058	0.009
	방폭전기설비	방폭전기설비 설치 적정	0.048	0.086	0.072	0.153	0.051	0.048	0.007
	안전관리자	선임여부, 자격 등	0.065	0.117	0.097	0.172	0.070	0.065	0.007
가스	저장설비 등	화기와의 거리	0.078	0.141	0.117	0.195	0.221	0.183	0.017
	정압기	가스누출검지통보설비 및 이상압력통보장치 설치 및 작동상태 (도시가스)	0.030	0.054	0.045	0.089	0.084	0.001	0.010
	가스용기	설치장소, 보관실 적정성 관리상태	0.036	0.065	0.054	0.109	0.102	0.081	0.012
	배관	누설, 부식 및 파손 등 여부, 미사용 배관 막음 상태, 호스 3미터 이하, "T"형으로 연결 금지	0.018	0.033	0.028	0.046	0.052	0.129	0.004
	가스누설자동차단장치	설치 및 작동 상태	0.028	0.050	0.042	0.069	0.078	0.078	0.006
	연소기구	환기구 및 급기구, 배기통 설치 상태	0.006	0.010	0.008	0.017	0.016	0.016	0.002
	안전관리자	안전관리자 선임, 표시 등	0.035	0.064	0.053	0.106	0.100	0.085	0.012
기타	발화원관리	주방, 보일러실 등의 안전관리	0.049	0.088	0.073	0.122	0.040	0.074	0.006
		주방 후드 안전관리	0.053	0.096	0.080	0.133	0.043	0.080	0.006
		흡연 등 관리	0.050	0.091	0.075	0.125	0.041	0.076	0.006
		소량 인화성 물질 등 기타 발화원 관리	0.049	0.088	0.073	0.122	0.040	0.074	0.006
		용접, 용단 등 화기 작업 시 안전 조치 등	0.073	0.132	0.109	0.182	0.059	0.110	0.009
	가연물관리	가연성물질 관리상태(화재하중 관리)	0.036	0.065	0.054	0.107	0.029	0.054	0.006
	방염	방염물품 사용	0.012	0.021	0.017	0.035	0.009	0.018	0.002
	기타	폐쇄회로텔레비전(CCTV) 등 설치 및 관리상태 등 기타 화재위험 요인 발생 및 조치 사항	0.007	0.012	0.010	0.021	0.006	0.010	0.002

2) 소방계획 및 피난계획 〈 도표 생략 〉

3) 소방시설등 유지관리 〈 도표 생략 〉

4) 비상대응조직 및 교육훈련

분야	진단 내용		가중치						
	항목	세부항목	공항시설	철도시설	도시철도	항만시설	공동구	천연가스인수기지, 가스공급시설	발전소
소방교육훈련	소방교육	소방교육 실시	0.006	0.005	0.003	0.024	0.010	0.022	0.024
	소방훈련	소방훈련 실시	0.013	0.014	0.009	0.046	0.015	0.051	0.046
비상대응조직	자위소방대	초기대응체계	0.028	0.028	0.013	0.077	0.036	0.039	0.077
		자위소방대 조직	0.063	0.063	0.028	0.110	0.061	0.078	0.110
		임무 숙지 여부	0.077	0.077	0.034	0.123	0.056	0.078	0.123
		교육훈련 실시	0.070	0.070	0.031	0.150	0.069	0.078	0.150
비상대응훈련	비상대응훈련 평가 점수(100점 만점)	비상대응조직 및 교육훈련 파트 총점 중 90퍼센트 차지	1.931	1.931	1.287	2.638	2.110	2.111	2.638

5) 화재위험성 평가 〈 도표 생략 〉

6) 기타 화재발생 요인

분야	진단 내용		가중치						
	항목	세부내용	공항시설	철도시설	도시철도	항만시설	공동구	천연가스인수기, 가스공급시설	발전소
진단결과 개선사항	진단결과 보수보강 등 개선요구 사항	보수보강 및 개선 요구사항 등에 대한 이행 여부	0.096	0.096	0.048	0.193	0.216	0.072	0.360
외부환경 위험요인	예방, 대비, 대응 태세	지진 등 외부 환경 위험요인에 대한 예방, 대비, 대응 태세	0.360	0.360	0.287	0.360	0.360	0.359	0.600

2. 시설별 추가 진단항목

1) 화재위험요인

(1) 공항시설

분야	항목	진단 내용 세부항목	가중치
위험물	연료저장시설 등 (급유시설 및 장비)	저장시설 위치의 적합성 - 항공기 및 지상용 차량에 의한 파손 위험	0.157
		표지(출입금지, 인화성, 금연 등) 및 출입문 시건 여부	0.054
		울타리 및 보안시설 적절성	0.070
		탱크, 파이프 주입구, 배출구 밸브, 독(dock)과 기지 등 표시(연료 종류, 등급)	0.038
		쓰레기, 식물, 인화성 물질, 불꽃발생 장비 및 활동 유무	0.095
		급유장비의 작동상태 및 누유 여부	0.130
		입·출하 시설의 클립, 접속선, 접지선 등 파이프, 필터, 펌프 등 본딩(bonding), 접지상태	0.132
		지상 위 파이프 상태 및 보호조치	0.095
		비상차단장치의 위치, 기능, 표시, 상태	0.104
		데드맨(dead man) 제어장비 유무 및 상태	0.070
		소화기(2개 이상) 크기, 상태	0.092
	이동 급유 장비[하이드란트 (hydrant)급유전]	작동상태 및 누유 여부	0.098
		주차 상태(다른 차량: 3미터, 건축물: 15미터 이상)	0.049
		표시(문자: "Flammable", 높이: 7.5센티미터, 위험물질 라벨 등)	0.031
		운전석 금연 표시, 흡연도구 유무	0.072
		소화기(BC급) 2개 상태	0.078
		데드맨(dead man) 제어장비의 노즐 기능 및 상태	0.057
	급유작업 (계류장)	흡연 또는 불꽃을 일으키는 행위	0.098
		동력공급장치 시동 금지	0.092
		항공기와 급유장치 간 본딩(bonding), 접지	0.098
		소화기 비치 및 직원 확보	0.086
		급유감독자 감시	0.086
		급유시설과 급유장치 간 접지	0.098
		급유차량 주차 시 차량간 안전거리 확보(다른 차량: 3미터, 건축물: 15미터 이상)	0.060
		연료 누유 또는 유출 여부	0.092
	건축물	벽, 기둥, 보, 지붕의 균열, 손상, 기타	0.097
		방화문의 설치, 변형 및 손상, 폐쇄기능 불량, 기타	0.090
		바닥의 체유, 체수, 균열, 손상, 패임	0.090
		계단의 변형, 손상, 고정상태 불량	0.074
	환기, 배출 설비 등	외관의 변형, 손상, 고정상태 불량	0.018
		인화방지망의 변형, 손상, 고정상태 불량	0.018
		방화 댐퍼의 손상, 이물질 등으로 인한 막힘	0.035
		가연성증기경보장치의 손상, 작동 불량	0.026
	유출방지	옥내·외설비의 방유턱, 유출방지조치의 균열, 손상, 체유, 체수, 토사 등 퇴적 유무	0.036
		집유설비, 배수구, 유분리장치의 균열, 손상, 체유, 체수, 토사 등 퇴적 유무	0.045
	위험물취급 설비	기초, 지주의 침하 여부, 볼트 등 풀림 여부, 도장 불량, 부식 여부, 변형, 균열, 손상, 기타	0.053
		본체부의 누설 여부, 볼트 등 풀림 여부, 도장 불량, 보냉재 손상 및 탈락 여부, 변형, 균열, 손상, 기타	0.067
		접지 도선의 단선, 부착부분 탈락 유무, 접지저항치 불량, 기타	0.067
		안전장치의 부식, 손상여부, 고장 상태 불량, 기타	0.069
		계측장치의 장치 손상, 부착부 풀림, 기타	0.055
		송풍장치 설치, 장치의 손상, 부착부 풀림, 이상 진동, 이상 소음, 이상 발열 발생, 기타	0.038
		구동장치의 부식, 변형, 손상 유무, 고정상태 불량, 기타	0.038
		교반장치의 손상 유무, 고정 상태 부적합 여부, 이상 진동, 이상 소음, 이상 발열 유무, 누유 유무, 안전장치 비정상 작동, 기타	0.052
	위험물 탱크	기초, 지주, 전용실 등의 변형, 균열, 손상 유무, 부동 침하, 고정 상태 비정상 여부, 기타	0.064
		본체부의 변형, 균열, 손상 유무, 누설 유무, 도장 불량, 부식 여부, 보냉재 손상 및 탈락 유무, 기타	0.079
		노즐, 맨홀 등의 누설 유무, 변형, 균열, 손상 유무, 부착부 손상 유무, 도장 불량, 부식 유무, 기타	0.097
		방유제, 방유턱의 변형, 균열, 손상 유무, 배수관 손상 유무, 배수관 개폐 적합 여부, 배수구의 균열, 손상 여부, 배수구 내 체유, 체수, 토사 등 퇴적 여부, 수용량 적합 여부	0.060
		접지의 접지도선의 단선 유무, 부착부분 탈락 유무, 접지저항치 불량, 기타	0.079
		누유검사관의 변형, 균열, 손상 유무, 기타	0.081
		교반장치의 장치 외부로 누유, 이상 진동, 이상 소음, 이상 발열 유무, 고정상태 불량, 기타	0.042
		통기관의 인화방지망 손상, 막힘, 밸브 작동 불량, 통기관 내부 장애물, 도장 불량 또는 부식 발생, 기타	0.042
		안전장치의 비정상 작동, 부식, 손상 발생, 기타	0.064
		계량장치의 장치 손상, 부착부 고정 상태 불량, 기타	0.064
		주입구의 폐쇄시 주입구 외부로 누설, 변형, 손상 여부, 접지전극 손상, 접지저항치 불량, 기타	0.042
		주입구 비트의 균열, 손상 유무, 체유, 체수, 토사 등 퇴적 유무, 기타	0.064
	위험물 배관, 밸브 등	배관 (플랜지, 밸브 포함)의 외부로 누설 (지하매설배관은 누설점검 실시), 배관의 변형, 손상, 배관 외부 도장 불량 및 부식 발생, 지상 설치 시 지반면과 이격 여부, 기타	0.043
		배관 비트의 균열, 손상, 체류, 체수, 토사 등 퇴적 유무, 기타	0.045
	위험물 펌프설비 등	전동기의 변형, 균열, 손상, 고정 상태 불량, 회전부의 급유상태, 이상 진동, 이상 소음, 이상 발열, 기타	0.017
		펌프 외부로 위험물 누설, 변형, 균열, 손상, 도장 불량 및 부식 발생, 고정 상태 불량, 회전부의 급유상태 불량, 유량 및 유압 정상 작동 불량, 이상진동, 이상소음 이상발열, 기타	0.018
		접지도선의 단선, 부착부분 탈락, 접지저항치 불량, 기타	0.023
	기타	제어장치 등의 제어계기 손상 여부, 제어반의 고정상태 불량, 제어계(온도, 압력, 유량 등) 기능 불량, 감시설비 기능 불량, 경보설비 기능 불량, 기타	0.012
		피뢰설비의 돌침부의 경사, 손상, 피뢰도선 단선, 피뢰도선과 벽체와의 접촉 불량, 접지저항치 불량, 기타	0.009
		표지, 게시판 등 손상, 기재사항 불량, 기타	0.009

(2) 공동구시설 〈 도표 생략 〉
(3) 천연가스인수기지 및 가스공급시설 〈 도표 생략 〉
(4) 발전소시설 〈 도표 생략 〉

2) 소방계획 및 피난계획 - 공동구시설

분야	진단 내용		가중치
	항목	세부항목	
유사시 대비계획	비상사태별 대비 계획	계획의 수립 및 시행의 적절성	0.370

3) 소방시설등 유지관리

(1) 공항시설

분야	진단 내용		가중치
	항목	세부항목	
전기	전력시설(사용, 예비)	소방시설 등 적절성, 적합성	0.042
	통신시설	관제소, 송수신소, 통신소 등의 소방시설 등 적절성, 적합성	0.016
위험물 소화설비	포소화설비	수원	0.135
		가압송수장치	0.157
		약제저장탱크	0.138
		약제혼합장치	0.113
		기동장치	0.107
		전동기 제어장치	0.097
		유수, 압력검지장치	0.097
		배관 등	0.097
		포방출구	0.097
		포소화전	0.097
		연결송액구	0.075
		예비동력원	0.119

(2) 철도시설 〈 도표 생략 〉
(3) 도시철도시설 〈 도표 생략 〉
(4) 항만시설 〈 도표 생략 〉
(5) 공동구시설 〈 도표 생략 〉
(6) 천연가스인수기지 및 가스공급시설 〈 도표 생략 〉
(7) 발전소시설 〈 도표 생략 〉

4) 비상대응조직 및 교육훈련

(1) 공항시설

분야	진단 내용		가중치
	항목	세부항목	
공항교육훈련	일반 교육 훈련	구조, 소방직원 교육 적합성 - 초기 1주, 직무 1주, 정기 1주/2년	0.042
		연료 및 위험물취급종사자 교육, 훈련	0.036
	공항비상계획 훈련	교육훈련 시기 등 적절성 - 종합훈련(2년), 부분훈련(종합안한 해), 도상(6개월)	0.018

(2) 철도시설 〈 도표 생략 〉
(3) 도시철도시설 〈 도표 생략 〉
(4) 공동구시설 〈 도표 생략 〉
(5) 천연가스인수기지 및 가스공급시설 〈 도표 생략 〉

5) 기타 화재발생 요인

(1) 공항시설

분야	진단 내용		가중치
	항목	세부항목	
규정 등	공항운영규정	규정의 적합성, 수행 여부 - 공항비상계획, 항공기 구조 및 소방, 위험물 취급 절차, 자체안전점검프로그램, 교육훈련 프로그램, 안전관리시스템 등	0.072
	위험물 안전관리기준	안전관리기준 및 절차의 적합성, 수행 여부	0.038
	항공기 급유 안전조치 기준	포함되어야 할 사항 등 적합성, 수행 여부	0.019
자체점검	이동지역, 지장물	점검주기, 방법, 절차, 조치 등	0.007
	자체 안전점검	점검주기 및 내용 - 월 1회, 기록유지(12개월) 내용 - 위험물, 구조소방 등	0.019
	연료시설 및 장비 점검	점검주기 및 내용 점검주기 - 3개월, 기록유지(12개월), 검사 내용	0.029

(2) 철도시설 〈 도표 생략 〉
(3) 도시철도시설 〈 도표 생략 〉
(4) 항만시설 〈 도표 생략 〉
(5) 공동구시설 〈 도표 생략 〉
(6) 천연가스인수기지 및 가스공급시설 〈 도표 생략 〉
(7) 발전소시설 〈 도표 생략 〉

제42조(진단기관의 지정 및 취소)

① 제41조제1항에 따라 소방청장으로부터 진단기관으로 지정을 받으려는 자는 대통령령으로 정하는 시설과 전문인력 등 지정기준을 갖추어 소방청장에게 지정을 신청하여야 한다.
시행령 [별표 8] 화재예방안전진단기관의 시설, 전문인력 등 지정기준

② 소방청장은 진단기관으로 지정받은 자가 다음 각 호의 어느 하나에 해당하는 경우에는 그 지정을 취소하거나 6개월 이내의 기간을 정하여 업무의 전부 또는 일부의 정지를 명할 수 있다.

다만, 제1호 또는 제4호에 해당하는 경우에는 그 지정을 취소하여야 한다.

1. 거짓이나 부정한 방법으로 지정을 받은 경우　지정취소

2. 제41조제4항에 따른 화재예방안전진단 결과를 소방본부장 또는 소방서장, 관계인에게 제출하지 아니한 경우　1차-경고(시정명령), 2차-업무정지(3개월), 3차-업무정지(6개월)

3. 제1항에 따른 지정기준에 미달하게 된 경우　1차-업무정지(3개월), 2차-업무정지(6개월), 3차-지정취소

4. 업무정지기간에 화재예방안전진단 업무를 한 경우　지정취소

③ 진단기관의 지정절차, 지정취소 또는 업무정지의 처분 등에 필요한 사항은 행정안전부령으로 정한다.
시행규칙 제44조~제46조

벌칙 ➡ 3년 이하의 징역 또는 3천만원 이하의 벌금
• 거짓이나 그 밖의 부정한 방법으로 진단기관으로 지정 받은 자

화재예방안전진단의 주체는 한국소방안전원과 소방청장이 지정하는 화재예방안전진단기관이다. 화재예방안전진단기관으로 지정받으려면 시행령 [별표 8]에서 규정한 지정 기준을 갖추어 소방청장에게 지정을 신청하여야 한다.

진단기관으로 지정을 받으려는 자는 지정신청서^{시행규칙 별지 제35호서식}에 법인의 정관 사본과 지정 기준을 충족했음을 증명하는 서류(시설·장비·인력 관련 증명서)를 첨부하여 소방청장에게 제출해야 한다. 소방청장은 이를 검토하여 60일 이내에 진단기관 지정 여부를 결정하고, 지정서를 발급한 경우에는 그 내용을 소방청 홈페이지에 공고하여야 한다.

2026년 2월 현재까지 소방청 홈페이지에 공고된 진단기관은 총 1개 기관[118]이 검색된다. 업무의 규모와 전문성에 따른 지정 기준이 까다로운 만큼 지정받기가 어렵다는 것을 짐작할 수 있다.

화재예방안전진단기관으로 지정을 받을 때 지정 기준을 거짓으로 갖추거나 그 밖의 부정한 방법으로 지정을 받은 경우, 소방청장은 당연히 그 지정을 취소하여야 하고, 거짓이나 부정한 방법으로 지정을 받은 자에 대한 벌칙은 '3년 이하의 징역 또는 3,000만 원 이하의 벌금'이다. 이것은 소방관서의 각종 '명령위반'[119]에 대한 벌칙과 같이 화재예방법상 가장 무거운 기준이다.

만일 지정기준을 갖추어 지정을 받은 후 사무실의 임차 기간 만료 또는 인력의 퇴사 등으로 그 지정기준에 미달하게 되면, 소방청장은 6개월 이내의 업무정지를 명할 수 있다.[행정처분] 이때 1차 위반 시 업무정지 3개월, 2차 위반 시 업무정지 6개월 그리고 3차 이상 위반 시에는 지정취소이다.

위반행위의 횟수에 따른 행정처분의 기준은 최근 3년간 같은 위반행위로 행정처분을 받은 경우에 적용하는데, 기준 적용일은 위반행위에 대한 행정처분일과 그 처분 후 위반행위가 다시 '적발된 날'을 기준으로 한다. 이때, 기준일이 '위반한 날'이 아닌 '적발된 날'로 하는 것은 행정의 실효성을 위한 것으로 추정되지만, 적발되지만 않으면 된다는 관행을 조장할 수 있어 개선이 필요해 보인다.

또한 업무정지 기간에 화재예방안전진단 업무를 한 경우에는 즉시 지정취소 대상이며, 제41조제4항에 규정된 바와 같이, 화재예방안전진단을 마치고 그 결과를 소방본부장 또는 소방서장, 관계인에게 제출하지 않은 경우에도 업무정지 대상이 된다.

진단기관의 지정취소, 업무정지 처분 등에 관한 더 구체적인 내용은 시행규칙 [별표 8]을 따른다.

---

118) 「소방청공고 제2024-183호 화재예방안전진단기관 지정 공고」
　　 ▸업체명: 『재단법인 한국시설물화재안전진단원』(대표자 우재봉), ▸지정일자: 2024.9.6.
119) 3년 이하의 징역 또는 3,000만 원 이하의 벌금(제50조제1항에 따른 벌칙)
　　 ▸화재안전조사 결과에 따른 조치명령 ▸소방안전관리자 선임명령 ▸관계인 또는 소방안전관리자에 대한 업무이행명령
　　 ▸화재예방안전진단 결과에 따른 보수·보강 등 조치명령 ▸거짓이나 그 밖의 부정한 방법으로 진단기관 지정을 받은 자

「화재의 예방 및 안전관리에 관한 법률 시행령」 [별표 8] <개정 2026. 1. 2.>

화재예방안전진단기관의 시설, 전문인력 등 지정기준 (제46조 관련)

1. 시설

화재예방안전진단을 목적으로 설립된 비영리법인·단체로서 제2호에 따른 전문인력이 근무할 수 있는 사무실과 제3호에 따른 장비를 보관할 수 있는 창고를 갖출 것. 이 경우 사무실과 창고를 임차하여 사용하는 경우도 사무실과 창고를 갖춘 것으로 본다.

2. 전문인력

다음 각 목의 전문인력을 모두 갖출 것. 이 경우 전문인력은 해당 화재예방안전진단기관의 상근(「남녀고용평등과 일·가정 양립 지원에 관한 법률」 제19조의2에 따라 육아기 근로시간 단축을 하는 경우를 포함한다) 직원이어야 하며, 한 사람이 다음 각 목의 자격 요건 중 둘 이상을 충족하는 경우에도 한 명의 전문인력으로 본다.

가. 다음에 해당하는 사람

  1) 소방기술사: 1명 이상   2) 소방시설관리사: 1명 이상   3) 전기안전기술사·화공안전기술사·가스기술사·위험물기능장 또는 건축사: 1명 이상

나. 다음의 분야별로 각 1명 이상

분야	자격 요건
소방	1) 소방기술사 2) 소방시설관리사 3) 소방설비기사(산업기사를 포함한다) 자격 취득 후 소방 관련 업무경력이 3년(소방설비산업기사의 경우 5년) 이상인 사람
전기	1) 전기안전기술사 2) 전기기사(산업기사를 포함한다) 자격 취득 후 소방 관련 업무 경력이 3년(전기산업기사의 경우 5년) 이상인 사람
화공	1) 화공안전기술사 2) 화공기사(산업기사를 포함한다) 자격 취득 후 소방 관련 업무 경력이 3년(화공산업기사의 경우 5년) 이상인 사람
가스	1) 가스기술사 2) 가스기사(산업기사를 포함한다) 자격 취득 후 소방 관련 업무 경력이 3년(가스산업기사의 경우 5년) 이상인 사람
위험물	1) 위험물기능장 2) 위험물산업기사 자격 취득 후 소방 관련 업무 경력이 5년 이상인 사람
건축	1) 건축사 2) 건축기사(산업기사를 포함한다) 자격 취득 후 소방 관련 업무 경력이 3년(건축산업기사의 경우 5년) 이상인 사람
교육훈련	소방안전교육사

※ 비고: 소방 관련 업무 경력은 소방청장이 정하여 고시하는 기준에 따른다.

3. 장비

소방, 전기, 가스, 위험물, 건축 분야별로 행정안전부령으로 정하는 장비를 갖출 것

「화재의 예방 및 안전관리에 관한 법률 시행규칙」 [별표 7]

화재예방안전진단기관의 장비기준 (제43조 관련)

다음의 분야별 장비를 모두 갖출 것. 다만, 해당 장비의 기능을 2개 이상 갖춘 복합기능 장비를 갖춘 경우에는 개별 장비를 갖춘 것으로 본다.

분야	장비
소방	1) 방수압력측정계, 절연저항계, 전류전압측정계 2) 저울 3) 소화전밸브압력계 4) 헤드결합렌치 5) 검량계, 기동관누설시험기, 그 밖에 소화약제의 저장량을 측정할 수 있는 점검기구 6) 열감지기시험기, 연(煙)감지기시험기, 공기주입시험기, 감지기시험기연결폴대, 음량계 7) 누전계(누전전류 측정용) 8) 무선기(통화시험용) 9) 풍속풍압계, 폐쇄력측정기, 차압계(압력차 측정기) 10) 조도계(최소눈금이 0.1럭스 이하인 것) 11) 화재 및 피난 모의시험이 가능한 컴퓨터 12) 화재 모의시험을 위한 프로그램 13) 피난 모의시험을 위한 프로그램 14) 교육·훈련 평가 기자재: 가) 연기발생기　나) 초시계
전기	1) 정전기 전하량 측정기 2) 적외선 열화상 카메라 3) 검전기 4) 클램프미터 5) 절연안전모 6) 고압절연장갑 7) 절연장화
가스	1) 가스누출검출기 2) 가스농도측정기 3) 일산화탄소농도측정기 4) 가스누출 검지액
위험물	1) 접지저항측정기(최소눈금 0.1옴 이하) 2) 가스농도측정기(탄화수소계 가스의 농도측정 가능할 것) 3) 정전기 전위측정기 4) 토크렌치(torque wrench: 볼트와 너트를 규정된 회전력에 맞춰 조이는데 사용하는 도구) 5) 진동시험기 6) 표면온도계(섭씨 영하 10도 ~ 300도) 7) 두께측정기 8) 소화전밸브압력계 9) 방수압력측정계 10) 포콜렉터 11) 헤드렌치 12) 포콘테이너
건축	1) 거리측정기 2) 건축 관계 도면 검토가 가능한 프로그램(AUTO CAD 등) 3) 도막(도료, 도포막) 두께측정장비(측정범위가 0.1밀리미터 이하일 것)

「화재의 예방 및 안전관리에 관한 법률 시행규칙」 제44조~제46조

화재예방안전진단기관의 지정절차, 지정취소, 업무정지의 처분

제44조(진단기관의 지정신청) ① 진단기관으로 지정받으려는 자는 법 제42조제1항에 따라 별지 제35호서식의 화재예방안전진단기관 지정신청서(전자문서를 포함한다)에 다음 각 호의 서류(전자문서를 포함한다)를 첨부하여 소방청장에게 제출해야 한다.

1. 정관 사본
2. 시설 요건을 증명하는 서류 및 장비 명세서
3. 경력증명서 또는 재직증명서 등 기술인력의 자격요건을 증명하는 서류

② 제1항에 따른 화재예방안전진단기관 지정신청서를 제출받은 담당 공무원은 「전자정부법」 제36조제1항에 따른 행정정보의 공동이용을 통하여 법인등기부 등본(법인인 경우만 해당한다) 및 국가기술자격증을 확인해야 한다. 다만, 신청인이 확인에 동의하지 않는 경우에는 이를 제출하도록 해야 한다.

제45조(진단기관의 지정 절차) ① 소방청장은 제44조제1항에 따라 지정신청서를 접수한 경우에는 지정기준 등에 적합한지를 검토하여 60일 이내에 진단기관 지정 여부를 결정해야 한다.

② 소방청장은 제1항에 따라 진단기관의 지정을 결정한 경우에는 별지 제36호서식의 화재예방안전진단기관 지정서를 발급하고, 별지 제37호서식의 화재예방안전진단기관 관리대장에 기록하고 관리해야 한다.

③ 소방청장은 제2항에 따라 지정서를 발급한 경우에는 그 내용을 소방청 인터넷 홈페이지에 공고해야 한다.

제46조(진단기관의 지정취소) 법 제42조제2항에 따른 진단기관의 지정취소 및 업무정지의 처분기준은 별표 8과 같다.

「화재의 예방 및 안전관리에 관한 법률 시행규칙」 [별표 8]

화재예방안전진단기관의 지정취소 및 업무정지의 처분기준 (제46조 관련)

1. 일반기준

가. 위반행위가 둘 이상인 경우에는 각 위반행위에 따라 각각 처분한다.

나. 위반행위의 횟수에 따른 행정처분 기준은 최근 **3년**간 같은 위반행위로 행정처분을 받은 경우에 적용한다. 이 경우 기준 적용일은 위반행위에 대한 **행정처분일**과 그 처분 후에 한 위반행위가 **다시 적발된 날**을 기준으로 한다.

다. 나목에 따라 가중된 부과처분을 하는 경우 가중처분의 적용 차수는 그 위반행위 전 부과처분 차수(나목에 따른 기간 내에 처분이 둘 이상 있었던 경우에는 높은 차수를 말한다)의 다음 차수로 한다.

라. 처분권자는 위반행위의 동기 · 내용 · 횟수 및 위반 정도 등 다음의 감경 사유에 해당하는 경우 그 처분기준의 2분의 1의 범위에서 감경할 수 있다.

  1) 위반행위가 사소한 부주의나 오류로 인한 것으로 인정되는 경우
  2) 위반의 내용 및 정도가 경미하여 화재예방안전진단등의 업무를 수행하는데 문제가 발생하지 않는 경우
  3) 그 밖에 위반행위의 정도, 위반행위의 동기와 그 결과 등을 고려하여 감경할 필요가 있다고 인정되는 경우

2. 개별기준

위반 내용	근거 법조문	처분기준		
		1차 위반	2차 위반	3차 이상 위반
가. 거짓이나 그 밖의 부정한 방법으로 안전진단기관으로 지정을 받은 경우	법 제42조제2항제1호	지정취소		
나. 법 제41조제4항에 따른 화재예방안전진단 결과를 소방본부장 또는 소방서장, 관계인에게 제출하지 않은 경우	법 제42조제2항제2호	경고(시정명령)	업무정지 3개월	업무정지 6개월
다. 법 제42조제1항에 따른 지정기준에 미달하게 된 경우	법 제42조제2항제3호	업무정지 3개월	업무정지 6개월	지정취소
라. 업무정지기간에 화재예방안전진단 업무를 한 경우	법 제42조제2항제4호	지정취소		

예방소방업무처리규정

[시행 2022. 12. 1.] [소방청훈령 제283호, 2022. 12. 1., 전부개정.]

제1장 총칙

제1조(목적) 이 규정은 「소방기본법」, 「화재의 예방 및 안전관리에 관한 법률」, 「소방시설 설치 및 관리에 관한 법률」, 「소방시설공사업법」 및 「다중이용업소의 안전관리에 관한 특별법」에서 규정한 소방대상물의 실태조사, 조치명령, 건축허가등의 동의, 다중이용업소 안전관리, 특정소방대상물 안전관리, 소방시설관리업 등록 및 소방시설관리사 행정처분, 소방시설의 설계·공사·감리, 과징금 및 과태료 부과 등 예방업무를 효율적으로 처리하기 위하여 필요한 사항을 정함을 목적으로 한다.

제2장 소방대상물 실태조사 및 조치명령 등

제2조(소방대상물 실태조사 등) ① 소방청장은 화재의 예방 및 안전관리를 위한 기본계획 및 시행계획의 수립·시행에 필요한 기초자료를 확보하기 위해 「화재의 예방 및 안전관리에 관한 법률」 제5조제1항에 따른 실태조사를 해야 한다.

② 소방청장은 제1항에 따른 실태조사를 위해 예방소방행정통계조사의 계획을 수립하고 매년 11월 30일까지 조사항목, 조사기준 및 작성서식을 포함하여 소방본부장에게 통보해야 한다.

③ 소방본부장과 소방서장은 예방소방통계조사를 매년 12월 31일 기준으로 조사·작성하고 그 조사 결과를 제2항에서 정하는 서식에 따라 다음 연도 1월 31일까지 소방청장에게 보고해야 한다.

제3조(조치명령 등 처리절차) ① 소방청장, 소방본부장 또는 소방서장(이하 "소방관서장"이라 한다)은 소방대상물의 관계인에게 다음 각 호의 조치명령, 선임명령 또는 이행명령(이하 "조치명령등"이라 하다)을 하는 경우 다음 각 호에서 정하는 바에 따라 「행정절차법」 제21조에 따른 사전통지를 하여야 한다.

1. 「화재의 예방 및 안전관리에 관한 법률」 제14조제1항 및 제2항에 따라 조치명령을 하는 경우: 조사일로부터 10일 이내(「화재의 예방 및 안전관리에 관한 법률」 제13조 후단에 따라 화재안전조사결과서 부본을 「화재안전조사에 관한 세부운영규정」 제6조제1항 및 제7조제1항에 따라 조사현장에서 관계인에게 발급한 경우는 제외한다)

2. 「화재의 예방 및 안전관리에 관한 법률」 제28조제1항 및 제2항에 따라 선임명령 또는 이행명령을 하는 경우: 그 선임 의무자를 특정한 날로부터 10일 이내(그 선임 의무자가 법령 또는 법원의 재판 등에 의하여 객관적으로 명확히 특정되는 경우는 제외한다)

3. 「화재의 예방 및 안전관리에 관한 법률」 제41조제5항에 따른 보수·보강 등의 조치명령을 하는 경우: 화재예방안전진단의 결과를 제출받은 날로부터 14일 이내

4. 「소방시설 설치 및 관리에 관한 법률」 제23조제6항에 따른 조치명령을 하는 경우: 이행계획을 완료하지 아니하였음을 확인한 날로부터 10일 이내

5. 「화재로 인한 재해보상과 보험가입에 관한 법률」 제16조 및 같은 법 시행령 제12조의 안전점검결과를 통보받아 「소방시설 설치 및 관리에 관한 법률」 제12조제2항에 따른 조치명령을 하는 경우: 점검결과 접수일로부터 10일 이내

6. 제1호에서 제5호까지 규정한 것 외에 조치명령등이 필요한 경우: 그 사실을 안 날로부터 10일 이내

② 소방관서장은 제1항에 따른 조치명령등을 할 때에는 소방대상물의 관계인이 알기 쉽도록 다음 각 호의 기준에 따라 조치명령서, 선임명령서 또는 이행명령서를 작성·발부하여야 한다.

1. 조치명령등의 내용은 위반내용과 관계 증명서류 등을 참고하여 구체적으로 보완조치 대상·내용 및 근거 법령의 조문을 기재한다.

2. 조치명령등에 따른 보완기간은 조치대상 및 시정내용 규모 등을 감안하여 보완에 필요한 기간을 소방관서장이 정하여 명시하여야 한다.

3. 소방대상물의 관계인이 명령기간 내 시정하지 아니할 경우 받게 될 불이익을 자세히 기록한다.

4. 「행정절차법」 제26조에 따라 행정심판·행정소송 그 밖에 불복 방법, 청구절차 및 청구기간 등 필요한 사항을 기재하여야 한다.

③ 소방관서장은 제2항에 따른 조치명령등을 한 때에는 특별한 사정이 없는 한 명령기간 만료 후 10일 이내에 관계인이 제출한 이행 완료 증명자료 또는 현장 확인을 하여 그 이행 여부를 확인하여야 한다.

제4조(소방관계법령 위반자에 대한 처리방법) ① 「소방기본법」, 「화재의 예방 및 안전관리에 관한 법률」, 「소방시설 설치 및 관리에 관한 법률」, 「소방시설공사업법」 및 「다중이용업소의 안전관리에 관한 특별법」(이하 "소방관계법령"이라 하며, 시행령 및 시행규칙을 포함한다)의 벌칙을 적용하는 경우에는 별지 제1호서식의 소방관계법령 위반사실 보고서에 그 위반내용, 위반법규 등을 기록하고 별지 제2호서식 또는 별지 제3호서식의 소방관계법령 사실 자인(확인)서 등 증명자료를 첨부하여 소방관서장에게 보고하여야 한다. 다만, 관계인이 소방관계법령 사실 자인을 거부한 경우에는 날인거부를 명시한 소방관계법령 사실 자인(확인)서 등 증명자료를 첨부하여 보고할 수 있다.

② 소방관서장은 제1항의 벌칙을 적용하는 경우에는 「특별사법경찰관리에 대한 검사의 수사지휘 및 특별사법경찰관리의 수사준칙에 관한 규칙」 및 「소방특별사법경찰관리 집무규정」에 따른 특별사법경찰관리로 하여금 보강수사 등의 조치를 하도록 하여야 한다.

제3장 건축허가등 동의·소방시설의 적용 및 소방공사감리자 지정 등 〈생 략〉

제5장 소방대상물의 안전관리

제1절 특정소방대상물의 소방안전관리

제12조(소방안전관리자·소방안전관리보조자 선임·해임 관리 등) ① 소방본부장 또는 소방서장은 「화재의 예방 및 안전관리에 관한 법률」 제26조 및 제29조제1항과 「공공기관의 소방안전관리에 관한 규정」 제6조에 따라 소방안전관리자, 소방안전관리보조자 및 건설현장 소방안전관리자(이하 "소방안전관리자등"이라 한다)의 선임신고 또는 해임사실의 확인 내역 등을 「소방기본법」 제40조에 따라 설립된 한국소방안전원의 장(이하 "안전원장"이라 한다)으로부터 통보받아 별지 제7호서식의 소방안전관리자등 선임·해임 관리대장(공공기관의 경우에는 별지 제8호서식의 공공기관 소방안전관리자 선임·해임 관리대장)에 적고 관리하여야 한다. 다만, 소방안전관리자등 종합정보망을 통해 별도로 확인이 가능한 경우에는 그러하지 아니한다.

② 소방본부장 또는 소방서장은 소방안전관리자등 선임·해임 업무 등과 관련된 업무를 안전원장이 효율적으로 수행할 수 있도록 다음 각 호의 업무에 대해 협조하여야 한다. 이 경우 원활한 선임·해임 업무의 추진을 위해 소방본부·소방서 및 한국소방안전원 간 실무협의체를 구성·운영할 수 있다.

1. 「화재의 예방 및 안전관리에 관한 법률 시행령」 제25조제1항에 따른 소방안전관리대상물에 대한 소방민원정보시스템 등록
2. 「소방시설 설치 및 관리에 관한 법률」 제6조에 따른 특정소방대상물의 신축·증축·개축·재축·이전·용도변경 또는 대수선인 경우 완공일, 사용승인일, 용도변경일 등 현황 및 소방안전관리자 선임 대상 여부
3. 「소방시설공사업법」 제14조에 따른 소방시설 완공검사(부분완공검사를 포함한다) 현황 및 소방안전관리자 선임 대상 여부
4. 「화재의 예방 및 안전관리에 관한 법률」 제29조제1항에 따른 건설현장 소방안전관리대상물의 건축허가 동의, 착공신고일, 완공일, 사용승인일 현황 및 소방안전관리자 선임 대상 여부
5. 「화재의 예방 및 안전관리에 관한 법률 시행령」 제34조제2항제1호부터 제3호까지에 따른 정보 등록
6. 소방안전관리자등이 정해진 기간 내에 실무교육을 받도록 지도·감독에 관한 사항
7. 소방민원정보시스템(소방청)과 종합정보망(한국소방안전원) 간 데이터 연계

③ 소방본부장 또는 소방서장은 소방안전관리자를 선임하여야 하는 특정소방대상물(공공기관 포함)이 무인경비시스템 등에 의하여 운영(사람이 상주 근무 하지 아니하고 외부인의 출입이 금지된 곳에 한한다)되고 소방시설의 유지관리 담당자 또는 담당부서가 있는 경우에는 1인의 소방안전관리자로 하여금 업무를 수행하게 할 수 있다.

④ 「기업활동 규제완화에 관한 특별조치법」 제32조제2항에 따라 공동으로 소방안전관리자를 선임하는 경우 안전원장과 관할 소방서장은 동일한 산업단지 여부, 공동 선임된 특정소방대상물의 연면적 합계를 확인하여야 한다.

⑤ 안전원장은 소방안전관리자등 선임 업무와 관련하여 「화재의 예방 및 안전관리에 관한 법률」의 위반사항을 발견한 경우에는 지체 없이 증명자료를 첨부하여 관할 소방서장에게 통보하여야 한다.

⑥ 「화재의 예방 및 안전관리에 관한 법률」 법 제29조제1항에 따라 공사시공자가 선임하여야 하는 건설현장 소방안전관리자는 같은 법 제30조의 소방안전관리자 자격증(특급·1급·2급 또는 3급 소방안전관리자 자격증을 말한다)을 취득한 사람 중에서 안전원장이 실시하는 건설현장의 소방안전관리 강습교육을 수료한 자로 선임하여야 한다

⑦ 안전원장은 제1항부터 제6항까지 정한 것외에 소방안전관리자등 선임신고 등에 필요한 세부운영기준을 소방청장의 승인을 받아 세부규정을 정하여 운영할 수 있다.

제13조(소방안전관리자 실무경력 인정기준) 「공공기관의 소방안전관리에 관한 규정」 제5조에 따른 소방안전관리자로 근무한 실무경력은 다음 각 호의 기준에 따라 「화재의 예방 및 안전관리에 관한 법률 시행령」 별표 4 제1호나목·제2호나목·제3호나목·제4호나목 및 같은 법 시행령 별표 5 제2호에 따른 실무경력으로 인정할 수 있다.

1. 「화재의 예방 및 안전관리에 관한 법률 시행령」 별표 4 제2호가목에 해당하는 공공기관의 소방안전관리자로 근무한 경력이 있는 사람은 같은 법 시행령 별표 4 제1호나목 또는 제2호나목에 따른 실무경력으로 인정할 수 있다.
2. 「화재의 예방 및 안전관리에 관한 법률 시행령」 별표 4 제3호가목에 해당하는 공공기관의 소방안전관리자로 근무한 경력이 있는 사람은 같은 법 시행령 별표 4 제2호나목에 따른 실무경력으로 인정할 수 있다.

제14조(소방안전관리와 업무 겸직이 제한되는 안전관리자) 「화재의 예방 및 안전관리에 관한 법률」 제24조제2항에 따라 소방안전관리 업무와 겸할 수 없는 "전기·가스·위험물 등 다른 안전관리자"라 함은 다음 각 호의 어느 하나에 해당하는 안전관리자를 말한다.

1. 「전기안전관리법」 제22조에 따라 전기사업자 및 자가용전기설비의 소유자 또는 점유자가 선임하여야 하는 전기안전관리자
2. 「고압가스 안전관리법」 제15조에 따라 사업자등(고압가스제조자, 고압가스저장자 및 고압가스판매자는 제외한다)과 특정고압가스 사용신고자가 선임하여야 하는 안전관리자
3. 「액화석유가스의 안전관리 및 사업법」 제34조에 따라 액화석유가스 사업자등(액화석유가스 충전사업자, 액화석유가스 집단공급사업자 및 액화석유가스 판매사업자는 제외한다)과 액화석유가스 특정사용자가 선임하여야 하는 안전관리자
4. 「도시가스사업법」 제29조에 따라 특정가스사용시설의 사용자가 선임하여야 하는 안전관리자
5. 「위험물안전관리법」 제15조에 따라 제조소등의 관계인이 선임하여야 하는 위험물안전관리자
6. 「수소경제 육성 및 수소 안전관리에 관한 법률」 제42조에 따라 수소용품 제조사업자가 선임하여야 하는 안전관리자
7. 「송유관 안전관리법」 제7조 따라 송유관설치자등이 선임하여야 하는 안전관리자
8. 「화학물질관리법」 제32조 따라 유해화학물질 영업자가 선임하여야 하는 유해화학물질관리자

제15조(공공기관의 세부적용범위) ① 「공공기관의 소방안전관리자에 관한 규정」 제2조 각 호에 해당하는 공공기관의 세부적용범위는 다음 각 호와 같다.

1. 국가 및 지방자치단체: 중앙행정기관(부속·소속기관 포함), 특별지방행정기관, 보통지방자치단체(부속·소속기관 포함), 특별자치단체, 단위기관 (지구대 및 치안센터, 119안전센터, 보건소, 우체국, 농촌지도소 등)

2. 국공립학교: 전체

3. 「공공기관의 운영에 관한 법률」 제4조에 따른 공공기관 및 같은 법 제5조제4항제1호에 따른 공기업: 기획재정부장관이 고시하는 공기업. 다만, 같은 법 제4조제2항 각 호의 어느 하나에 해당하는 경우에는 「공공기관의 소방안전관리자에 관한 규정」을 적용하지 아니한다.

4. 「지방공기업법」 제49조에 따라 설립된 지방공사 또는 같은 법 제76조에 따라 설립된 지방공단

5. 「사립학교법」 제2조제1호에 따라 설립된 교육기관으로 다음 각 목의 어느 하나에 해당하는 학교

　가. 「유아교육법」 제2조제2호의 학교: 유치원

　나. 「초·중등교육법」 제2조의 학교: 초등학교·중학교·고등공민학교, 고등학교·고등기술학교, 특수학교, 각종학교

　다. 「고등교육법」 제2조의 학교: 대학, 산업대학, 교육대학, 전문대학, 방송대학·통신대학·방송통신대학 및 사이버대학, 기술대학, 각종학교

② 다음 각 호의 경우에는 소방안전관리자를 선임함에 있어 「공공기관의 소방안전관리자에 관한 규정」 제5조의 규정에도 불구하고 「화재의 예방 및 안전관리에 관한 법률 시행령」 제25조를 적용한다.

1. 공공기관이 소유한 특정소방대상물 전체를 공공기관이 아닌 자(이하 "일반인"이라 한다)가 사용하고 관리하는 경우

2. 일반인이 소유하고 관리하는 특정소방대상물 일부를 공공기관이 사용하는 경우

③ 제2항의 경우에는 「소방시설 설치 및 관리에 관한 법률 시행규칙」 별표 3 제3호 종합점검의 점검 대상을 적용할 때에는 1)부터 4)까지의 기준을 적용한다.

제16조(감독적 직위에 있는 자 등) ① 「공공기관의 소방안전관리에 관한 규정」 제5조제1항에 따른 "감독직위에 있는 사람"이란 해당 공공기관의 사무분장에 따라 소방안전관리 업무를 수행하여야 하는 부서의 장 또는 책임자를 말한다. 이 경우 해당 공공기관의 직제에 소방안전관리업무를 수행하는 부서 또는 책임자가 없는 경우에는 기관장 또는 기관장이 지정하는 직위에 있는 사람을 말한다.

② 소방본부장 또는 소방서장은 공공기관의 소방안전관리자로 선임된 사람에 대하여 「공공기관의 소방안전관리에 관한 규정」 제8조에 따른 실무교육을 받도록 지도하여야 한다.

③ 「공공기관의 소방안전관리에 관한 규정」 제6조에 따른 소방안전관리자 선임통보 방법은 선임된 소방안전관리자의 성명·직위·소방관련 취득 자격 및 강습교육 수료여부를 해당 공공기관으로부터 공문서로 통보받거나 「화재의 예방 및 안전관리에 관한 법률 시행규칙」 별지 제15호서식에 따라 신고받을 수 있다. 이 경우 안전원장은 자격의 취득여부 및 강습교육 수료여부를 확인할 수 있는 증명자료를 해당 공공기관의 장에게 요청할 수 있다. 다만, 종합정보망을 통해 확인할 수 있는 경우에는 그러하지 아니한다.

제6장 소방관련업의 등록 등 〈생 략〉

제7장 소방시설관리사 행정처분 〈생 략〉

제8장 법령운용 및 민원업무처리에 관한 공통규정

제35조(훈령의 운용) ① 이 규정은 소방관계법령이 정하는 사항 중 일선 소방관서의 실무처리상 필요한 사항을 정하는 기관 내부의 규정으로서 민원인에게 이 규정을 근거로 법령에 없는 새로운 규제를 가할 수 없다.

② 소방관계법령 또는 다른 법령의 개정 등으로 관련 규정이 법령에 위반하거나 법령의 입법 취지에 반하는 때에는 해당 규정은 그때부터 효력을 상실한다.

제36조(법령의 질의) ① 소방관서장이 소방관계법령에 관한 질의를 할 때에는 다음 각 호의 검토서를 첨부하여 질의하여야 한다.

1. 민원업무처리와 관련된 사안에 관하여는 민원업무처리에 관한 관련 법령(「민원 처리에 관한 법률」, 민원처리기준표 고시, 기타 지방자치단체별 민원사무 관련 자치법규 등)과 내부지침 등을 충분히 검토한 검토의견서

2. 법령 규정이 모호하거나 불분명하다고 인정되는 때에는 그 사유와 검토의견서

3. 그 밖의 법령질의가 필요하다고 판단되는 사유 또는 검토의견서

② 소방시설 적용에 관한 특례 등 소방관계법령에서 정하는 특례규정에 해당되는 사항에 대하여는 특정소방대상물의 구조·용도·수용인원 및 취급물품 등 제반 여건에 적합한 객관적이고 명확한 판단기준을 정하여 심의회 등의 운영을 통하여 처리하여야 하며, 특례규정의 해당여부를 중앙부처에 질의할 수 없다. 다만, 전문적·기술적인 검토가 필요한 경우에는 제1항에 따라 질의할 수 있다.

제37조(재검토기간) 소방청장은 「훈령·예규 등의 발령 및 관리에 관한 규정」에 따라 이 훈령에 대하여 2023년 1월 1일 기준으로 매 3년이 되는 시점(매 3년째의 12월 31일까지를 말한다)마다 그 타당성을 검토하여 개선 등의 조치를 하여야 한다.

① 소방관서장은 국민의 화재 예방과 안전에 관해 의식을 높이고 화재의 예방과 안전문화를 진흥시키기
소방청장, 소방본부장 또는 소방서장
(시 · 도지사 X)
위한 다음 각 호의 활동을 적극 추진하여야 한다.

1. 화재의 예방 및 안전관리에 관한 의식을 높이기 위한 활동 및 홍보

2. 소방대상물 특성별 화재의 예방과 안전관리에 필요한 행동요령의 개발 · 보급

3. 화재의 예방과 안전문화 우수사례의 발굴 및 확산

4. 화재 관련 통계 현황의 관리 · 활동 및 공개

5. 화재의 예방과 안전관리 취약계층에 대한 화재의 예방 및 안전관리 강화

6. 그 밖에 화재의 예방과 안전문화를 진흥하기 위한 활동

② 소방관서장은 화재의 예방과 안전문화 활동에 국민 또는 주민이 참여할 수 있는 제도를 마련하여
소방청장, 소방본부장 또는 소방서장

시행할 수 있다.

제43조는 화재의 예방과 안전문화 진흥을 위한 시책의 추진 의무를 명시한다. 그 내용은 제4조에 따른 기본계획에 포함되어야 하는 사항과 유사한 부분도 있지만, 목표와 시행 주체가 다르다.

소방청장이 수립하는 『화재의 예방과 안전관리 기본계획』제4조제3항은 정부가 설정한 정책 목표를 달성하기 위하여 5년마다 수립 · 시행하는 공식적인 행동 지침이자 장기적인 거시 청사진을 의미한다. 그러나 『화재의 예방과 안전문화 진흥을 위한 시책』제43조제1항은 국민의 화재 예방과 안전에 관한 의식을 높이고 화재의 예방과 안전문화를 진흥시키기 위한 목적으로, 이 법이 존재하는 한 지속되는 소방관서장(소방청장, 소방본부장, 소방서장)이 추진하여야 하는 구체적인 활동이다.

추진 활동의 내용 중 홍보와 통계관리는 기본계획에 포함되는 내용과 동일하지만, 소방대상물 특성별 행동요령의 개발 · 보급, 우수사례의 발굴 및 확산, 취약계층에 대한 화재의 예방 및 안전관리 강화 등은 기본계획보다 국민 생활에 좀 더 근접한 활동이다.

국민 또는 관할 구역의 주민이 참여할 수 있는 제도를 마련하는 것도 소방청장, 소방본부장 그리고 소방서장의 의무로 규정하므로, 소방관서장은 국민 또는 관할 구역 주민이 화재 예방과 안전문화 활동에 참여할 수 있는 주민참여제도를 마련하고 운영해야 한다.

③ 소방청장은 국민이 화재의 예방과 안전문화를 실천하고 체험할 수 있는 체험시설을 설치·운영할 수 있다.

'소방체험관'(「소방기본법」 제5조) X

④ 국가와 지방자치단체는 지방자치단체 또는 그 밖의 기관·단체에서 추진하는 화재의 예방과

안전문화활동을 위하여 필요한 예산을 지원할 수 있다.

「소방기본법」 제5조에 따라 시·도지사가 설립·운영하는 소방체험관과 별도로, 소방청장이 체험시설을 설치·운영할 수 있는 근거를 마련하고 있다. 이는 소방체험관과 같이 독립된 시설이라기보다는 소방청장이 설립·운영하는 소방박물관 또는 소방청장의 지휘를 받는 국립소방연구원, 중앙·지방소방학교, 소방본부, 소방서 등의 소방기관 내에 설치하는 체험시설을 모두 포함하는 개념으로 해석된다.

전국 대부분의 소방서에는 관할 구역의 주민이 이용할 수 있는 체험시설로 119안전교실, 소화기 체험존, 옥내소화전 체험장, 미로 탈출 체험, 완강기 체험장, 지진 체험실(차량), CPR 교육장, 풍수해 체험장, 소방유물 전시관, VR 안전체험관 등 다양한 명칭과 규모로 설치되어 운영되고 있다.

또한, 화재의 예방과 안전문화 진흥을 위한 시책을 추진하는 데는 예산이 수반되므로, 이를 위하여 국가와 지방자치단체가 예산을 지원할 수 있는 근거를 명시하는 것은 시책 추진의 견고한 기반이다.

① 소방청장은 소방대상물의 자율적인 안전관리를 유도하기 위하여 안전관리 상태가 우수한
소방본부장 X, 소방서장 X, 시·도지사 X

소방대상물을 선정하여 우수 소방대상물 표지를 발급하고, 소방대상물의 관계인을 포상할 수 있다.

② 제1항에 다른 우수 소방대상물의 선정 방법, 평가 대상물의 범위 및 평가 절차 등에 필요한 사항은

행정안전부령으로 정한다.
① 소방청장은 우수 소방대상물의 선정 및 관계인에 대한 포상을 위하여 우수 소방대상물의 선정방법, 평가 대상물의 범위 및 평가 절차 등에 관한 내용이 포함된 시행계획(이하 "시행계획"이라 한다)을 매년 수립·시행해야 한다.
② 소방청장은 우수 소방대상물 선정을 위하여 필요한 경우에는 소방대상물을 직접 방문하여 필요한 사항을 확인할 수 있다.
③ 소방청장은 우수 소방대상물 선정의 객관성 및 전문성을 확보하기 위하여 필요한 경우에는 다음 각 호의 어느 하나에 해당하는 사람이 2명 이상 포함된 평가위원회를 성별을 고려하여 구성·운영할 수 있다. 이 경우 평가위원회의 위원에게는 예산의 범위에서 수당, 여비 등 필요한 경비를 지급할 수 있다.
1. 소방기술사(소방안전관리자로 선임된 사람은 제외한다)
2. 소방시설관리사
3. 소방 관련 석사 이상의 학위를 취득한 사람
4. 소방 관련 법인 또는 단체에서 소방 관련 업무에 5년 이상 종사한 사람
5. 소방공무원 교육기관, 대학 또는 연구소에서 소방과 관련한 교육 또는 연구에 5년 이상 종사한 사람

소방청장은 관계인 등의 사기 진작과 자율적인 안전관리 체계를 정착시키기 위하여, 매년 안전관리 상태가 우수한 소방대상물을 선정하여 우수 소방대상물 표지를 발급하고 해당 관계인을 포상한다.

소방청장은 우수 소방대상물의 선정 방법과 평가 대상물의 범위 및 평가 절차, 포상의 종류·수량 등이 포함된 안전대상 시행계획을 매년 3월 31일까지 수립하여 30일 이상 공고한다. 또한 한국소방안전원, 사단법인 한국안전인증원, 한국소방산업기술원 등의 기관·단체를 주관기관으로 지정하여 안전대상 관련 업무를 수행하게 할 수 있으며, 평가는 서류심사, 현장심사 및 최종심사로 구분하여 시행한다.

공정하고 전문적인 심사를 위하여 소방청에 과반수 이상의 소방 관련 외부 전문가로 구성된 안전대상 평가위원회를 두는데, 위원장은 외부 위원 중에서 소방청장이 임명하고, 평가위원회는 출석위원 2/3 이상의 찬성으로 의결한다.

안전대상을 수상한 우수 소방대상물은 인증표지가 수여되고, 「소방시설 자체점검사항 등에 관한 고시」 제9조제1항제1호[120]에 따라 소방시설 자체점검 중 일부가 면제된다.

그 밖의 사항은 「우수소방대상물 선정 및 포상 등에 관한 운영 규정」에서 확인할 수 있다.

---

120) 「소방시설 자체점검사항 등에 관한 고시」 제9조(소방시설등 종합점검 면제 대상 및 기간)
　　① 소방청장, 소방본부장 또는 소방서장은 … 다음 각 호의 어느 하나에 해당하는 특정소방대상물의 경우에는 각 호에서 정하는 기간 동안에는 종합점검을 면제할 수 있다. 이 경우 특정소방대상물의 관계인은 1년에 1회 이상 작동점검은 실시하여야 한다.
　　1. 「화재의 예방 및 안전관리에 관한 법률」 제44조 및 「우수소방대상물의 선정 및 포상 등에 관한 규정」에 따라 대한민국 안전대상을 수상한 우수소방대상물: 다음 각 목에서 정하는 기간
　　가. 대통령, 국무총리 표창(상장·상패를 포함한다. 이하 같다): 3년
　　나. 장관, 소방청장 표창: 2년
　　다. 시·도지사 표창: 1년

우수 소방대상물 선정 및 포상 등에 관한 운영 규정

[시행 2022. 12. 1.] [소방청고시 제2022-69호, 2022. 12. 1., 전부개정]

제1조(목적) 이 규정은 「화재의 예방 및 안전관리에 관한 법률 시행규칙」 제47조제4항에서 위임한 우수 소방대상물 평가, 평가위원회 구성·운영, 포상의 종류·명칭 및 우수 소방대상물 인증표지 등에 관한 사항을 규정함을 목적으로 한다.

제2조(포상의 명칭 등) ① 우수 소방대상물 선정을 위한 평가항목은 **별표 1**과 같다.

② 우수소방대상물로 선정된 소방대상물의 관계인에게 주는(또는 수여하는) 상(賞)의 명칭을 대한민국 안전대상(이하 "안전대상"이라 한다)이라 한다.

③ 제1항에 따른 안전대상의 시상은 소방청장이 한다.

제3조(시행계획 수립 등) ① 소방청장은 「화재의 예방 및 안전관리에 관한 법률 시행규칙」(이하 "규칙"이라 한다) 제47조제1항에 따른 시행계획(이하 "안전대상 시행계획"이라 한다)을 매년 3월 31일까지 수립하여 시행하여야 한다.

② 제1항에 따른 안전대상 시행계획에는 포상의 종류, 수량, 신청자격, 신청방법, 심사기준 및 제출서류 등에 관한 사항이 포함되어야 한다.

③ 소방청장은 안전대상을 수여할 우수소방대상물의 선정과 관련된 업무를 다음 각 호의 기관·단체와 합동으로 추진할 수 있다.

1. 「소방기본법」 제40조에 따라 설립된 한국소방안전원

2. 사단법인 한국안전인증원

3. 「소방산업의 진흥에 관한 법률」 제14조에 따른 한국소방산업기술원

4. 그 밖에 소방청장이 필요하다고 인정하는 기관·단체

④ 소방청장은 필요한 경우 제3항에 따른 기관·단체를 안전대상 시행을 위한 주관기관으로 지정하고 소방청장을 대신하여 안전대상에 관한 업무를 수행하게 할 수 있다.

제4조(안전대상 공고 및 신청) ① 소방청장은 안전대상 시행계획을 수립하고 소방청 및 제3조제3항의 기관·단체 등의 홈페이지에 30일 이상 공고하여야 한다.

② 안전대상은 누구나 신청 가능하며 신청을 원하는 자는 제3조제2항에서 정하는 바에 따라 소방청 또는 제3조제3항에 따른 기관·단체에게 제출하여야 한다.

제5조(우수 소방대상물 평가 방법) ① 우수 소방대상물 평가는 서류심사, 현장심사 및 최종심사로 구분하여 시행한다.

② 서류심사는 신청자격, 제출서류 등의 적합여부만을 심사한다.

③ 현장심사는 제2항의 서류심사에 적합한 대상에 대하여 별표 1에 따른 평가항목을 심사한다.

④ 최종심사는 현장심사를 실시한 대상에 대하여 서류심사 및 현장심사 결과를 종합하여 최종 우수 소방대상물을 심사한다.

제6조(의견수렴) 심사결과 등은 소방청 홈페이지 등에 14일 이상 공개하여 의견을 수렴한다.

제7조(평가위원회 구성·운영 등) ① 안전대상을 공정하게 심의·결정하기 위하여 소방청에 안전대상 평가위원회(이하 "평가위원회"라 한다)를 둔다.

② 평가위원회는 위원장, 위원으로 구성하며, 위원장은 외부위원 중에서 학식·경험 등을 종합적으로 고려하여 소방청장이 임명한다.

③ 평가위원회는 과반수 이상을 외부위원으로 구성하며, 출석위원 2/3 이상의 찬성으로 의결한다.

④ 평가위원회 위원은 제3조제3항 각 호에 해당하는 기관·단체, (사)한국화재소방학회, (사)한국소방기술사회 등 전문 기관·단체에서 추천한 전문가 중에서 소방청장이 위촉한다.

⑤ 평가위원회 위원은 평가대상 또는 평가대상 관계자와 이해관계가 있는 경우에는 심의 또는 심사에 참여하여서는 아니 된다.

제8조(부상 등) ① 안전대상을 수여한 우수 소방대상물에는 인증표지를 수여하며, 인증표지의 규격과 재질은 **별표 2**와 같다.

② 제1항에 따라 안전대상을 수상한 우수 소방대상물에 대해서는 「소방시설 자체점검사항 등에 관한 고시」 제9조에서 정하는 바에 따라 소방시설 자체점검 중 일부를 면제할 수 있다.

제9조(재검토기한) 소방청장은 「훈령·예규 등의 발령 및 관리에 관한 규정」에 따라 이 고시에 대하여 2022년 12월 1일 기준으로 매 3년이 되는 시점(매 3년째의 11월 30일까지를 말한다)마다 그 타당성을 검토하여 개선 등의 조치를 하여야 한다.

[별표 1] 평가항목 (제2조 관련)
[별표 2] 인증표지의 규격 재질 등 (제8조 관련)

[별표 1] 평가항목(제2조 관련)

대항목		세 부 항 목		비고
I. 안전경영시스템분야		1. 건축물 안전 경영목표 등 추진계획	2. 경영자의 공간안전투자 및 지원활동	200점
		3. 안전관리 체계 및 조직운영	4. 안전관리자의 책임과 권한	
		5. 경영자의 사업목표 재해율, 재해감소 목표 등	6. 소방계획서 수립 적정성(위험특성 분석 및 반영)	
		7. 소방계획서 이행실태	8. 경영주 등 관리자 참여 안전의식	
		9. 전직원 소소심 등 안전의식 추진사항 (소소심: 소화기 및 소화전사용 및 CPR익히기)	10. 자위소방대 편성·운영 실태	
		11. 협력업체의 안전관리 추진사항	12. 사업장의 정리정돈, 청소, 청결 등 안전조치	
		13. 소방교육·훈련 시행계획 및 이행여부	14. 자체점검 이행 및 사후관리 실태	
II. 소방시설안전분야		1. 소방설비 적정성 및 조작능력·주지도	2. 소화기구	250점
		3. 옥내·외소화전설비	4. 스프링클러설비	
		5. 물분무·포소화설비	6. 가스계·분말소화설비	
		7. 경보설비	8. 피난·인명구조설비	
		9. 유도등·비상조명등	10. 소화용수·소화수조·저수조	
		11. 제연·연소방지설비	12. 연결송수관·살수설비	
		13. 비상콘센트·비상전원수전설비		
		※ (참고) 해당시설 미적용분야 점수보정: (시설별 획득점수 합계)+(획득점수×20%) = 평가점수		
III. 건축방화안전분야		1. 주요구조	2. 외벽의 개구부	200점
		3. 내장재료	4. 공간특성	
		5. 방·배연설비	6. 공조방·배연설비의 활용	
		7. 수평구획·벽체 (평면적 구획)	8. 수직구획(중간구획) 및 수직관통부	
		9. 방화문 등의 개폐		
IV. 에너지 안전관리	(1)위험물분야	1. 안전거리 및 보유공지	2. 표지 및 게시판	250점
		3. 건축물의 구조 및 옥외 설비 등	4. 채광·조명·환기·배출설비	
		5. 위험물취급·저장탱크 및 배관	6. 위험물시설의 소방설비	
		7. 위험물 안전관리자의 지위 및 업무수행사항	8. 기타, 위험물취급·저장관련 설비 등	
	(2)전기분야	1. 전기안전관리실태	2. 전기안전관련규정 및 문서이행	
		3. 전기안전관리체계 및 인력	4. 전기안전점검기록 및 재발방지조치 등	
	(3)가스분야	1. 가스안전관리실태	2. 가스안전관련규정및 문서이행	
		3. 가스안전관리체계 및 인력	4. 가스안전점검기록 및 재발방지조치 등	
V. 피난·자연재해 안전분야	(1)피난시설	1. 피난시설	2. 상근자 실효성 및 행동력	50점
		3. 시설 이용자의 행동의식 및 외래자의 상태 등	4. 사고사례점검 및 재발방지 조치 등	
	(2)자연재해	1. 자연재해에 대한 종합계획수립	2. 기상이변에 대한 비상계획 수립	50점
		3. 비상사태에 대한 구조 및 복구계획		

※ 건축물의 규모 및 용도 등에 따라 평가항목 및 점수 등 변경적용 가능 [예시: 위험물 시설(IV) 미적용 대상 V-1.2 분야점수의×2배 적용 등]

[별표 2] 인증표지의 규격 재질 등(제8조 관련)

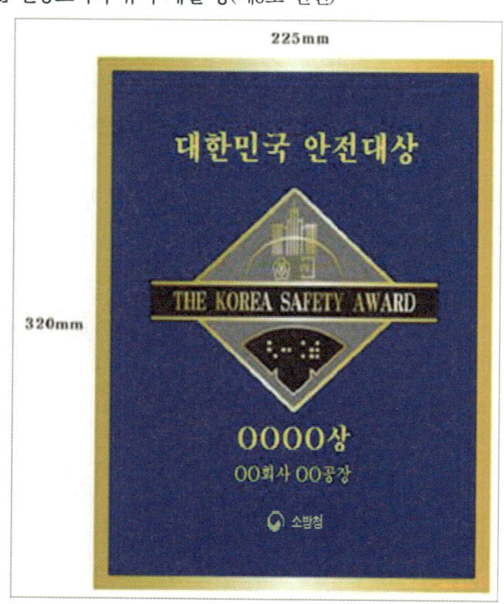

1. 규격: 사각형 225 × 320 mm
2. 재질: 황동동판(신주)
3. 글씨체: 대한민국안전대상: 견명조체
4. 이미지 컬러: 대한민국안전대상 로고: Pantone 423c, 432c
5. 바탕 컬러: 메인컬러: Pantone 287c

제45조(조치명령 등의 기간연장)

① 다음 각 호에 따른 조치명령·선임명령 또는 이행명령(이하 "조치명령등" 이라 한다)을 받은

관계인 등은 천재지변이나 그 밖에 대통령령으로 정하는 사유로 조치명령등을 그 기간 내에

① 재난 ② 경매 등의 사유로 소유권이 변동 중이거나 변동된 경우 ③ 관계인의 질병, 사고, 장기출장의 경우
④ 관계인이 여러 명(시장·상가·복합건축물 등)으로 구성되어 조치명령등의 이행에 대한 의견을 조정하기 어려운 경우
⑤ 부도 또는 도산 등 중대한 위기가 발생하여 조치명령등을 그 기간 내에 이행할 수 없는 경우

이행할 수 없는 경우에는 조치명령등을 명령한 소방관서장에게 대통령령으로 정하는 바에 따라

시행규칙 별지 제38호서식 조치명령등의 기간연장 신청서에
기간연장의 사유 및 기간 등을 적어 소방관서장에게 제출해야 하고,
소방관서장은 3일 이내에 신청 결과 통지서를 관계인 등에게 통지해야 한다.

조치명령등의 이행시기를 연장하여 줄 것을 신청할 수 있다.

1. 제14조에 따른 소방대상물의 개수·이전·제거, 사용의 금지 또는 제한, 사용폐쇄, 공사의 정지
   또는 중지, 그 밖의 필요한 조치명령 → 화재안전조사 결과에 따른 조치명령(소방관서장)

2. 제28조제1항에 따른 소방안전관리자 또는 소방안전관리보조자 선임명령
   → 소방안전관리자 선임명령 등(소방본부장 또는 소방서장)

3. 제28조제2항에 따른 소방안전관리업무 이행명령 → 특정소방대상물의 소방안전관리업무 이행 명령(소방본부장 또는 소방서장)

② 제1항에 따라 연장신청을 받은 소방관서장은 연장신청 승인 여부를 결정하고 그 결과를 조치명령등의

이행 기간 내에 관계인 등에게 알려 주어야 한다.

소방관서에서 문서로 통보되는 각종 명령은 위반 시 벌칙이 매우 무거워 신중하게 결정되어야 한다. 화재안전조사 결과에 따른 조치명령, 소방안전관리자·소방안전관리보조자 선임명령, 특정소방대상물의 관계인·소방안전관리자에 대한 소방안전관리업무 이행 명령은 위반 시 '3년 이하의 징역 또는 3,000만 원 이하의 벌금' 에 처해진다.

만일, 명령을 받은 관계인이 천재지변이나 재난, 소유권 변동, 관계인의 장기 부재 등 다양한 사유로 어쩔 수 없이 그 기간 안에 명령을 이행할 수 없는 경우는 『조치명령등의 기간연장 신청서』^{시행규칙 별지 제38호서식}에 그 사유를 증명할 수 있는 서류를 첨부하여 명령을 통보한 소방관서장에게 제출해야 한다.

연장 신청서를 받은 소방관서장은 신청받은 날부터 3일 이내에 기간 연장 여부를 결정하여 『조치명령등의 기간연장 신청 결과 통지서』^{시행규칙 별지 제39호서식}를 통지해야 한다. 주의할 점은 연장 신청서 제출과 신청 결과 통지서의 통지는 조치명령등의 이행 기간 만료일 전에 이루어져야 한다. 이행 기간이 지난 후에는 이미 명령을 이행하지 않은 것이므로 연장 신청서를 제출할 수 없다.

소방청장 또는 시·도지사는 다음 각 호의 어느 하나에 해당하는 처분을 하려면 청문을 하여야 한다.

행정청이 어떠한 청문을 하기 전에 당사자등의 의견을 직접 듣고 증거를 조사하는 절차(「행정절차법」 제2조제5호)
※ 「행정절차법」 제22조(의견청취)

1. 제31조제1항에 따른 소방안전관리자의 자격 취소   자격정지 X
   • 부정한 방법으로 소방안전관리자 자격증을 발급받은 경우
   • 소방안전관리자 자격증을 다른 사람에게 빌려준 경우

2. 제42조제2항에 따른 진단기관의 지정 취소   업무정지 X
   • 부정한 방법으로 지정을 받은 경우
   • 지정기준에 미달하게 된 경우(3차 이상 위반 시)
   • 업무정지기간에 화재예방안전진단 업무를 한 경우

'청문(聽聞)'이란 결정권을 가진 기관이 어떤 판결이나 처분을 내리기 전에 당사자의 의견을 직접 듣고 증거를 조사하는 민주적인 확인 절차이다. 「행정절차법」 제2조제5호에 따른 정의는 '행정청이 어떠한 처분을 하기 전에 당사자등의 의견을 직접 듣고 증거를 조사하는 절차'이다. 이는 행정의 공정성과 투명성을 높이고, 국민의 권익이 부당하게 침해받지 않도록 하기 위함이다.

소방청장이 발급한 소방안전관리자의 자격을 취소할 때와 소방청장이 지정한 화재예방안전진단기관의 지정을 취소할 때는 반드시 제46조에 따라 청문을 하여야 한다. 소방안전관리자의 자격정지와 화재예방안전진단기관의 업무정지는 이 법에 따른 청문 대상이 아니며, 그 외의 청문과 관련된 사항은 행정 절차에 관한 일반법인 「행정절차법」을 따른다.

제47조(수수료 등)

다음 각 호의 어느 하나에 해당하는 자는 행정안전부령으로 정하는 수수료 또는 교육비를 내야 한다.
시행규칙 제49조(수수료 및 교육비)

1. 제30조제1항에 따른 소방안전관리자 자격시험에 응시하려는 사람
특급 1차시험: 18,000원, 특급 2차시험: 24,000원, 1 · 2 · 3급 시험: 12,000원, 자격수첩 발급 또는 재발급: 10,000원

2. 제30조제2항 및 제3항에 따른 소방안전관리자 자격증을 발급 또는 재발급 받으려는 사람
10,000원

3. 제34조에 따른 강습교육 또는 실무교육을 받으려는 사람
• 강습 ~ 특급: 96만원, 1급: 48만원, 2급 · 공공기관: 24만원, 3급: 14만4천원, 업무대행감독자: 9만6천원, 건설현장: 14만4천원
• 실무 ~ 5만5천원, 소방안전관리보조자: 3만원

4. 제41조제1항에 따라 화재예방안전진단을 받으려는 사람
직접인건비 + 직접경비 + 제경비 + 기술료

소방안전관리자 자격시험에 응시하려면 자격 등급에 따라 12,000원(1 · 2 · 3급 시험)에서 24,000원(특급 2차 시험)의 수수료를 납부하여야 하며, 자격증을 발급 또는 재발급하려면 10,000원의 수수료를 납부하여야 한다. 또한 강습교육 또는 실무교육을 받기 위해서는 종류에 따라 30,000원(소방안전관리보조자 실무교육)에서 960,000원(특급 강습교육)까지의 교육비를 납부하여야 한다.

다만, 다음과 같은 경우에는 해당 수수료 또는 교육비의 전부를 반환하며, 시험 시행일 또는 교육 실시일 10일 전까지 접수를 취소하면 납입한 수수료 또는 교육비의 1/2을 반환한다.

• 과오납한 경우
• 시험시행기관 또는 교육실시기관에 책임이 있는 사유로 시험에 응시하지 못하거나 교육을 받지 못한 경우
• 직계가족의 사망, 본인의 사고 또는 질병, 격리가 필요한 감염병이나 예견할 수 없는 기상상황 등으로 인해 시험에 응시하지 못하거나 교육을 받지 못한 경우
• 원서접수기간 또는 교육신청기간에 접수를 철회한 경우
• 시험시행일 또는 교육실시일 20일 전까지 접수를 취소한 경우

화재예방안전진단을 위한 수수료는 직접인건비, 직접경비, 제경비 그리고 기술료를 합산한 금액으로 한다.

그 밖의 수수료 및 교육비에 관한 상세한 사항은 시행규칙 [별표 9]를 참고한다.

「화재의 예방 및 안전관리에 관한 법률 시행규칙」 [별표 9] **수수료 및 교육비**

1. 자격증 발급 및 시험응시 수수료

납부 대상자	수수료 금액
가. 법 제30조제1항에 따른 소방안전관리자 자격시험에 응시하려는 사람	특급 제1차시험: 1만8천원 특급 제2차시험: 2만4천원 1·2·3급시험: 1만2천원
나. 법 제30조제2항 및 제3항에 따른 소방안전관리자 자격증(수첩형)을 발급 또는 재발급받으려는 사람	1만원

2. 교육비

납부 대상자	납부 금액
가. 영 별표 4의 특급 소방안전관리대상물에 대한 소방안전관리업무 강습교육을 받으려는 사람	96만원
나. 영 별표 4의 1급 소방안전관리대상물에 대한 소방안전관리업무 강습교육을 받으려는 사람	48만원
다. 영 별표 4의 2급 소방안전관리대상물에 대한 소방안전관리업무 강습교육 및 공공기관 소방안전관리 강습교육을 받으려는 사람	24만원
라. 영 별표 4의 3급 소방안전관리대상물에 대한 소방안전관리업무 강습교육을 받으려는 사람	14만4천원
마. 법 제24조제3항에 따라 선임된 소방안전관리자 업무대행 감독자에 대한 강습교육을 받으려는 사람	9만6천원
바. 법 제29조제1항에 따른 건설현장에 대한 소방안전관리업무 강습교육을 받으려는 사람	14만4천원
사. 법 제34조제1항제2호에 따른 소방안전관리자에 대한 실무교육을 받으려는 사람	5만5천원
아. 법 제34조제1항제2호에 따른 소방안전관리보조자에 대한 실무교육을 받으려는 사람	3만원

3. 화재예방안전진단 수수료

   가. 법 제41조제1항에 따라 화재예방안전진단을 받으려는 자는 다음의 계산식에 따라 산출한 수수료(천원 미만은 절사한다)를 납부해야 한다.

구분	계산식
수수료	직접인건비 + 직접경비 + 제경비 + 기술료

   나. 가목의 계산식에서 직접인건비, 직접경비, 제경비 및 기술료는 다음의 값으로 한다.

구분	내용
직접인건비	1) 직접인건비는 진단단계별 각 공사량에 진단단계별 투입인력의 노임단가를 곱하여 산출한 금액의 합계 금액으로 한다. 2) 1)에서 진단단계별 각 공사량은 현장시설진단의 용도별 공사량에 보정계수1을 곱하고 사전조사의 공사량, 비상대응훈련의 공사량 및 보고서작성의 공사량에 보정계수2를 곱한 값으로 한다. 3) 1)에서 노임단가는 「엔지니어링산업 진흥법」 제31조에 따른 엔지니어링사업대가의 기준 중 기타부분의 노임단가로 한다. 4) 노임단가 산정 시 투입인력의 등급은 「엔지니어링산업 진흥법 시행령」 제4조에 따른다.
직접경비	직접인건비에 0.1을 곱하여 산출한 금액으로 한다.
제 경 비	직접인건비에 1.1을 곱하여 산출한 금액으로 한다.
기 술 료	직접인건비와 제경비의 합에 0.2를 곱하여 산출한 금액으로 한다.

   다. 나목에서 진단단계별 분야별 공사량은 다음과 같다.

구분		공사량									
진단 단계	용도별	영 별표 8 제2호가목에 따른 전문인력				영 별표 8 제2호나목에 따른 분야별 전문인력					
		합계	소방기술사	소방시설관리사	그 밖의 기술사 등	소방	전기	건축	가스	화공	위험물
사전 조사	전체	1.0									
현장 시설 진단	공항	4.5	0.5	0.5	0.5	1.0	0.4	0.7	0.2	0.2	0.5
	철도, 도시철도, 항만	3.0	0.5	0.5	0.2	0.7	0.3	0.4	0.1	0.1	0.2
	공동구	3.0	0.5	0.5	0.2	0.5	0.5	0.4	0.2	0.1	0.1
	천연가스인수기지, 가스공급시설	5.0	0.5	0.5	0.5	1.0	0.3	0.7	1.0	0.2	0.3
	발전소	5.0	0.7	0.5	0.5	1.0	0.5	0.7	0.3	0.5	0.3
비상대응훈련		4.0(소방안전교육사1명 포함)									
보고서 작성(시뮬레이션 포함)		4.0									

   라. 나목에서 보정계수 값은 다음과 같이 한다.

연면적의 합계(㎡)	보정계수1 (현장진단)	보정계수2 (사전조사, 비상대응훈련 및 보고서작성)
10,000 이하	1.0	0.25
10,000 초과 ~ 15,000 이하	1.5	0.50
15,000 초과 ~ 20,000 이하	2.0	0.50
20,000 초과 ~ 25,000 이하	2.5	1.00
25,000 초과 ~ 30,000 이하	3.0	1.00
30,000 초과 ~ 35,000 이하	3.5	1.50
35,000 초과 ~ 40,000 이하	4.0	1.50
40,000 초과 ~ 45,000 이하	4.5	1.50
45,000 초과 ~ 50,000 이하	5.0	1.50
50,000 초과 ~ 60,000 이하	6.0	2.00
60,000 초과 ~ 70,000 이하	7.0	2.00
70,000 초과 ~ 80,000 이하	8.0	2.00
80,000 초과 ~ 90,000 이하	9.0	2.00
90,000 초과 ~ 100,000 이하	10.0	2.00
100,000 초과	11.0으로 하되 10,000 초과 시 마다 1.0을 더한 수치	2.10으로 하되 100,000 초과 시 마다 0.1을 더한 수치

비고
1. 수수료 및 교육비는 계좌입금의 방식 또는 현금으로 납부하거나 신용카드로 결제해야 한다. 다만, 정보통신망을 이용하여 전자화폐·전자결제 등의 방법으로 결제할 수 있다.
2. 제1호가목에도 불구하고 영 별표 4 제2호부터 제4호까지에 해당하는 소방안전관리대상물의 소방안전관리자가 되려는 사람이 강습교육 마지막일(원격 교육과정의 경우 수료 후 처음 시험에 응시하는 경우를 말한다)에 실시하는 소방안전관리자 자격시험에 응시하는 경우에는 응시 수수료를 납부한 것으로 본다.
3. 강습교육을 받으려는 사람은 강습교육 수강신청 시 교육비를 납부해야 한다.

제48조(권한의 위임·위탁 등)

① 이 법에 따른 소방청장 또는 시·도지사의 권한은 그 일부를 대통령령으로 정하는 바에 따라

소방안전관리자 자격의 정지 및 취소에 관한 업무(소방청장 → 소방서장)

시·도지사, 소방본부장 또는 소방서장에게 위임할 수 있다.

법률에 규정된 행정기관의 장의 권한 중 일부를 그 보조기관 또는 하급행정기관의 장이나 지방자치단체의 장에게
맡겨 그의 권한과 책임 아래 행사하도록 하는 것(「행정권한의 위임 및 위탁에 관한 규정」 제2조제1호)

② 소방관서장은 다음 각 호에 해당하는 업무를 안전원에 위탁할 수 있다.

한국소방안전원
(소방청 산하단체, 재단법인)
→ '민간위탁'을 의미

법률에 규정된 행정기관의 사무 중 일부를
법인·단체 또는 그 기관이나 개인에게 맡겨
그의 명의로 그의 책임 아래 행사하도록 하는 것
(「행정권한의 위임 및 위탁에 관한 규정」 제2조제3호)

1. 제26조제1항에 따른 소방안전관리자 또는 소방안전관리보조자 선임신고의 접수
   소방본부장 또는 소방서장

2. 제26조제2항에 따른 소방안전관리자 또는 소방안전관리보조자 해임 사실의 확인
   소방본부장 또는 소방서장

3. 제29조제1항에 따른 건설현장 소방안전관리자 선임신고의 접수
   소방본부장 또는 소방서장

4. 제30조제1항제1호에 따른 소방안전관리자 자격시험
   소방청장

5. 제30조제2항 및 제3항에 따른 소방안전관리자 자격증의 발급 및 재발급
   소방청장

6. 제33조에 따른 소방안전관리 등에 관한 종합정보망의 구축·운영
   소방청장

7. 제34조에 따른 강습교육 및 실무교육
   소방청장

위임(委任)과 위탁(委託)은 모두 행정권한을 다른 주체에게 맡기는 것이지만, 그 권한을 맡는 주체에 따라 구분된다. '위임'은 행정기관의 권한 일부를 보조기관·하급행정기관·지방자치단체에 맡겨 그 기관이 권한과 책임을 행사하는 것이며, '위탁'은 행정기관의 권한 일부를 민간기관이나 개인에게 맡겨 그 기관이나 개인의 명의로 권한과 책임을 행사하는 것이다.

그러나 「행정권한의 위임 및 위탁에 관한 규정」 제2조[121]는 '위탁'과 '민간위탁'을 별도로 구분하여

---

121) 「행정권한의 위임 및 위탁에 관한 규정」(대통령령) 제2조(정의)

  1. "위임"이란 법률에 규정된 행정기관의 장의 권한 중 일부를 그 보조기관 또는 하급행정기관의 장이나 지방자치단체의 장에게 맡겨 그의 권한과 책임 아래 행사하도록 하는 것을 말한다.

  2. "위탁"이란 법률에 규정된 행정기관의 장의 권한 중 일부를 다른 행정기관의 장에게 맡겨 그의 권한과 책임 아래 행사하도록 하는 것을 말한다.

  3. "민간위탁"이란 법률에 규정된 행정기관의 사무 중 일부를 지방자치단체가 아닌 법인·단체 또는 그 기관이나 개인에게 맡겨 그의 명의로 그의 책임 아래 행사하도록 하는 것을 말한다.

  4. "위임기관"이란 자기의 권한을 위임한 해당 행정기관의 장을 말하고, "수임기관"이란 행정기관의 장의 권한을 위임받은 하급행정기관의 장 및 지방자치단체의 장을 말한다.

  5. "위탁기관"이란 자기의 권한을 위탁한 해당 행정기관의 장을 말하고, "수탁기관"이란 행정기관의 권한을 위탁받은 다른 행정기관의 장과 사무를 위탁받은 지방자치단체가 아닌 법인·단체 또는 그 기관이나 개인을 말한다.

정의하고, ‘행정기관 간의 위임·위탁’에 관한 사항을 제2장에 규정하는데, 행정기관 간의 위탁에 관하여 규정된 내용은 실효성이 없다. 위탁 행정기관이 수탁 행정기관의 업무를 지휘·감독할 수 있도록 규정[122]되어 있으나, 행정기관이 고유업무가 아닌 업무를 맡아 타 기관의 지휘·감독을 받는 경우는 행정의 본질상 극히 드물기 때문이다.

따라서 위임은 법적 정의와 동일하나, 위탁은 일반적으로 ‘민간위탁’을 말한다. 행정권한의 위임과 행정권한의 위탁을 이해하기 쉽게 간단히 비교하면 다음 표와 같다.

[표 9] 행정권한의 위임 vs. 행정권한의 위탁

구 분	위임	위탁(민간위탁)
기본 개념	하급행정기관에 맡김	민간기관에 맡김
권한 이동	위임기관 → 수임기관	위탁기관 → 수탁기관
권한 행사	수임기관의 명의와 책임으로 행사됨	수탁기관의 명의와 책임으로 행사됨
법적 성격	행정조직 내부의 권한 이동 (상부기관→하부기관)	행정조직 외부로 권한 이동
지휘·감독	고유의 지휘·감독 체계 존재	위탁한 업무에 관해 지휘·감독함
예시	소방청장 → 소방서장	소방청장 → 한국소방안전원

소방청장은 소방안전관리자 자격의 정지 및 취소에 관한 업무를 소방서장에게 위임한다. 예를 들면, 소방안전관리자가 업무를 게을리하다가 적발되면 관할소방서장[123]이 ‘자격정지 처분’을 하고, 소방안전관리자 자격증을 대여하다 적발되면 자격취소에 해당하므로 관할소방서장이 ‘청문’ 절차를 거쳐 ‘자격취소 처분’을 한다.

소방관서장이 제48조제2항에 따라 한국소방안전원에 업무를 위탁한다는 것은 ‘민간위탁’을 의미하며, 이는 ‘아웃소싱’ outsourcing이나 ‘외부조달’처럼 수평적 또는 외부 관계에서 업무를 위탁하는 방식이다. 위탁된 업무는 수탁기관인 한국소방안전원의 권한과 책임 아래 수행된다.

소방청장이 이 법에 따라 한국소방안전원에 위탁하는 업무는 ①소방안전관리자 자격시험, ②소방안전관리자 자격증의 발급·재발급, ③소방안전관리 등에 관한 종합정보망 구축·운영, 그리고 ④소방안전관리자 등에 대한 강습교육 및 실무교육이다.

그리고 소방본부장 또는 소방서장이 한국소방안전원에 위탁하는 업무는 ①소방안전관리자 또는 소방안전관리보조자 선임신고의 접수, ②소방안전관리자 또는 소방안전관리보조자 해임 사실의 확인, 그리고 ③건설현장 소방안전관리자 선임신고의 접수이다.

---

122) 「행정권한의 위임 및 위탁에 관한 규정」(대통령령) 제2장 행정기관 간 위임·위탁
　　제6조(지휘·감독) 위임 및 위탁기관은 수임 및 수탁기관의 수임 및 수탁사무 처리에 대하여 지휘·감독하고, 그 처리가 위법하거나 부당하다고 인정될 때에는 이를 취소하거나 정지시킬 수 있다.
　　제8조(책임의 소재 및 명의 표시) ① 수임 및 수탁사무의 처리에 관한 책임은 수임 및 수탁기관에 있으며, 위임 및 위탁기관은 그에 대한 감독책임을 진다. <개정 2025. 3. 4.>
123) 소방안전관리자는 소방대상물에 선임되므로 그 소방대상물이 위치한 지역을 관할하는 소방서장이 관할소방서장이다.

③ 제2항에 따라 <u>위탁받은 업무에 종사하고 있거나 종사하였던 사람</u>은 업무를 수행하면서 알게 된 비밀을 이 법에서 정한 목적 외의 용도로 사용하거나 다른 사람 또는 기관에 제공하거나 누설하여서는 아니 된다.

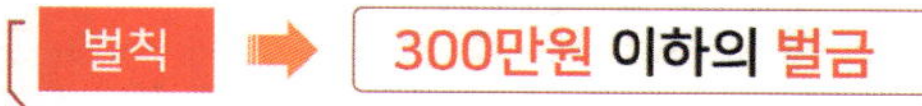

• 위탁 업무를 수행하면서 알게 된 비밀을 이 법에서 정한 목적 외의 용도로 사용하거나 다른 사람 또는 기관에 제공하거나 누설한 자

제41조의 화재예방안전진단과 마찬가지로 한국소방안전원이 소방관서장으로부터 위탁받은 업무를 수행할 때는 개인 또는 단체의 비공개 정보를 다루게 된다. 한국소방안전원에서 관련 업무에 종사하고 있거나 종사하였던 사람은 업무수행 중 알게 된 비밀을 누설하면 제41조제6항과 동일한 300만 원 이하의 벌금에 처한다.

제49조(벌칙 적용에서 공무원 의제)

다음 각 호의 어느 하나에 해당하는 자 중 공무원이 아닌 사람은

「형법」 제129조부터 제132조까지의 규정을 적용할 때에는 공무원으로 본다.

제129조(수뢰, 사전수뢰)
① 공무원 또는 중재인이 그 직무에 관하여 뇌물을 수수, 요구 또는 약속한 때에는 5년 이하의 징역 또는 10년 이하의 자격정지에 처한다.
② 공무원 또는 중재인이 될 자가 그 담당할 직무에 관하여 청탁을 받고 뇌물을 수수, 요구 또는 약속한 후 공무원 또는 중재인이 된 때에는 3년 이하의 징역 또는 7년 이하의 자격정지에 처한다.

제130조(제삼자뇌물제공)
공무원 또는 중재인이 그 직무에 관하여 부정한 청탁을 받고 제3자에게 뇌물을 공여하게 하거나 공여를 요구 또는 약속한 때에는 5년 이하의 징역 또는 10년 이하의 자격정지에 처한다.

제131조(수뢰후부정처사, 사후수뢰)
① 공무원 또는 중재인이 전2조의 죄를 범하여 부정한 행위를 한 때에는 1년 이상의 유기징역에 처한다.
② 공무원 또는 중재인이 그 직무상 부정한 행위를 한 후 뇌물을 수수, 요구 또는 약속하거나 제삼자에게 이를 공여하게 하거나 공여를 요구 또는 약속한 때에도 전항의 형과 같다.
③ 공무원 또는 중재인이었던 자가 그 재직 중에 청탁을 받고 직무상 부정한 행위를 한 후 뇌물을 수수, 요구 또는 약속한 때에는 5년 이하의 징역 또는 10년 이하의 자격정지에 처한다.
④ 전3항의 경우에는 10년 이하의 자격정지를 병과할 수 있다.

제132조(알선수뢰)
공무원이 그 지위를 이용하여 다른 공무원의 직무에 속한 사항의 알선에 관하여 뇌물을 수수, 요구 또는 약속한 때에는 3년 이하의 징역 또는 7년 이하의 자격정지에 처한다.

1. 제9조에 따른 화재안전조사단의 구성원
중앙화재안전조사단(소방청), 지방화재안전조사단(소방본부 및 소방서), 단장 포함 50명 이내의 단원

2. 제10조에 따른 화재안전조사위원회의 위원
화재안전조사의 대상 선정 목적, 위원장 1명 포함 7명 이내의 위원

3. 제11조에 따라 화재안전조사에 참여하는 자
소방기술사, 소방시설관리사, 그 밖에 화재안전분야 전문가

4. 제22조에 따른 화재안전영향평가심의회 위원
화재안전영향평가에 관한 업무 수행, 위원장 1명 포함 12명 이내의 위원

5. 제41조제1항에 따른 화재예방안전진단업무 수행 기관의 임원 및 직원
한국소방안전원 또는 소방청장이 지정하는 화재예방안전진단기관

6. 제48조제2항에 따라 위탁받은 업무에 종사하는 안전원의 담당 임원 및 직원
한국소방안전원의 구성원

공무원 의제(公務員 擬制)란, 말 그대로 실제 공무원이 아니더라도 '공무원으로 간주한다'는 의미이다. 실제 공무원이 아니더라도, 특정 법률 적용 시 공무원으로 간주하여 취급된다. 공무원 의제를 두는 주된 목적은 공공성 확보와 책임 강화를 위한 것이다.

공공의 이익에 중대한 영향을 미치는 직무의 경우, 그 직무의 특성상 부패나 비위 행위를 하였을 때 일반인과 동일하게 처벌하는 것은 공정성과 형평성에 부합하지 않을 수 있다. 이에 따라 이들에게 공무원에 준

하는 책임을 부여하여 직무 청렴성을 유지하려는 것이다. 예를 들어, 공공기관 임직원이나 공적 업무를 위탁 받아 수행하는 민간인이 직무와 관련하여 금품을 수수한 경우에는 공무원과 동일하게 처벌된다.

제49조에 따른 구체적 내용을 살펴보면, 화재안전조사단의 구성원, 화재안전조사위원회의 위원, 화재안전조사에 참여하는 외부 전문가, 화재안전평가심의회 위원 그리고 화재예방안전진단기관과 한국소방안전원의 임직원이 각각의 해당 공적 업무를 수행하는 과정에서 「형법」 제129조(수뢰, 사전수뢰), 제130조(제삼자뇌물제공), 제131조(수뢰후부정처사, 사후수뢰), 제132조(알선수뢰)에 해당하는 범죄를 저지르면 공무원 신분이 아니더라도 공무원과 동일한 무거운 처벌을 받는다.

제50조(벌칙)

제51조(양벌규정)

제52조(과태료)

벌칙 조항은 법 위반 시 부과되는 불이익을 명시한 규정이다. 벌칙은 법규 위반자에게 부과되는 제재를 의미하며, 이는 법률의 목적을 달성하고 사회 질서를 유지하며 국민의 준법 의식을 높이는 데 중요한 역할을 한다. 법률에서는 위반 행위의 경중과 법익 침해의 정도를 고려하여 적절한 벌칙을 규정한다.

벌칙은 형벌(형사처벌)과 행정벌로 나뉜다.

'형벌(刑罰)'이란 범죄에 대해 국가가 부과하는 법적 제재 수단이다. 이는 응보, 예방, 교화를 목적으로 하며, 「형법」 또는 형사특별법(예: 「특정범죄 가중처벌 등에 관한 법률」)에 따라 유죄 판결 시 전과 기록이 남는다.

형벌 또는 형(刑)의 종류는 「형법」 제41조에 따라 사형, 징역, 금고, 자격상실, 자격정지, 벌금, 구류, 과료, 몰수의 9가지가 있다. '형'이란 형벌이 구체적인 사건에 적용되어 법원이 범죄자에게 선고하는 처벌의 종류와 정도를 의미한다(예: '징역 5년', '벌금 1,000만 원' 등).

'행정벌'은 행정법규 위반에 대해 부과되는 제재로, 크게 '행정형벌'과 '행정질서벌'로 나뉜다.

'행정형벌'은 행정법규 위반이지만 「형법」상 형벌(징역, 벌금 등)로 처벌되며, 전과 기록이 남는다. 이는 행정 목적 달성과 법규의 실효성 확보를 위한 것으로, 각 법률의 벌칙 조항에 따라 처벌된다.

'행정질서벌'은 행정 질서를 해칠 우려가 있는 단순한 의무 위반에 대해 과태료를 부과하는 것으로, 전과 기록은 남지 않는다.

「화재의 예방 및 안전관리에 관한 법률」상 벌칙에는 징역, 벌금, 과태료가 있으며, 위반 행위의 경중에 따라 다음과 같이 구분된다.

- 3년 이하의 징역 또는 3,000만 원 이하의 벌금: 조치명령 · 선임명령 · 업무이행명령 위반
  화재예방안전진단기관 부정 지정
- 1년 이하의 징역 또는 1,000만 원 이하의 벌금: ①화재안전조사 중 관계인의 정당한 업무 방해 또는 비밀누설
  ②자격증 대여 및 대여 알선
  ③정기적 화재예방안전진단 미실시
- 300만 원 이하의 벌금: 화재안전조사 거부 · 방해 · 기피, 화재의 예방조치 미이행, 안전관리자 미선임
  위법한 소방시설등에 대한 조치 미요구, 소방안전관리자에 대한 불이익한 처우,
  화재예방안전진단 종사자 및 위탁 업무 종사자의 비밀누설
- 300만 원 이하의 과태료: 화재위험 발생 행위, 안전관리자 겸직, 안전관리자 업무 소홀, 지도 · 감독 소홀
  피난유도 안내정보 미제공, 소방훈련 · 교육 미실시, 화재예방안전진단 결과 미제출
- 200만 원 이하의 과태료: 불을 사용할 때 지켜야 하는 사항 미준수, 특수가연물 저장 · 취급 기준 위반
  화재예방강화지구의 소방설비등 설치 명령 미이행, 선임신고 누락
  소방훈련 · 교육 결과 미제출
- 100만 원 이하의 과태료: 실무교육 미이수

제50조(벌칙)

① 다음 각 호의 어느 하나에 해당하는 자는 **3년** 이하의 징역 또는 **3천만원** 이하의 벌금에 처한다.

    1. 제14조제1항 및 제2항에 따른 조치명령을 정당한 사유 없이 위반한 자
        화재안전조사 결과에 따른 조치명령

    2. 제28조제1항 및 제2항에 따른 명령을 정당한 사유 없이 위반한 자
        소방안전관리자 선임명령 등

    3. 제41조제5항에 따른 보수·보강 등의 조치명령을 정당한 사유 없이 위반한 자
        화재예방안전진단 결과에 따른 조치명령

    4. 거짓이나 그 밖의 부정한 방법으로 제42조제1항에 따른 진단기관으로 지정을 받은 자
        소방청장이 지정하는 화재예방안전진단기관

「화재의 예방 및 안전관리에 관한 법률」상 가장 무거운 벌칙[124]은 '3년 이하의 징역 또는 3,000만 원 이하의 벌금' 이다.

'징역 또는 벌금' 이라는 표현은, 특정 범죄행위에 대해 법원이 선택적으로 형벌을 정할 수 있음을 의미한다. 즉, 위반자에게 징역형 또는 벌금형 중 하나를 선고할 수 있다는 뜻이다. 이는 법관이 범죄의 상황과 책임 정도를 종합적으로 고려해 형벌을 선택할 수 있도록 한 것이다.

'3년 이하의 징역 또는 3,000만 원 이하의 벌금' 에 해당하는 사람은 다음과 같다.

1) 화재안전조사 결과에 따른 소방관서장의 **조치명령**을 정당한 사유 없이 위반한 관계인

2) 소방본부장 또는 소방서장의 소방안전관리자·소방안전관리보조자 **선임명령**을 위반한 관계인

3) 소방본부장 또는 소방서장의 **업무 이행 명령**을 위반한 관계인 또는 소방안전관리자

4) 화재예방안전진단 결과에 따른 소방본부장 또는 소방서장의 **보수·보강 등 조치명령**을 위반한 관계인

5) 거짓이나 그 밖의 **부정**한 방법으로 **화재예방안전진단기관 지정**을 받은 사람

---

124) 20개의 소방관계법규 중 가장 무거운 벌칙은 「위험물안전관리법」 제33조제2항이다.
   → 무허가 위험물시설에서 위험물을 유출·방출 또는 확산시켜 사람을 사망에 이르게 한때: 무기 또는 5년 이상의 징역

② 다음 각 호의 어느 하나에 해당하는 자는 1년 이하의 징역 또는 1천만원 이하의 벌금에 처한다.

1. 제12조제2항을 위반하여 관계인의 정당한 업무를 방해하거나, 조사업무를 수행하면서 취득한
   화재안전조사 업무를 수행하는 관계 공무원 및 관계 전문가의 비밀유지 의무, 관계인의 정당한 업무 방해 금지 의무

   자료나 알게 된 비밀을 다른 사람 또는 기관에게 제공 또는 누설하거나 목적 외의 용도로 사용한 자

2. 제30조제4항을 위반하여 자격증을 다른 사람에게 빌려 주거나 빌리거나 이를 알선한 자
   소방안전관리자 자격증 대여 및 대여 알선 금지

3. 제41조제1항을 위반하여 진단기관으로부터 화재예방안전진단을 받지 아니한 자
   정기적인 화재예방안전진단

'1년 이하의 징역 또는 1,000만 원 이하의 벌금'은 화재예방법상 두 번째로 무거운 처벌이며, 이에 해당하는 사람은 다음과 같다.

1) 화재안전조사 업무 수행 중 관계인의 **정당한 업무**를 **방해**하거나, 취득한 자료나 **비밀**을 **누설**한 관계 공무원 및 관계 전문가

2) 소방안전관리자 **자격증**을 빌려 주거나 빌린 사람 또는 **대여**를 알선한 사람

3) 한국소방안전원 또는 화재예방안전진단기관으로부터 **화재예방안전진단을 받지 아니한 사람**

참고로, 이와 유사한 「국가기술자격법」상의 벌칙을 살펴보면,

국가기술자격 검정업무 수행과 관련하여 직무상 알게 된 비밀을 누설한 사람에 대한 벌칙은 '2년 이하의 징역 또는 2,000만 원 이하의 벌금'이며, 국가기술자격증을 빌려 주거나 빌린 사람 또는 대여를 알선한 사람에 대한 벌칙은 '1년 이하의 징역 또는 1,000만 원 이하의 벌금'이다.[125]

---

125) 「국가기술자격법」 제26조(벌칙)의 제1항제2호 및 제2항제1호

③ 다음 각 호의 어느 하나에 해당하는 자는 300만원 이하의 벌금에 처한다.

1. 제7조제1항에 따른 화재안전조사를 정당한 사유 없이 거부·방해 또는 기피한 자
   화재안전조사

2. 제17조제2항 각 호의 어느 하나에 따른 명령을 정당한 사유 없이 따르지 아니하거나 방해한 자
   화재의 예방조치 등

   → 건설현장 소방안전관리자 선임

3. 제24조제1항·제3항, 제29조제1항 및 제35조제1항·제2항을 위반하여
   • 소방안전관리자 및 소방안전관리보조자 선임   관리의 권원이 분리된 특정소방대상물의 소방안전관리자 및 총괄소방안전관리자 선임
   • 관리업자를 감독하는 소방안전관리자 선임
   소방안전관리자, 총괄소방안전관리자 또는 소방안전관리보조자를 선임하지 아니한 자

4. 제27조제3항을 위반하여 소방시설·피난시설·방화시설 및 방화구획 등이
   소방안전관리자의 의무

   법령에 위반된 것을 발견하였음에도 필요한 조치를 할 것을 요구하지 아니한 소방안전관리자

5. 제27조제4항을 위반하여 소방안전관리자에게 불이익한 처우를 한 관계인
   관계인의 의무

6. 제41조제6항 및 제48조제3항을 위반하여 업무를 수행하면서 알게 된 비밀을
   화재예방안전진단 업무 종사자   위탁업무 종사자

   이 법에서 정한 목적 외의 용도로 사용하거나 다른 사람 또는 기관에 제공하거나 누설한 자

징역형 없이 300만 원 이하의 벌금형에 해당하는 사람은 다음과 같다.

1) 화재안전조사를 정당한 사유 없이 거부·방해 또는 기피한 사람

2) 화재 발생 위험이 크거나 소화 활동에 지장을 줄 수 있다고 인정되는 행위나 물건에 대한 예방조치 명령을 정당한 사유 없이 따르지 않거나 방해한 사람

3) 소방안전관리자, 소방안전관리보조자, 업무대행 감독 소방안전관리자, 건설현장 소방안전관리자 또는 총괄소방안전관리자를 선임하지 아니한 사람

4) 소방시설·피난시설·방화시설 및 방화구획 등이 법령에 위반된 것을 발견하였음에도 관계인에게 필요한 조치를 할 것을 요구하지 아니한 소방안전관리자

5) 소방안전관리자의 조치 요구를 이유로 소방안전관리자를 해임하거나 보수의 지급을 거부하는 등 불이익한 처우를 한 관계인

6) 화재예방안전진단기관의 진단 업무 또는 한국소방안전원이 위탁받은 업무를 수행하면서 알게 된 비밀을 이 법에서 정한 목적 외의 용도로 사용하거나 다른 사람 또는 기관에 제공하거나 누설한 사람

「형법」 제3장 형

[시행 2025. 4. 8.] [법률 제20908호, 2025. 4. 8., 일부개정]

제1절 형의 종류와 경중

제41조(형의 종류) 형의 종류는 다음과 같다.
 1. 사형
 2. 징역
 3. 금고
 4. 자격상실
 5. 자격정지
 6. 벌금
 7. 구류
 8. 과료
 9. 몰수

제42조(징역 또는 금고의 기간) 징역 또는 금고는 무기 또는 유기로 하고 유기는 1개월 이상 30년 이하로 한다. 단, 유기징역 또는 유기금고에 대하여 형을 가중하는 때에는 50년까지로 한다.

제43조(형의 선고와 자격상실, 자격정지) ① 사형, 무기징역 또는 무기금고의 판결을 받은 자는 다음에 기재한 자격을 상실한다.
 1. 공무원이 되는 자격
 2. 공법상의 선거권과 피선거권
 3. 법률로 요건을 정한 공법상의 업무에 관한 자격
 4. 법인의 이사, 감사 또는 지배인 기타 법인의 업무에 관한 검사역이나 재산관리인이 되는 자격
 ② 유기징역 또는 유기금고의 판결을 받은 자는 그 형의 집행이 종료하거나 면제될 때까지 전항 제1호 내지 제3호에 기재된 자격이 정지된다. 다만, 다른 법률에 특별한 규정이 있는 경우에는 그 법률에 따른다.

제44조(자격정지) ① 전조에 기재한 자격의 전부 또는 일부에 대한 정지는 1년 이상 15년 이하로 한다.
 ② 유기징역 또는 유기금고에 자격정지를 병과한 때에는 징역 또는 금고의 집행을 종료하거나 면제된 날로부터 정지기간을 기산한다.

제45조(벌금) 벌금은 5만원 이상으로 한다. 다만, 감경하는 경우에는 5만원 미만으로 할 수 있다.

제46조(구류) 구류는 1일 이상 30일 미만으로 한다.

제47조(과료) 과료는 2천원 이상 5만원 미만으로 한다.

제48조(몰수의 대상과 추징) ① 범인 외의 자의 소유에 속하지 아니하거나 범죄 후 범인 외의 자가 사정을 알면서 취득한 다음 각 호의 물건은 전부 또는 일부를 몰수할 수 있다.
 1. 범죄행위에 제공하였거나 제공하려고 한 물건
 2. 범죄행위로 인하여 생겼거나 취득한 물건
 3. 제1호 또는 제2호의 대가로 취득한 물건
 ② 제1항 각 호의 물건을 몰수할 수 없을 때에는 그 가액(價額)을 추징한다.
 ③ 문서, 도화(圖畵), 전자기록(電磁記錄) 등 특수매체기록 또는 유가증권의 일부가 몰수의 대상이 된 경우에는 그 부분을 폐기한다.

제49조(몰수의 부가성) 몰수는 타형에 부가하여 과한다. 단, 행위자에게 유죄의 재판을 아니할 때에도 몰수의 요건이 있는 때에는 몰수만을 선고할 수 있다.

제50조(형의 경중) ① 형의 경중은 제41조 각 호의 순서에 따른다. 다만, 무기금고와 유기징역은 무기금고를 무거운 것으로 하고 유기금고의 장기가 유기징역의 장기를 초과하는 때에는 유기금고를 무거운 것으로 한다.
 ② 같은 종류의 형은 장기가 긴 것과 다액이 많은 것을 무거운 것으로 하고 장기 또는 다액이 같은 경우에는 단기가 긴 것과 소액이 많은 것을 무거운 것으로 한다.
 ③ 제1항 및 제2항을 제외하고는 죄질과 범정(犯情)을 고려하여 경중을 정한다.

제2절 형의 양정

제51조(양형의 조건) 형을 정함에 있어서는 다음 사항을 참작하여야 한다.
 1. 범인의 연령, 성행, 지능과 환경
 2. 피해자에 대한 관계
 3. 범행의 동기, 수단과 결과
 4. 범행 후의 정황

제52조(자수, 자복) ① 죄를 지은 후 수사기관에 자수한 경우에는 형을 감경하거나 면제할 수 있다.
 ② 피해자의 의사에 반하여 처벌할 수 없는 범죄의 경우에는 피해자에게 죄를 자복(自服)하였을 때에도 형을 감경하거나 면제할 수 있다.

제53조(정상참작감경) 범죄의 정상(情狀)에 참작할 만한 사유가 있는 경우에는 그 형을 감경할 수 있다.

제54조(선택형과 정상참작감경) 한 개의 죄에 정한 형이 여러 종류인 때에는 먼저 적용할 형을 정하고 그 형을 감경한다.

제55조(법률상의 감경) ① 법률상의 감경은 다음과 같다.
  1. 사형을 감경할 때에는 무기 또는 20년 이상 50년 이하의 징역 또는 금고로 한다.
  2. 무기징역 또는 무기금고를 감경할 때에는 10년 이상 50년 이하의 징역 또는 금고로 한다.
  3. 유기징역 또는 유기금고를 감경할 때에는 그 형기의 2분의 1로 한다.
  4. 자격상실을 감경할 때에는 7년 이상의 자격정지로 한다.
  5. 자격정지를 감경할 때에는 그 형기의 2분의 1로 한다.
  6. 벌금을 감경할 때에는 그 다액의 2분의 1로 한다.
  7. 구류를 감경할 때에는 그 장기의 2분의 1로 한다.
  8. 과료를 감경할 때에는 그 다액의 2분의 1로 한다.
  ② 법률상 감경할 사유가 수개있는 때에는 거듭 감경할 수 있다.

제56조(가중·감경의 순서) 형을 가중·감경할 사유가 경합하는 경우에는 다음 각 호의 순서에 따른다.
  1. 각칙 조문에 따른 가중
  2. 제34조제2항에 따른 가중
  3. 누범 가중
  4. 법률상 감경
  5. 경합범 가중
  6. 정상참작감경

제57조(판결선고전 구금일수의 통산) ① 판결선고전의 구금일수는 그 전부를 유기징역, 유기금고, 벌금이나 과료에 관한 유치 또는 구류에 산입한다.
  ② 전항의 경우에는 구금일수의 1일은 징역, 금고, 벌금이나 과료에 관한 유치 또는 구류의 기간의 1일로 계산한다.

제58조(판결의 공시) ① 피해자의 이익을 위하여 필요하다고 인정할 때에는 피해자의 청구가 있는 경우에 한하여 피고인의 부담으로 판결공시의 취지를 선고할 수 있다.
  ② 피고사건에 대하여 무죄의 판결을 선고하는 경우에는 무죄판결공시의 취지를 선고하여야 한다. 다만, 무죄판결을 받은 피고인이 무죄판결공시 취지의 선고에 동의하지 아니하거나 피고인의 동의를 받을 수 없는 경우에는 그러하지 아니하다.
  ③ 피고사건에 대하여 면소의 판결을 선고하는 경우에는 면소판결공시의 취지를 선고할 수 있다.

제3절 형의 선고유예

제59조(선고유예의 요건) ① 1년 이하의 징역이나 금고, 자격정지 또는 벌금의 형을 선고할 경우에 제51조의 사항을 고려하여 뉘우치는 정상이 뚜렷할 때에는 그 형의 선고를 유예할 수 있다. 다만, 자격정지 이상의 형을 받은 전과가 있는 사람에 대해서는 예외로 한다.
  ② 형을 병과할 경우에도 형의 전부 또는 일부에 대하여 선고를 유예할 수 있다.

제59조의2(보호관찰) ① 형의 선고를 유예하는 경우에 재범방지를 위하여 지도 및 원호가 필요한 때에는 보호관찰을 받을 것을 명할 수 있다.
  ② 제1항의 규정에 의한 보호관찰의 기간은 1년으로 한다.

제60조(선고유예의 효과) 형의 선고유예를 받은 날로부터 2년을 경과한 때에는 면소된 것으로 간주한다.

제61조(선고유예의 실효) ① 형의 선고유예를 받은 자가 유예기간 중 자격정지 이상의 형에 처한 판결이 확정되거나 자격정지 이상의 형에 처한 전과가 발견된 때에는 유예한 형을 선고한다.
  ② 제59조의2의 규정에 의하여 보호관찰을 명한 선고유예를 받은 자가 보호관찰기간중에 준수사항을 위반하고 그 정도가 무거운 때에는 유예한 형을 선고할 수 있다.

제4절 형의 집행유예

제62조(집행유예의 요건) ① 3년 이하의 징역이나 금고 또는 500만원 이하의 벌금의 형을 선고할 경우에 제51조의 사항을 참작하여 그 정상에 참작할 만한 사유가 있는 때에는 1년 이상 5년 이하의 기간 형의 집행을 유예할 수 있다. 다만, 금고 이상의 형을 선고한 판결이 확정된 때부터 그 집행을 종료하거나 면제된 후 3년까지의 기간에 범한 죄에 대하여 형을 선고하는 경우에는 그러하지 아니하다.
  ② 형을 병과할 경우에는 그 형의 일부에 대하여 집행을 유예할 수 있다.

제62조의2(보호관찰, 사회봉사·수강명령) ① 형의 집행을 유예하는 경우에는 보호관찰을 받을 것을 명하거나 사회봉사 또는 수강을 명할 수 있다.
  ② 제1항의 규정에 의한 보호관찰의 기간은 집행을 유예한 기간으로 한다. 다만, 법원은 유예기간의 범위내에서 보호관찰기간을 정할 수 있다.
  ③ 사회봉사명령 또는 수강명령은 집행유예기간내에 이를 집행한다.

제63조(집행유예의 실효) 집행유예의 선고를 받은 자가 유예기간 중 고의로 범한 죄로 금고 이상의 실형을 선고받아 그 판결이 확정된 때에는 집행유예의 선고는 효력을 잃는다.

제64조(집행유예의 취소) ① 집행유예의 선고를 받은 후 제62조 단행의 사유가 발각된 때에는 집행유예의 선고를 취소한다.
  ② 제62조의2의 규정에 의하여 보호관찰이나 사회봉사 또는 수강을 명한 집행유예를 받은 자가 준수사항이나 명령을 위반하고 그 정도가 무거운 때에는 집행유예의 선고를 취소할 수 있다.

제65조(집행유예의 효과) 집행유예의 선고를 받은 후 그 선고의 실효 또는 취소됨이 없이 유예기간을 경과한 때에는 형의 선고는 효력을 잃는다.

제5절 형의 집행

제66조(사형) 사형은 교정시설 안에서 교수(絞首)하여 집행한다.

제67조(징역) 징역은 교정시설에 수용하여 집행하며, 정해진 노역(勞役)에 복무하게 한다.

제68조(금고와 구류) 금고와 구류는 교정시설에 수용하여 집행한다.

제69조(벌금과 과료) ① 벌금과 과료는 판결확정일로부터 30일내에 납입하여야 한다. 단, 벌금을 선고할 때에는 동시에 그 금액을 완납할 때까지 노역장에 유치할 것을 명할 수 있다.

② 벌금을 납입하지 아니한 자는 1일 이상 3년 이하, 과료를 납입하지 아니한 자는 1일 이상 30일 미만의 기간 노역장에 유치하여 작업에 복무하게 한다.

제70조(노역장 유치) ① 벌금이나 과료를 선고할 때에는 이를 납입하지 아니하는 경우의 노역장 유치기간을 정하여 동시에 선고하여야 한다.

② 선고하는 벌금이 1억원 이상 5억원 미만인 경우에는 300일 이상, 5억원 이상 50억원 미만인 경우에는 500일 이상, 50억원 이상인 경우에는 1천일 이상의 노역장 유치기간을 정하여야 한다.

제71조(유치일수의 공제) 벌금이나 과료의 선고를 받은 사람이 그 금액의 일부를 납입한 경우에는 벌금 또는 과료액과 노역장 유치기간의 일수(日數)에 비례하여 납입금액에 해당하는 일수를 뺀다.

제6절 가석방

제72조(가석방의 요건) ① 징역이나 금고의 집행 중에 있는 사람이 행상(行狀)이 양호하여 뉘우침이 뚜렷한 때에는 무기형은 20년, 유기형은 형기의 3분의 1이 지난 후 행정처분으로 가석방을 할 수 있다.

② 제1항의 경우에 벌금이나 과료가 병과되어 있는 때에는 그 금액을 완납하여야 한다.

제73조(판결선고 전 구금과 가석방) ① 형기에 산입된 판결선고 전 구금일수는 가석방을 하는 경우 집행한 기간에 산입한다.

② 제72조제2항의 경우에 벌금이나 과료에 관한 노역장 유치기간에 산입된 판결선고 전 구금일수는 그에 해당하는 금액이 납입된 것으로 본다.

제73조의2(가석방의 기간 및 보호관찰) ① 가석방의 기간은 무기형에 있어서는 10년으로 하고, 유기형에 있어서는 남은 형기로 하되, 그 기간은 10년을 초과할 수 없다.

② 가석방된 자는 가석방기간중 보호관찰을 받는다. 다만, 가석방을 허가한 행정관청이 필요가 없다고 인정한 때에는 그러하지 아니하다.

제74조(가석방의 실효) 가석방 기간 중 고의로 지은 죄로 금고 이상의 형을 선고받아 그 판결이 확정된 경우에 가석방 처분은 효력을 잃는다.

제75조(가석방의 취소) 가석방의 처분을 받은 자가 감시에 관한 규칙을 위배하거나, 보호관찰의 준수사항을 위반하고 그 정도가 무거운 때에는 가석방처분을 취소할 수 있다.

제76조(가석방의 효과) ① 가석방의 처분을 받은 후 그 처분이 실효 또는 취소되지 아니하고 가석방기간을 경과한 때에는 형의 집행을 종료한 것으로 본다.

② 전2조의 경우에는 가석방중의 일수는 형기에 산입하지 아니한다.

제7절 형의 시효

제77조(형의 시효의 효과) 형(사형은 제외한다)을 선고받은 자에 대해서는 시효가 완성되면 그 집행이 면제된다.

제78조(형의 시효의 기간) 시효는 형을 선고하는 재판이 확정된 후 그 집행을 받지 아니하고 다음 각 호의 구분에 따른 기간이 지나면 완성된다.
  1. 삭제 〈2023. 8. 8.〉
  2. 무기의 징역 또는 금고: 20년
  3. 10년 이상의 징역 또는 금고: 15년
  4. 3년 이상의 징역이나 금고 또는 10년 이상의 자격정지: 10년
  5. 3년 미만의 징역이나 금고 또는 5년 이상의 자격정지: 7년
  6. 5년 미만의 자격정지, 벌금, 몰수 또는 추징: 5년
  7. 구류 또는 과료: 1년

제79조(형의 시효의 정지) ① 시효는 형의 집행의 유예나 정지 또는 가석방 기타 집행할 수 없는 기간은 진행되지 아니한다.

② 시효는 형이 확정된 후 그 형의 집행을 받지 아니한 사람이 형의 집행을 면할 목적으로 국외에 있는 기간 동안은 진행되지 아니한다.

제80조(형의 시효의 중단) 시효는 징역, 금고 및 구류의 경우에는 수형자를 체포한 때, 벌금, 과료, 몰수 및 추징의 경우에는 강제처분을 개시한 때에 중단된다.

제8절 형의 소멸

제81조(형의 실효) 징역 또는 금고의 집행을 종료하거나 집행이 면제된 자가 피해자의 손해를 보상하고 자격정지 이상의 형을 받음이 없이 7년을 경과한 때에는 본인 또는 검사의 신청에 의하여 그 재판의 실효를 선고할 수 있다.

제82조(복권) 자격정지의 선고를 받은 자가 피해자의 손해를 보상하고 자격정지 이상의 형을 받음이 없이 정지기간의 2분의 1을 경과한 때에는 본인 또는 검사의 신청에 의하여 자격의 회복을 선고할 수 있다.

제51조(양벌규정)

법인의 대표자나 법인 또는 개인의 대리인, 사용인, 그 밖의 종업원이 그 법인 또는 개인의 업무에 관하여

제50조에 해당하는 위반행위를 하면
징역 또는 벌금에 처하는 위반행위

그 행위자를 벌하는 외에 그 법인 또는 개인에게도 해당 조문의 벌금형을 과(科)한다.
징역 또는 벌금   벌금

다만, 법인 또는 개인이 그 위반행위를 방지하기 위하여 해당 업무에 관하여

상당한 주의와 감독을 게을리하지 아니한 경우에는 그러하지 아니하다.

양벌규정(兩罰規定)은 특정 범죄 행위가 발생했을 때, 실제로 그 행위를 한 사람[행위자]뿐만 아니라 그 행위자와 일정한 관계에 있는 다른 사람이나 법인(예: 고용주, 법인 대표자 등)에게도 형벌을 부과하는 규정이다. 즉, "양쪽 모두를 처벌한다." 는 의미이다. 주로 법인의 대표자, 대리인, 사용인, 그 밖의 종업원[126]이 해당 법인 또는 개인의 업무에 관하여 법규를 위반하면, 행위자 외에도 그 법인이나 개인에게 책임을 물을 수 있다.

양벌규정은 사업주(법인 또는 개인)의 주의의무를 강조하여, 법규 위반행위를 사전에 예방하려는 취지에서 마련된 제도이다. 따라서 사업주가 해당 위반행위를 예방하기 위해 상당한 주의와 감독을 했다면 처벌하지 않도록 하고 있다.

그러나 법인 대표자의 위반행위에는 이 면책 조항이 일반적으로 적용되지 않는다. 이는 대표자의 행위가 법인의 행위로 간주되므로, 법인에게 별도로 '관리 · 감독상의 주의의무 위반' 을 따로 묻지 않기 때문이다.

따라서 '다만' 이하의 면책 조항은 주로 '대리인, 사용인, 그 밖의 종업원' 의 위반행위에 대한 사업주(법인이나 개인)의 면책 사유로 적용된다.

---

126) 대리인(代理人): 특정인을 대신하여 법률행위를 하거나 법률효과를 발생시키는 권한을 가진 사람. 특정인의 의사에 따라 일정한 범위에서 독립적인 의사결정권을 가지고 행동하며, 대리인의 행위는 특정인에게 직접 법률적 효력을 미친다.
　　사용인(使用人): 특정 사업에 종사하면서 사업주의 지휘·감독을 받는 사람을 폭넓게 일컫는 말. 대리인보다는 포괄적인 개념으로, 종업원을 포함하는 개념으로 사용되기도 한다.
　　종업원(從業員): 사용자에게 고용되어 일을 하는 사람. 주로 기업이나 사업장에서 고용되어 임금을 받기 위해 업무에 종사하는 사람을 말하며, 「근로기준법」상 근로자에 해당한다. 사용자와의 사용종속관계가 명확하며, 업무 지시 및 지휘 · 감독을 받는다.

① 다음 각 호의 어느 하나에 해당하는 자에게는 300만원 이하의 과태료를 부과한다.

1. 정당한 사유 없이 제17조제1항 각 호의 어느 하나에 해당하는 행위를 한 자
   화재예방강화지구 및 이에 준하는 장소에서 화재 발생 위험이 있는 행위

2. 제24조제2항을 위반하여 소방안전관리자를 겸한 자
   소방안전관리업무의 전담이 필요한 소방안전관리대상물에 소방안전관리자 겸직 금지

3. 제24조제5항에 따른 소방안전관리업무를 하지 아니한 특정소방대상물의 관계인 또는
   특정소방대상물(소방안전관리대상물은 제외)의 관계인과 소방안전관리대상물의 소방안전관리자의 수행 업무

   소방안전관리대상물의 소방안전관리자

4. 제27조제2항을 위반하여 소방안전관리업무의 지도 · 감독을 하지 아니한 자
   소방안전관리자에 대한 관계인의 지도 · 감독

5. 제29조제2항에 따른 건설현장 소방안전관리대상물의 소방안전관리자의 업무를 하지 아니한
   건설현장 소방안전관리자의 업무

   소방안전관리자

6. 제36조제3항을 위반하여 피난유도 안내정보를 제공하지 아니한 자
   소방안전관리대상물 관계인의 피난유도 안내정보 제공 의무

7. 제37조제1항을 위반하여 소방훈련 및 교육을 하지 아니한 자
   소방안전관리대상물 관계인의 소방훈련 및 교육 의무

8. 제41조제4항을 위반하여 화재예방안전진단 결과를 제출하지 아니한 자
   안전원 또는 진단기관의 화재예방안전진단 결과 제출 의무

과태료는 행정질서벌(行政秩序罰)[127]의 일종으로, 형벌에 해당하지 않는다. 이는 행정법규를 위반했지만 그 정도가 비교적 경미하여 형벌(징역, 벌금 등)을 부과하기에는 지나치다고 판단될 때 부과하는 금전적 부담이다.

법률에서 벌칙 조항과 과태료 조항을 별도로 두는 이유는, 형벌과 행정질서벌이 법적 성격과 제재 목적이 다르기 때문이다. 형벌의 목적은 범죄에 대한 응보(처벌)로 책임을 묻는 동시에, 일반 대중이 죄를 짓지 않도록 경고하고, 범죄자를 교육하고 교화하여 재범을 방지하는 것이다. 반면 행정질서벌(과태료)의 목적은 행정의 원활한 운영과 공공질서 유지이다.

---

127) 행정질서벌은 행정상의 질서를 유지하고, 의무 이행을 간접적으로 확보하기 위한 수단이다. 직접적으로 사회 공익을 침해하는 행위라기보다는, 행정상의 의무를 게을리하여 질서에 지장을 줄 수 있는 행위에 부과된다.

법체계에서는 범죄나 의무 위반에 대해 금전적 제재를 부과하는데, 그 명칭과 성격이 다양하다. 과태료의 개념을 좀 더 알아보기 위해 벌금, 과료, 과태료, 범칙금을 간단히 정리하면 다음과 같다.

벌금	• 「형법」에 따른 형벌, 형사 범죄 행위, 유죄 판결에 따라 부과(전과 기록에 남음) • 5만원 이상(다만, 감경하는 경우에는 5만원 미만으로 할 수 있다), 미납하면 노역장 유치 가능
과료	• 「형법」에 따른 형벌, 경미한 형사 범죄 행위(실질적으로는 잘 선고되지 않는 형벌) • 2천원 이상 5만원 미만, 미납하면 1일 이상 30일 미만의 노역장 유치 가능
과태료	• 「질서위반행위규제법」 및 개별 행정 법규에 따른 행정 질서벌(형벌이 아닌 행정상 제재), 행정 질서 위반 행위(전과 기록에 남지 않음) • 국가 또는 공공단체가 국민에게 과하는 금전벌, 노역장 유치 불가능
범칙금	• 「경범죄처벌법」 및 일부 특별법(「도로교통법」)을 위반한 범칙자가 통고처분에 따라 국가에 내야 할 금전, 경범죄(교통법규 위반) • 미납 시 즉결심판(벌금, 구류, 과료 등의 형벌 선고 가능) 회부 가능 → 전과 기록 남을 수 있음

화재예방법상 과태료는 공공의 안녕 및 질서 유지에 미치는 영향에 따라 상한액을 300만 원, 200만 원, 100만 원으로 구분한다. 이 중 과태료 상한액이 300만 원에 해당하는 사람은 다음과 같다.

1) 화재예방강화지구 및 이에 준하는 장소에서 정당한 이유 없이 화재 발생 위험이 있는 행위를 한 사람

2) 소방안전관리자의 전담이 필요한 소방안전관리대상물(특급·1급)에서 소방안전관리자를 겸직한 사람

3) 소방안전관리업무를 하지 아니한 관계인 또는 소방안전관리자·건설현장 소방안전관리자

4) 소방안전관리업무의 지도·감독을 하지 아니한 관계인

5) 피난유도 안내정보를 제공하지 아니한 소방안전관리대상물의 관계인

6) 근무자 및 거주자에게 소방훈련 및 교육을 하지 아니한 소방안전관리대상물의 관계인

7) 소방본부장 또는 소방서장, 관계인에게 화재예방안전진단 결과를 제출하지 아니한 안전원 또는 진단기관

② 다음 각 호의 어느 하나에 해당하는 자에게는 200만원 이하의 과태료를 부과한다

1. 제17조제4항에 따른 불을 사용할 때 지켜야 하는 사항 및 같은 조 제5항에 따른 특수가연물의
보일러, 난로, 건조설비, 가스 · 전기시설 등 화재 발생 우려가 있는 설비 또는 기구 등 관련, 시행령 [별표 1]

   저장 및 취급 기준을 위반한 자
   시행령 [별표 3]

2. 제18조제4항에 따른 소방설비등의 설치 명령을 정당한 사유 없이 따르지 아니한 자
화재안전조사 결과에 따른 소방관서장의 소방설비등 설치 명령

3. 제26조제1항을 위반하여 기간 내에 선임신고를 하지 아니하거나 소방안전관리자의 성명 등을
소방안전관리자 또는 소방안전관리보조자 선임신고(14일 이내), 소방안전관리자의 성명 등의 게시

   게시하지 아니한 자

4. 제29조제1항을 위반하여 기간 내에 선임신고를 하지 아니한 자
건설현장 소방안전관리자 선임신고(14일 이내)

5. 제37조제2항을 위반하여 기간 내에 소방훈련 및 교육 결과를 제출하지 아니한 자
30일 이내 소방훈련 및 교육 결과 제출(특급, 1급 소방안전관리대상물)

③ 제34조제1항제2호를 위반하여 실무교육을 받지 아니한 소방안전관리자 및 소방안전관리보조자에게는
선임된 소방안전관리자 및 소방안전관리보조자에 대한 실무교육

100만원 이하의 과태료를 부과한다.

④ 제1항부터 제3항까지에 따른 과태료는 대통령령으로 정하는 바에 따라
시행령 제51조 [별표 9] 과태료의 부과기준

소방청장, 시 · 도지사, 소방본부장 또는 소방서장이 부과 · 징수한다.

　　200만 원 이하의 과태료에 해당하는 사람은 다음과 같다.

1) 불을 사용할 때 지켜야 하는 사항 및 특수가연물의 저장 및 취급 기준을 위반한 사람

2) 화재예방강화지구에서, 법적 강제 사항은 아니지만 소방관서장이 화재 예방 강화를 위하여 필요하다고 인정
　할 때 명하는 소방설비등의 설치 명령을 정당한 사유 없이 따르지 아니한 사람

3) 소방안전관리자 또는 소방안전관리보조자를 선임하고 선임한 날부터 14일 이내에 신고하지 않은 관계인

4) 소방안전관리자 성명 등이 기재된 소방안전관리자 현황표^{시행규칙 [별표2]}를 게시하지 않은 관계인

5) 건설현장 소방안전관리자를 선임하고 선임한 날부터 14일 이내에 신고하지 않은 관계인

6) 소방훈련 · 교육을 한 날부터 30일 이내에 그 결과를 제출하지 않은 특급 · 1급 소방안전관리대상물의 관계인

　　실무교육 대상임에도 실무교육을 이수하지 않은 소방안전관리자 또는 소방안전관리보조자는 100만 원 이하의
과태료가 부과된다. 그 밖의 과태료 부과의 일반기준과 개별기준은 시행령 [별표 9]에 따른다.

1. 일반기준

가. 위반행위의 횟수에 따른 과태료의 가중된 부과기준은 최근 **1년간** 같은 위반행위로 과태료 부과처분을 받은 경우에 적용한다. 처분일 -(1년)- 적발일

　이 경우 기간의 계산은 위반행위에 대하여 과태료 **부과처분을 받은 날**과 그 처분 후 다시 같은 위반행위를 하여 **적발된 날**을 기준으로 한다. (위반일 X)

나. 가목에 따라 가중된 부과처분을 하는 경우 가중처분의 적용 차수는 그 위반행위 전 부과처분 차수(가목에 따른 기간 내에 과태료 부과처분이 둘 이상 있었던 경우에는 높은 차수를 말한다)의 다음 차수로 한다.

다. 부과권자는 다음의 어느 하나에 해당하는 경우에는 제2호의 개별기준에 따른 **과태료의 2분의 1 범위**에서 그 금액을 줄여 부과할 수 있다.

　다만, 과태료를 체납하고 있는 위반행위자에 대해서는 그렇지 않다.

　1) 위반행위가 사소한 부주의나 오류로 인한 것으로 인정되는 경우

　2) 위반행위자가 법 위반상태를 시정하거나 해소하기 위하여 노력한 사실이 인정되는 경우

　③ 위반행위자가 처음 위반행위를 한 경우로서 ③년 이상 해당 업종을 모범적으로 영위한 사실이 인정되는 경우

　4) 위반행위자가 화재 등 재난으로 재산에 현저한 손실을 입거나 사업 여건의 악화로 그 사업이 중대한 위기에 처하는 등 사정이 있는 경우

　⑤ 위반행위자가 같은 위반행위로 다른 법률에 따라 과태료 · 벌금 · 영업정지 등의 처분을 받은 경우

　6) 그 밖에 위반행위의 정도, 위반행위의 동기와 그 결과 등을 고려하여 과태료 금액을 줄일 필요가 있다고 인정되는 경우

½ 감경사유

▶ 「소방기본법」의 과태료 부과기준에는 없음

2. 개별기준

위반행위	근거 법조문	과태료 금액(단위: 만원)		
		1차 위반	2차 위반	3차 이상 위반
가. 정당한 사유 없이 법 제17조제1항 각 호의 어느 하나에 해당하는 행위를 한 경우	법 제52조제1항제1호		300	
나. 법 제17조제4항에 따른 불을 사용할 때 지켜야 하는 사항 및 같은 조 제5항에 따른 특수가연물의 저장 및 취급 기준을 위반한 경우	법 제52조제2항제1호		200	
다. 법 제18조제4항에 따른 소방설비등의 설치 명령을 정당한 사유 없이 따르지 않은 경우	법 제52조제2항제2호		200	
라. 법 제24조제2항을 위반하여 소방안전관리자를 겸한 경우	법 제52조제1항제2호		300	
마. 법 제24조제5항에 따른 소방안전관리업무를 하지 않은 경우	법 제52조제1항제3호	100	200	300
바. 법 제26조제1항을 위반하여 기간 내에 선임신고를 하지 않거나 소방안전관리자의 성명 등을 게시하지 않은 경우	법 제52조제2항제3호			
1) 지연 신고기간이 1개월 미만인 경우			50	
2) 지연 신고기간이 1개월 이상 3개월 미만인 경우			100	
3) 지연 신고기간이 3개월 이상이거나 신고하지 않은 경우			200	
4) 소방안전관리자의 성명 등을 게시하지 않은 경우		50	100	200
사. 법 제27조제2항을 위반하여 소방안전관리업무의 지도 · 감독을 하지 않은 경우	법 제52조제1항제4호		300	
아. 법 제29조제1항을 위반하여 기간 내에 선임신고를 하지 않은 경우	법 제52조제2항제4호			
1) 지연 신고기간이 1개월 미만인 경우			50	
2) 지연 신고기간이 1개월 이상 3개월 미만인 경우			100	
3) 지연 신고기간이 3개월 이상이거나 신고하지 않은 경우			200	
자. 법 제29조제2항에 따른 건설현장 소방안전관리대상물의 소방안전관리자의 업무를 하지 않은 경우	법 제52조제1항제5호	100	200	300
차. 법 제34조제1항제2호를 위반하여 실무교육을 받지 않은 경우	법 제52조제3항		50	
카. 법 제36조제3항을 위반하여 피난유도 안내정보를 제공하지 않은 경우	법 제52조제1항제6호	100	200	300
타. 법 제37조제1항을 위반하여 소방훈련 및 교육을 하지 않은 경우	법 제52조제1항제7호	100	200	300
파. 법 제37조제2항을 위반하여 기간 내에 소방훈련 및 교육 결과를 제출하지 않은 경우	법 제52조제2항제5호			
1) 지연 제출기간이 1개월 미만인 경우			50	
2) 지연 제출기간이 1개월 이상 3개월 미만인 경우			100	
3) 지연 제출기간이 3개월 이상이거나 제출을 하지 않은 경우			200	
하. 법 제41조제4항을 위반하여 화재예방안전진단 결과를 제출하지 않은 경우	법 제52조제1항제8호			
1) 지연 제출기간이 1개월 미만인 경우			100	
2) 지연 제출기간이 1개월 이상 3개월 미만인 경우			200	
3) 지연 제출기간이 3개월 이상이거나 제출하지 않은 경우			300	

소방청 소관 법률에 따른 행정처분 및 과태료 부과 세부 기준

[시행 2023. 9. 27.] [소방청예규 제90호, 2023. 9. 27., 제정.]

제1조(목적) 이 예규는 「소방기본법」 등 소방청 소관 법령에서 정하고 있는 행정처분 및 과태료 기준 중 위반횟수에 따른 가중처분에 관한 세부적인 기준을 정하는 것을 목적으로 한다.

제2조(법령과의 관계) 적용 대상 법령에서 행정처분 또는 과태료의 가중처분을 하기 위한 기간, 횟수나 누적회차 적용기간이 달리 정해진 경우에는 그 기간, 횟수나 누적회차 적용기간은 해당 법령에서 정하는 바에 따른다.

제3조(가중처분 적용 순서도 및 예시) 다음 각 호에 따라 가중된 부과처분을 하는 경우의 적용 순서도 및 예시는 별표 1과 같다.

1. 「소방기본법」 제56조, 같은 법 시행령 제19조 및 별표 3 제1호가목·나목
2. 「119구조·구급에 관한 법률」 제30조, 같은 법 시행령 제33조 및 별표 2 제1호나목
3. 「소방시설 설치 및 관리에 관한 법률」 제61조, 같은법 시행령 제52조 및 별표 10 제1호가목·나목
4. 「소방시설 설치 및 관리에 관한 법률」 제28조, 제35조, 같은법 시행규칙 제39조 및 별표 8 제1호다목·라목
5. 「소방시설 설치 및 관리에 관한 법률」 제39조, 제42조, 「소방용품의 품질관리 등에 관한 규칙」 제12조 및 별표 6 제1호나목·다목, 제20조 및 별표 8의2 제1호나목·다목
6. 「위험물안전관리법」 제39조, 같은 법 시행령 제23조 및 별표 9 제1호다목·라목
7. 「위험물안전관리법」 제12조, 제16조, 같은 법 시행규칙 제25조, 제58조, 제62조 및 별표 2 제1호다목·라목
8. 「화재의 예방 및 안전관리에 관한 법률」 제52조, 같은 법 시행령 제51조 및 별표 9 제1호가목·나목
9. 「초고층 및 지하연계 복합건축물 재난관리에 관한 특별법」 제33조 및 제34조, 같은 법 시행령 제16조 및 별표 3 제1호가목
10. 「다중이용업소의 안전관리에 관한 특별법」 제17조, 같은 법 시행규칙 제20조 및 별표 3 제1호나목
11. 「소방장비관리법」 제14조, 제36조, 제48조, 같은 법 시행령 제21조 및 별표 2 제1호나목·다목, 제42조 및 별표 4 제1호나목·다목, 제48조 및 별표 6 제1호가목·나목

제4조(누적회차 적용기간을 둔 가중처분 적용 순서도 및 예시) 다음 각 호에 따라 누적회차 적용기간을 둔 가중된 행정처분을 하려는 경우의 적용 순서도 및 예시는 별표 2와 같다.

1. 「다중이용업소의 안전관리에 관한 특별법」 제25조, 같은 법 시행령 제23조 및 별표 6 제1호가목·나목
2. 「소방시설공사업법」 제40조, 같은 법 시행령 제21조 및 별표 5 제1호가목·나목
3. 「소방시설공사업법」 제9조, 같은 법 시행규칙 제9조 및 별표 1 제1호다목·라목

제5조(재검토기한) 소방청장은 이 예규에 대하여 「훈령·예규 등의 발령 및 관리에 관한 규정」에 따라 2023년 7월 1일을 기준으로 매 3년이 되는 시점(매 3년째의 6월 30일까지를 말한다)마다 그 타당성을 검토하여 개선 등의 조치를 하여야 한다.

[별표 1] 가중처분 적용 순서도 및 예시

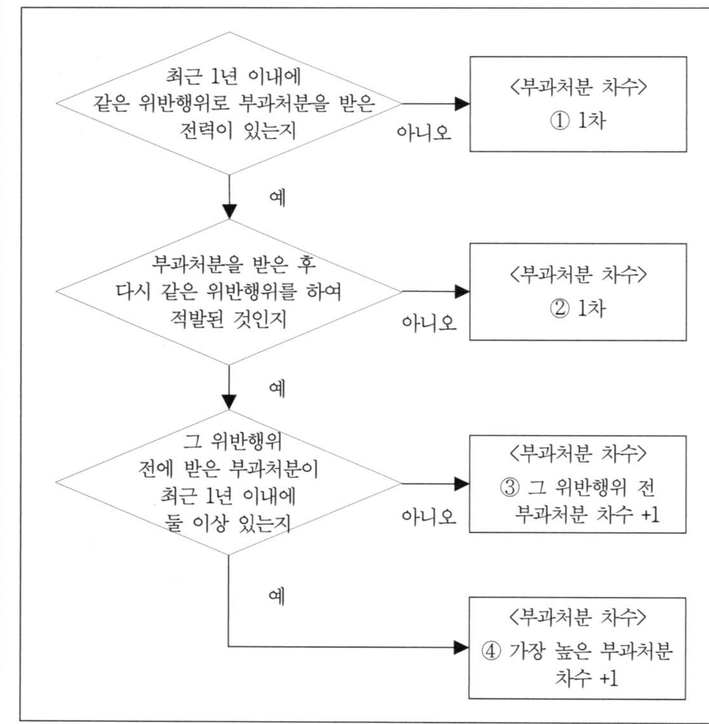

(가중처분 적용 기준 기간이 최근 1년인 경우)

◇ (①예시) 2018년 2월 1일 3차 처분을 받고, 그 처분 후 다시 같은 위반행위를 하여 2020년 1월 1일 적발된 경우: 1차 처분 부과

◇ (②예시) 2019년 2월 1일 1차 처분을 받고, 2019년 1월 1일에 한 위반행위에 대해 2020년 1월 1일 적발된 경우: 1차 처분 부과

◇ (③예시) 2019년 2월 1일 1차 처분을 받고, 그 처분 후 다시 같은 위반행위를 하여 2020년 1월 1일 적발된 경우: 2차 처분 부과

◇ (④예시-1) 2019년 2월 1일 1차 처분, 3월 1일 2차 처분을 받고, 2차 처분 후 다시 같은 위반행위를 하여 2020년 1월 1일 적발된 경우: 3차 처분 부과

◇ (④예시-2) 2017년 2월 1일 1차 처분, 2018년 1월 1일 2차 처분을 받고, 2017년 1월 1일에 한 위반행위에 대해 2018년 3월 1일 적발되어 2018년 4월 1일 1차 처분을 받은 후, 2018년 5월 1일 같은 위반행위를 하여 2018년 6월 1일 적발된 경우: 3차 처분 부과

[별표 2] 누적회차 적용기간을 둔 가중처분 적용 순서도 및 예시

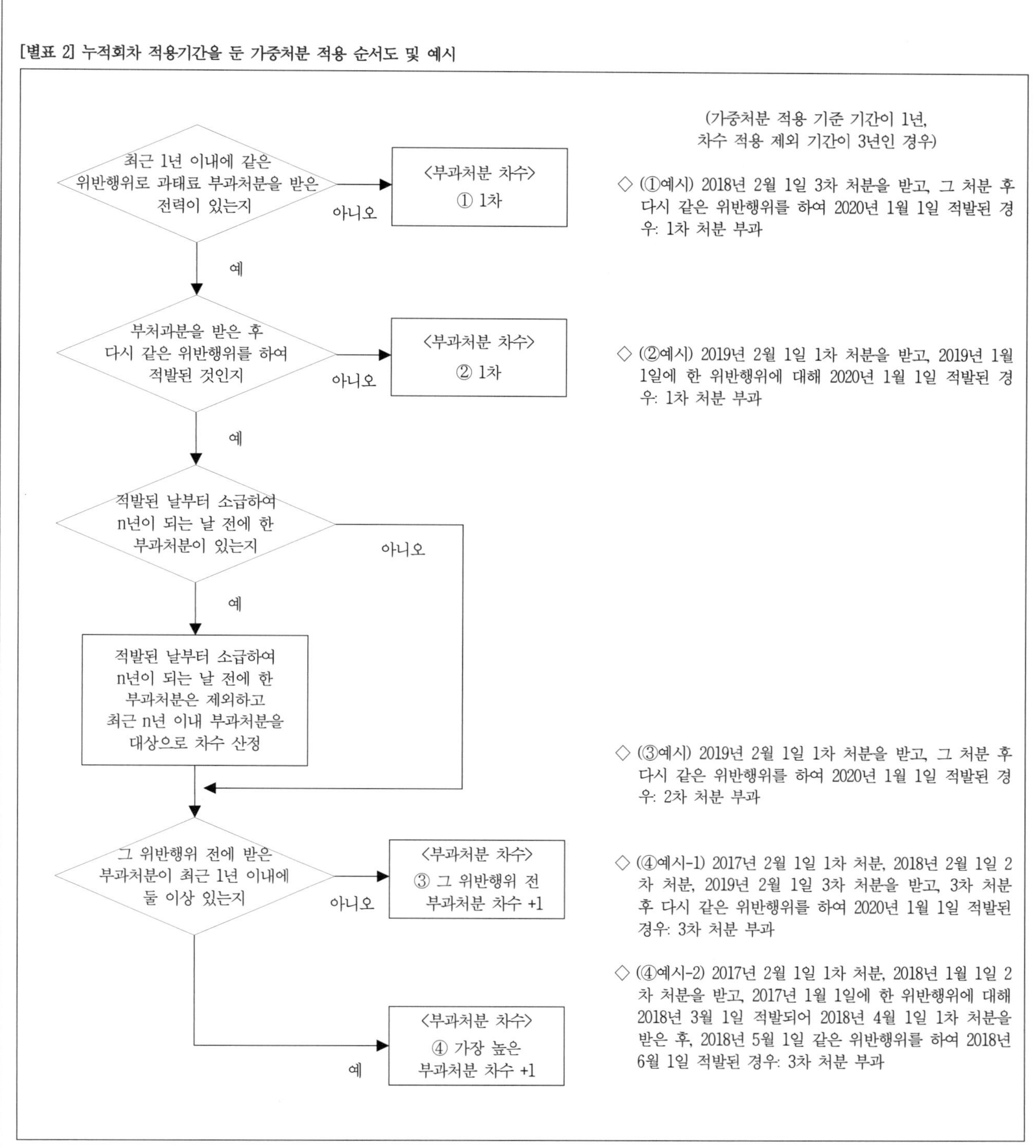

화재의 예방 및 안전관리에 관한 법령 3단 비교

법령단위비교표 (법률-시행령-시행규칙)

화재의 예방 및 안전관리에 관한 법률 [법률 제19590호, 2023. 8. 8., 타법개정]	화재의 예방 및 안전관리에 관한 법률 시행령 [대통령령 제35998호, 2026. 1. 2., 타법개정]	화재의 예방 및 안전관리에 관한 법률 시행규칙 [행정안전부령 제587호, 2025. 10. 31., 타법개정]
제1장 총칙		
제1조(목적) 이 법은 화재의 예방과 안전관리에 필요한 사항을 규정함으로써 화재로부터 국민의 생명·신체 및 재산을 보호하고 공공의 안전과 복리 증진에 이바지함을 목적으로 한다.	**제1조(목적)** 이 영은 「화재의 예방 및 안전관리에 관한 법률」에서 위임된 사항과 그 시행에 필요한 사항을 규정함을 목적으로 한다.	**제1조(목적)** 이 규칙은 「화재의 예방 및 안전관리에 관한 법률」 및 같은 법 시행령에서 위임된 사항과 그 시행에 필요한 사항을 규정함을 목적으로 한다.
제2조(정의) ① 이 법에서 사용하는 용어의 뜻은 다음과 같다. 1. "예방"이란 화재의 위험으로부터 사람의 생명·신체 및 재산을 보호하기 위하여 화재발생을 사전에 제거하거나 방지하기 위한 모든 활동을 말한다. 2. "안전관리"란 화재로 인한 피해를 최소화하기 위한 예방, 대비, 대응 등의 활동을 말한다. 3. "화재안전조사"란 소방청장, 소방본부장 또는 소방서장(이하 "소방관서장"이라 한다)이 소방대상물, 관계지역 또는 관계인에 대하여 소방시설등(「소방시설 설치 및 관리에 관한 법률」 제2조제1항제2호에 따른 소방시설등을 말한다. 이하 같다)이 소방 관계 법령에 적합하게 설치·관리되고 있는지, 소방대상물에 화재의 발생 위험이 있는지 등을 확인하기 위하여 실시하는 현장조사·문서열람·보고요구 등을 하는 활동을 말한다. 4. "화재예방강화지구"란 특별시장·광역시장·특별자치시장·도지사 또는 특별자치도지사(이하 "시·도지사"라 한다)가 화재발생 우려가 크거나 화재가 발생할 경우 피해가 클 것으로 예상되는 지역에 대하여 화재의 예방 및 안전관리를 강화하기 위해 지정·관리하는 지역을 말한다. 5. "화재예방안전진단"이란 화재가 발생할 경우 사회·경제적으로 피해 규모가 클 것으로 예상되는 소방대상물에 대하여 화재위험요인을 조사하고 그 위험성을 평가하여 개선대책을 수립하는 것을 말한다. ② 이 법에서 사용하는 용어의 뜻은 제1항에서 규정하는 것을 제외하고는 「소방기본법」, 「소방시설 설치 및 관리에 관한 법률」, 「소방시설공사업법」, 「위험물안전관리법」 및 「건축법」에서 정하는 바에 따른다.		
제3조(국가와 지방자치단체 등의 책무) ① 국가는 화재로부터 국민의 생명과 재산을 보호할 수 있도록 화재의 예방 및 안전관리에 관한 정책(이하 "화재예방정책"이라 한다)을 수립·시행하여야 한다. ② 지방자치단체는 국가의 화재예방정책에 맞추어 지역의 실정에 부합하는 화재예방정책을 수립·시행하여야 한다. ③ 관계인은 국가와 지방자치단체의 화재예방정책에 적극적으로 협조하여야 한다.		

제2장 화재의 예방 및 안전관리 기본계획의 수립·시행		
제4조(화재의 예방 및 안전관리 기본계획 등의 수립·시행) ① 소방청장은 화재예방정책을 체계적·효율적으로 추진하고 이에 필요한 기반 확충을 위하여 화재의 예방 및 안전관리에 관한 기본계획(이하 "기본계획"이라 한다)을 5년마다 수립·시행하여야 한다. ② 기본계획은 대통령령으로 정하는 바에 따라 소방청장이 관계 중앙행정기관의 장과 협의하여 수립한다. ③ 기본계획에는 다음 각 호의 사항이 포함되어야 한다. 1. 화재예방정책의 기본목표 및 추진방향 2. 화재의 예방과 안전관리를 위한 법령·제도의 마련 등 기반 조성 3. 화재의 예방과 안전관리를 위한 대국민 교육·홍보 4. 화재의 예방과 안전관리 관련 기술의 개발·보급 5. 화재의 예방과 안전관리 관련 전문인력의 육성·지원 및 관리 6. 화재의 예방과 안전관리 관련 산업의 국제경쟁력 향상 7. 그 밖에 대통령령으로 정하는 화재의 예방과 안전관리에 필요한 사항 ④ 소방청장은 기본계획을 시행하기 위하여 매년 시행계획을 수립·시행하여야 한다. ⑤ 소방청장은 제1항 및 제4항에 따라 수립된 기본계획과 시행계획을 관계 중앙행정기관의 장과 시·도지사에게 통보하여야 한다. ⑥ 제5항에 따라 기본계획과 시행계획을 통보받은 관계 중앙행정기관의 장과 시·도지사는 소관 사무의 특성을 반영한 세부시행계획을 수립·시행하고 그 결과를 소방청장에게 통보하여야 한다. ⑦ 소방청장은 기본계획 및 시행계획을 수립하기 위하여 필요한 경우에는 관계 중앙행정기관의 장 또는 시·도지사에게 관련 자료의 제출을 요청할 수 있다. 이 경우 자료 제출을 요청받은 관계 중앙행정기관의 장 또는 시·도지사는 특별한 사유가 없으면 이에 따라야 한다. ⑧ 제1항부터 제7항까지에서 규정한 사항 외에 기본계획, 시행계획 및 세부시행계획의 수립·시행에 필요한 사항은 대통령령으로 정한다.	**제2조(화재의 예방 및 안전관리 기본계획의 협의 및 수립)** 소방청장은 「화재의 예방 및 안전관리에 관한 법률」(이하 "법"이라 한다) 제4조제1항에 따른 화재의 예방 및 안전관리에 관한 기본계획(이하 "기본계획"이라 한다)을 계획 시행 전년도 8월 31일까지 관계 중앙행정기관의 장과 협의한 후 계획 시행 전년도 9월 30일까지 수립해야 한다. **제3조(기본계획의 내용)** 법 제4조제3항제7호에서 "대통령령으로 정하는 화재의 예방과 안전관리에 필요한 사항"이란 다음 각 호의 사항을 말한다. 1. 화재발생 현황 2. 소방대상물의 환경 및 화재위험특성 변화 추세 등 화재예방정책의 여건 변화에 관한 사항 3. 소방시설의 설치·관리 및 화재안전기준의 개선에 관한 사항 4. 계절별·시기별·소방대상물별 화재예방 대책의 추진 및 평가 등에 관한 사항 5. 그 밖에 화재의 예방 및 안전관리와 관련하여 소방청장이 필요하다고 인정하는 사항 **제4조(시행계획의 수립·시행)** ① 소방청장은 법 제4조제4항에 따라 기본계획을 시행하기 위한 계획(이하 "시행계획"이라 한다)을 계획 시행 전년도 10월 31일까지 수립해야 한다. ② 시행계획에는 다음 각 호의 사항이 포함되어야 한다. 1. 기본계획의 시행을 위하여 필요한 사항 2. 그 밖에 화재의 예방 및 안전관리와 관련하여 소방청장이 필요하다고 인정하는 사항 **제5조(세부시행계획의 수립·시행)** ① 소방청장은 법 제4조제5항에 따라 관계 중앙행정기관의 장과 특별시장·광역시장·특별자치시장·도지사 또는 특별자치도지사(이하 "시·도지사"라 한다)에게 기본계획 및 시행계획을 각각 계획 시행 전년도 10월 31일까지 통보해야 한다. ② 제1항에 따라 통보를 받은 관계 중앙행정기관의 장 및 시·도지사는 법 제4조제6항에 따른 세부시행계획(이하 "세부시행계획"이라 한다)을 수립하여 계획 시행 전년도 12월 31일까지 소방청장에게 통보해야 한다. ③ 세부시행계획에는 다음 각 호의 사항이 포함되어야 한다. 1. 기본계획 및 시행계획에 대한 관계 중앙행정기관 또는 특별시·광역시·특별자치시·도·특별자치도(이하 "시·도"라 한다)의 세부 집행계획 2. 직전 세부시행계획의 시행 결과 3. 그 밖에 화재안전과 관련하여 관계 중앙행정기관의 장 또는 시·도지사가 필요하다고 결정한 사항	
제5조(실태조사) ① 소방청장은 기본계획 및 시행계획의 수립·시행에 필요한 기초자료를 확보하기 위하여 다음 각 호의 사항에		**제2조(실태조사의 방법 및 절차 등)** ① 「화재의 예방 및 안전관리에 관한 법률」(이하 "법"이라 한다) 제5조제1항에 따른 실태조사

대하여 실태조사를 할 수 있다. 이 경우 관계 중앙행정기관의 장의 요청이 있는 때에는 합동으로 실태조사를 할 수 있다.
1. 소방대상물의 용도별·규모별 현황
2. 소방대상물의 화재의 예방 및 안전관리 현황
3. 소방대상물의 소방시설등 설치·관리 현황
4. 그 밖에 기본계획 및 시행계획의 수립·시행을 위하여 필요한 사항
② 소방청장은 소방대상물의 현황 등 관련 정보를 보유·운용하고 있는 관계 중앙행정기관의 장, 지방자치단체의 장, 「공공기관의 운영에 관한 법률」 제4조에 따른 공공기관(이하 "공공기관"이라 한다)의 장 또는 관계인 등에게 제1항에 따른 실태조사에 필요한 자료의 제출을 요청할 수 있다. 이 경우 자료 제출을 요청받은 자는 특별한 사유가 없으면 이에 따라야 한다.
③ 제1항에 따른 실태조사의 방법 및 절차 등에 필요한 사항은 행정안전부령으로 정한다.

는 통계조사, 문헌조사 또는 현장조사의 방법으로 하며, 정보통신망 또는 전자적인 방식을 사용할 수 있다.
② 소방청장은 제1항에 따른 실태조사를 실시하려는 경우 실태조사 시작 7일 전까지 조사 일시, 조사 사유 및 조사 내용 등을 포함한 조사계획을 조사대상자에게 서면 또는 전자우편 등의 방법으로 미리 알려야 한다.
③ 관계 공무원 및 제4항에 따라 실태조사를 의뢰받은 관계 전문가 등이 실태조사를 위하여 소방대상물에 출입할 때에는 그 권한 또는 자격을 표시하는 증표를 지니고 이를 관계인에게 내보여야 한다.
④ 소방청장은 실태조사를 전문연구기관·단체나 관계 전문가에게 의뢰하여 실시할 수 있다.
⑤ 소방청장은 실태조사의 결과를 인터넷 홈페이지 등에 공표할 수 있다.
⑥ 제1항부터 제5항까지에서 규정한 사항 외에 실태조사 방법 및 절차 등에 관하여 필요한 사항은 소방청장이 정한다.

제6조(통계의 작성 및 관리) ① 소방청장은 화재의 예방 및 안전관리에 관한 통계를 매년 작성·관리하여야 한다.
② 소방청장은 제1항의 통계자료를 작성·관리하기 위하여 관계 중앙행정기관의 장, 지방자치단체의 장, 공공기관의 장 또는 관계인 등에게 필요한 자료와 정보의 제공을 요청할 수 있다. 이 경우 자료와 정보의 제공을 요청받은 자는 특별한 사정이 없으면 이에 따라야 한다.
③ 소방청장은 제1항에 따른 통계자료의 작성·관리에 관한 업무의 전부 또는 일부를 행정안전부령으로 정하는 바에 따라 전문성이 있는 기관을 지정하여 수행하게 할 수 있다.
④ 제1항에 따른 통계의 작성·관리 등에 필요한 사항은 대통령령으로 정한다.

제6조(통계의 작성·관리) ① 법 제6조제1항에 따른 통계의 작성·관리 항목은 다음 각 호와 같다.
1. 소방대상물의 현황 및 안전관리에 관한 사항
2. 소방시설등의 설치 및 관리에 관한 사항
3. 「다중이용업소의 안전관리에 관한 특별법」 제2조제1항제1호에 따른 다중이용업 현황 및 안전관리에 관한 사항
4. 「위험물안전관리법」 제2조제1항제6호에 따른 제조소등(이하 "제조소등"이라 한다) 현황
5. 화재발생 이력 및 화재안전조사 등 화재예방 활동에 관한 사항
6. 법 제5조에 따른 실태조사 결과
7. 화재예방강화지구의 현황 및 안전관리에 관한 사항
8. 법 제23조에 따른 어린이, 노인, 장애인 등 화재의 예방 및 안전관리에 취약한 자에 대한 지역별·성별·연령별 지원 현황
9. 법 제24조제1항에 따른 소방안전관리자 자격증 발급 및 선임 관련 지역별·성별·연령별 현황
10. 화재예방안전진단 대상의 현황 및 그 실시 결과
11. 소방시설업자, 소방기술자 및 「소방시설 설치 및 관리에 관한 법률」 제29조에 따른 소방시설관리업 등록을 한 자의 지역별·성별·연령별 현황
12. 그 밖에 화재의 예방 및 안전관리에 관한 자료로서 소방청장이 작성·관리가 필요하다고 인정하는 사항
② 소방청장은 법 제6조제1항에 따라 통계를 체계적으로 작성·관리하고 분석하기 위하여 전산시스템을 구축·운영할 수 있다.
③ 소방청장은 제2항에 따른 전산시스템을 구축·운영하는 경우 빅데이터(대용량의 정형 또는 비정형의 데이터 세트를 말한다. 이

제3조(통계의 작성·관리) 소방청장은 법 제6조제3항에 따라 다음 각 호의 기관으로 하여금 통계자료의 작성·관리에 관한 업무를 수행하게 할 수 있다.
1. 「소방기본법」 제40조제1항에 따라 설립된 한국소방안전원(이하 "안전원"이라 한다)
2. 「정부출연연구기관 등의 설립·운영 및 육성에 관한 법률」 제8조에 따라 설립된 정부출연연구기관
3. 「통계법」 제15조에 따라 지정된 통계작성지정기관

<table>
<tr><td>

하 같다)를 활용하여 화재발생 동향 분석 및 전망 등을 할 수 있다.

④ 제3항에 따른 빅데이터를 활용하기 위한 방법·절차 등에 관하여 필요한 사항은 소방청장이 정한다.

</td><td></td></tr>
</table>

제3장 화재안전조사

<table>
<tr><td>

제7조(화재안전조사) ① 소방관서장은 다음 각 호의 어느 하나에 해당하는 경우 화재안전조사를 실시할 수 있다. 다만, 개인의 주거(실제 주거용도로 사용되는 경우에 한정한다)에 대한 화재안전조사는 관계인의 승낙이 있거나 화재발생의 우려가 뚜렷하여 긴급한 필요가 있는 때에 한정한다.

1. 「소방시설 설치 및 관리에 관한 법률」 제22조에 따른 자체점검이 불성실하거나 불완전하다고 인정되는 경우
2. 화재예방강화지구 등 법령에서 화재안전조사를 하도록 규정되어 있는 경우
3. 화재예방안전진단이 불성실하거나 불완전하다고 인정되는 경우
4. 국가적 행사 등 주요 행사가 개최되는 장소 및 그 주변의 관계 지역에 대하여 소방안전관리 실태를 조사할 필요가 있는 경우
5. 화재가 자주 발생하였거나 발생할 우려가 뚜렷한 곳에 대한 조사가 필요한 경우
6. 재난예측정보, 기상예보 등을 분석한 결과 소방대상물에 화재의 발생 위험이 크다고 판단되는 경우
7. 제1호부터 제6호까지에서 규정한 경우 외에 화재, 그 밖의 긴급한 상황이 발생할 경우 인명 또는 재산 피해의 우려가 현저하다고 판단되는 경우

② 화재안전조사의 항목은 대통령령으로 정한다. 이 경우 화재안전조사의 항목에는 화재의 예방조치 상황, 소방시설등의 관리 상황 및 소방대상물의 화재 등의 발생 위험과 관련된 사항이 포함되어야 한다.

③ 소방관서장은 화재안전조사를 실시하는 경우 다른 목적을 위하여 조사권을 남용하여서는 아니 된다.

</td><td>

제7조(화재안전조사의 항목) 소방청장, 소방본부장 또는 소방서장(이하 "소방관서장"이라 한다)은 법 제7조제1항에 따라 다음 각 호의 항목에 대하여 화재안전조사를 실시한다.

1. 법 제17조에 따른 화재의 예방조치 등에 관한 사항
2. 법 제24조, 제25조, 제27조 및 제29조에 따른 소방안전관리 업무 수행에 관한 사항
3. 법 제36조에 따른 피난계획의 수립 및 시행에 관한 사항
4. 법 제37조에 따른 소화·통보·피난 등의 훈련 및 소방안전관리에 필요한 교육(이하 "소방훈련·교육"이라 한다)에 관한 사항
5. 「소방기본법」 제21조의2에 따른 소방자동차 전용구역의 설치에 관한 사항
6. 「소방시설공사업법」 제12조에 따른 시공, 같은 법 제16조에 따른 감리 및 같은 법 제18조에 따른 감리원의 배치에 관한 사항
7. 「소방시설 설치 및 관리에 관한 법률」 제12조에 따른 소방시설의 설치 및 관리에 관한 사항
8. 「소방시설 설치 및 관리에 관한 법률」 제15조에 따른 건설현장 임시소방시설의 설치 및 관리에 관한 사항
9. 「소방시설 설치 및 관리에 관한 법률」 제16조에 따른 피난시설, 방화구획(防火區劃) 및 방화시설의 관리에 관한 사항
10. 「소방시설 설치 및 관리에 관한 법률」 제20조에 따른 방염(防炎)에 관한 사항
11. 「소방시설 설치 및 관리에 관한 법률」 제22조에 따른 소방시설등의 자체점검에 관한 사항
12. 「다중이용업소의 안전관리에 관한 특별법」 제8조, 제9조, 제9조의2, 제10조, 제10조의2 및 제11조부터 제13조까지의 규정에 따른 안전관리에 관한 사항
13. 「위험물안전관리법」 제5조, 제6조, 제14조, 제15조 및 제18조에 따른 위험물 안전관리에 관한 사항
14. 「초고층 및 지하연계 복합건축물 재난관리에 관한 특별법」 제9조, 제11조, 제12조, 제14조, 제16조 및 제22조에 따른 초고층 및 지하연계 복합건축물의 안전관리에 관한 사항
15. 그 밖에 소방대상물에 화재의 발생 위험이 있는지 등을 확인하기 위해 소방관서장이 화재안전조사가 필요하다고 인정하는 사항

</td><td></td></tr>
<tr><td>

제8조(화재안전조사의 방법·절차 등) ① 소방관서장은 화재안전조사를 조사의 목적에 따라 제7조제2항에 따른 화재안전조사의 항목 전체에 대하여 종합적으로 실시하거나 특정 항목에 한정하여 실시할 수 있다.

</td><td>

제8조(화재안전조사의 방법·절차 등) ① 소방관서장은 화재안전조사의 목적에 따라 다음 각 호의 어느 하나에 해당하는 방법으로 화재안전조사를 실시할 수 있다.

1. 종합조사: 제7조의 화재안전조사 항목 전

</td><td>

제4조(화재안전조사의 연기신청 등) ① 「화재의 예방 및 안전관리에 관한 법률 시행령」(이하 "영"이라 한다) 제9조제2항에 따라 화재안전조사의 연기를 신청하려는 관계인은 화재안전조사 시작 3일 전까지 별지 제1호

</td></tr>
</table>

② 소방관서장은 화재안전조사를 실시하려는 경우 사전에 관계인에게 조사대상, 조사기간 및 조사사유 등을 우편, 전화, 전자메일 또는 문자전송 등을 통하여 통지하고 이를 대통령령으로 정하는 바에 따라 인터넷 홈페이지나 제16조제3항의 전산시스템 등을 통하여 공개하여야 한다. 다만, 다음 각 호의 어느 하나에 해당하는 경우에는 그러하지 아니하다.
1. 화재가 발생할 우려가 뚜렷하여 긴급하게 조사할 필요가 있는 경우
2. 제1호 외에 화재안전조사의 실시를 사전에 통지하거나 공개하면 조사목적을 달성할 수 없다고 인정되는 경우
③ 화재안전조사는 관계인의 승낙 없이 소방대상물의 공개시간 또는 근무시간 이외에는 할 수 없다. 다만, 제2항제1호에 해당하는 경우에는 그러하지 아니하다.
④ 제2항에 따른 통지를 받은 관계인은 천재지변이나 그 밖에 대통령령으로 정하는 사유로 화재안전조사를 받기 곤란한 경우에는 화재안전조사를 통지한 소방관서장에게 대통령령으로 정하는 바에 따라 화재안전조사를 연기하여 줄 것을 신청할 수 있다. 이 경우 소방관서장은 연기신청 승인 여부를 결정하고 그 결과를 조사 시작 전까지 관계인에게 알려 주어야 한다.
⑤ 제1항부터 제4항까지에서 규정한 사항 외에 화재안전조사의 방법 및 절차 등에 필요한 사항은 대통령령으로 정한다.

부를 확인하는 조사
2. 부분조사: 제7조의 화재안전조사 항목 중 일부를 확인하는 조사
② 소방관서장은 화재안전조사를 실시하려는 경우 사전에 법 제8조제2항 각 호 외의 부분 본문에 따라 조사대상, 조사기간 및 조사사유 등 조사계획을 소방청, 소방본부 또는 소방서(이하 "소방관서"라 한다)의 인터넷 홈페이지나 법 제16조제3항에 따른 전산시스템을 통해 7일 이상 공개해야 한다.
③ 소방관서장은 법 제8조제2항 각 호 외의 부분 단서에 따라 사전 통지 없이 화재안전조사를 실시하는 경우에는 화재안전조사를 실시하기 전에 관계인에게 조사사유 및 조사범위 등을 현장에서 설명해야 한다.
④ 소방관서장은 화재안전조사를 위하여 소속 공무원으로 하여금 관계인에게 보고 또는 자료의 제출을 요구하거나 소방대상물의 위치·구조·설비 또는 관리 상황에 대한 조사·질문을 하게 할 수 있다.
⑤ 소방관서장은 화재안전조사를 효율적으로 실시하기 위하여 필요한 경우 다음 각 호의 기관의 장과 합동으로 조사반을 편성하여 화재안전조사를 할 수 있다.
1. 관계 중앙행정기관 또는 지방자치단체
2. 「소방기본법」 제40조에 따른 한국소방안전원(이하 "안전원"이라 한다)
3. 「소방산업의 진흥에 관한 법률」 제14조에 따른 한국소방산업기술원(이하 "기술원"이라 한다)
4. 「화재로 인한 재해보상과 보험가입에 관한 법률」 제11조에 따른 한국화재보험협회(이하 "화재보험협회"라 한다)
5. 「고압가스 안전관리법」 제28조에 따른 한국가스안전공사(이하 "가스안전공사"라 한다)
6. 「전기안전관리법」 제30조에 따른 한국전기안전공사(이하 "전기안전공사"라 한다)
7. 그 밖에 소방청장이 정하여 고시하는 소방 관련 법인 또는 단체
⑥ 제1항부터 제5항까지에서 규정한 사항 외에 화재안전조사 계획의 수립 등 화재안전조사에 필요한 사항은 소방청장이 정한다.

제9조(화재안전조사의 연기) ① 법 제8조제4항 전단에서 "대통령령으로 정하는 사유"란 다음 각 호의 어느 하나에 해당하는 사유를 말한다.
1. 「재난 및 안전관리 기본법」 제3조제1호에 해당하는 재난이 발생한 경우
2. 관계인의 질병, 사고, 장기출장의 경우
3. 권한 있는 기관에 자체점검기록부, 교육·훈련일지 등 화재안전조사에 필요한 장부·서류 등이 압수되거나 영치(領置)되어 있는 경우
4. 소방대상물의 증축·용도변경 또는 대수선 등의 공사로 화재안전조사를 실시하기 어려운 경우
② 법 제8조제4항 전단에 따라 화재안전조사의 연기를 신청하려는 관계인은 행정안전부령으로 정하는 바에 따라 연기신청서에 연기의 사유 및 기간 등을 적어 소방관서장

서식의 화재안전조사 연기신청서(전자문서를 포함한다)에 화재안전조사를 받기 곤란함을 증명할 수 있는 서류(전자문서를 포함한다)를 첨부하여 소방청장, 소방본부장 또는 소방서장(이하 "소방관서장"이라 한다)에게 제출해야 한다.
② 제1항에 따른 신청서를 제출받은 소방관서장은 3일 이내에 연기신청의 승인 여부를 결정하여 별지 제2호서식의 화재안전조사 연기신청 결과 통지서를 연기신청을 한 자에게 통지해야 하며 연기기간이 종료되면 지체 없이 화재안전조사를 시작해야 한다.

	에게 제출해야 한다. ③ 소방관서장은 법 제8조제4항 후단에 따라 화재안전조사의 연기를 승인한 경우라도 연기기간이 끝나기 전에 연기사유가 없어졌거나 긴급히 조사를 해야 할 사유가 발생하였을 때는 관계인에게 미리 알리고 화재안전조사를 할 수 있다.	
제9조(화재안전조사단 편성·운영) ① 소방관서장은 화재안전조사를 효율적으로 수행하기 위하여 대통령령으로 정하는 바에 따라 소방청에는 중앙화재안전조사단을, 소방본부 및 소방서에는 지방화재안전조사단을 편성하여 운영할 수 있다. ② 소방관서장은 제1항에 따른 중앙화재안전조사단 및 지방화재안전조사단의 업무 수행을 위하여 필요한 경우에는 관계 기관의 장에게 그 소속 공무원 또는 직원의 파견을 요청할 수 있다. 이 경우 공무원 또는 직원의 파견 요청을 받은 관계 기관의 장은 특별한 사유가 없으면 이에 협조하여야 한다.	**제10조(화재안전조사단 편성·운영)** ① 법 제9조제1항에 따른 중앙화재안전조사단 및 지방화재안전조사단(이하 "조사단"이라 한다)은 각각 단장을 포함하여 50명 이내의 단원으로 성별을 고려하여 구성한다. ② 조사단의 단원은 다음 각 호의 어느 하나에 해당하는 사람 중에서 소방관서장이 임명하거나 위촉하고, 단장은 단원 중에서 소방관서장이 임명하거나 위촉한다. 1. 소방공무원 2. 소방업무와 관련된 단체 또는 연구기관 등의 임직원 3. 소방 관련 분야에서 전문적인 지식이나 경험이 풍부한 사람	
제10조(화재안전조사위원회 구성·운영) ① 소방관서장은 화재안전조사의 대상을 객관적이고 공정하게 선정하기 위하여 필요한 경우 화재안전조사위원회를 구성하여 화재안전조사의 대상을 선정할 수 있다. ② 화재안전조사위원회의 구성·운영 등에 필요한 사항은 대통령령으로 정한다.	**제11조(화재안전조사위원회의 구성·운영 등)** ① 법 제10조제1항에 따른 화재안전조사위원회(이하 "위원회"라 한다)는 위원장 1명을 포함하여 7명 이내의 위원으로 성별을 고려하여 구성한다. ② 위원회의 위원장은 소방관서장이 된다. ③ 위원회의 위원은 다음 각 호의 어느 하나에 해당하는 사람 중에서 소방관서장이 임명하거나 위촉한다. 1. 과장급 직위 이상의 소방공무원 2. 소방기술사 3. 소방시설관리사 4. 소방 관련 분야의 석사 이상 학위를 취득한 사람 5. 소방 관련 법인 또는 단체에서 소방 관련 업무에 5년 이상 종사한 사람 6. 「소방공무원 교육훈련규정」 제3조제2항에 따른 소방공무원 교육훈련기관, 「고등교육법」 제2조의 학교 또는 연구소에서 소방과 관련한 교육 또는 연구에 5년 이상 종사한 사람 ④ 위촉위원의 임기는 2년으로 하며, 한 차례만 연임할 수 있다. ⑤ 소방관서장은 위원회의 위원이 다음 각 호의 어느 하나에 해당하는 경우에는 해당 위원을 해임하거나 해촉(解囑)할 수 있다. 1. 심신장애로 직무를 수행할 수 없게 된 경우 2. 직무와 관련된 비위사실이 있는 경우 3. 직무태만, 품위손상이나 그 밖의 사유로 위원으로 적합하지 않다고 인정되는 경우 4. 제12조제1항 각 호의 어느 하나에 해당함에도 불구하고 회피하지 않은 경우 5. 위원 스스로 직무를 수행하기 어렵다는 의사를 밝히는 경우 ⑥ 위원회에 출석한 위원에게는 예산의 범위에서 수당, 여비, 그 밖에 필요한 경비를 지급할 수 있다. 다만, 공무원인 위원이 소	

	관 업무와 직접 관련하여 위원회에 출석하는 경우에는 그렇지 않다. **제12조(위원의 제척·기피·회피)** ① 위원회의 위원이 다음 각 호의 어느 하나에 해당하는 경우에는 위원회의 심의·의결에서 제척(除斥)된다. 1. 위원, 그 배우자나 배우자였던 사람 또는 위원의 친족이거나 친족이었던 사람이 다음 각 목의 어느 하나에 해당하는 경우 가. 해당 소방대상물의 관계인이거나 그 관계인과 공동권리자 또는 공동의무자인 경우 나. 해당 소방대상물의 설계, 공사, 감리 또는 자체점검 등을 수행한 경우 다. 해당 소방대상물에 대하여 제7조 각 호의 업무를 수행한 경우 등 소방대상물과 직접적인 이해관계가 있는 경우 2. 위원이 해당 소방대상물에 관하여 자문, 연구, 용역(하도급을 포함한다), 감정 또는 조사를 한 경우 3. 위원이 임원 또는 직원으로 재직하고 있거나 최근 3년 내에 재직하였던 기업 등이 해당 소방대상물에 관하여 자문, 연구, 용역(하도급을 포함한다), 감정 또는 조사를 한 경우 ② 당사자는 제1항에 따른 제척사유가 있거나 위원에게 공정한 심의·의결을 기대하기 어려운 사정이 있는 경우에는 위원회에 기피 신청을 할 수 있고, 위원회는 의결로 기피 여부를 결정한다. 이 경우 기피 신청의 대상인 위원은 그 의결에 참여하지 못한다. ③ 위원이 제1항 또는 제2항의 사유에 해당하는 경우에는 스스로 해당 안건의 심의·의결에서 회피(回避)해야 한다. **제13조(위원회 운영 세칙)** 제11조 및 제12조에서 규정한 사항 외에 위원회의 구성 및 운영에 필요한 사항은 소방청장이 정한다.	
제11조(화재안전조사 전문가 참여) ① 소방관서장은 필요한 경우에는 소방기술사, 소방시설관리사, 그 밖에 화재안전 분야에 전문지식을 갖춘 사람을 화재안전조사에 참여하게 할 수 있다. ② 제1항에 따라 조사에 참여하는 외부 전문가에게는 예산의 범위에서 수당, 여비, 그 밖에 필요한 경비를 지급할 수 있다.		
제12조(증표의 제시 및 비밀유지 의무 등) ① 화재안전조사 업무를 수행하는 관계 공무원 및 관계 전문가는 그 권한 또는 자격을 표시하는 증표를 지니고 이를 관계인에게 내보여야 한다. ② 화재안전조사 업무를 수행하는 관계 공무원 및 관계 전문가는 관계인의 정당한 업무를 방해하여서는 아니 되며, 조사업무를 수행하면서 취득한 자료나 알게 된 비밀을 다른 사람 또는 기관에 제공 또는 누설하거나 목적 외의 용도로 사용하여서는 아니 된다.		

제13조(화재안전조사 결과 통보) 소방관서장은 화재안전조사를 마친 때에는 그 조사 결과를 관계인에게 서면으로 통지하여야 한다. 다만, 화재안전조사의 현장에서 관계인에게 조사의 결과를 설명하고 화재안전조사 결과서의 부본을 교부한 경우에는 그러하지 아니하다.		
제14조(화재안전조사 결과에 따른 조치명령) ① 소방관서장은 화재안전조사 결과에 따른 소방대상물의 위치·구조·설비 또는 관리의 상황이 화재예방을 위하여 보완될 필요가 있거나 화재가 발생하면 인명 또는 재산의 피해가 클 것으로 예상되는 때에는 행정안전부령으로 정하는 바에 따라 관계인에게 그 소방대상물의 개수(改修)·이전·제거, 사용의 금지 또는 제한, 사용폐쇄, 공사의 정지 또는 중지, 그 밖에 필요한 조치를 명할 수 있다. ② 소방관서장은 화재안전조사 결과 소방대상물이 법령을 위반하여 건축 또는 설비되었거나 소방시설등, 피난시설·방화구획, 방화시설 등이 법령에 적합하게 설치 또는 관리되고 있지 아니한 경우에는 관계인에게 제1항에 따른 조치를 명하거나 관계 행정기관의 장에게 필요한 조치를 하여 줄 것을 요청할 수 있다.		**제5조(화재안전조사에 따른 조치명령 등의 절차)** ① 소방관서장은 법 제14조에 따라 소방대상물의 개수(改修)·이전·제거, 사용의 금지 또는 제한, 사용폐쇄, 공사의 정지 또는 중지, 그 밖에 필요한 조치를 명할 때에는 별지 제3호서식의 화재안전조사 조치명령서를 해당 소방대상물의 관계인에게 발급하고, 별지 제4호서식의 화재안전조사 조치명령 대장에 이를 기록하여 관리해야 한다. ② 소방관서장은 법 제14조에 따른 명령으로 인하여 손실을 입은 자가 있는 경우에는 별지 제5호서식의 화재안전조사 조치명령 손실확인서를 작성하여 관련 사진 및 그 밖의 증명자료와 함께 보관해야 한다. **제6조(손실보상 청구자가 제출해야 하는 서류 등)** ① 법 제14조에 따른 명령으로 인하여 손실을 입은 자가 손실보상을 청구하려는 경우에는 별지 제6호서식의 손실보상 청구서(전자문서를 포함한다)에 다음 각 호의 서류(전자문서를 포함한다)를 첨부하여 소방청장, 특별시장·광역시장·특별자치시장·도지사 또는 특별자치도지사(이하 "시·도지사"라 한다)에게 제출해야 한다. 이 경우 담당 공무원은 「전자정부법」 제36조제1항에 따른 행정정보의 공동이용을 통하여 건축물대장(소방대상물의 관계인임을 증명할 수 있는 서류가 건축물대장인 경우만 해당한다)을 확인해야 한다. 1. 소방대상물의 관계인임을 증명할 수 있는 서류(건축물대장은 제외한다) 2. 손실을 증명할 수 있는 사진 및 그 밖의 증빙자료 ② 소방청장 또는 시·도지사는 영 제14조제2항에 따라 손실보상에 관하여 협의가 이루어진 경우에는 손실보상을 청구한 자와 연명으로 별지 제7호서식의 손실보상 합의서를 작성하고 이를 보관해야 한다.
제15조(손실보상) 소방청장 또는 시·도지사는 제14조제1항에 따른 명령으로 인하여 손실을 입은 자가 있는 경우에는 대통령령으로 정하는 바에 따라 보상하여야 한다.	**제14조(손실보상)** ① 법 제15조에 따라 소방청장 또는 시·도지사가 손실을 보상하는 경우에는 시가(時價)로 보상해야 한다. ② 제1항에 따른 손실보상에 관하여는 소방청장 또는 시·도지사와 손실을 입은 자가 협의해야 한다. ③ 소방청장 또는 시·도지사는 제2항에 따른 보상금액에 관한 협의가 성립되지 않은 경우에는 그 보상금액을 지급하거나 공탁하고 이를 상대방에게 알려야 한다. ④ 제3항에 따른 보상금의 지급 또는 공탁의 통지에 불복하는 자는 지급 또는 공탁의 통지를 받은 날부터 30일 이내에 「공익사업을 위한 토지 등의 취득 및 보상에 관한 법	

	률」 제49조에 따른 중앙토지수용위원회 또는 관할 지방토지수용위원회에 재결(裁決)을 신청할 수 있다.	

제16조(화재안전조사 결과 공개) ① 소방관서장은 화재안전조사를 실시한 경우 다음 각 호의 전부 또는 일부를 인터넷 홈페이지나 제3항의 전산시스템 등을 통하여 공개할 수 있다. 1. 소방대상물의 위치, 연면적, 용도 등 현황 2. 소방시설등의 설치 및 관리 현황 3. 피난시설, 방화구획 및 방화시설의 설치 및 관리 현황 4. 그 밖에 대통령령으로 정하는 사항 ② 제1항에 따라 화재안전조사 결과를 공개하는 경우 공개 절차, 공개 기간 및 공개 방법 등에 필요한 사항은 대통령령으로 정한다. ③ 소방청장은 제1항에 따른 화재안전조사 결과를 체계적으로 관리하고 활용하기 위하여 전산시스템을 구축·운영하여야 한다. ④ 소방청장은 건축, 전기 및 가스 등 화재안전과 관련된 정보를 소방활동 등에 활용하기 위하여 제3항에 따른 전산시스템과 관계 중앙행정기관, 지방자치단체 및 공공기관 등에서 구축·운용하고 있는 전산시스템을 연계하여 구축할 수 있다.	**제15조(화재안전조사 결과 공개)** ① 법 제16조제1항제4호에서 "대통령령으로 정하는 사항"이란 다음 각 호의 사항을 말한다. 1. 제조소등 설치 현황 2. 소방안전관리자 선임 현황 3. 화재예방안전진단 실시 결과 ② 소방관서장은 법 제16조제1항에 따라 화재안전조사 결과를 공개하는 경우 30일 이상 해당 소방관서 인터넷 홈페이지나 같은 조 제3항에 따른 전산시스템을 통해 공개해야 한다. ③ 소방관서장은 제2항에 따라 화재안전조사 결과를 공개하려는 경우 공개 기간, 공개 내용 및 공개 방법을 해당 소방대상물의 관계인에게 미리 알려야 한다. ④ 소방대상물의 관계인은 제3항에 따른 공개 내용 등을 통보받은 날부터 10일 이내에 소방관서장에게 이의신청을 할 수 있다. ⑤ 소방관서장은 제4항에 따라 이의신청을 받은 날부터 10일 이내에 심사·결정하여 그 결과를 지체 없이 신청인에게 알려야 한다. ⑥ 화재안전조사 결과의 공개가 제3자의 법익을 침해하는 경우에는 제3자와 관련된 사실을 제외하고 공개해야 한다.	

제4장 화재의 예방조치 등

제17조(화재의 예방조치 등) ① 누구든지 화재예방강화지구 및 이에 준하는 대통령령으로 정하는 장소에서는 다음 각 호의 어느 하나에 해당하는 행위를 하여서는 아니 된다. 다만, 행정안전부령으로 정하는 바에 따라 안전조치를 한 경우에는 그러하지 아니한다. 1. 모닥불, 흡연 등 화기의 취급 2. 풍등 등 소형열기구 날리기 3. 용접·용단 등 불꽃을 발생시키는 행위 4. 그 밖에 대통령령으로 정하는 화재 발생 위험이 있는 행위 ② 소방관서장은 화재 발생 위험이 크거나 소화 활동에 지장을 줄 수 있다고 인정되는 행위나 물건에 대하여 행위 당사자나 그 물건의 소유자, 관리자 또는 점유자에게 다음 각 호의 명령을 할 수 있다. 다만, 제2호 및 제3호에 해당하는 물건의 소유자, 관리자 또는 점유자를 알 수 없는 경우 소속 공무원으로 하여금 그 물건을 옮기거나 보관하는 등 필요한 조치를 하게 할 수 있다. 1. 제1항 각 호의 어느 하나에 해당하는 행위의 금지 또는 제한 2. 목재, 플라스틱 등 가연성이 큰 물건의 제거, 이격, 적재 금지 등 3. 소방차량의 통행이나 소화 활동에 지장을 줄 수 있는 물건의 이동 ③ 제2항 단서에 따라 옮긴 물건 등에 대한 보관기간 및 보관기간 경과 후 처리 등에 필요한 사항은 대통령령으로 정한다.	**제16조(화재의 예방조치 등)** ① 법 제17조제1항 각 호 외의 부분 본문에서 "대통령령으로 정하는 장소"란 다음 각 호의 장소를 말한다. 1. 제조소등 2. 「고압가스 안전관리법」 제3조제1호에 따른 저장소 3. 「액화석유가스의 안전관리 및 사업법」 제2조제1호에 따른 액화석유가스의 저장소·판매소 4. 「수소경제 육성 및 수소 안전관리에 관한 법률」 제2조제7호에 따른 수소연료공급시설 및 같은 조 제9호에 따른 수소연료사용시설 5. 「총포·도검·화약류 등의 안전관리에 관한 법률」 제2조제3항에 따른 화약류를 저장하는 장소 ② 법 제17조제1항제4호에서 "대통령령으로 정하는 화재 발생 위험이 있는 행위"란 「위험물안전관리법」 제2조제1항제1호에 따른 위험물을 방치하는 행위를 말한다. **제17조(옮긴 물건 등의 보관기간 및 보관기간 경과 후 처리)** ① 소방관서장은 법 제17조제2항 각 호 외의 부분 단서에 따라 옮긴 물건 등(이하 "옮긴물건등"이라 한다)을 보관하는 경우에는 그날부터 14일 동안 해당 소방관서의 인터넷 홈페이지에 그 사실을 공고해야 한다. ② 옮긴물건등의 보관기간은 제1항에 따른	**제7조(화재예방 안전조치 등)** ① 화재예방강화지구 및 영 제16조제1항 각 호의 장소에서는 다음 각 호의 안전조치를 한 경우에 법 제17조제1항 각 호의 행위를 할 수 있다. 1. 「국민건강증진법」 제9조제4항 각 호 외의 부분 후단에 따라 설치한 흡연실 등 법령에 따라 지정된 장소에서 화기 등을 취급하는 경우 2. 소화기 등 소방시설을 비치 또는 설치한 장소에서 화기 등을 취급하는 경우 3. 「산업안전보건기준에 관한 규칙」 제241조의2제1항에 따른 화재감시자 등 안전요원이 배치된 장소에서 화기 등을 취급하는 경우 4. 그 밖에 소방관서장과 사전 협의하여 안전조치를 한 경우 ② 제1항제4호에 따라 소방관서장과 사전 협의하여 안전조치를 하려는 자는 별지 제8호서식의 화재예방 안전조치 협의 신청서를 작성하여 소방관서장에게 제출해야 한다. ③ 소방관서장은 제2항에 따라 협의 신청서를 받은 경우에는 화재예방 안전조치의 적절성을 검토하고 5일 이내에 별지 제9호서식의 화재예방 안전조치 협의 결과 통보서를 협의를 신청한 자에게 통보해야 한다. ④ 소방관서장은 법 제17조제2항 각 호의 명령을 할 때에는 별지 제10호서식의 화재예방 조치명령서를 해당 관계인에게 발급해야 한다.

④ 보일러, 난로, 건조설비, 가스·전기시설, 그 밖에 화재 발생 우려가 있는 대통령령으로 정하는 설비 또는 기구 등의 위치·구조 및 관리와 화재 예방을 위하여 불을 사용할 때 지켜야 하는 사항은 대통령령으로 정한다. ⑤ 화재가 발생하는 경우 불길이 빠르게 번지는 고무류·플라스틱류·석탄 및 목탄 등 대통령령으로 정하는 특수가연물(特殊可燃物)의 저장 및 취급 기준은 대통령령으로 정한다.	공고기간의 종료일 다음 날부터 7일까지로 한다. ③ 소방관서장은 제2항에 따른 보관기간이 종료된 때에는 보관하고 있는 옮긴물건등을 매각해야 한다. 다만, 보관하고 있는 옮긴물건등이 부패·파손 또는 이와 유사한 사유로 정해진 용도로 계속 사용할 수 없는 경우에는 폐기할 수 있다. ④ 소방관서장은 보관하던 옮긴물건등을 제3항 본문에 따라 매각한 경우에는 지체 없이 「국가재정법」에 따라 세입조치를 해야 한다. ⑤ 소방관서장은 제3항에 따라 매각되거나 폐기된 옮긴물건등의 소유자가 보상을 요구하는 경우에는 보상금액에 대하여 소유자와의 협의를 거쳐 이를 보상해야 한다. ⑥ 제5항의 손실보상의 방법 및 절차 등에 관하여는 제14조를 준용한다. **제18조(불을 사용하는 설비의 관리기준 등)** ① 법 제17조제4항에서 "대통령령으로 정하는 설비 또는 기구 등"이란 다음 각 호의 설비 또는 기구를 말한다. 1. 보일러 2. 난로 3. 건조설비 4. 가스·전기시설 5. 불꽃을 사용하는 용접·용단 기구 6. 노(爐)·화덕설비 7. 음식조리를 위하여 설치하는 설비 ② 제1항 각 호에 따른 설비 또는 기구의 위치·구조 및 관리와 화재 예방을 위하여 불을 사용할 때 지켜야 하는 사항은 별표 1과 같다. ③ 제1항 및 제2항에서 규정한 사항 외에 화재 발생 우려가 있는 설비 또는 기구의 종류, 해당 설비 또는 기구의 위치·구조 및 관리와 화재 예방을 위하여 불을 사용할 때 지켜야 하는 사항은 시·도의 조례로 정한다. **제19조(화재의 확대가 빠른 특수가연물)** ① 법 제17조제5항에서 "고무류·플라스틱류·석탄 및 목탄 등 대통령령으로 정하는 특수가연물(特殊可燃物)"이란 별표 2에서 정하는 품명별 수량 이상의 가연물을 말한다. ② 법 제17조제5항에 따른 특수가연물의 저장 및 취급 기준은 별표 3과 같다.	
제18조(화재예방강화지구의 지정 등) ① 시·도지사는 다음 각 호의 어느 하나에 해당하는 지역을 화재예방강화지구로 지정하여 관리할 수 있다.<개정 2023. 4. 11.> 1. 시장지역 2. 공장·창고가 밀집한 지역 3. 목조건물이 밀집한 지역 4. 노후·불량건축물이 밀집한 지역 5. 위험물의 저장 및 처리 시설이 밀집한 지역 6. 석유화학제품을 생산하는 공장이 있는 지역 7. 「산업입지 및 개발에 관한 법률」 제2조제8호에 따른 산업단지 8. 소방시설·소방용수시설 또는 소방출동로가 없는 지역	**제20조(화재예방강화지구의 관리)** ① 소방관서장은 법 제18조제3항에 따라 화재예방강화지구 안의 소방대상물의 위치·구조 및 설비 등에 대한 화재안전조사를 연 1회 이상 실시해야 한다. ② 소방관서장은 법 제18조제5항에 따라 화재예방강화지구 안의 관계인에 대하여 소방에 필요한 훈련 및 교육을 연 1회 이상 실시할 수 있다. ③ 소방관서장은 제2항에 따라 훈련 및 교육을 실시하려는 경우에는 화재예방강화지구 안의 관계인에게 훈련 또는 교육 10일 전까지 그 사실을 통보해야 한다. ④ 시·도지사는 법 제18조제6항에 따라 다	**제8조(화재예방강화지구 관리대장)** 영 제20조제4항 각 호 외의 부분에 따른 화재예방강화지구 관리대장은 별지 제11호서식에 따른다.

9. 「물류시설의 개발 및 운영에 관한 법률」 제2조제6호에 따른 물류단지 10. 그 밖에 제1호부터 제9호까지에 준하는 지역으로서 소방관서장이 화재예방강화지구로 지정할 필요가 있다고 인정하는 지역 ② 제1항에도 불구하고 시·도지사가 화재예방강화지구로 지정할 필요가 있는 지역을 화재예방강화지구로 지정하지 아니하는 경우 소방청장은 해당 시·도지사에게 해당 지역의 화재예방강화지구 지정을 요청할 수 있다. ③ 소방관서장은 대통령령으로 정하는 바에 따라 제1항에 따른 화재예방강화지구 안의 소방대상물의 위치·구조 및 설비 등에 대하여 화재안전조사를 하여야 한다. ④ 소방관서장은 제3항에 따른 화재안전조사를 한 결과 화재의 예방강화를 위하여 필요하다고 인정할 때에는 관계인에게 소화기구, 소방용수시설 또는 그 밖에 소방에 필요한 설비(이하 "소방설비등"이라 한다)의 설치(보수, 보강을 포함한다. 이하 같다)를 명할 수 있다. ⑤ 소방관서장은 화재예방강화지구 안의 관계인에 대하여 대통령령으로 정하는 바에 따라 소방에 필요한 훈련 및 교육을 실시할 수 있다. ⑥ 시·도지사는 대통령령으로 정하는 바에 따라 제1항에 따른 화재예방강화지구의 지정 현황, 제3항에 따른 화재안전조사의 결과, 제4항에 따른 소방설비등의 설치 명령 현황, 제5항에 따른 소방훈련 및 교육 현황 등이 포함된 화재예방강화지구에서의 화재예방에 필요한 자료를 매년 작성·관리하여야 한다.	음 각 호의 사항을 행정안전부령으로 정하는 화재예방강화지구 관리대장에 작성하고 관리해야 한다. 1. 화재예방강화지구의 지정 현황 2. 화재안전조사의 결과 3. 법 제18조제4항에 따른 소화기구, 소방용수시설 또는 그 밖에 소방에 필요한 설비(이하 "소방설비등"이라 한다)의 설치(보수, 보강을 포함한다) 명령 현황 4. 법 제18조제5항에 따른 소방훈련 및 교육의 실시 현황 5. 그 밖에 화재예방 강화를 위하여 필요한 사항	
제19조(화재의 예방 등에 대한 지원) ① 소방청장은 제18조제4항에 따라 소방설비등의 설치를 명하는 경우 해당 관계인에게 소방설비등의 설치에 필요한 지원을 할 수 있다. ② 소방청장은 관계 중앙행정기관의 장 및 시·도지사에게 제1항에 따른 지원에 필요한 협조를 요청할 수 있다. ③ 시·도지사는 제2항에 따라 소방청장의 요청이 있거나 화재예방강화지구 안의 소방대상물의 화재안전성능 향상을 위하여 필요한 경우 특별시·광역시·특별자치시·도 또는 특별자치도(이하 "시·도"라 한다)의 조례로 정하는 바에 따라 소방설비등의 설치에 필요한 비용을 지원할 수 있다.		
제20조(화재 위험경보) 소방관서장은 「기상법」 제13조, 제13조의2 및 제13조의4에 따른 기상현상 및 기상영향에 대한 예보·특보·태풍예보에 따라 화재의 발생 위험이 높다고 분석·판단되는 경우에는 행정안전부령으로 정하는 바에 따라 화재에 관한 위험경보를 발령하고 그에 따른 필요한 조치를 할 수 있다.<개정 2023. 2. 14.>		**제9조(화재 위험경보)** ① 소방관서장은 「기상법」 제13조에 따른 기상현상 및 기상영향에 대한 예보·특보에 따라 화재의 발생 위험이 높다고 분석·판단되는 경우에는 법 제20조에 따라 화재 위험경보를 발령하고, 보도기관을 이용하거나 정보통신망에 게재하는 등 적절한 방법을 통하여 이를 일반인에게 알려야 한다. ② 제1항에 따른 화재 위험경보 발령 절차 및 조치사항에 관하여 필요한 사항은 소방청장이 정한다.

제21조(화재안전영향평가) ① 소방청장은 화재 발생 원인 및 연소과정을 조사·분석하는 등의 과정에서 법령이나 정책의 개선이 필요하다고 인정되는 경우 그 법령이나 정책에 대한 화재 위험성의 유발요인 및 완화 방안에 대한 평가(이하 "화재안전영향평가"라 한다)를 실시할 수 있다. ② 소방청장은 제1항에 따라 화재안전영향평가를 실시한 경우 그 결과를 해당 법령이나 정책의 소관 기관의 장에게 통보하여야 한다. ③ 제2항에 따라 결과를 통보받은 소관 기관의 장은 특별한 사정이 없는 한 이를 해당 법령이나 정책에 반영하도록 노력하여야 한다. ④ 화재안전영향평가의 방법·절차·기준 등에 필요한 사항은 대통령령으로 정한다.	**제21조(화재안전영향평가의 방법·절차·기준 등)** ① 소방청장은 법 제21조제1항에 따른 화재안전영향평가(이하 "화재안전영향평가"라 한다)를 하는 경우 화재현장 및 자료 조사 등을 기초로 화재·피난 모의실험 등 과학적인 예측·분석 방법으로 실시할 수 있다. ② 소방청장은 화재안전영향평가를 위하여 필요한 경우 해당 법령이나 정책의 소관 기관의 장에게 관련 자료의 제출을 요청할 수 있다. 이 경우 자료 제출을 요청받은 소관 기관의 장은 특별한 사유가 없으면 이에 따라야 한다. ③ 소방청장은 다음 각 호의 사항이 포함된 화재안전영향평가의 기준을 법 제22조에 따른 화재안전영향평가심의회(이하 "심의회"라 한다)의 심의를 거쳐 정한다. 1. 법령이나 정책의 화재위험 유발요인 2. 법령이나 정책이 소방대상물의 재료, 공간, 이용자 특성 및 화재 확산 경로에 미치는 영향 3. 법령이나 정책이 화재피해에 미치는 영향 등 사회경제적 파급 효과 4. 화재위험 유발요인을 제어 또는 관리할 수 있는 법령이나 정책의 개선 방안 ④ 제1항부터 제3항까지에서 규정한 사항 외에 화재안전영향평가의 방법·절차·기준 등에 관하여 필요한 사항은 소방청장이 정한다.	
제22조(화재안전영향평가심의회) ① 소방청장은 화재안전영향평가에 관한 업무를 수행하기 위하여 화재안전영향평가심의회(이하 "심의회"라 한다)를 구성·운영할 수 있다. ② 심의회는 위원장 1명을 포함한 12명 이내의 위원으로 구성한다. ③ 위원장은 위원 중에서 호선하고, 위원은 다음 각 호의 사람으로 한다. 1. 화재안전과 관련되는 법령이나 정책을 담당하는 관계 기관의 소속 직원으로서 대통령령으로 정하는 사람 2. 소방기술사 등 대통령령으로 정하는 화재안전과 관련된 분야의 학식과 경험이 풍부한 전문가로서 소방청장이 위촉한 사람 ④ 제2항 및 제3항에서 규정한 사항 외에 심의회의 구성·운영 등에 필요한 사항은 대통령령으로 정한다.	**제21조(화재안전영향평가의 방법·절차·기준 등)** ① 소방청장은 법 제21조제1항에 따른 화재안전영향평가(이하 "화재안전영향평가"라 한다)를 하는 경우 화재현장 및 자료 조사 등을 기초로 화재·피난 모의실험 등 과학적인 예측·분석 방법으로 실시할 수 있다. ② 소방청장은 화재안전영향평가를 위하여 필요한 경우 해당 법령이나 정책의 소관 기관의 장에게 관련 자료의 제출을 요청할 수 있다. 이 경우 자료 제출을 요청받은 소관 기관의 장은 특별한 사유가 없으면 이에 따라야 한다. ③ 소방청장은 다음 각 호의 사항이 포함된 화재안전영향평가의 기준을 법 제22조에 따른 화재안전영향평가심의회(이하 "심의회"라 한다)의 심의를 거쳐 정한다. 1. 법령이나 정책의 화재위험 유발요인 2. 법령이나 정책이 소방대상물의 재료, 공간, 이용자 특성 및 화재 확산 경로에 미치는 영향 3. 법령이나 정책이 화재피해에 미치는 영향 등 사회경제적 파급 효과 4. 화재위험 유발요인을 제어 또는 관리할 수 있는 법령이나 정책의 개선 방안 ④ 제1항부터 제3항까지에서 규정한 사항 외에 화재안전영향평가의 방법·절차·기준 등에 관하여 필요한 사항은 소방청장이 정한다. **제22조(심의회의 구성)** ① 법 제22조제3항제1호에서 "대통령령으로 정하는 사람"이란 다음 각 호의 사람을 말한다.<개정 2025. 10. 1.>	

1. 다음 각 목의 중앙행정기관에서 화재안전 관련 법령이나 정책을 담당하는 고위공무원단에 속하는 일반직공무원(이에 상당하는 특정직공무원 및 별정직공무원을 포함한다) 중에서 해당 중앙행정기관의 장이 지명하는 사람 각 1명

    가. 행정안전부·보건복지부·기후에너지환경부·고용노동부·국토교통부

    나. 그 밖에 심의회의 심의에 부치는 안건과 관련된 중앙행정기관

2. 소방청에서 화재안전 관련 업무를 수행하는 소방준감 이상의 소방공무원 중에서 소방청장이 지명하는 사람

② 법 제22조제3항제2호에서 "소방기술사 등 대통령령으로 정하는 화재안전과 관련된 분야의 학식과 경험이 풍부한 전문가"란 다음 각 호의 어느 하나에 해당하는 사람을 말한다.

1. 소방기술사

2. 다음 각 목의 기관이나 법인 또는 단체에서 화재안전 관련 업무를 수행하는 사람으로서 해당 기관이나 법인 또는 단체의 장이 추천하는 사람

    가. 안전원

    나. 기술원

    다. 화재보험협회

    라. 가스안전공사

    마. 전기안전공사

3. 「고등교육법」 제2조에 따른 학교 또는 이에 준하는 학교나 공인된 연구기관에서 부교수 이상의 직(職) 또는 이에 상당하는 직에 있거나 있었던 사람으로서 화재안전 또는 관련 법령이나 정책에 전문성이 있는 사람

③ 법 제22조제3항제2호에 따른 위촉위원의 임기는 2년으로 하며 한 차례만 연임할 수 있다.

④ 심의회의 위원장은 심의회를 대표하고 심의회 업무를 총괄한다.

⑤ 위원장이 부득이한 사유로 직무를 수행할 수 없을 때에는 위원장이 지명한 위원이 그 직무를 대행한다.

⑥ 소방청장은 심의회의 위원이 다음 각 호의 어느 하나에 해당하는 경우에는 해당 위원을 해촉할 수 있다.

1. 심신장애로 직무를 수행할 수 없게 된 경우

2. 직무와 관련된 비위사실이 있는 경우

3. 직무태만, 품위손상이나 그 밖의 사유로 위원으로 적합하지 않다고 인정되는 경우

4. 위원 스스로 직무를 수행하기 어렵다는 의사를 밝히는 경우

제23조(심의회의 운영) ① 심의회의 업무를 효율적으로 수행하기 위하여 심의회에 분야별로 전문위원회를 둘 수 있다.

② 심의회 및 전문위원회에 출석한 위원 및 전문위원회의 위원에게는 예산의 범위에서 수당, 여비, 그 밖에 필요한 경비를 지급할 수 있다. 다만, 공무원인 위원 또는 전문위원회의 위원이 소관 업무와 직접 관련하여 심의회에 출석하는 경우는 그렇지 않다.

	③ 제1항 및 제2항에서 규정한 사항 외에 심의회의 운영 등에 필요한 사항은 소방청장이 정한다.	
제23조(화재안전취약자에 대한 지원) ① 소방관서장은 어린이, 노인, 장애인 등 화재의 예방 및 안전관리에 취약한 자(이하 "화재안전취약자"라 한다)의 안전한 생활환경을 조성하기 위하여 소방용품의 제공 및 소방시설의 개선 등 필요한 사항을 지원하기 위하여 노력하여야 한다. ② 제1항에 따른 화재안전취약자에 대한 지원의 대상·범위·방법 및 절차 등에 필요한 사항은 대통령령으로 정한다. ③ 소방관서장은 관계 행정기관의 장에게 제1항에 따른 지원이 원활히 수행되는 데 필요한 협력을 요청할 수 있다. 이 경우 요청받은 관계 행정기관의 장은 특별한 사정이 없으면 요청에 따라야 한다.	**제24조(화재안전취약자 지원 대상 및 방법 등)** ① 법 제23조제1항에 따른 어린이, 노인, 장애인 등 화재의 예방 및 안전관리에 취약한 자(이하 "화재안전취약자"라 한다)에 대한 지원의 대상은 다음 각 호와 같다. 1. 「국민기초생활 보장법」 제2조제2호에 따른 수급자 2. 「장애인복지법」 제6조에 따른 중증장애인 3. 「한부모가족지원법」 제5조에 따른 지원대상자 4. 「노인복지법」 제27조의2에 따른 홀로 사는 노인 5. 「다문화가족지원법」 제2조제1호에 따른 다문화가족의 구성원 6. 그 밖에 화재안전에 취약하다고 소방관서장이 인정하는 사람 ② 소방관서장은 법 제23조제1항에 따라 제1항 각 호의 사람에게 다음 각 호의 사항을 지원할 수 있다. 1. 소방시설등의 설치 및 개선 2. 소방시설등의 안전점검 3. 소방용품의 제공 4. 전기·가스 등 화재위험 설비의 점검 및 개선 5. 그 밖에 화재안전을 위하여 필요하다고 인정되는 사항 ③ 제1항 및 제2항에서 규정한 사항 외에 지원의 방법 및 절차 등에 관하여 필요한 사항은 소방청장이 정한다.	
제5장 소방대상물의 소방안전관리		
제24조(특정소방대상물의 소방안전관리) ① 특정소방대상물 중 전문적인 안전관리가 요구되는 대통령령으로 정하는 특정소방대상물(이하 "소방안전관리대상물"이라 한다)의 관계인은 소방안전관리업무를 수행하기 위하여 제30조제1항에 따른 소방안전관리자 자격증을 발급받은 사람을 소방안전관리자로 선임하여야 한다. 이 경우 소방안전관리자의 업무에 대하여 보조가 필요한 대통령령으로 정하는 소방안전관리대상물의 경우에는 소방안전관리자 외에 소방안전관리보조자를 추가로 선임하여야 한다. ② 다른 안전관리자(다른 법령에 따라 전기·가스·위험물 등의 안전관리 업무에 종사하는 자를 말한다. 이하 같다)는 소방안전관리대상물 중 소방안전관리업무의 전담이 필요한 대통령령으로 정하는 소방안전관리대상물의 소방안전관리자를 겸할 수 없다. 다만, 다른 법령에 특별한 규정이 있는 경우에는 그러하지 아니하다. ③ 제1항에도 불구하고 제25조제1항에 따른 소방안전관리대상물의 관계인은 소방안전관리업무를 대행하는 관리업자(「소방시설 설치 및 관리에 관한 법률」 제29조제1항에 따른 소방시설관리업의 등록을 한 자를 말한다. 이하 "관리업자"라 한다)를 감독할 수	**제25조(소방안전관리자 및 소방안전관리보조자를 두어야 하는 특정소방대상물)** ① 법 제24조제1항 전단에 따라 특정소방대상물 중 전문적인 안전관리가 요구되는 특정소방대상물(이하 "소방안전관리대상물"이라 한다)의 범위와 같은 조 제4항에 따른 소방안전관리자의 선임 대상별 자격 및 인원기준은 별표 4와 같다. ② 법 제24조제1항 후단에 따라 소방안전관리보조자를 추가로 선임해야 하는 소방안전관리대상물의 범위와 같은 조 제4항에 따른 소방안전관리보조자의 선임 대상별 자격 및 인원기준은 별표 5와 같다. ③ 제1항에도 불구하고 건축물대장의 건축물현황도에 표시된 대지경계선 안의 지역 또는 인접한 2개 이상의 대지에 제1항에 따라 소방안전관리자를 두어야 하는 특정소방대상물이 둘 이상 있고, 그 관리에 관한 권원(權原)을 가진 자가 동일인인 경우에는 이를 하나의 특정소방대상물로 본다. 이 경우 해당 특정소방대상물이 별표 4에 따른 등급 중 둘 이상에 해당하면 그중에서 등급이 높은 특정소방대상물로 본다. **제26조(소방안전관리업무 전담 대상물)** 법 제24조제2항 본문에서 "대통령령으로 정하는	**제10조(소방안전관리업무 수행에 관한 기록·유지)** ① 영 제25조제1항의 소방안전관리대상물(이하 "소방안전관리대상물"이라 한다)의 소방안전관리자는 법 제24조제5항제7호에 따른 소방안전관리업무 수행에 관한 기록을 별지 제12호서식에 따라 월 1회 이상 작성·관리해야 한다. ② 소방안전관리자는 소방안전관리업무 수행 중 보수 또는 정비가 필요한 사항을 발견한 경우에는 이를 지체 없이 관계인에게 알리고, 별지 제12호서식에 기록해야 한다. ③ 소방안전관리자는 제1항에 따른 업무 수행에 관한 기록을 작성한 날부터 2년간 보관해야 한다. **제11조(자위소방대 및 초기대응체계의 구성·운영 및 교육 등)** ① 소방안전관리대상물의 소방안전관리자는 법 제24조제5항제2호에 따른 자위소방대를 다음 각 호의 기능을 효율적으로 수행할 수 있도록 편성·운영하되, 소방안전관리대상물의 규모·용도 등의 특성을 고려하여 응급구조 및 방호안전기능 등을 추가하여 수행할 수 있도록 편성할 수 있다. 1. 화재 발생 시 비상연락, 초기소화 및 피난유도

있는 사람을 지정하여 소방안전관리자로 선임할 수 있다. 이 경우 소방안전관리자로 선임된 자는 선임된 날부터 3개월 이내에 제34조에 따른 교육을 받아야 한다.
④ 소방안전관리자 및 소방안전관리보조자의 선임 대상별 자격 및 인원기준은 대통령령으로 정하고, 선임 절차 등 그 밖에 필요한 사항은 행정안전부령으로 정한다.
⑤ 특정소방대상물(소방안전관리대상물은 제외한다)의 관계인과 소방안전관리대상물의 소방안전관리자는 다음 각 호의 업무를 수행한다. 다만, 제1호·제2호·제5호 및 제7호의 업무는 소방안전관리대상물의 경우에만 해당한다.
1. 제36조에 따른 피난계획에 관한 사항과 대통령령으로 정하는 사항이 포함된 소방계획서의 작성 및 시행
2. 자위소방대(自衛消防隊) 및 초기대응체계의 구성, 운영 및 교육
3. 「소방시설 설치 및 관리에 관한 법률」 제16조에 따른 피난시설, 방화구획 및 방화시설의 관리
4. 소방시설이나 그 밖의 소방 관련 시설의 관리
5. 제37조에 따른 소방훈련 및 교육
6. 화기(火氣) 취급의 감독
7. 행정안전부령으로 정하는 바에 따른 소방안전관리에 관한 업무수행에 관한 기록·유지(제3호·제4호 및 제6호의 업무를 말한다)
8. 화재발생 시 초기대응
9. 그 밖에 소방안전관리에 필요한 업무
⑥ 제5항제2호에 따른 자위소방대와 초기대응체계의 구성, 운영 및 교육 등에 필요한 사항은 행정안전부령으로 정한다.

소방안전관리대상물"이란 다음 각 호의 소방안전관리대상물을 말한다.
1. 별표 4 제1호에 따른 특급 소방안전관리대상물
2. 별표 4 제2호에 따른 1급 소방안전관리대상물

제27조(소방안전관리대상물의 소방계획서 작성 등) ① 법 제24조제5항제1호에서 "대통령령으로 정하는 사항"이란 다음 각 호의 사항을 말한다.
1. 소방안전관리대상물의 위치·구조·연면적(「건축법 시행령」 제119조제1항제4호에 따라 산정된 면적을 말한다. 이하 같다)·용도 및 수용인원 등 일반 현황
2. 소방안전관리대상물에 설치한 소방시설, 방화시설, 전기시설, 가스시설 및 위험물시설의 현황
3. 화재 예방을 위한 자체점검계획 및 대응대책
4. 소방시설·피난시설 및 방화시설의 점검·정비계획
5. 피난층 및 피난시설의 위치와 피난경로의 설정, 화재안전취약자의 피난계획 등을 포함한 피난계획
6. 방화구획, 제연구획(除煙區劃), 건축물의 내부 마감재료 및 방염대상물품의 사용현황과 그 밖의 방화구조 및 설비의 유지·관리계획
7. 법 제35조제1항에 따른 관리의 권원이 분리된 특정소방대상물의 소방안전관리에 관한 사항
8. 소방훈련·교육에 관한 계획
9. 법 제37조를 적용받는 소방안전관리대상물의 근무자 및 거주자의 자위소방대 조직과 대원의 임무(화재안전취약자의 피난 보조 임무를 포함한다)에 관한 사항
10. 화기 취급 작업에 대한 사전 안전조치 및 감독 등 공사 중 소방안전관리에 관한 사항
11. 소화에 관한 사항과 연소 방지에 관한 사항
12. 위험물의 저장·취급에 관한 사항(「위험물안전관리법」 제17조에 따라 예방규정을 정하는 제조소등은 제외한다)
13. 소방안전관리에 대한 업무수행에 관한 기록 및 유지에 관한 사항
14. 화재발생 시 화재경보, 초기소화 및 피난유도 등 초기대응에 관한 사항
15. 그 밖에 소방본부장 또는 소방서장이 소방안전관리대상물의 위치·구조·설비 또는 관리 상황 등을 고려하여 소방안전관리에 필요하여 요청하는 사항
② 소방본부장 또는 소방서장은 소방안전관리대상물의 소방계획서의 작성 및 그 실시에 관하여 지도·감독한다.

2. 화재 발생 시 인명·재산피해 최소화를 위한 조치
② 제1항에 따른 자위소방대에는 대장과 부대장 1명을 각각 두며, 편성 조직의 인원은 해당 소방안전관리대상물의 수용인원 등을 고려하여 구성한다. 이 경우 자위소방대의 대장·부대장 및 편성조직의 임무는 다음 각 호와 같다.
1. 대장은 자위소방대를 총괄 지휘한다.
2. 부대장은 대장을 보좌하고 대장이 부득이한 사유로 임무를 수행할 수 없는 때에는 그 임무를 대행한다.
3. 비상연락팀은 화재사실의 전파 및 신고 업무를 수행한다.
4. 초기소화팀은 화재 발생 시 초기화재 진압 활동을 수행한다.
5. 피난유도팀은 재실자(在室者) 및 장애인, 노인, 임산부, 영유아 및 어린이 등 이동이 어려운 사람(이하 "피난약자"라 한다)을 안전한 장소로 대피시키는 업무를 수행한다.
6. 응급구조팀은 인명을 구조하고, 부상자에 대한 응급조치를 수행한다.
7. 방호안전팀은 화재확산방지 및 위험시설의 비상정지 등 방호안전 업무를 수행한다.
③ 소방안전관리대상물의 소방안전관리자는 법 제24조제5항제2호에 따른 초기대응체계를 제1항에 따른 자위소방대에 포함하여 편성하되, 화재 발생 시 초기에 신속하게 대처할 수 있도록 해당 소방안전관리대상물에 근무하는 사람의 근무위치, 근무인원 등을 고려한다.
④ 소방안전관리대상물의 소방안전관리자는 해당 소방안전관리대상물이 이용되고 있는 동안 제3항에 따른 초기대응체계를 상시적으로 운영해야 한다.
⑤ 소방안전관리대상물의 소방안전관리자는 연 1회 이상 자위소방대를 소집하여 그 편성 상태 및 초기대응체계를 점검하고, 편성된 근무자에 대한 소방교육을 실시해야 한다. 이 경우 초기대응체계에 편성된 근무자 등에 대해서는 화재 발생 초기대응에 필요한 기본 요령을 숙지할 수 있도록 소방교육을 실시해야 한다.
⑥ 소방안전관리대상물의 소방안전관리자는 제5항에 따른 소방교육을 제36조제1항에 따른 소방훈련과 병행하여 실시할 수 있다.
⑦ 소방안전관리대상물의 소방안전관리자는 제5항에 따른 소방교육을 실시하였을 때는 그 실시 결과를 별지 제13호서식의 자위소방대 및 초기대응체계 교육·훈련 실시 결과 기록부에 기록하고, 교육을 실시한 날부터 2년간 보관해야 한다.
⑧ 소방청장은 자위소방대의 구성·운영 및 교육, 초기대응체계의 편성·운영 등에 필요한 지침을 작성하여 배포할 수 있으며, 소방본부장 또는 소방서장은 소방안전관리대상물의 소방안전관리자가 해당 지침을 준수하도록 지도할 수 있다.

제25조(소방안전관리업무의 대행) ① 소방안전관리대상물 중 연면적 등이 일정규모 미만인 대통령령으로 정하는 소방안전관리대상물의 관계인은 제24조제1항에도 불구하고 관리업자로 하여금 같은 조 제5항에 따른 소방안전관리업무 중 대통령령으로 정하는 업무를 대행하게 할 수 있다. 이 경우 제24조제3항에 따라 선임된 소방안전관리자는 관리업자의 대행업무 수행을 감독하고 대행업무 외의 소방안전관리업무는 직접 수행하여야 한다. ② 제1항 전단에 따라 소방안전관리업무를 대행하는 자는 대행인력의 배치기준·자격·방법 등 행정안전부령으로 정하는 준수사항을 지켜야 한다. ③ 제1항에 따라 소방안전관리업무를 관리업자에게 대행하게 하는 경우의 대가(代價)는 「엔지니어링산업 진흥법」 제31조에 따른 엔지니어링사업의 대가 기준 가운데 행정안전부령으로 정하는 방식에 따라 산정한다.	**제28조(소방안전관리 업무의 대행 대상 및 업무)** ① 법 제25조제1항 전단에서 "대통령령으로 정하는 소방안전관리대상물"이란 다음 각 호의 소방안전관리대상물을 말한다. 1. 별표 4 제2호가목3)에 따른 지상층의 층수가 11층 이상인 1급 소방안전관리대상물(연면적 1만5천제곱미터 이상인 특정소방대상물과 아파트는 제외한다) 2. 별표 4 제3호에 따른 2급 소방안전관리대상물 3. 별표 4 제4호에 따른 3급 소방안전관리대상물 ② 법 제25조제1항 전단에서 "대통령령으로 정하는 업무"란 다음 각 호의 업무를 말한다. 1. 법 제24조제5항제3호에 따른 피난시설, 방화구획 및 방화시설의 관리 2. 법 제24조제5항제4호에 따른 소방시설이나 그 밖의 소방 관련 시설의 관리	**제12조(소방안전관리업무 대행 기준)** 법 제25조제2항에 따른 소방안전관리업무 대행인력의 배치기준·자격·방법 등 준수사항은 별표 1과 같다. **제13조(소방안전관리업무 대행의 대가)** 법 제25조제3항에서 "행정안전부령으로 정하는 방식"이란 「엔지니어링산업 진흥법」 제31조에 따라 산업통상자원부장관이 고시한 엔지니어링사업 대가의 기준 중 실비정액가산방식을 말한다.<개정 2025. 10. 31.>
제26조(소방안전관리자 선임신고 등) ① 소방안전관리대상물의 관계인이 제24조에 따라 소방안전관리자 또는 소방안전관리보조자를 선임한 경우에는 행정안전부령으로 정하는 바에 따라 선임한 날부터 14일 이내에 소방본부장 또는 소방서장에게 신고하고, 소방안전관리대상물의 출입자가 쉽게 알 수 있도록 소방안전관리자의 성명과 그 밖에 행정안전부령으로 정하는 사항을 게시하여야 한다. ② 소방안전관리대상물의 관계인이 소방안전관리자 또는 소방안전관리보조자를 해임한 경우에는 그 관계인 또는 해임된 소방안전관리자 또는 소방안전관리보조자는 소방본부장이나 소방서장에게 그 사실을 알려 해임한 사실의 확인을 받을 수 있다.		**제14조(소방안전관리자의 선임신고 등)** ① 소방안전관리대상물의 관계인은 법 제24조 및 제35조에 따라 소방안전관리자를 다음 각 호의 구분에 따라 해당 호에서 정하는 날부터 30일 이내에 선임해야 한다. 1. 신축·증축·개축·재축·대수선 또는 용도변경으로 해당 특정소방대상물의 소방안전관리자를 신규로 선임해야 하는 경우: 해당 특정소방대상물의 사용승인일(건축물의 경우에는 「건축법」 제22조에 따라 건축물을 사용할 수 있게 된 날을 말한다. 이하 이 조 및 제16조에서 같다) 2. 증축 또는 용도변경으로 인하여 특정소방대상물이 영 제25조제1항에 따른 소방안전관리대상물로 된 경우 또는 특정소방대상물의 소방안전관리 등급이 변경된 경우: 증축공사의 사용승인일 또는 용도변경 사실을 건축물관리대장에 기재한 날 3. 특정소방대상물을 양수하거나 「민사집행법」에 따른 경매, 「채무자 회생 및 파산에 관한 법률」에 따른 환가(換價), 「국세징수법」·「관세법」 또는 「지방세기본법」에 따른 압류재산의 매각이나 그 밖에 이에 준하는 절차에 따라 관계인의 권리를 취득한 경우: 해당 권리를 취득한 날 또는 관할 소방서장으로부터 소방안전관리자 선임 안내를 받은 날. 다만, 새로 권리를 취득한 관계인이 종전의 특정소방대상물의 관계인이 선임신고한 소방안전관리자를 해임하지 않는 경우는 제외한다. 4. 법 제35조에 따른 특정소방대상물의 경우: 관리의 권원이 분리되거나 소방본부장 또는 소방서장이 관리의 권원을 조정한 날 5. 소방안전관리자의 해임, 퇴직 등으로 해당 소방안전관리자의 업무가 종료된 경우: 소방안전관리자가 해임된 날, 퇴직한 날 등 근무를 종료한 날 6. 법 제24조제3항에 따라 소방안전관리업무

		를 대행하는 자를 감독할 수 있는 사람을 소방안전관리자로 선임한 경우로서 그 업무대행 계약이 해지 또는 종료된 경우: 소방안전관리업무 대행이 끝난 날

7. 법 제31조제1항에 따라 소방안전관리자 자격이 정지 또는 취소된 경우: 소방안전관리자 자격이 정지 또는 취소된 날

② 영 별표 4 제3호 및 제4호에 따른 2급 또는 3급 소방안전관리대상물의 관계인은 제20조에 따른 소방안전관리자 자격시험이나 제25조에 따른 소방안전관리자에 대한 강습교육이 제1항에 따른 소방안전관리자 선임기간 내에 있지 않아 소방안전관리자를 선임할 수 없는 경우에는 소방안전관리자 선임의 연기를 신청할 수 있다.

③ 제2항에 따라 소방안전관리자 선임의 연기를 신청하려는 2급 또는 3급 소방안전관리대상물의 관계인은 별지 제14호서식의 소방안전관리자·소방안전관리보조자 선임 연기 신청서를 작성하여 소방본부장 또는 소방서장에게 제출해야 한다. 이 경우 소방본부장 또는 소방서장은 법 제33조에 따른 종합정보망(이하 "종합정보망"이라 한다)에서 강습교육의 접수 또는 시험응시 여부를 확인해야 하며, 2급 또는 3급 소방안전관리대상물의 관계인은 소방안전관리자가 선임될 때까지 법 제24조제5항의 소방안전관리업무를 수행해야 한다.

④ 소방본부장 또는 소방서장은 제3항에 따라 선임 연기 신청서를 제출받은 경우에는 3일 이내에 소방안전관리자 선임기간을 정하여 2급 또는 3급 소방안전관리대상물의 관계인에게 통보해야 한다.

⑤ 소방안전관리대상물의 관계인은 법 제24조 또는 제35조에 따라 소방안전관리자 또는 총괄소방안전관리자(「기업활동 규제완화에 관한 특별조치법」 제29조제2항·제3항, 제30조제2항 또는 제32조제2항에 따라 소방안전관리자를 겸임하거나 공동으로 선임되는 사람을 포함한다)를 선임한 경우에는 법 제26조제1항에 따라 별지 제15호서식의 소방안전관리자 선임신고서(전자문서를 포함한다)에 다음 각 호의 어느 하나에 해당하는 서류(전자문서를 포함한다)를 첨부하여 소방본부장 또는 소방서장에게 제출해야 한다. 이 경우 소방안전관리대상물의 관계인은 종합정보망을 이용하여 선임신고를 할 수 있다.

1. 제18조에 따른 소방안전관리자 자격증

2. 소방안전관리대상물의 소방안전관리에 관한 업무를 감독할 수 있는 직위에 있는 사람임을 증명하는 서류 및 소방안전관리업무의 대행 계약서 사본(법 제24조제3항에 따라 소방안전관리대상물의 관계인이 소방안전관리업무를 대행하게 하는 경우만 해당한다)

3. 「기업활동 규제완화에 관한 특별조치법」 제29조제2항·제3항, 제30조제2항 또는 제32조제2항에 따라 해당 소방안전관리대상물의 소방안전관리자를 겸임할 수

		있는 안전관리자로 선임된 사실을 증명할 수 있는 서류 또는 선임사항이 기록된 자격증(자격수첩을 포함한다) 4. 계약서 또는 권원이 분리됨을 증명하는 관련 서류(법 제35조에 따른 권원별 소방안전관리자를 선임한 경우만 해당한다) ⑥ 소방본부장 또는 소방서장은 소방안전관리대상물의 관계인이 제5항에 따라 소방안전관리자 등을 선임하여 신고하는 경우에는 신고인에게 별지 제16호서식의 선임증을 발급해야 한다. 이 경우 소방본부장 또는 소방서장은 신고인이 종전의 선임이력에 관한 확인을 신청하는 경우에는 별지 제17호서식의 소방안전관리자 선임 이력 확인서를 발급해야 한다. ⑦ 소방본부장 또는 소방서장은 소방안전관리자의 선임신고를 접수하거나 해임 사실을 확인한 경우에는 지체 없이 관련 사실을 종합정보망에 입력해야 한다. ⑧ 소방본부장 또는 소방서장은 선임신고의 효율적 처리를 위하여 소방안전관리대상물이 완공된 경우에는 지체 없이 해당 소방안전관리대상물의 위치, 연면적 등의 정보를 종합정보망에 입력해야 한다. **제15조(소방안전관리자 정보의 게시)** ① 법 제26조제1항에서 "행정안전부령으로 정하는 사항"이란 다음 각 호의 사항을 말한다. 1. 소방안전관리대상물의 명칭 및 등급 2. 소방안전관리자의 성명 및 선임일자 3. 소방안전관리자의 연락처 4. 소방안전관리자의 근무 위치(화재 수신기 또는 종합방재실을 말한다) ② 제1항에 따른 소방안전관리자 성명 등의 게시는 별표 2의 소방안전관리자 현황표에 따른다. 이 경우 「소방시설 설치 및 관리에 관한 법률 시행규칙」 별표 5에 따른 소방시설등 자체점검기록표를 함께 게시할 수 있다. **제16조(소방안전관리보조자의 선임신고 등)** ① 소방안전관리대상물의 관계인은 법 제24조제1항 후단에 따라 소방안전관리자보조자를 다음 각 호의 구분에 따라 해당 호에서 정하는 날부터 30일 이내에 선임해야 한다. 1. 신축·증축·개축·재축·대수선 또는 용도변경으로 해당 소방안전관리대상물의 소방안전관리보조자를 신규로 선임해야 하는 경우: 해당 소방안전관리대상물의 사용승인일 2. 소방안전관리대상물을 양수하거나 「민사집행법」에 따른 경매, 「채무자 회생 및 파산에 관한 법률」에 따른 환가, 「국세징수법」·「관세법」 또는 「지방세기본법」에 따른 압류재산의 매각이나 그 밖에 이에 준하는 절차에 따라 관계인의 권리를 취득한 경우: 해당 권리를 취득한 날 또는 관할 소방서장으로부터 소방안전관리보조자 선임 안내를 받은 날. 다만, 새로 권리를 취득한 관계인이 종전의 소방안전관리대상물의 관계인이 선임신고한 소방안전관리보조자를 해임하지 않는 경우

는 제외한다.

3. 소방안전관리보조자의 해임, 퇴직 등으로 해당 소방안전관리보조자의 업무가 종료된 경우: 소방안전관리보조자가 해임된 날, 퇴직한 날 등 근무를 종료한 날

② 법 제24조제1항 후단에 따라 소방안전관리보조자를 선임해야 하는 소방안전관리대상물(이하 "보조자선임대상 소방안전관리대상물"이라 한다)의 관계인은 제25조에 따른 강습교육이 제1항에 따른 소방안전관리보조자 선임기간 내에 있지 않아 소방안전관리보조자를 선임할 수 없는 경우에는 소방안전관리보조자 선임의 연기를 신청할 수 있다.

③ 제2항에 따라 소방안전관리보조자 선임의 연기를 신청하려는 보조자선임대상 소방안전관리대상물의 관계인은 별지 제14호서식의 선임 연기 신청서를 작성하여 소방본부장 또는 소방서장에게 제출해야 한다. 이 경우 소방본부장 또는 소방서장은 종합정보망에서 강습교육의 접수 여부를 확인해야 한다.

④ 소방본부장 또는 소방서장은 제3항에 따라 선임 연기 신청서를 제출받은 경우에는 3일 이내에 소방안전관리보조자 선임기간을 정하여 보조자선임대상 소방안전관리대상물의 관계인에게 통보해야 한다.

⑤ 보조자선임대상 소방안전관리대상물의 관계인은 법 제24조제1항에 따른 소방안전관리보조자를 선임한 경우에는 법 제26조제1항에 따라 별지 제18호서식의 소방안전관리보조자 선임신고서(전자문서를 포함한다)에 다음 각 호의 어느 하나에 해당하는 서류(영 별표 5 제2호의 자격요건 중 해당 자격을 증명할 수 있는 서류를 말하며, 전자문서를 포함한다)를 첨부하여 소방본부장 또는 소방서장에게 제출해야 한다. 이 경우 보조자선임대상 소방안전관리대상물의 관계인은 종합정보망을 이용하여 선임신고를 할 수 있다.

1. 제18조에 따른 소방안전관리자 자격증

2. 영 별표 4에 따른 특급, 1급, 2급 또는 3급 소방안전관리대상물의 소방안전관리자가 되려는 사람에 대한 강습교육 수료증

3. 소방안전관리대상물의 소방안전 관련 업무에 2년 이상 근무한 경력이 있는 사람임을 증명할 수 있는 서류

⑥ 소방본부장 또는 소방서장은 제5항에 따라 보조자선임대상 소방안전관리대상물의 관계인이 선임신고를 하는 경우 「전자정부법」 제36조제1항에 따른 행정정보의 공동이용을 통하여 선임된 소방안전관리보조자의 국가기술자격증(영 별표 5 제2호나목에 해당하는 사람만 해당한다)을 확인해야 한다. 이 경우 선임된 소방안전관리보조자가 확인에 동의하지 않으면 국가기술자격증의 사본을 제출하도록 해야 한다.

⑦ 소방본부장 또는 소방서장은 보조자선임대상 소방안전관리대상물의 관계인이 법 제26조제1항에 따른 소방안전관리보조자를 선

		임하고 제5항에 따라 신고하는 경우에는 신고인에게 별지 제16호서식의 소방안전관리보조자 선임증을 발급해야 한다. 이 경우 소방본부장 또는 소방서장은 신고인이 종전의 선임이력에 관한 확인을 신청하는 경우에는 별지 제17호서식의 소방안전관리보조자 선임 이력 확인서를 발급해야 한다. ⑧ 소방본부장 또는 소방서장은 소방안전관리보조자의 선임신고를 접수하거나 해임 사실을 확인한 경우에는 지체 없이 관련 사실을 종합정보망에 입력해야 한다.
제27조(관계인 등의 의무) ① 특정소방대상물의 관계인은 그 특정소방대상물에 대하여 제24조제5항에 따른 소방안전관리업무를 수행하여야 한다. ② 소방안전관리대상물의 관계인은 소방안전관리자가 소방안전관리업무를 성실하게 수행할 수 있도록 지도·감독하여야 한다. ③ 소방안전관리자는 인명과 재산을 보호하기 위하여 소방시설·피난시설·방화시설 및 방화구획 등이 법령에 위반된 것을 발견한 때에는 지체 없이 소방안전관리대상물의 관계인에게 소방대상물의 개수·이전·제거·수리 등 필요한 조치를 할 것을 요구하여야 하며, 관계인이 시정하지 아니하는 경우 소방본부장 또는 소방서장에게 그 사실을 알려야 한다. 이 경우 소방안전관리자는 공정하고 객관적으로 그 업무를 수행하여야 한다. ④ 소방안전관리자로부터 제3항에 따른 조치요구 등을 받은 소방안전관리대상물의 관계인은 지체 없이 이에 따라야 하며, 이를 이유로 소방안전관리자를 해임하거나 보수(報酬)의 지급을 거부하는 등 불이익한 처우를 하여서는 아니 된다.		
제28조(소방안전관리자 선임명령 등) ① 소방본부장 또는 소방서장은 제24조제1항에 따른 소방안전관리자 또는 소방안전관리보조자를 선임하지 아니한 소방안전관리대상물의 관계인에게 소방안전관리자 또는 소방안전관리보조자를 선임하도록 명할 수 있다. ② 소방본부장 또는 소방서장은 제24조제5항에 따른 업무를 다하지 아니하는 특정소방대상물의 관계인 또는 소방안전관리자에게 그 업무의 이행을 명할 수 있다.		
제29조(건설현장 소방안전관리) ① 「소방시설 설치 및 관리에 관한 법률」 제15조제1항에 따른 공사시공자가 화재발생 및 화재피해의 우려가 큰 대통령령으로 정하는 특정소방대상물(이하 "건설현장 소방안전관리대상물"이라 한다)을 신축·증축·개축·재축·이전·용도변경 또는 대수선 하는 경우에는 제24조제1항에 따른 소방안전관리자로서 제34조에 따른 교육을 받은 사람을 소방시설공사 착공 신고일부터 건축물 사용승인일(「건축법」 제22조에 따라 건축물을 사용할 수 있게 된 날을 말한다)까지 소방안전관리자로 선임하고 행정안전부령으로 정하는 바에	**제29조(건설현장 소방안전관리대상물)** 법 제29조제1항에서 "대통령령으로 정하는 특정소방대상물"이란 다음 각 호의 어느 하나에 해당하는 특정소방대상물을 말한다. 1. 신축·증축·개축·재축·이전·용도변경 또는 대수선을 하려는 부분의 연면적의 합계가 1만5천제곱미터 이상인 것 2. 신축·증축·개축·재축·이전·용도변경 또는 대수선을 하려는 부분의 연면적이 5천제곱미터 이상인 것으로서 다음 각 목의 어느 하나에 해당하는 것 가. 지하층의 층수가 2개 층 이상인 것 나. 지상층의 층수가 11층 이상인 것	**제17조(건설현장 소방안전관리자의 선임신고)** ① 법 제29조제1항에 따른 건설현장 소방안전관리대상물(이하 "건설현장 소방안전관리대상물"이라 한다)의 공사시공자는 같은 항에 따라 소방안전관리자를 선임한 경우에는 선임한 날부터 14일 이내에 별지 제19호서식의 건설현장 소방안전관리자 선임신고서(전자문서를 포함한다)에 다음 각 호의 서류(전자문서를 포함한다)를 첨부하여 소방본부장 또는 소방서장에게 신고해야 한다. 이 경우 건설현장 소방안전관리대상물의 공사시공자는 종합정보망을 이용하여 선임신고를 할 수 있다.

따라 소방본부장 또는 소방서장에게 신고하여야 한다.
② 제1항에 따른 건설현장 소방안전관리대상물의 소방안전관리자의 업무는 다음 각 호와 같다.
1. 건설현장의 소방계획서의 작성
2. 「소방시설 설치 및 관리에 관한 법률」 제15조제1항에 따른 임시소방시설의 설치 및 관리에 대한 감독
3. 공사진행 단계별 피난안전구역, 피난로 등의 확보와 관리
4. 건설현장의 작업자에 대한 소방안전 교육 및 훈련
5. 초기대응체계의 구성·운영 및 교육
6. 화기취급의 감독, 화재위험작업의 허가 및 관리
7. 그 밖에 건설현장의 소방안전관리와 관련하여 소방청장이 고시하는 업무
③ 그 밖에 건설현장 소방안전관리대상물의 소방안전관리에 관하여는 제26조부터 제28조까지의 규정을 준용한다. 이 경우 "소방안전관리대상물의 관계인" 또는 "특정소방대상물의 관계인"은 "공사시공자"로 본다.

다. 냉동창고, 냉장창고 또는 냉동·냉장창고

1. 제18조에 따른 소방안전관리자 자격증
2. 건설현장 소방안전관리자가 되려는 사람에 대한 강습교육 수료증
3. 건설현장 소방안전관리대상물의 공사 계약서 사본
② 소방본부장 또는 소방서장은 건설현장 소방안전관리대상물의 공사시공자가 소방안전관리자를 선임하고 제1항에 따라 신고하는 경우에는 신고인에게 별지 제16호서식의 건설현장 소방안전관리자 선임증을 발급해야 한다. 이 경우 소방본부장 또는 소방서장은 신고인이 종전의 선임이력에 관한 확인을 신청하는 경우 별지 제17호서식의 건설현장 소방안전관리자 선임 이력 확인서를 발급해야 한다.
③ 소방본부장 또는 소방서장은 건설현장 소방안전관리자의 선임신고를 접수하거나 해임 사실을 확인한 경우에는 지체 없이 관련 사실을 종합정보망에 입력해야 한다.
④ 소방본부장 또는 소방서장은 건설현장 소방안전관리대상물 선임신고의 효율적 처리를 위하여 「소방시설 설치 및 안전관리에 관한 법률」 제6조제1항에 따라 건축허가등의 동의를 하는 경우에는 지체 없이 해당 소방안전관리대상물의 위치, 연면적 등의 정보를 종합정보망에 입력해야 한다.

제30조(소방안전관리자 자격 및 자격증의 발급 등) ① 제24조제1항에 따른 소방안전관리자의 자격은 다음 각 호의 어느 하나에 해당하는 사람으로서 소방청장으로부터 소방안전관리자 자격증을 발급받은 사람으로 한다.
1. 소방청장이 실시하는 소방안전관리자 자격시험에 합격한 사람
2. 다음 각 목에 해당하는 사람으로서 대통령령으로 정하는 사람
   가. 소방안전과 관련한 국가기술자격증을 소지한 사람
   나. 가목에 해당하는 국가기술자격증 중 일정 자격증을 소지한 사람으로서 소방안전관리자로 근무한 실무경력이 있는 사람
   다. 소방공무원 경력자
   라. 「기업활동 규제완화에 관한 특별조치법」에 따라 소방안전관리자로 선임된 사람(소방안전관리자로 선임된 기간에 한정한다)
② 소방청장은 제1항 각 호에 따른 자격을 갖춘 사람이 소방안전관리자 자격증 발급을 신청하는 경우 행정안전부령으로 정하는 바에 따라 자격증을 발급하여야 한다.
③ 제2항에 따라 소방안전관리자 자격증을 발급받은 사람이 소방안전관리자 자격증을 잃어버렸거나 못 쓰게 된 경우에는 행정안전부령으로 정하는 바에 따라 소방안전관리자 자격증을 재발급 받을 수 있다.
④ 제2항 또는 제3항에 따라 발급 또는 재발급 받은 소방안전관리자 자격증을 다른 사람에게 빌려 주거나 빌려서는 아니 되며, 이를 알선하여서도 아니 된다.

제30조(소방안전관리자 자격증의 발급 등) 법 제30조제1항제2호 각 목 외의 부분에서 "대통령령으로 정하는 사람"이란 별표 4 각 호의 소방안전관리대상물별로 선임해야 하는 소방안전관리자의 자격을 갖춘 사람(법 제30조제1항제1호에 해당하는 사람은 제외한다)을 말한다.

제18조(소방안전관리자 자격증의 발급 및 재발급 등) ① 소방안전관리자 자격증을 발급받으려는 사람은 법 제30조제2항에 따라 별지 제20호서식의 소방안전관리자 자격증 발급 신청서(전자문서를 포함한다)에 다음 각 호의 서류(전자문서를 포함한다)를 첨부하여 소방청장에게 제출해야 한다. 이 경우 소방청장은 「전자정부법」 제36조제1항에 따른 행정정보의 공동이용을 통하여 소방안전관리자 자격증의 발급 요건인 국가기술자격증(자격증 발급을 위하여 필요한 경우만 해당한다)을 확인할 수 있으며, 신청인이 확인에 동의하지 않는 경우에는 그 사본을 제출하도록 해야 한다.
1. 법 제30조제1항 각 호의 어느 하나에 해당하는 사람임을 증명하는 서류
2. 신분증 사본
3. 사진(가로 3.5센티미터 × 세로 4.5센티미터)
② 제1항에 따라 소방안전관리자 자격증의 발급을 신청받은 소방청장은 3일 이내에 법 제30조제1항 각 호에 따른 자격을 갖춘 사람에게 별지 제21호서식의 소방안전관리자 자격증을 발급해야 한다. 이 경우 소방청장은 별지 제22호서식의 소방안전관리자 자격증 발급대장에 등급별로 기록하고 관리해야 한다.
③ 제2항에 따라 소방안전관리자 자격증을 발급받은 사람이 그 자격증을 잃어버렸거나 자격증이 못 쓰게 된 경우에는 별지 제20호서식의 소방안전관리자 자격증 재발급 신청서(전자문서를 포함한다)를 작성하여 소방청장에게 자격증의 재발급을 신청할 수 있다. 이 경우 소방청장은 신청자에게 자격증을 3

		일 이내에 재발급하고 별지 제22호서식의 소방안전관리자 자격증 재발급대장에 재발급 사항을 기록하고 관리해야 한다. ④ 소방청장은 별지 제22호서식의 소방안전관리자 자격증 (재)발급대장을 종합정보망에서 전자적 처리가 가능한 방법으로 작성·관리해야 한다. **제20조(소방안전관리자 자격시험의 방법)** ① 소방청장은 법 제30조제1항제1호에 따른 소방안전관리자 자격시험(이하 "소방안전관리자 자격시험"이라 한다)을 다음 각 호와 같이 실시한다. 이 경우 특급 소방안전관리자 자격시험은 제1차시험과 제2차시험으로 나누어 실시한다. 1. 특급 소방안전관리자 자격시험: 연 2회 이상 2. 1급·2급·3급 소방안전관리자 자격시험: 월 1회 이상 ② 소방안전관리자 자격시험에 응시하려는 사람은 별지 제23호서식의 소방안전관리자 자격시험 응시원서(전자문서를 포함한다)에 다음 각 호의 서류(전자문서를 포함한다)를 첨부하여 소방청장에게 제출해야 한다. 1. 사진(가로 3.5센티미터 × 세로 4.5센티미터) 2. 응시자격 증명서류 ③ 소방청장은 제2항에 따라 소방안전관리자 자격시험 응시원서를 접수한 경우에는 시험응시표를 발급해야 한다. **제21조(소방안전관리자 자격시험의 공고)** 소방청장은 특급, 1급, 2급 또는 3급 소방안전관리자 자격시험을 실시하려는 경우에는 응시자격·시험과목·일시·장소 및 응시절차를 모든 응시 희망자가 알 수 있도록 시험 시행일 30일 전에 인터넷 홈페이지에 공고해야 한다. **제22조(소방안전관리자 자격시험의 합격자 결정 등)** ① 특급, 1급, 2급 및 3급 소방안전관리자 자격시험은 매과목을 100점 만점으로 하여 매과목 40점 이상, 전과목 평균 70점 이상 득점한 사람을 합격자로 한다. ② 소방안전관리자 자격시험은 다음 각 호의 방법으로 채점한다. 이 경우 특급 소방안전관리자 자격시험의 제2차시험 채점은 제1차시험 합격자의 답안지에 대해서만 실시한다. 1. 선택형 문제: 답안지 기재사항을 전산으로 판독하여 채점 2. 주관식 서술형 문제: 제23조제2항에 따라 임명·위촉된 시험위원이 채점. 이 경우 3명 이상의 채점자가 문항별 배점과 채점기준표에 따라 별도로 채점하고 그 평균 점수를 해당 문제의 점수로 한다. ③ 특급 소방안전관리자 자격시험의 제1차시험에 합격한 사람은 제1차시험에 합격한 날부터 2년간 제1차시험을 면제한다. ④ 소방청장은 소방안전관리자 자격시험을 종료한 날부터 30일(특급 소방안전관리자격시험의 경우에는 60일) 이내에 인터넷 홈페이지에 합격자를 공고하고, 응시자에게 휴대전화 문자 메시지로 합격 여부를 알려 줄 수 있다.

		제23조(소방안전관리자 자격시험 과목 및 시험위원 위촉 등) ① 소방안전관리자 자격시험 과목 및 시험방법은 별표 4와 같다. ② 소방청장은 소방안전관리자 자격시험의 시험문제 출제, 검토 및 채점을 위하여 다음 각 호의 어느 하나에 해당하는 사람 중에서 시험 위원을 임명 또는 위촉해야 한다. 1. 소방 관련 분야에서 석사 이상의 학위를 취득한 사람 2. 「고등교육법」 제2조제1호부터 제6호까지에 해당하는 학교에서 소방안전 관련 학과의 조교수 이상으로 2년 이상 재직한 사람 3. 소방위 이상의 소방공무원 4. 소방기술사 5. 소방시설관리사 6. 그 밖에 화재안전 또는 소방 관련 법령이나 정책에 전문성이 있는 사람 ③ 제2항에 따라 위촉된 시험위원에게는 예산의 범위에서 수당, 여비 및 그 밖에 필요한 경비를 지급할 수 있다. ④ 제1항부터 제3항까지에서 규정한 사항 외에 소방안전관리자 자격시험의 운영 등에 필요한 세부적인 사항은 소방청장이 정한다.
		제24조(부정행위 기준 등) ① 소방안전관리자 자격시험에서의 부정행위는 다음 각 호와 같다. 1. 대리시험을 의뢰하거나 대리로 시험에 응시한 행위 2. 다른 수험자의 답안지 또는 문제지를 엿보거나, 다른 수험자에게 이를 알려주는 행위 3. 다른 수험자와 답안지 또는 문제지를 교환하는 행위 4. 시험 중 다른 수험자와 시험과 관련된 대화를 하는 행위 5. 시험 중 시험문제 내용과 관련된 물건을 휴대하여 사용하거나 이를 주고받는 행위(해당 물건의 휴대 여부를 확인하기 위한 검색 요구에 따르지 않는 행위를 포함한다) 6. 시험장 안이나 밖의 사람으로부터 도움을 받아 답안지를 작성하는 행위 7. 다른 수험자와 성명 또는 수험번호를 바꾸어 제출하는 행위 8. 수험자가 시험시간에 통신기기 및 전자기기 등을 사용하여 답안지를 작성하거나 다른 수험자를 위하여 답안을 송신하는 행위(해당 물건의 휴대 여부를 확인하기 위한 검색 요구에 따르지 않는 행위를 포함한다) 9. 감독관의 본인 확인 요구에 따르지 않는 행위 10. 시험 종료 후에도 계속해서 답안을 작성하거나 수정하는 행위 11. 그 밖의 부정 또는 불공정한 방법으로 시험을 치르는 행위 ② 제1항 각 호에 따른 부정행위를 하는 응시자를 적발한 경우에는 해당 시험을 정지하고 무효로 처리한다.
제31조(소방안전관리자 자격의 정지 및 취소) ① 소방청장은 제30조제2항에 따라 소방안전관리자 자격증을 발급받은 사람이 다음 각 호의 어느 하나에 해당하는 경우에는 행정안전부령으로 정하는 바에 따라 그 자격	**제48조(권한의 위임·위탁 등)** 소방청장은 법 제48조제1항에 따라 법 제31조에 따른 소방안전관리자 자격의 정지 및 취소에 관한 업무를 소방서장에게 위임한다.	**제19조(소방안전관리자 자격의 정지 및 취소 기준)** 법 제31조제1항에 따른 소방안전관리자 자격의 정지 및 취소 기준은 별표 3과 같다.

을 취소하거나 1년 이하의 기간을 정하여 그 자격을 정지시킬 수 있다. 다만, 제1호 또는 제3호에 해당하는 경우에는 그 자격을 취소하여야 한다. 1. 거짓이나 그 밖의 부정한 방법으로 소방안전관리자 자격증을 발급받은 경우 2. 제24조제5항에 따른 소방안전관리업무를 게을리한 경우 3. 제30조제4항을 위반하여 소방안전관리자 자격증을 다른 사람에게 빌려준 경우 4. 제34조에 따른 실무교육을 받지 아니한 경우 5. 이 법 또는 이 법에 따른 명령을 위반한 경우 ② 제1항에 따라 소방안전관리자 자격이 취소된 사람은 취소된 날부터 2년간 소방안전관리자 자격증을 발급받을 수 없다.		
제32조(소방안전관리자 자격시험) ① 제30조제1항제1호에 따른 소방안전관리자 자격시험에 응시할 수 있는 사람의 자격은 대통령령으로 정한다. ② 제1항에 따른 소방안전관리자 자격의 시험방법, 시험의 공고 및 합격자 결정 등 소방안전관리자의 자격시험에 필요한 사항은 행정안전부령으로 정한다.	**제31조(소방안전관리자 자격시험 응시자격)** 법 제32조제1항에 따라 소방안전관리자 자격시험에 응시할 수 있는 사람의 자격은 별표 6과 같다.	
제33조(소방안전관리자 등 종합정보망의 구축·운영) ① 소방청장은 소방안전관리자 및 소방안전관리보조자에 대한 다음 각 호의 정보를 효율적으로 관리하기 위하여 종합정보망을 구축·운영할 수 있다. 1. 제26조제1항에 따른 소방안전관리자 및 소방안전관리보조자의 선임신고 현황 2. 제26조제2항에 따른 소방안전관리자 및 소방안전관리보조자의 해임 사실의 확인 현황 3. 제29조제1항에 따른 건설현장 소방안전관리자 선임신고 현황 4. 제30조제1항 및 제2항에 따른 소방안전관리자 자격시험 합격자 및 자격증의 발급 현황 5. 제31조제1항에 따른 소방안전관리자 자격증의 정지·취소 처분 현황 6. 제34조에 따른 소방안전관리자 및 소방안전관리보조자의 교육 실시현황 ② 제1항에 따른 종합정보망의 구축·운영 등에 필요한 사항은 대통령령으로 정한다.	**제32조(종합정보망의 구축·운영)** 소방청장은 법 제33조제1항에 따른 종합정보망(이하 "종합정보망"이라 한다)의 효율적인 운영을 위해 필요한 경우 다음 각 호의 업무를 수행할 수 있다. 1. 종합정보망과 유관 정보시스템의 연계·운영 2. 법 제33조제1항 각 호의 정보를 저장·가공 및 제공하기 위한 시스템의 구축·운영	
제34조(소방안전관리자 등에 대한 교육) ① 소방안전관리자가 되려고 하는 사람 또는 소방안전관리자(소방안전관리보조자를 포함한다)로 선임된 사람은 소방안전관리업무에 관한 능력의 습득 또는 향상을 위하여 행정안전부령으로 정하는 바에 따라 소방청장이 실시하는 다음 각 호의 강습교육 또는 실무교육을 받아야 한다. 1. 강습교육 　가. 소방안전관리자의 자격을 인정받으려는 사람으로서 대통령령으로 정하는 사람 　나. 제24조제3항에 따른 소방안전관리자로	**제33조(소방안전관리자의 자격을 인정받으려는 사람)** 법 제34조제1항제1호가목에서 "대통령령으로 정하는 사람"이란 다음 각 호의 사람을 말한다. 1. 특급 소방안전관리대상물의 소방안전관리자가 되려는 사람 2. 1급 소방안전관리대상물의 소방안전관리자가 되려는 사람 3. 2급 소방안전관리대상물의 소방안전관리자가 되려는 사람 4. 3급 소방안전관리대상물의 소방안전관리자가 되려는 사람	**제25조(강습교육의 실시)** ① 소방청장은 법 제34조제1항제1호에 따른 강습교육(이하 "강습교육"이라 한다)의 대상·일정·횟수 등을 포함한 강습교육의 실시계획을 매년 수립·시행해야 한다. ② 소방청장은 강습교육을 실시하려는 경우에는 강습교육 실시 20일 전까지 일시·장소, 그 밖에 강습교육 실시에 필요한 사항을 인터넷 홈페이지에 공고해야 한다. ③ 소방청장은 강습교육을 실시한 경우에는 수료자에게 별지 제24호서식의 수료증(전자문서를 포함한다)을 발급하고 강습교육의

선임되고자 하는 사람

다. 제29조에 따른 소방안전관리자로 선임
되고자 하는 사람

2. 실무교육

가. 제24조제1항에 따라 선임된 소방안전
관리자 및 소방안전관리보조자

나. 제24조제3항에 따라 선임된 소방안전
관리자

② 제1항에 따른 교육실시방법은 다음 각
호와 같다. 다만, 「감염병의 예방 및 관리에
관한 법률」 제2조에 따른 감염병 등 불가피
한 사유가 있는 경우에는 행정안전부령으로
정하는 바에 따라 제1호 또는 제3호의 교육
을 제2호의 교육으로 실시할 수 있다.

1. 집합교육
2. 정보통신매체를 이용한 원격교육
3. 제1호 및 제2호를 혼용한 교육

5. 「공공기관의 소방안전관리에 관한 규정」
제2조에 따른 공공기관의 소방안전관리
자가 되려는 사람

과정별로 별지 제25호서식의 강습교육수료
자 명부대장(전자문서를 포함한다)을 작성·
보관해야 한다.

제26조(강습교육 수강신청 등) ① 강습교육을
받으려는 사람은 강습교육의 과정별로 별지
제26호서식의 강습교육 수강신청서(전자문
서를 포함한다)에 다음 각 호의 서류(전자문
서를 포함한다)를 첨부하여 소방청장에게
제출해야 한다.

1. 사진(가로 3.5센티미터 × 세로 4.5센티미터)
2. 재직증명서(법 제39조제1항에 따른 공공
기관에 재직하는 사람만 해당한다)

② 소방청장은 강습교육 수강신청서를 접수
한 경우에는 수강증을 발급해야 한다.

제27조(강습교육의 강사) 강습교육을 담당할
강사는 과목별로 다음 각 호의 어느 하나에
해당하는 사람 중에서 소방에 관한 학식·
경험·능력 등을 고려하여 소방청장이 임명
또는 위촉한다. <개정 2025. 6. 26.>

1. 안전원 직원
2. 소방기술사
3. 소방시설관리사
4. 소방안전 관련 학과에서 부교수 이상의
직(職)에 재직 중이거나 재직한 사람
5. 소방안전 관련 분야에서 석사 이상의 학
위를 취득한 사람
6. 소방공무원으로 5년 이상 근무한 사람
7. 제1호부터 제6호까지에서 규정한 사람 외에
소방안전관리업무에 관한 전문적 지식과 경
험이 있다고 소방청장이 인정하는 사람

제28조(강습교육의 과목, 시간 및 운영방법)
강습교육의 과목, 시간 및 운영방법은 별표
5와 같다.

제29조(실무교육의 실시) ① 소방청장은 법 제
34조제1항제2호에 따른 실무교육(이하 "실무
교육"이라 한다)의 대상·일정·횟수 등을
포함한 실무교육의 실시 계획을 매년 수립
·시행해야 한다.

② 소방청장은 실무교육을 실시하려는 경우
에는 실무교육 실시 30일 전까지 일시·장
소, 그 밖에 실무교육 실시에 필요한 사항을
인터넷 홈페이지에 공고하고 교육대상자에
게 통보해야 한다.

③ 소방안전관리자는 소방안전관리자로 선임
된 날부터 6개월 이내에 실무교육을 받아야
하며, 그 이후에는 2년마다(최초 실무교육을
받은 날을 기준일로 하여 매 2년이 되는 해
의 기준일과 같은 날 전까지를 말한다) 1회
이상 실무교육을 받아야 한다. 다만, 소방안
전관리 강습교육 또는 실무교육을 받은 후 1년
이내에 소방안전관리자로 선임된 사람은 해당
강습교육 또는 실무교육을 수료한 날을 실무
교육을 받은 날로 본다.<개정 2025. 6. 26.>

④ 소방안전관리보조자는 그 선임된 날부터
6개월(영 별표 5 제2호마목에 따라 소방안
전관리보조자로 지정된 사람의 경우 3개월
을 말한다) 이내에 실무교육을 받아야 하며,
그 이후에는 2년마다(최초 실무교육을 받은

		날을 기준일로 하여 매 2년이 되는 해의 기준일과 같은 날 전까지를 말한다) 1회 이상 실무교육을 받아야 한다. 다만, 소방안전관리자 강습교육 또는 실무교육이나 소방안전관리보조자 실무교육을 받은 후 1년 이내에 소방안전관리보조자로 선임된 사람은 해당 강습교육 또는 실무교육을 수료한 날을 실무교육을 받은 날로 본다.<개정 2025. 6. 26.> **제30조(실무교육의 강사)** 실무교육을 담당할 강사는 다음 각 호의 어느 하나에 해당하는 사람 중에서 소방에 관한 학식·경험·능력 등을 종합적으로 고려하여 소방청장이 임명 또는 위촉한다. <개정 2025. 6. 26.> 1. 안전원 직원 2. 소방기술사 3. 소방시설관리사 4. 소방안전 관련 학과에서 부교수 이상의 직에 재직 중이거나 재직한 사람 5. 소방안전 관련 분야에서 석사 이상의 학위를 취득한 사람 6. 소방공무원으로 5년 이상 근무한 사람 7. 제1호부터 제6호까지에서 규정한 사람 외에 소방안전관리업무에 관한 전문적 지식과 경험이 있다고 소방청장이 인정하는 사람 **제31조(실무교육의 과목, 시간 및 운영방법)** 실무교육의 과목, 시간 및 운영방법은 별표 6과 같다. **제32조(실무교육 수료증 발급 및 수료자명부의 통보)** ① 소방청장은 실무교육을 수료한 사람에게 실무교육 수료증(전자문서를 포함한다)을 발급하고, 별지 제27호서식의 실무교육 수료자명부(전자문서를 포함한다)에 작성·관리해야 한다. ② 소방청장은 매월 15일까지 제1항에 따른 실무교육 수료자명부를 소방본부장 또는 소방서장에게 통보해야 한다.<개정 2025. 6. 26.> [제목개정 2025. 6. 26.] **제33조(원격교육 실시방법)** 법 제34조제2항제2호에 따른 원격교육은 실시간 양방향 교육, 인터넷을 통한 영상강의 등 정보통신매체를 이용하여 실시한다.
제35조(관리의 권원이 분리된 특정소방대상물의 소방안전관리) ① 다음 각 호의 어느 하나에 해당하는 특정소방대상물로서 그 관리의 권원(權原)이 분리되어 있는 특정소방대상물의 경우 그 관리의 권원별 관계인은 대통령령으로 정하는 바에 따라 제24조제1항에 따른 소방안전관리자를 선임하여야 한다. 다만, 소방본부장 또는 소방서장은 관리의 권원이 많아 효율적인 소방안전관리가 이루어지지 아니한다고 판단되는 경우 대통령령으로 정하는 바에 따라 관리의 권원을 조정하여 소방안전관리자를 선임하도록 할 수 있다. 1. 복합건축물(지하층을 제외한 층수가 11층 이상 또는 연면적 3만제곱미터 이상인 건축물)	**제34조(관리의 권원별 소방안전관리자 선임 및 조정 기준)** ① 법 제35조제1항 본문에 따라 관리의 권원이 분리되어 있는 특정소방대상물의 관계인은 소유권, 관리권 및 점유권에 따라 각각 소방안전관리자를 선임해야 한다. 다만, 둘 이상의 소유권, 관리권 또는 점유권이 동일인에게 귀속된 경우에는 하나의 관리 권원으로 보아 소방안전관리자를 선임할 수 있다. ② 제1항에도 불구하고 다음 각 호의 어느 하나에 해당하는 경우에는 해당 호에서 정하는 바에 따라 소방안전관리자를 선임할 수 있다. 1. 법령 또는 계약 등에 따라 공동으로 관리하는 경우: 하나의 관리 권원으로 보아 소방안전관리자 1명 선임	

2. 지하가(지하의 인공구조물 안에 설치된 상점 및 사무실, 그 밖에 이와 비슷한 시설이 연속하여 지하도에 접하여 설치된 것과 그 지하도를 합한 것을 말한다) 3. 그 밖에 대통령령으로 정하는 특정소방대상물 ② 제1항에 따른 관리의 권원별 관계인은 상호 협의하여 특정소방대상물의 전체에 걸쳐 소방안전관리상 필요한 업무를 총괄하는 소방안전관리자(이하 "총괄소방안전관리자"라 한다)를 제1항에 따라 선임된 소방안전관리자 중에서 선임하거나 별도로 선임하여야 한다. 이 경우 총괄소방안전관리자의 자격은 대통령령으로 정하고 업무수행 등에 필요한 사항은 행정안전부령으로 정한다. ③ 제2항에 따른 총괄소방안전관리자에 대하여는 제24조, 제26조부터 제28조까지 및 제30조부터 제34조까지에서 규정한 사항 중 소방안전관리자에 관한 사항을 준용한다. ④ 제1항 및 제2항에 따라 선임된 소방안전관리자 및 총괄소방안전관리자는 해당 특정소방대상물의 소방안전관리를 효율적으로 수행하기 위하여 공동소방안전관리협의회를 구성하고, 해당 특정소방대상물에 대한 소방안전관리를 공동으로 수행하여야 한다. 이 경우 공동소방안전관리협의회의 구성·운영 및 공동소방안전관리의 수행 등에 필요한 사항은 대통령령으로 정한다.	2. 화재 수신기 또는 소화펌프(가압송수장치를 포함한다. 이하 이 항에서 같다)가 별도로 설치되어 있는 경우: 설치된 화재 수신기 또는 소화펌프가 화재를 감지·소화 또는 경보할 수 있는 부분을 각각 하나의 관리 권원으로 보아 각각 소방안전관리자 선임 3. 하나의 화재 수신기 및 소화펌프가 설치된 경우: 하나의 관리 권원으로 보아 소방안전관리자 1명 선임 ③ 제1항 및 제2항에도 불구하고 소방본부장 또는 소방서장은 법 제35조제1항 각 호 외의 부분 단서에 따라 관리의 권원이 많아 효율적인 소방안전관리가 이루어지지 않는다고 판단되는 경우 제1항 각 호의 기준 및 해당 특정소방대상물의 화재위험성 등을 고려하여 관리의 권원이 분리되어 있는 특정소방대상물의 관리의 권원을 조정하여 소방안전관리자를 선임하도록 할 수 있다. **제35조(관리의 권원이 분리된 특정소방대상물)** 법 제35조제1항제3호에서 "대통령령으로 정하는 특정소방대상물"이란 「소방시설 설치 및 관리에 관한 법률 시행령」 별표 2에 따른 판매시설 중 도매시장, 소매시장 및 전통시장을 말한다. **제36조(총괄소방안전관리자 선임자격)** 법 제35조제2항에 따른 특정소방대상물의 전체에 걸쳐 소방안전관리상 필요한 업무를 총괄하는 소방안전관리자(이하 "총괄소방안전관리자"라 한다)는 별표 4에 따른 소방안전관리대상물의 등급별 선임자격을 갖춰야 한다. 이 경우 관리의 권원이 분리되어 있는 특정소방대상물에 대하여 소방안전관리대상물의 등급을 결정할 때에는 해당 특정소방대상물 전체를 기준으로 한다. **제37조(공동소방안전관리협의회의 구성·운영 등)** ① 법 제35조제4항에 따른 공동소방안전관리협의회(이하 "협의회"라 한다)는 같은 조제1항 및 제2항에 따라 선임된 소방안전관리자 및 총괄소방안전관리자(이하 이 조에서 "총괄소방안전관리자등"이라 한다)로 구성한다. ② 총괄소방안전관리자등은 법 제35조제4항에 따라 다음 각 호의 공동소방안전관리 업무를 협의회의 협의를 거쳐 공동으로 수행한다. 1. 특정소방대상물 전체의 소방계획 수립 및 시행에 관한 사항 2. 특정소방대상물 전체의 소방훈련·교육의 실시에 관한 사항 3. 공용 부분의 소방시설 및 피난·방화시설의 유지·관리에 관한 사항 4. 그 밖에 공동으로 소방안전관리를 할 필요가 있는 사항 ③ 협의회는 공동소방안전관리 업무의 수행에 필요한 기준을 정하여 운영할 수 있다.	
제36조(피난계획의 수립 및 시행) ① 소방안전관리대상물의 관계인은 그 장소에 근무하거		**제34조(피난계획의 수립·시행)** ① 법 제36조제1항에 따른 피난계획(이하 "피난계획"이라

나 거주 또는 출입하는 사람들이 화재가 발생한 경우에 안전하게 피난할 수 있도록 피난계획을 수립·시행하여야 한다. ② 제1항의 피난계획에는 그 소방안전관리대상물의 구조, 피난시설 등을 고려하여 설정한 피난경로가 포함되어야 한다. ③ 소방안전관리대상물의 관계인은 피난시설의 위치, 피난경로 또는 대피요령이 포함된 피난유도 안내정보를 근무자 또는 거주자에게 정기적으로 제공하여야 한다. ④ 제1항에 따른 피난계획의 수립·시행, 제3항에 따른 피난유도 안내정보 제공에 필요한 사항은 행정안전부령으로 정한다.		한다)에는 다음 각 호의 사항이 포함되어야 한다. 1. 화재경보의 수단 및 방식 2. 층별, 구역별 피난대상 인원의 연령별·성별 현황 3. 피난약자의 현황 4. 각 거실에서 옥외(옥상 또는 피난안전구역을 포함한다)로 이르는 피난경로 5. 피난약자 및 피난약자를 동반한 사람의 피난동선과 피난방법 6. 피난시설, 방화구획, 그 밖에 피난에 영향을 줄 수 있는 제반 사항 ② 소방안전관리대상물의 관계인은 해당 소방안전관리대상물의 구조·위치, 소방시설 등을 고려하여 피난계획을 수립해야 한다. ③ 소방안전관리대상물의 관계인은 해당 소방안전관리대상물의 피난시설이 변경된 경우에는 그 변경사항을 반영하여 피난계획을 정비해야 한다. ④ 제1항부터 제3항까지에서 규정한 사항 외에 피난계획의 수립·시행에 필요한 세부 사항은 소방청장이 정하여 고시한다. **제35조(피난유도 안내정보의 제공)** ① 법 제36조제3항에 따른 피난유도 안내정보는 다음 각 호의 어느 하나의 방법으로 제공한다. 1. 연 2회 피난안내 교육을 실시하는 방법 2. 분기별 1회 이상 피난안내방송을 실시하는 방법 3. 피난안내도를 층마다 보기 쉬운 위치에 게시하는 방법 4. 엘리베이터, 출입구 등 시청이 용이한 장소에 피난안내영상을 제공하는 방법 ② 제1항에서 규정한 사항 외에 피난유도 안내정보의 제공에 필요한 세부 사항은 소방청장이 정하여 고시한다.
제37조(소방안전관리대상물 근무자 및 거주자 등에 대한 소방훈련 등) ① 소방안전관리대상물의 관계인은 그 장소에 근무하거나 거주하는 사람 등(이하 이 조에서 "근무자등"이라 한다)에게 소화·통보·피난 등의 훈련(이하 "소방훈련"이라 한다)과 소방안전관리에 필요한 교육을 하여야 하고, 피난훈련은 그 소방대상물에 출입하는 사람을 안전한 장소로 대피시키고 유도하는 훈련을 포함하여야 한다. 이 경우 소방훈련과 교육의 횟수 및 방법 등에 관하여 필요한 사항은 행정안전부령으로 정한다. ② 소방안전관리대상물 중 소방안전관리업무의 전담이 필요한 대통령령으로 정하는 소방안전관리대상물의 관계인은 제1항에 따른 소방훈련 및 교육을 한 날부터 30일 이내에 소방훈련 및 교육 결과를 행정안전부령으로 정하는 바에 따라 소방본부장 또는 소방서장에게 제출하여야 한다. ③ 소방본부장 또는 소방서장은 제1항에 따라 소방안전관리대상물의 관계인이 실시하는 소방훈련과 교육을 지도·감독할 수 있다. ④ 소방본부장 또는 소방서장은 소방안전관리대상물 중 불특정 다수인이 이용하는 대	**제38조(소방훈련·교육 결과 제출의 대상)** 법 제37조제2항에서 "대통령령으로 정하는 소방안전관리대상물"이란 다음 각 호의 소방안전관리대상물을 말한다. 1. 별표4 제1호에 따른 특급 소방안전관리대상물 2. 별표4 제2호에 따른 1급 소방안전관리대상물 **제39조(불시 소방훈련·교육의 대상)** 법 제37조제4항에서 "대통령령으로 정하는 특정소방대상물"이란 소방안전관리대상물 중 다음 각 호의 특정소방대상물을 말한다. 1. 「소방시설 설치 및 관리에 관한 법률 시행령」 별표 2 제7호에 따른 의료시설 2. 「소방시설 설치 및 관리에 관한 법률 시행령」 별표 2 제8호에 따른 교육연구시설 3. 「소방시설 설치 및 관리에 관한 법률 시행령」 별표 2 제9호에 따른 노유자 시설 4. 그 밖에 화재 발생 시 불특정 다수의 인명피해가 예상되어 소방본부장 또는 소방서장이 소방훈련·교육이 필요하다고 인정하는 특정소방대상물	**제36조(근무자 및 거주자에 대한 소방훈련과 교육)** ① 소방안전관리대상물의 관계인은 법 제37조제1항에 따른 소방훈련과 교육을 연 1회 이상 실시해야 한다. 다만, 소방본부장 또는 소방서장이 화재예방을 위하여 필요하다고 인정하여 2회의 범위에서 추가로 실시할 것을 요청하는 경우에는 소방훈련과 교육을 추가로 실시해야 한다. ② 소방본부장 또는 소방서장은 특급 및 1급 소방안전관리대상물의 관계인으로 하여금 제1항에 따른 소방훈련과 교육을 소방기관과 합동으로 실시하게 할 수 있다. ③ 소방안전관리대상물의 관계인은 소방훈련과 교육을 실시하는 경우 소방훈련 및 교육에 필요한 장비 및 교재 등을 갖추어야 한다. ④ 소방안전관리대상물의 관계인은 제1항에 따라 소방훈련과 교육을 실시했을 때에는 그 실시 결과를 별지 제28호서식의 소방훈련·교육 실시 결과 기록부에 기록하고, 이를 소방훈련 및 교육을 실시한 날부터 2년간 보관해야 한다. **제37조(소방훈련 및 교육 실시 결과의 제출)** 영 제38조 각 호에 따른 소방안전관리대상

통령령으로 정하는 특정소방대상물의 근무자등에게 불시에 소방훈련과 교육을 실시할 수 있다. 이 경우 소방본부장 또는 소방서장은 그 특정소방대상물 근무자등의 불편을 최소화하고 안전 등을 확보하는 대책을 마련하여야 하며, 소방훈련과 교육의 내용, 방법 및 절차 등은 행정안전부령으로 정하는 바에 따라 관계인에게 사전에 통지하여야 한다. ⑤ 소방본부장 또는 소방서장은 제4항에 따라 소방훈련과 교육을 실시한 경우에는 그 결과를 평가할 수 있다. 이 경우 소방훈련과 교육의 평가방법 및 절차 등에 필요한 사항은 행정안전부령으로 정한다.		물의 관계인은 제36조제1항에 따라 소방훈련 및 교육을 실시한 날부터 30일 이내에 별지 제29호서식의 소방훈련·교육 실시 결과서를 작성하여 소방본부장 또는 소방서장에게 제출해야 한다. **제38조(불시 소방훈련 및 교육 사전통지)** 소방본부장 또는 소방서장은 법 제37조제4항에 따라 불시 소방훈련과 교육(이하 "불시 소방훈련·교육"이라 한다)을 실시하려는 경우에는 소방안전관리대상물의 관계인에게 불시 소방훈련·교육 실시 10일 전까지 별지 제30호서식의 불시 소방훈련·교육 계획서를 통지해야 한다. **제39조(불시 소방훈련·교육의 평가 방법 및 절차)** ① 소방본부장 또는 소방서장은 법 제37조제5항 전단에 따라 불시 소방훈련·교육 실시 결과에 대한 평가를 실시하려는 경우에는 평가 계획을 사전에 수립해야 한다. ② 제1항에 따른 평가의 기준은 다음 각 호와 같다. 1. 불시 소방훈련·교육 내용의 적절성 2. 불시 소방훈련·교육 유형 및 방법의 적합성 3. 불시 소방훈련·교육 참여인력, 시설 및 장비 등의 적정성 4. 불시 소방훈련·교육 여건 및 참여도 ③ 제1항에 따른 평가는 현장평가를 원칙으로 하되, 필요에 따라 서면평가 등을 병행할 수 있다. 이 경우 불시 소방훈련·교육 참가자에 대한 설문조사 또는 면접조사 등을 함께 실시할 수 있다. ④ 소방본부장 또는 소방서장은 제1항에 따른 평가를 실시한 경우 소방안전관리대상물의 관계인에게 불시 소방훈련·교육 종료일부터 10일 이내에 별지 제31호서식의 불시 소방훈련·교육 평가 결과서를 통지해야 한다.
제38조(특정소방대상물의 관계인에 대한 소방안전교육) ① 소방본부장이나 소방서장은 제37조를 적용받지 아니하는 특정소방대상물의 관계인에 대하여 특정소방대상물의 화재예방과 소방안전을 위하여 행정안전부령으로 정하는 바에 따라 소방안전교육을 할 수 있다. ② 제1항에 따른 교육대상자 및 특정소방대상물의 범위 등에 필요한 사항은 행정안전부령으로 정한다.		**제40조(소방안전교육 대상자 등)** ① 법 제38조제1항에 따른 소방안전교육의 교육대상자는 법 제37조를 적용받지 않는 특정소방대상물 중 다음 각 호의 어느 하나에 해당하는 특정소방대상물의 관계인으로서 관할 소방서장이 소방안전교육이 필요하다고 인정하는 사람으로 한다. 1. 소화기 또는 비상경보설비가 설치된 공장·창고 등의 특정소방대상물 2. 그 밖에 관할 소방본부장 또는 소방서장이 화재에 대한 취약성이 높다고 인정하는 특정소방대상물 ② 소방본부장 또는 소방서장은 법 제38조제1항에 따른 소방안전교육을 실시하려는 경우에는 교육일 10일 전까지 별지 제32호서식의 특정소방대상물 관계인 소방안전교육 계획서를 작성하여 통보해야 한다.
제39조(공공기관의 소방안전관리) ① 국가, 지방자치단체, 국공립학교 등 대통령령으로 정하는 공공기관의 장은 소관 기관의 근무자 등의 생명·신체와 건축물·인공구조물 및 물품 등을 화재로부터 보호하기 위하여 화	**제40조(공공기관의 소방안전관리)** 법 제39조에 따른 공공기관의 소방안전관리에 관하여는 「공공기관의 소방안전관리에 관한 규정」으로 정한다.	

재예방, 자위소방대의 조직 및 편성, 소방시설등의 자체점검과 소방훈련 등의 소방안전관리를 하여야 한다.
② 제1항에 따른 공공기관에 대한 다음 각 호의 사항에 관하여는 제24조부터 제38조까지의 규정에도 불구하고 대통령령으로 정하는 바에 따른다.
1. 소방안전관리자의 자격·책임 및 선임 등
2. 소방안전관리의 업무대행
3. 자위소방대의 구성·운영 및 교육
4. 근무자 등에 대한 소방훈련 및 교육
5. 그 밖에 소방안전관리에 필요한 사항

제6장 특별관리시설물의 소방안전관리

제40조(소방안전 특별관리시설물의 안전관리) ① 소방청장은 화재 등 재난이 발생할 경우 사회·경제적으로 피해가 큰 다음 각 호의 시설(이하 "소방안전 특별관리시설물"이라 한다)에 대하여 소방안전 특별관리를 하여야 한다.<개정 2023. 3. 21., 2023. 8. 8., 2024. 2. 6.>
1. 「공항시설법」 제2조제7호의 공항시설
2. 「철도산업발전기본법」 제3조제2호의 철도시설
3. 「도시철도법」 제2조제3호의 도시철도시설
4. 「항만법」 제2조제5호의 항만시설
5. 「문화유산의 보존 및 활용에 관한 법률」 제2조제3항의 지정문화유산 및 「자연유산의 보존 및 활용에 관한 법률」 제2조제5호에 따른 천연기념물등인 시설(시설이 아닌 지정문화유산 및 천연기념물등을 보호하거나 소장하고 있는 시설을 포함한다)
6. 「산업기술단지 지원에 관한 특례법」 제2조제1호의 산업기술단지
7. 「산업입지 및 개발에 관한 법률」 제2조제8호의 산업단지
8. 「초고층 및 지하연계 복합건축물 재난관리에 관한 특별법」 제2조제1호·제2호의 초고층 건축물 및 지하연계 복합건축물
9. 「영화 및 비디오물의 진흥에 관한 법률」 제2조제10호의 영화상영관 중 수용인원 1천명 이상인 영화상영관
10. 전력용 및 통신용 지하구
11. 「한국석유공사법」 제10조제1항제3호의 석유비축시설
12. 「한국가스공사법」 제11조제1항제2호의 천연가스 인수기지 및 공급망
13. 「전통시장 및 상점가 육성을 위한 특별법」 제2조제1호의 전통시장으로서 대통령령으로 정하는 전통시장
14. 그 밖에 대통령령으로 정하는 시설물
② 소방청장은 제1항에 따른 특별관리를 체계적이고 효율적으로 하기 위하여 시·도지사와 협의하여 소방안전 특별관리기본계획을 제4조제1항에 따른 기본계획에 포함하여 수립 및 시행하여야 한다.
③ 시·도지사는 제2항에 따른 소방안전 특별관리기본계획에 저촉되지 아니하는 범위에서 관할 구역에 있는 소방안전 특별관리시설물의 안전관리에 적합한 소방안전 특별관리시

제41조(소방안전 특별관리시설물) ① 법 제40조제1항제13호에서 "대통령령으로 정하는 전통시장"이란 점포가 500개 이상인 전통시장을 말한다.
② 법 제40조제1항제14호에서 "대통령령으로 정하는 시설물"이란 다음 각 호의 시설물을 말한다.
1. 「전기사업법」 제2조제4호에 따른 발전사업자가 가동 중인 발전소(「발전소주변지역 지원에 관한 법률 시행령」 제2조제2항에 따른 발전소는 제외한다)
2. 「물류시설의 개발 및 운영에 관한 법률」 제2조제5호의2에 따른 물류창고로서 연면적 10만제곱미터 이상인 것
3. 「도시가스사업법」 제2조제5호에 따른 가스공급시설

제42조(소방안전 특별관리기본계획·시행계획의 수립·시행) ① 소방청장은 법 제40조제2항에 따른 소방안전 특별관리기본계획(이하 "특별관리기본계획"이라 한다)을 5년마다 수립하여 시·도에 통보해야 한다.
② 특별관리기본계획에는 다음 각 호의 사항이 포함되어야 한다.
1. 화재예방을 위한 중기·장기 안전관리정책
2. 화재예방을 위한 교육·홍보 및 점검·진단
3. 화재대응을 위한 훈련
4. 화재대응과 사후 조치에 관한 역할 및 공조체계
5. 그 밖에 화재 등의 안전관리를 위하여 필요한 사항
③ 시·도지사는 특별관리기본계획을 시행하기 위하여 매년 법 제40조제3항에 따른 소방안전 특별관리시행계획(이하 "특별관리시행계획"이라 한다)을 수립·시행하고, 그 결과를 다음 연도 1월 31일까지 소방청장에게 통보해야 한다.
④ 특별관리시행계획에는 다음 각 호의 사항이 포함되어야 한다.
1. 특별관리기본계획의 집행을 위하여 필요한 사항
2. 시·도에서 화재 등의 안전관리를 위하여 필요한 사항
⑤ 소방청장 및 시·도지사는 특별관리기본계획 또는 특별관리시행계획을 수립하는 경우 성별, 연령별, 화재안전취약자별 화재 피

행계획을 제4조제6항에 따른 세부시행계획에 포함하여 수립 및 시행하여야 한다.
④ 그 밖에 제2항 및 제3항에 따른 소방안전 특별관리기본계획 및 소방안전 특별관리시행계획의 수립·시행에 필요한 사항은 대통령령으로 정한다.

해현황 및 실태 등을 고려해야 한다.

제41조(화재예방안전진단) ① 대통령령으로 정하는 소방안전 특별관리시설물의 관계인은 화재의 예방 및 안전관리를 체계적·효율적으로 수행하기 위하여 대통령령으로 정하는 바에 따라 「소방기본법」 제40조에 따른 한국소방안전원(이하 "안전원"이라 한다) 또는 소방청장이 지정하는 화재예방안전진단기관(이하 "진단기관"이라 한다)으로부터 정기적으로 화재예방안전진단을 받아야 한다.
② 제1항에 따른 화재예방안전진단의 범위는 다음 각 호와 같다.
1. 화재위험요인의 조사에 관한 사항
2. 소방계획 및 피난계획 수립에 관한 사항
3. 소방시설등의 유지·관리에 관한 사항
4. 비상대응조직 및 교육훈련에 관한 사항
5. 화재 위험성 평가에 관한 사항
6. 그 밖에 화재예방진단을 위하여 대통령령으로 정하는 사항
③ 제1항에 따라 안전원 또는 진단기관의 화재예방안전진단을 받은 연도에는 제37조에 따른 소방훈련과 교육 및 「소방시설 설치 및 관리에 관한 법률」 제22조에 따른 자체점검을 받은 것으로 본다.
④ 안전원 또는 진단기관은 제1항에 따른 화재예방안전진단 결과를 행정안전부령으로 정하는 바에 따라 소방본부장 또는 소방서장, 관계인에게 제출하여야 한다.
⑤ 소방본부장 또는 소방서장은 제4항에 따라 제출받은 화재예방안전진단 결과에 따라 보수·보강 등의 조치가 필요하다고 인정하는 경우에는 해당 소방안전 특별관리시설물의 관계인에게 보수·보강 등의 조치를 취할 것을 명할 수 있다.
⑥ 화재예방안전진단 업무에 종사하고 있거나 종사하였던 사람은 업무를 수행하면서 알게 된 비밀을 이 법에서 정한 목적 외의 용도로 사용하거나 다른 사람 또는 기관에 제공하거나 누설하여서는 아니 된다.

제43조(화재예방안전진단의 대상) 법 제41조제1항에서 "대통령령으로 정하는 소방안전 특별관리시설물"이란 다음 각 호의 시설을 말한다.
1. 법 제40조제1항제1호에 따른 공항시설 중 여객터미널의 연면적이 1천제곱미터 이상인 공항시설
2. 법 제40조제1항제2호에 따른 철도시설 중 역 시설의 연면적이 5천제곱미터 이상인 철도시설
3. 법 제40조제1항제3호에 따른 도시철도시설 중 역사 및 역 시설의 연면적이 5천제곱미터 이상인 도시철도시설
4. 법 제40조제1항제4호에 따른 항만시설 중 여객이용시설 및 지원시설의 연면적이 5천제곱미터 이상인 항만시설
5. 법 제40조제1항제10호에 따른 전력용 및 통신용 지하구 중 「국토의 계획 및 이용에 관한 법률」 제2조제9호에 따른 공동구
6. 법 제40조제1항제12호에 따른 천연가스 인수기지 및 공급망 중 「소방시설 설치 및 관리에 관한 법률 시행령」 별표 2 제17호나목에 따른 가스시설
7. 제41조제2항제1호에 따른 발전소 중 연면적이 5천제곱미터 이상인 발전소
8. 제41조제2항제3호에 따른 가스공급시설 중 가연성 가스 탱크의 저장용량의 합계가 100톤 이상이거나 저장용량이 30톤 이상인 가연성 가스 탱크가 있는 가스공급시설

제44조(화재예방안전진단의 실시 절차 등) ① 소방안전관리대상물이 건축되어 제43조 각 호의 소방안전 특별관리시설물에 해당하게 된 경우 해당 소방안전 특별관리시설물의 관계인은 「건축법」 제22조에 따른 사용승인 또는 「소방시설공사업법」 제14조에 따른 완공검사를 받은 날부터 5년이 경과한 날이 속하는 해에 법 제41조제1항에 따라 최초의 화재예방안전진단을 받아야 한다.
② 화재예방안전진단을 받은 소방안전 특별관리시설물의 관계인은 제3항에 따른 안전등급(이하 "안전등급"이라 한다)에 따라 정기적으로 다음 각 호의 기간에 법 제41조제1항에 따라 화재예방안전진단을 받아야 한다.
1. 안전등급이 우수인 경우: 안전등급을 통보받은 날부터 6년이 경과한 날이 속하는 해
2. 안전등급이 양호·보통인 경우: 안전등급을 통보받은 날부터 5년이 경과한 날이 속하는 해
3. 안전등급이 미흡·불량인 경우: 안전등급을 통보받은 날부터 4년이 경과한 날이 속하는 해
③ 화재예방안전진단 결과는 우수, 양호, 보

제41조(화재예방안전진단의 절차 및 방법) ① 법 제41조제1항에 따라 화재예방안전진단을 받아야 하는 소방안전 특별관리시설물(이하 "소방안전 특별관리시설물"이라 한다)의 관계인은 별지 제33호서식을 안전원 또는 소방청장이 지정하는 화재예방안전진단기관(이하 "진단기관"이라 한다)에 신청해야 한다.
② 제1항에 따라 화재예방안전진단 신청을 받은 안전원 또는 진단기관은 다음 각 호의 절차에 따라 화재예방안전진단을 실시한다.
1. 위험요인 조사
2. 위험성 평가
3. 위험성 감소대책의 수립
③ 화재예방안전진단은 다음 각 호의 방법으로 실시한다.
1. 준공도면, 시설 현황, 소방계획서 등 자료 수집 및 분석
2. 화재위험요인 조사, 소방시설등의 성능점검 등 현장조사 및 점검
3. 정성적·정량적 방법을 통한 화재위험성 평가
4. 불시·무각본 훈련에 의한 비상대응훈련 평가
5. 그 밖에 지진 등 외부 환경 위험요인에 대한 예방·대비·대응태세 평가
④ 제1항에 따라 화재예방안전진단을 신청한 소방안전 특별관리시설물의 관계인은 화재예방안전진단에 필요한 자료의 열람 및 화재예방안전진단에 적극 협조해야 한다.
⑤ 제1항부터 제4항까지에서 규정한 사항 외에 화재예방안전진단의 세부 절차 및 평가방법 등에 관하여 필요한 사항은 소방청장이 정하여 고시한다.

제42조(화재예방안전진단 결과 제출) ① 화재예방안전진단을 실시한 안전원 또는 진단기관은 법 제41조제4항에 따라 화재예방안전진단이 완료된 날부터 60일 이내에 소방본부장 또는 소방서장, 관계인에게 별지 제34호서식의 화재예방안전진단 결과 보고서(전자문서를 포함한다)에 다음 각 호의 서류(전자문서를 포함한다)를 첨부하여 제출해야 한다.
1. 화재예방안전진단 결과 세부 보고서
2. 화재예방안전진단기관 지정서
② 제1항에 따른 화재예방안전진단 결과 보고서에는 다음 각 호의 사항이 포함되어야 한다.
1. 해당 소방안전 특별관리시설물 현황
2. 화재예방안전진단 실시 기관 및 참여인력
3. 화재예방안전진단 범위 및 내용
4. 화재위험요인의 조사·분석 및 평가 결과
5. 영 제44조제2항에 따른 안전등급 및 위험

	통, 미흡 및 불량의 안전등급으로 구분하며, 안전등급의 기준은 별표 7과 같다. ④ 제1항부터 제3항까지에서 규정한 사항 외에 화재예방안전진단 절차 및 방법 등에 관하여 필요한 사항은 행정안전부령으로 정한다. **제45조(화재예방안전진단의 범위)** 법 제41조제2항제6호에서 "대통령령으로 정하는 사항"이란 다음 각 호의 사항을 말한다. 1. 화재 등의 재난 발생 후 재발방지 대책의 수립 및 그 이행에 관한 사항 2. 지진 등 외부 환경 위험요인 등에 대한 예방·대비·대응에 관한 사항 3. 화재예방안전진단 결과 보수·보강 등 개선요구 사항 등에 대한 이행 여부	성 감소대책 6. 그 밖에 소방안전 특별관리시설물의 화재예방 강화를 위하여 소방청장이 정하는 사항 ③ 소방본부장 또는 소방서장은 제1항에 따라 제출받은 화재예방안전진단 결과 보고서에 건축·전기·가스 등의 시설에 대한 관계 법령 위반 사실이 포함되어 있는 경우에는 관계 기관에 해당 내용을 통보해야 한다.<신설 2025. 6. 26.> **제43조(진단기관의 장비기준)** 영 별표 8 제3호에서 "행정안전부령으로 정하는 장비"란 별표 7의 장비를 말한다
제42조(진단기관의 지정 및 취소) ① 제41조제1항에 따라 소방청장으로부터 진단기관으로 지정을 받으려는 자는 대통령령으로 정하는 시설과 전문인력 등 지정기준을 갖추어 소방청장에게 지정을 신청하여야 한다. ② 소방청장은 진단기관으로 지정받은 자가 다음 각 호의 어느 하나에 해당하는 경우에는 그 지정을 취소하거나 6개월 이내의 기간을 정하여 업무의 전부 또는 일부의 정지를 명할 수 있다. 다만, 제1호 또는 제4호에 해당하는 경우에는 그 지정을 취소하여야 한다. 1. 거짓이나 그 밖의 부정한 방법으로 지정을 받은 경우 2. 제41조제4항에 따른 화재예방안전진단 결과를 소방본부장 또는 소방서장, 관계인에게 제출하지 아니한 경우 3. 제1항에 따른 지정기준에 미달하게 된 경우 4. 업무정지기간에 화재예방안전진단 업무를 한 경우 ③ 진단기관의 지정절차, 지정취소 또는 업무정지의 처분 등에 필요한 사항은 행정안전부령으로 정한다.	**제46조(화재예방안전진단기관의 지정기준)** 법 제42조제1항에서 "대통령령으로 정하는 시설과 전문인력 등 지정기준"이란 별표 8에서 정하는 기준을 말한다.	**제44조(진단기관의 지정신청)** ① 진단기관으로 지정받으려는 자는 법 제42조제1항에 따라 별지 제35호서식의 화재예방안전진단기관 지정신청서(전자문서를 포함한다)에 다음 각 호의 서류(전자문서를 포함한다)를 첨부하여 소방청장에게 제출해야 한다. 1. 정관 사본 2. 시설 요건을 증명하는 서류 및 장비 명세서 3. 경력증명서 또는 재직증명서 등 기술인력의 자격요건을 증명하는 서류 ② 제1항에 따른 화재예방안전진단기관 지정신청서를 제출받은 담당 공무원은 「전자정부법」 제36조제1항에 따른 행정정보의 공동이용을 통하여 법인등기부 등본(법인인 경우만 해당한다) 및 국가기술자격증을 확인해야 한다. 다만, 신청인이 확인에 동의하지 않는 경우에는 이를 제출하도록 해야 한다. **제45조(진단기관의 지정 절차)** ① 소방청장은 제44조제1항에 따라 지정신청서를 접수한 경우에는 지정기준 등에 적합한지를 검토하여 60일 이내에 진단기관 지정 여부를 결정해야 한다. ② 소방청장은 제1항에 따라 진단기관의 지정을 결정한 경우에는 별지 제36호서식의 화재예방안전진단기관 지정서를 발급하고, 별지 제37호서식의 화재예방안전진단기관 관리대장에 기록하고 관리해야 한다. ③ 소방청장은 제2항에 따라 지정서를 발급한 경우에는 그 내용을 소방청 인터넷 홈페이지에 공고해야 한다. **제46조(진단기관의 지정취소)** 법 제42조제2항에 따른 진단기관의 지정취소 및 업무정지의 처분기준은 별표 8과 같다.
제7장 보칙		
제43조(화재의 예방과 안전문화 진흥을 위한 시책의 추진) ① 소방관서장은 국민의 화재예방과 안전에 관한 의식을 높이고 화재의 예방과 안전문화를 진흥시키기 위한 다음 각 호의 활동을 적극 추진하여야 한다. 1. 화재의 예방 및 안전관리에 관한 의식을 높이기 위한 활동 및 홍보		

2. 소방대상물 특성별 화재의 예방과 안전관리에 필요한 행동요령의 개발·보급 3. 화재의 예방과 안전문화 우수사례의 발굴 및 확산 4. 화재 관련 통계 현황의 관리·활용 및 공개 5. 화재의 예방과 안전관리 취약계층에 대한 화재의 예방 및 안전관리 강화 6. 그 밖에 화재의 예방과 안전문화를 진흥하기 위한 활동 ② 소방관서장은 화재의 예방과 안전문화 활동에 국민 또는 주민이 참여할 수 있는 제도를 마련하여 시행할 수 있다. ③ 소방청장은 국민이 화재의 예방과 안전문화를 실천하고 체험할 수 있는 체험시설을 설치·운영할 수 있다. ④ 국가와 지방자치단체는 지방자치단체 또는 그 밖의 기관·단체에서 추진하는 화재의 예방과 안전문화활동을 위하여 필요한 예산을 지원할 수 있다.		
제44조(우수 소방대상물 관계인에 대한 포상 등) ① 소방청장은 소방대상물의 자율적인 안전관리를 유도하기 위하여 안전관리 상태가 우수한 소방대상물을 선정하여 우수 소방대상물 표지를 발급하고, 소방대상물의 관계인을 포상할 수 있다. ② 제1항에 따른 우수 소방대상물의 선정방법, 평가 대상물의 범위 및 평가 절차 등에 필요한 사항은 행정안전부령으로 정한다.		**제47조(우수 소방대상물의 선정 등)** ① 소방청장은 법 제44조제1항에 따른 우수 소방대상물의 선정 및 관계인에 대한 포상을 위하여 우수 소방대상물의 선정방법, 평가 대상물의 범위 및 평가 절차 등에 관한 내용이 포함된 시행계획(이하 "시행계획"이라 한다)을 매년 수립·시행해야 한다. ② 소방청장은 우수 소방대상물 선정을 위하여 필요한 경우에는 소방대상물을 직접 방문하여 필요한 사항을 확인할 수 있다. ③ 소방청장은 우수 소방대상물 선정의 객관성 및 전문성을 확보하기 위하여 필요한 경우에는 다음 각 호의 어느 하나에 해당하는 사람이 2명 이상 포함된 평가위원회(이하 이 조에서 "평가위원회"라 한다)를 성별을 고려하여 구성·운영할 수 있다. 이 경우 평가위원회의 위원에게는 예산의 범위에서 수당, 여비 등 필요한 경비를 지급할 수 있다. 1. 소방기술사(소방안전관리자로 선임된 사람은 제외한다) 2. 소방시설관리사 3. 소방 관련 석사 이상의 학위를 취득한 사람 4. 소방 관련 법인 또는 단체에서 소방 관련 업무에 5년 이상 종사한 사람 5. 소방공무원 교육기관, 대학 또는 연구소에서 소방과 관련한 교육 또는 연구에 5년 이상 종사한 사람 ④ 제1항부터 제3항까지에서 규정한 사항 외에 우수 소방대상물의 평가, 평가위원회 구성·운영, 포상의 종류·명칭 및 우수 소방대상물 표지 등에 관하여 필요한 사항은 소방청장이 정하여 고시한다.
제45조(조치명령 등의 기간연장) ① 다음 각 호에 따른 조치명령·선임명령 또는 이행명령(이하 "조치명령등"이라 한다)을 받은 관계인 등은 천재지변이나 그 밖에 대통령령으로 정하는 사유로 조치명령등을 그 기간 내에 이행할 수 없는 경우에는 조치명령등을 명령한 소방관서장에게 대통령령으로 정	**제47조(조치명령등의 기간연장)** ① 법 제45조제1항 각 호 외의 부분에서 "대통령령으로 정하는 사유"란 다음 각 호의 어느 하나에 해당하는 사유를 말한다. 1. 「재난 및 안전관리 기본법」 제3조제1호에 해당하는 재난이 발생한 경우 2. 경매 등의 사유로 소유권이 변동 중이거	**제48조(조치명령등의 기간연장)** ① 법 제45조제1항에 따른 조치명령·선임명령 또는 이행명령(이하 "조치명령등"이라 한다)의 기간연장을 신청하려는 관계인 등은 영 제47조제2항에 따라 별지 제38호서식에 따른 조치명령등의 기간연장 신청서(전자문서를 포함한다)에 조치명령등을 이행할 수 없음을 증

하는 바에 따라 조치명령등의 이행시기를 연장하여 줄 것을 신청할 수 있다. 1. 제14조에 따른 소방대상물의 개수·이전·제거, 사용의 금지 또는 제한, 사용폐쇄, 공사의 정지 또는 중지, 그 밖의 필요한 조치명령 2. 제28조제1항에 따른 소방안전관리자 또는 소방안전관리보조자 선임명령 3. 제28조제2항에 따른 소방안전관리업무 이행명령 ② 제1항에 따라 연장신청을 받은 소방관서장은 연장신청 승인 여부를 결정하고 그 결과를 조치명령등의 이행 기간 내에 관계인 등에게 알려 주어야 한다.	나 변동된 경우 3. 관계인의 질병, 사고, 장기출장의 경우 4. 시장·상가·복합건축물 등 소방대상물의 관계인이 여러 명으로 구성되어 법 제45조제1항 각 호에 따른 조치명령·선임명령 또는 이행명령(이하 "조치명령등"이라 한다)의 이행에 대한 의견을 조정하기 어려운 경우 5. 그 밖에 관계인이 운영하는 사업에 부도 또는 도산 등 중대한 위기가 발생하여 조치명령등을 그 기간 내에 이행할 수 없는 경우 ② 법 제45조제1항에 따라 조치명령등의 이행시기 연장을 신청하려는 관계인 등은 행정안전부령으로 정하는 바에 따라 연장신청서에 기간연장의 사유 및 기간 등을 적어 소방관서장에게 제출해야 한다. ③ 제2항에 따른 기간연장의 신청 및 연장신청서의 처리에 필요한 사항은 행정안전부령으로 정한다.	명할 수 있는 서류(전자문서를 포함한다)를 첨부하여 소방관서장에게 제출해야 한다. ② 제1항에 따른 신청서를 제출받은 소방관서장은 신청받은 날부터 3일 이내에 조치명령등의 기간연장 여부를 결정하여 별지 제39호서식의 조치명령등의 기간연장 신청 결과 통지서를 관계인 등에게 통지해야 한다.
제46조(청문) 소방청장 또는 시·도지사는 다음 각 호의 어느 하나에 해당하는 처분을 하려면 청문을 하여야 한다. 1. 제31조제1항에 따른 소방안전관리자의 자격 취소 2. 제42조제2항에 따른 진단기관의 지정 취소		
제47조(수수료 등) 다음 각 호의 어느 하나에 해당하는 자는 행정안전부령으로 정하는 수수료 또는 교육비를 내야 한다. 1. 제30조제1항에 따른 소방안전관리자 자격시험에 응시하려는 사람 2. 제30조제2항 및 제3항에 따른 소방안전관리자 자격증을 발급 또는 재발급 받으려는 사람 3. 제34조에 따른 강습교육 또는 실무교육을 받으려는 사람 4. 제41조제1항에 따라 화재예방안전진단을 받으려는 관계인		**제49조(수수료 및 교육비)** ① 법 제47조에 따른 수수료 및 교육비는 별표 9와 같다. ② 별표 9에 따른 수수료 또는 교육비를 반환하는 경우에는 다음 각 호의 구분에 따라 반환해야 한다. 1. 수수료 또는 교육비를 과오납한 경우: 그 과오납한 금액의 전부 2. 시험시행기관 또는 교육실시기관에 책임이 있는 사유로 시험에 응시하지 못하거나 교육을 받지 못한 경우: 납입한 수수료 또는 교육비의 전부 3. 직계가족의 사망, 본인의 사고 또는 질병, 격리가 필요한 감염병이나 예견할 수 없는 기상상황 등으로 인해 시험에 응시하지 못하거나 교육을 받지 못한 경우(해당 사실을 증명하는 서류 등을 제출한 경우로 한정한다): 납입한 수수료 또는 교육비의 전부 4. 원서접수기간 또는 교육신청기간에 접수를 철회한 경우: 납입한 수수료 또는 교육비의 전부 5. 시험시행일 또는 교육실시일 20일 전까지 접수를 취소한 경우: 납입한 수수료 또는 교육비의 전부 6. 시험시행일 또는 교육실시일 10일 전까지 접수를 취소한 경우: 납입한 수수료 또는 교육비의 100분의 50
제48조(권한의 위임·위탁 등) ① 이 법에 따른 소방청장 또는 시·도지사의 권한은 그 일부를 대통령령으로 정하는 바에 따라 시·도지사, 소방본부장 또는 소방서장에게 위임할 수 있다.	**제48조(권한의 위임·위탁 등)** 소방청장은 법 제48조제1항에 따라 법 제31조에 따른 소방안전관리자 자격의 정지 및 취소에 관한 업무를 소방서장에게 위임한다.	**제50조(안전원이 갖춰야 하는 시설 기준 등)** ① 안전원의 장은 화재예방안전진단을 원활하게 수행하기 위하여 영 별표 8에 따른 진단기관이 갖춰야 하는 시설, 전문인력 및 장비를 갖춰야 한다.

② 소방관서장은 다음 각 호에 해당하는 업무를 안전원에 위탁할 수 있다.
  1. 제26조제1항에 따른 소방안전관리자 또는 소방안전관리보조자 선임신고의 접수
  2. 제26조제2항에 따른 소방안전관리자 또는 소방안전관리보조자 해임 사실의 확인
  3. 제29조제1항에 따른 건설현장 소방안전관리자 선임신고의 접수
  4. 제30조제1항제1호에 따른 소방안전관리자 자격시험
  5. 제30조제2항 및 제3항에 따른 소방안전관리자 자격증의 발급 및 재발급
  6. 제33조에 따른 소방안전관리 등에 관한 종합정보망의 구축·운영
  7. 제34조에 따른 강습교육 및 실무교육
③ 제2항에 따라 위탁받은 업무에 종사하고 있거나 종사하였던 사람은 업무를 수행하면서 알게 된 비밀을 이 법에서 정한 목적 외의 용도로 사용하거나 다른 사람 또는 기관에 제공하거나 누설하여서는 아니 된다.
	제49조(고유식별정보의 처리) 소방관서장(제48조 및 법 제48조제2항에 따라 소방관서장의 권한 또는 업무를 위임받거나 위탁받은 자를 포함한다) 또는 시·도지사(해당 권한 또는 업무가 위임되거나 위탁된 경우에는 그 권한 또는 업무를 위임받거나 위탁받은 자를 포함한다)는 다음 각 호의 사무를 수행하기 위하여 불가피한 경우 「개인정보 보호법 시행령」 제19조제1호 또는 제4호에 따른 주민등록번호 또는 외국인등록번호가 포함된 자료를 처리할 수 있다. <개정 2023. 1. 3.>
	  1. 법 제7조 및 제8조에 따른 화재안전조사에 관한 사무
	  2. 법 제14조에 따른 화재안전조사 결과에 따른 조치명령에 관한 사무
	  3. 법 제15조에 따른 손실보상에 관한 사무
	  4. 법 제17조에 따른 화재의 예방조치 등에 관한 사무
	  5. 법 제19조에 따른 화재의 예방 등에 대한 지원에 관한 사무
	  6. 법 제23조에 따른 화재안전취약자 지원에 관한 사무
	  7. 법 제24조, 제26조, 제28조 및 제29조에 따른 소방안전관리자, 소방안전관리보조자 및 건설현장 소방안전관리자의 선임신고 등에 관한 사무
	  8. 법 제30조에 따른 소방안전관리자 자격증의 발급·재발급 및 법 제31조에 따른 자격의 정지·취소에 관한 사무
	  9. 법 제32조에 따른 소방안전관리자 자격시험에 관한 사무
	  10. 법 제33조에 따른 소방안전관리 등에 관한 종합정보망의 구축·운영에 관한 사무
	  11. 법 제34조에 따른 소방안전관리자 등에 대한 교육에 관한 사무
	  12. 법 제42조에 따른 화재예방안전진단기관의 지정 및 취소
	  13. 법 제44조에 따른 우수 소방대상물 관계인에 대한 포상 등에 관한 사무
	  14. 법 제45조에 따른 조치명령등의 기간연장에 관한 사무
	  15. 법 제46조에 따른 청문에 관한 사무
	  16. 법 제47조에 따른 수수료 징수에 관한 사무
		② 안전원은 법 제48조제2항제7호에 따른 업무를 위탁받은 경우 별표 10의 시설기준을 갖춰야 한다.

제49조(벌칙 적용에서 공무원 의제) 다음 각 호의 어느 하나에 해당하는 자 중 공무원이 아닌 사람은 「형법」 제129조부터 제132조까지의 규정을 적용할 때에는 공무원으로 본다.
  1. 제9조에 따른 화재안전조사단의 구성원
  2. 제10조에 따른 화재안전조사위원회의 위원
  3. 제11조에 따라 화재안전조사에 참여하는 자
  4. 제22조에 따른 화재안전영향평가심의회 위원
  5. 제41조제1항에 따른 화재예방안전진단업무 수행 기관의 임원 및 직원
  6. 제48조제2항에 따라 위탁받은 업무에 종사하는 안전원의 담당 임원 및 직원		

제8장 벌칙		
제50조(벌칙) ① 다음 각 호의 어느 하나에 해당하는 자는 3년 이하의 징역 또는 3천만원		

이하의 벌금에 처한다. 1. 제14조제1항 및 제2항에 따른 조치명령을 정당한 사유 없이 위반한 자 2. 제28조제1항 및 제2항에 따른 명령을 정당한 사유 없이 위반한 자 3. 제41조제5항에 따른 보수·보강 등의 조치명령을 정당한 사유 없이 위반한 자 4. 거짓이나 그 밖의 부정한 방법으로 제42조제1항에 따른 진단기관으로 지정을 받은 자 ② 다음 각 호의 어느 하나이 해당하는 자는 1년 이하의 징역 또는 1천만원 이하의 벌금에 처한다. 1. 제12조제2항을 위반하여 관계인의 정당한 업무를 방해하거나, 조사업무를 수행하면서 취득한 자료나 알게 된 비밀을 다른 사람 또는 기관에게 제공 또는 누설하거나 목적 외의 용도로 사용한 자 2. 제30조제4항을 위반하여 자격증을 다른 사람에게 빌려 주거나 빌티거나 이를 알선한 자 3. 제41조제1항을 위반하여 진단기관으로부터 화재예방안전진단을 받지 아니한 자 ③ 다음 각 호의 어느 하나에 해당하는 자는 300만원 이하의 벌금에 처한다. 1. 제7조제1항에 따른 화재안전조사를 정당한 사유 없이 거부·방해 또는 기피한 자 2. 제17조제2항 각 호의 어느 하나에 따른 명령을 정당한 사유 없이 따르지 아니하거나 방해한 자 3. 제24조제1항·제3항, 제29조제1항 및 제35조제1항·제2항을 위반하여 소방안전관리자, 총괄소방안전관리자 또는 소방안전관리보조자를 선임하지 아니한 자 4. 제27조제3항을 위반하여 소방시설·피난시설·방화시설 및 방화구획 등이 법령에 위반된 것을 발견하였음에도 필요한 조치를 할 것을 요구하지 아니한 소방안전관리자 5. 제27조제4항을 위반하여 소방안전관리자에게 불이익한 처우를 한 관계인 6. 제41조제6항 및 제48조제3항을 위반하여 업무를 수행하면서 알게 된 비밀을 이 법에서 정한 목적 외의 용도로 사용하거나 다른 사람 또는 기관에 제공하거나 누설한 자		
제51조(양벌규정) 법인의 대표자나 법인 또는 개인의 대리인, 사용인, 그 밖의 종업원이 그 법인 또는 개인의 업무에 관하여 제50조에 해당하는 위반행위를 하던 그 행위자를 벌하는 외에 그 법인 또는 개인에게도 해당 조문의 벌금형을 과(科)한다. 다만, 법인 또는 개인이 그 위반행위를 방지하기 위하여 해당 업무에 관하여 상당한 주의와 감독을 게을리하지 아니한 경우에는 그러하지 아니하다.		
제52조(과태료) ① 다음 각 호의 어느 하나에 해당하는 자에게는 300만원 이하의 과태료를 부과한다. 1. 정당한 사유 없이 제17조제1항 각 호의 어느 하나에 해당하는 행위를 한 자	**제51조(과태료의 부과기준)** 법 제52조제1항부터 제3항까지의 규정에 따른 과태료의 부과기준은 별표 9와 같다.	

2. 제24조제2항을 위반하여 소방안전관리자를 겸한 자 3. 제24조제5항에 따른 소방안전관리업무를 하지 아니한 특정소방대상물의 관계인 또는 소방안전관리대상물의 소방안전관리자 4. 제27조제2항을 위반하여 소방안전관리업무의 지도·감독을 하지 아니한 자 5. 제29조제2항에 따른 건설현장 소방안전관리대상물의 소방안전관리자의 업무를 하지 아니한 소방안전관리자 6. 제36조제3항을 위반하여 피난유도 안내정보를 제공하지 아니한 자 7. 제37조제1항을 위반하여 소방훈련 및 교육을 하지 아니한 자 8. 제41조제4항을 위반하여 화재예방안전진단 결과를 제출하지 아니한 자 ② 다음 각 호의 어느 하나에 해당하는 자에게는 200만원 이하의 과태료를 부과한다. 1. 제17조제4항에 따른 불을 사용할 때 지켜야 하는 사항 및 같은 조 제5항에 따른 특수가연물의 저장 및 취급 기준을 위반한 자 2. 제18조제4항에 따른 소방설비등의 설치 명령을 정당한 사유 없이 따르지 아니한 자 3. 제26조제1항을 위반하여 기간 내에 선임신고를 하지 아니하거나 소방안전관리자의 성명 등을 게시하지 아니한 자 4. 제29조제1항을 위반하여 기간 내에 선임신고를 하지 아니한 자 5. 제37조제2항을 위반하여 기간 내에 소방훈련 및 교육 결과를 제출하지 아니한 자 ③ 제34조제1항제2호를 위반하여 실무교육을 받지 아니한 소방안전관리자 및 소방안전관리보조자에게는 100만원 이하의 과태료를 부과한다. ④ 제1항부터 제3항까지에 따른 과태료는 대통령령으로 정하는 바에 따라 소방청장, 시·도지사, 소방본부장 또는 소방서장이 부과·징수한다.		

■ 시행령 [별표 1] 보일러 등의 설비 또는 기구 등의 위치·구조 및 관리와 화재예방을 위하여 불을 사용할 때 지켜야 하는 사항(제18조제2항 관련)

1. 보일러
   가. 가연성 벽·바닥 또는 천장과 접촉하는 증기기관 또는 연통의 부분은 규조토 등 난연성 또는 불연성 단열재로 덮어씌워야 한다.
   나. 경유·등유 등 액체연료를 사용할 때에는 다음 사항을 지켜야 한다.
      1) 연료탱크는 보일러 본체로부터 수평거리 1미터 이상의 간격을 두어 설치할 것
      2) 연료탱크에는 화재 등 긴급상황이 발생하는 경우 연료를 차단할 수 있는 개폐밸브를 연료탱크로부터 0.5미터 이내에 설치할 것
      3) 연료탱크 또는 보일러 등에 연료를 공급하는 배관에는 여과장치를 설치할 것
      4) 사용이 허용된 연료 외의 것을 사용하지 않을 것
      5) 연료탱크가 넘어지지 않도록 받침대를 설치하고, 연료탱크 및 연료탱크 받침대는 「건축법 시행령」 제2조제10호에 따른 불연재료(이하 "불연재료"라 한다)로 할 것
   다. 기체연료를 사용할 때에는 다음 사항을 지켜야 한다.
      1) 보일러를 설치하는 장소에는 환기구를 설치하는 등 가연성 가스가 머무르지 않도록 할 것
      2) 연료를 공급하는 배관은 금속관으로 할 것
      3) 화재 등 긴급 시 연료를 차단할 수 있는 개폐밸브를 연료용기 등으로부터 0.5미터 이내에 설치할 것
      4) 보일러가 설치된 장소에는 가스누설경보기를 설치할 것
   라. 화목(火木) 등 고체연료를 사용할 때에는 다음 사항을 지켜야 한다.
      1) 고체연료는 보일러 본체와 수평거리 2미터 이상 간격을 두어 보관하거나 불연재료로 된 별도의 구획된 공간에 보관할 것
      2) 연통은 천장으로부터 0.6미터 떨어지고, 연통의 배출구는 건물 밖으로 0.6미터 이상 나오도록 설치할 것
      3) 연통의 배출구는 보일러 본체보다 2미터 이상 높게 설치할 것
      4) 연통이 관통하는 벽면, 지붕 등은 불연재료로 처리할 것
      5) 연통재질은 불연재료로 사용하고 연결부에 청소구를 설치할 것
   마. 보일러 본체와 벽·천장 사이의 거리는 0.6미터 이상이어야 한다.
   바. 보일러를 실내에 설치하는 경우에는 콘크리트바닥 또는 금속 외의 불연재료로 된 바닥 위에 설치해야 한다.

2. 난로
   가. 연통은 천장으로부터 0.6미터 이상 떨어지고, 연통의 배출구는 건물 밖으로 0.6미터 이상 나오게 설치해야 한다.
   나. 가연성 벽·바닥 또는 천장과 접촉하는 연통의 부분은 규조토 등 난연성 또는 불연성의 단열재로 덮어씌워야 한다.
   다. 이동식난로는 다음의 장소에서 사용해서는 안 된다. 다만, 난로가 쓰러지지 않도록 받침대를 두어 고정시키거나 쓰러지는 경우 즉시 소화되고 연료의 누출을 차단할 수 있는 장치가 부착된 경우에는 그렇지 않다.
      1) 「다중이용업소의 안전관리에 관한 특별법」 제2조제1항제4호에 따른 다중이용업소
      2) 「학원의 설립·운영 및 과외교습에 관한 법률」 제2조제1호에 따른 학원
      3) 「학원의 설립·운영 및 과외교습에 관한 법률 시행령」 제2조제1항제4호에 따른 독서실
      4) 「공중위생관리법」 제2조제1항제2호에 따른 숙박업, 같은 항 제3호에 따른 목욕장업 및 같은 항 제6호에 따른 세탁업의 영업장
      5) 「의료법」 제3조제2항제1호에 따른 의원·치과의원·한의원, 같은 항 제2호에 따른 조산원 및 같은 항 제3호에 따른 병원·치과병원·한방병원·요양병원·정신병원·종합병원
      6) 「식품위생법 시행령」 제21조제8호에 따른 식품접객업의 영업장
      7) 「영화 및 비디오물의 진흥에 관한 법률」 제2조제10호에 따른 영화상영관
      8) 「공연법」 제2조제4호에 따른 공연장
      9) 「박물관 및 미술관 진흥법」 제2조제1호에 따른 박물관 및 같은 조 제2호에 따른 미술관
      10) 「유통산업발전법」 제2조제7호에 따른 상점가
      11) 「건축법」 제20조에 따른 가설건축물
      12) 역·터미널

3. 건조설비

가. 건조설비와 벽ㆍ천장 사이의 거리는 0.5미터 이상이어야 한다.

나. 건조물품이 열원과 직접 접촉하지 않도록 해야 한다.

다. 실내에 설치하는 경우에 벽ㆍ천장 및 바닥은 불연재료로 해야 한다.

4. 가스ㆍ전기시설

가. 가스시설의 경우 「고압가스 안전관리법」, 「도시가스사업법」 및 「액화석유가스의 안전관리 및 사업법」에서 정하는 바에 따른다.

나. 전기시설의 경우 「전기사업법」 및 「전기안전관리법」에서 정하는 바에 따른다.

5. 불꽃을 사용하는 용접ㆍ용단 기구

용접 또는 용단 작업장에서는 다음 각 목의 사항을 지켜야 한다. 다만, 「산업안전보건법」 제38조의 적용을 받는 사업장에는 적용하지 않는다.

가. 용접 또는 용단 작업장 주변 반경 5미터 이내에 소화기를 갖추어 둘 것

나. 용접 또는 용단 작업장 주변 반경 10미터 이내에는 가연물을 쌓아두거나 놓아두지 말 것. 다만, 가연물의 제거가 곤란하여 방화포 등으로 방호조치를 한 경우는 제외한다.

6. 노ㆍ화덕설비

가. 실내에 설치하는 경우에는 흙바닥 또는 금속 외의 불연재료로 된 바닥에 설치해야 한다.

나. 노 또는 화덕을 설치하는 장소의 벽ㆍ천장은 불연재료로 된 것이어야 한다.

다. 노 또는 화덕의 주위에는 녹는 물질이 확산되지 않도록 높이 0.1미터 이상의 턱을 설치해야 한다.

라. 시간당 열량이 30만킬로칼로리 이상인 노를 설치하는 경우에는 다음의 사항을 지켜야 한다.

　1) 「건축법」 제2조제1항제7호에 따른 주요구조부(이하 "주요구조부" 라 한다)는 불연재료 이상으로 할 것

　2) 창문과 출입구는 「건축법 시행령」 제64조에 따른 60분+ 방화문 또는 60분 방화문으로 설치할 것

　3) 노 주위에는 1미터 이상 공간을 확보할 것

7. 음식조리를 위하여 설치하는 설비

「식품위생법 시행령」 제21조제8호에 따른 식품접객업 중 일반음식점 주방에서 조리를 위하여 불을 사용하는 설비를 설치하는 경우에는 다음 각 목의 사항을 지켜야 한다.

가. 주방설비에 부속된 배출덕트(공기 배출통로)는 0.5밀리미터 이상의 아연도금강판 또는 이와 같거나 그 이상의 내식성 불연재료로 설치할 것

나. 주방시설에는 동물 또는 식물의 기름을 제거할 수 있는 필터 등을 설치할 것

다. 열을 발생하는 조리기구는 반자 또는 선반으로부터 0.6미터 이상 떨어지게 할 것

라. 열을 발생하는 조리기구로부터 0.15미터 이내의 거리에 있는 가연성 주요구조부는 단열성이 있는 불연재료로 덮어 씌울 것

비고

1. "보일러" 란 사업장 또는 영업장 등에서 사용하는 것을 말하며, 주택에서 사용하는 가정용 보일러는 제외한다.

2. "건조설비" 란 산업용 건조설비를 말하며, 주택에서 사용하는 건조설비는 제외한다.

3. "노ㆍ화덕설비" 란 제조업ㆍ가공업에서 사용되는 것을 말하며, 주택에서 조리용도로 사용되는 화덕은 제외한다.

4. 보일러, 난로, 건조설비, 불꽃을 사용하는 용접ㆍ용단기구 및 노ㆍ화덕설비가 설치된 장소에는 소화기 1개 이상을 갖추어 두어야 한다.

■ 시행령 [별표 2] 특수가연물(제19조제1항 관련)

품명		수량
면화류		200킬로그램 이상
나무껍질 및 대팻밥		400킬로그램 이상
넝마 및 종이부스러기		1,000킬로그램 이상
사류(絲類)		1,000킬로그램 이상
볏짚류		1,000킬로그램 이상
가연성 고체류		3,000킬로그램 이상
석탄·목탄류		10,000킬로그램 이상
가연성 액체류		2세제곱미터 이상
목재가공품 및 나무부스러기		10세제곱미터 이상
고무류·플라스틱류	발포시킨 것	20세제곱미터 이상
	그 밖의 것	3,000킬로그램 이상

비고

1. "면화류"란 불연성 또는 난연성이 아닌 면상(綿狀) 또는 팽이모양의 섬유와 마사(麻絲) 원료를 말한다.

2. 넝마 및 종이부스러기는 불연성 또는 난연성이 아닌 것(동물 또는 식물의 기름이 깊이 스며들어 있는 옷감·종이 및 이들의 제품을 포함한다)으로 한정한다.

3. "사류"란 불연성 또는 난연성이 아닌 실(실부스러기와 솜털을 포함한다)과 누에고치를 말한다.

4. "볏짚류"란 마른 볏짚·북데기와 이들의 제품 및 건초를 말한다. 다만, 축산용도로 사용하는 것은 제외한다.

5. "가연성 고체류"란 고체로서 다음 각 목에 해당하는 것을 말한다.

　가. 인화점이 섭씨 40도 이상 100도 미만인 것

　나. 인화점이 섭씨 100도 이상 200도 미만이고, 연소열량이 1그램당 8킬로칼로리 이상인 것

　다. 인화점이 섭씨 200도 이상이고 연소열량이 1그램당 8킬로칼로리 이상인 것으로서 녹는점(융점)이 100도 미만인 것

　라. 1기압과 섭씨 20도 초과 40도 이하에서 액상인 것으로서 인화점이 섭씨 70도 이상 섭씨 200도 미만이거나 나목 또는 다목에 해당하는 것

6. 석탄·목탄류에는 코크스, 석탄가루를 물에 갠 것, 마세크탄(조개탄), 연탄, 석유코크스, 활성탄 및 이와 유사한 것을 포함한다.

7. "가연성 액체류"란 다음 각 목의 것을 말한다.

　가. 1기압과 섭씨 20도 이하에서 액상인 것으로서 가연성 액체량이 40중량퍼센트 이하이면서 인화점이 섭씨 40도 이상 섭씨 70도 미만이고 연소점이 섭씨 60도 이상인 것

　나. 1기압과 섭씨 20도에서 액상인 것으로서 가연성 액체량이 40중량퍼센트 이하이고 인화점이 섭씨 70도 이상 섭씨 250도 미만인 것

　다. 동물의 기름과 살코기 또는 식물의 씨나 과일의 살에서 추출한 것으로서 다음의 어느 하나에 해당하는 것

　　1) 1기압과 섭씨 20도에서 액상이고 인화점이 250도 미만인 것으로서 「위험물안전관리법」 제20조제1항에 따른 용기기준과 수납·저장기준에 적합하고 용기외부에 물품명·수량 및 "화기엄금" 등의 표시를 한 것

　　2) 1기압과 섭씨 20도에서 액상이고 인화점이 섭씨 250도 이상인 것

8. "고무류·플라스틱류"란 불연성 또는 난연성이 아닌 고체의 합성수지제품, 합성수지반제품, 원료합성수지 및 합성수지 부스러기(불연성 또는 난연성이 아닌 고무제품, 고무반제품, 원료고무 및 고무 부스러기를 포함한다)를 말한다. 다만, 합성수지의 섬유·옷감·종이 및 실과 이들의 넝마와 부스러기는 제외한다.

1. 특수가연물의 저장·취급 기준

특수가연물은 다음 각 목의 기준에 따라 쌓아 저장해야 한다. 다만, 석탄·목탄류를 발전용(發電用)으로 저장하는 경우는 제외한다.

가. 품명별로 구분하여 쌓을 것

나. 다음의 기준에 맞게 쌓을 것

구분	살수설비를 설치하거나 방사능력 범위에 해당 특수가연물이 포함되도록 대형수동식소화기를 설치하는 경우	그 밖의 경우
높이	15미터 이하	10미터 이하
쌓는 부분의 바닥면적	200제곱미터(석탄·목탄류의 경우에는 300제곱미터) 이하	50제곱미터(석탄·목탄류의 경우에는 200제곱미터) 이하

다. 실외에 쌓아 저장하는 경우 쌓는 부분이 대지경계선, 도로 및 인접 건축물과 최소 6미터 이상 간격을 둘 것. 다만, 쌓는 높이보다 0.9미터 이상 높은 「건축법 시행령」 제2조제7호에 따른 내화구조(이하 "내화구조"라 한다) 벽체를 설치한 경우는 그렇지 않다.

라. 실내에 쌓아 저장하는 경우 주요구조부는 내화구조이면서 불연재료여야 하고, 다른 종류의 특수가연물과 같은 공간에 보관하지 않을 것. 다만, 내화구조의 벽으로 분리하는 경우는 그렇지 않다.

마. 쌓는 부분 바닥면적의 사이는 실내의 경우 1.2미터 또는 쌓는 높이의 1/2 중 큰 값 이상으로 간격을 두어야 하며, 실외의 경우 3미터 또는 쌓는 높이 중 큰 값 이상으로 간격을 둘 것

2. 특수가연물 표지

가. 특수가연물을 저장 또는 취급하는 장소에는 품명, 최대저장수량, 단위부피당 질량 또는 단위체적당 질량, 관리책임자 성명·직책, 연락처 및 화기취급의 금지표시가 포함된 특수가연물 표지를 설치해야 한다.

나. 특수가연물 표지의 규격은 다음과 같다.

특수가연물	
화기엄금	
품 명	합성수지류
최대저장수량 (배수)	000톤(00배)
단위부피당 질량 (단위체적당 질량)	000kg/㎥
관리책임자 (직 책)	홍길동 팀장
연락처	02-000-0000

1) 특수가연물 표지는 한 변의 길이가 0.3미터 이상, 다른 한 변의 길이가 0.6미터 이상인 직사각형으로 할 것

2) 특수가연물 표지의 바탕은 흰색으로, 문자는 검은색으로 할 것. 다만, "화기엄금" 표시 부분은 제외한다.

3) 특수가연물 표지 중 화기엄금 표시 부분의 바탕은 붉은색으로, 문자는 백색으로 할 것

다. 특수가연물 표지는 특수가연물을 저장하거나 취급하는 장소 중 보기 쉬운 곳에 설치해야 한다.

■ **시행령 [별표 4]** 소방안전관리자를 선임해야 하는 소방안전관리대상물의 범위와 소방안전관리자의 선임 대상별 자격 및 인원기준(제25조제1항 관련) 〈개정 2024. 5. 7.〉

1. 특급 소방안전관리대상물

가. 특급 소방안전관리대상물의 범위

「소방시설 설치 및 관리에 관한 법률 시행령」 별표 2의 특정소방대상물 중 다음의 어느 하나에 해당하는 것

1) 50층 이상(지하층은 제외한다)이거나 지상으로부터 높이가 200미터 이상인 아파트

2) 30층 이상(지하층을 포함한다)이거나 지상으로부터 높이가 120미터 이상인 특정소방대상물(아파트는 제외한다)

3) 2)에 해당하지 않는 특정소방대상물로서 연면적이 10만제곱미터 이상인 특정소방대상물(아파트는 제외한다)

나. 특급 소방안전관리대상물에 선임해야 하는 소방안전관리자의 자격

다음의 어느 하나에 해당하는 사람으로서 특급 소방안전관리자 자격증을 발급받은 사람

1) 소방기술사 또는 소방시설관리사의 자격이 있는 사람

2) 소방설비기사의 자격을 취득한 후 5년 이상 1급 소방안전관리대상물의 소방안전관리자로 근무한 실무경력(법 제24조제3항에 따라 소방안전관리자로 선임되어 근무한 경력은 제외한다. 이하 이 표에서 같다)이 있는 사람

3) 소방설비산업기사의 자격을 취득한 후 7년 이상 1급 소방안전관리대상물의 소방안전관리자로 근무한 실무경력이 있는 사람

4) 소방공무원으로 20년 이상 근무한 경력이 있는 사람

5) 소방청장이 실시하는 특급 소방안전관리대상물의 소방안전관리에 관한 시험에 합격한 사람

다. 선임인원: 1명 이상

2. 1급 소방안전관리대상물

가. 1급 소방안전관리대상물의 범위

「소방시설 설치 및 관리에 관한 법률 시행령」 별표 2의 특정소방대상물 중 다음의 어느 하나에 해당하는 것(제1호에 따른 특급 소방안전관리대상물은 제외한다)

1) 30층 이상(지하층은 제외한다)이거나 지상으로부터 높이가 120미터 이상인 아파트

2) 연면적 1만5천제곱미터 이상인 특정소방대상물(아파트 및 연립주택은 제외한다)

3) 2)에 해당하지 않는 특정소방대상물로서 지상층의 층수가 11층 이상인 특정소방대상물(아파트는 제외한다)

4) 가연성 가스를 1천톤 이상 저장ㆍ취급하는 시설

나. 1급 소방안전관리대상물에 선임해야 하는 소방안전관리자의 자격

다음의 어느 하나에 해당하는 사람으로서 1급 소방안전관리자 자격증을 발급받은 사람 또는 제1호에 따른 특급 소방안전관리대상물의 소방안전관리자 자격증을 발급받은 사람

1) 소방설비기사 또는 소방설비산업기사의 자격이 있는 사람

2) 소방공무원으로 7년 이상 근무한 경력이 있는 사람

3) 소방청장이 실시하는 1급 소방안전관리대상물의 소방안전관리에 관한 시험에 합격한 사람

다. 선임인원: 1명 이상

3. 2급 소방안전관리대상물

가. 2급 소방안전관리대상물의 범위

「소방시설 설치 및 관리에 관한 법률 시행령」 별표 2의 특정소방대상물 중 다음의 어느 하나에 해당하는 것(제1호에 따른 특급 소방안전관리대상물 및 제2호에 따른 1급 소방안전관리대상물은 제외한다)

1) 「소방시설 설치 및 관리에 관한 법률 시행령」 별표 4 제1호다목에 따라 옥내소화전설비를 설치해야 하는 특정소방대상물, 같은 호 라목에 따라 스프링클러설비를 설치해야 하는 특정소방대상물 또는 같은 호 바목에 따라 물분무등소화설비[화재안전기준에 따라 호스릴(hose reel) 방식의 물분무등소화설비만을 설치할 수 있는 특정소방대상물은 제외한다]를 설치해야 하는 특정소방대상물

2) 가스 제조설비를 갖추고 도시가스사업의 허가를 받아야 하는 시설 또는 가연성 가스를 100톤 이상 1천톤 미만 저장ㆍ취급하는 시설

3) 지하구

4) 「공동주택관리법」 제2조제1항제2호의 어느 하나에 해당하는 공동주택(「소방시설 설치 및 관리에 관한 법률 시행령」 별표 4 제1호다목 또는 라목에 따른 옥내소화전설비 또는 스프링클러설비가 설치된 공동주택으로 한정한다)

5) 「문화유산의 보존 및 활용에 관한 법률」 제23조에 따라 보물 또는 국보로 지정된 목조건축물

　　나. 2급 소방안전관리대상물에 선임해야 하는 소방안전관리자의 자격

　　　다음의 어느 하나에 해당하는 사람으로서 2급 소방안전관리자 자격증을 발급받은 사람, 제1호에 따른 특급 소방안전관리대상물 또는 제2호에 따른 1급 소방안전관리대상물의 소방안전관리자 자격증을 발급받은 사람

　　　1) 위험물기능장ㆍ위험물산업기사 또는 위험물기능사 자격이 있는 사람

　　　2) 소방공무원으로 3년 이상 근무한 경력이 있는 사람

　　　3) 소방청장이 실시하는 2급 소방안전관리대상물의 소방안전관리에 관한 시험에 합격한 사람

　　　4)「기업활동 규제완화에 관한 특별조치법」제29조, 제30조 및 제32조에 따라 소방안전관리자로 선임된 사람(소방안전관리자로 선임된 기간으로 한정한다)

　　다. 선임인원: 1명 이상

4. 3급 소방안전관리대상물

　　가. 3급 소방안전관리대상물의 범위

　　　「소방시설 설치 및 관리에 관한 법률 시행령」별표 2의 특정소방대상물 중 다음의 어느 하나에 해당하는 것(제1호에 따른 특급 소방안전관리대상물, 제2호에 따른 1급 소방안전관리대상물 및 제3호에 따른 2급 소방안전관리대상물은 제외한다)

　　　1)「소방시설 설치 및 관리에 관한 법률 시행령」별표 4 제1호마목에 따라 간이스프링클러설비(주택전용 간이스프링클러설비는 제외한다)를 설치해야 하는 특정소방대상물

　　　2)「소방시설 설치 및 관리에 관한 법률 시행령」별표 4 제2호다목에 따른 자동화재탐지설비를 설치해야 하는 특정소방대상물

　　나. 3급 소방안전관리대상물에 선임해야 하는 소방안전관리자의 자격

　　　다음의 어느 하나에 해당하는 사람으로서 3급 소방안전관리자 자격증을 발급받은 사람 또는 제1호부터 제3호까지의 규정에 따라 특급 소방안전관리대상물, 1급 소방안전관리대상물 또는 2급 소방안전관리대상물의 소방안전관리자 자격증을 발급받은 사람

　　　1) 소방공무원으로 1년 이상 근무한 경력이 있는 사람

　　　2) 소방청장이 실시하는 3급 소방안전관리대상물의 소방안전관리에 관한 시험에 합격한 사람

　　　3)「기업활동 규제완화에 관한 특별조치법」제29조, 제30조 및 제32조에 따라 소방안전관리자로 선임된 사람(소방안전관리자로 선임된 기간으로 한정한다)

　　다. 선임인원: 1명 이상

비고

1. 동ㆍ식물원, 철강 등 불연성 물품을 저장ㆍ취급하는 창고, 위험물 저장 및 처리 시설 중 제조소등과 지하구는 특급 소방안전관리대상물 및 1급 소방안전관리대상물에서 제외한다.

2. 이 표 제1호에 따른 특급 소방안전관리대상물에 선임해야 하는 소방안전관리자의 자격을 산정할 때에는 동일한 기간에 수행한 경력이 두 가지 이상의 자격기준에 해당하는 경우 하나의 자격기준에 대해서만 그 기간을 인정하고 기간이 중복되지 않는 소방안전관리자 실무경력의 경우에는 각각의 기간을 실무경력으로 인정한다. 이 경우 자격기준별 실무경력 기간을 해당 실무경력 기준기간으로 나누어 합한 값이 1 이상이면 선임자격을 갖춘 것으로 본다.

■ **시행령 [별표 5] 소방안전관리보조자를 선임해야 하는 소방안전관리대상물의 범위와 선임 대상별 자격 및 인원기준**(제25조제2항 관련)

1. 소방안전관리보조자를 선임해야 하는 소방안전관리대상물의 범위

별표 4에 따라 소방안전관리자를 선임해야 하는 소방안전관리대상물 중 다음 각 목의 어느 하나에 해당하는 소방안전관리대상물

가. 「건축법 시행령」 별표 1 제2호가목에 따른 아파트 중 300세대 이상인 아파트

나. 연면적이 1만5천제곱미터 이상인 특정소방대상물(아파트 및 연립주택은 제외한다)

다. 가목 및 나목에 따른 특정소방대상물을 제외한 특정소방대상물 중 다음의 어느 하나에 해당하는 특정소방대상물

   1) 공동주택 중 기숙사

   2) 의료시설

   3) 노유자 시설

   4) 수련시설

   5) 숙박시설(숙박시설로 사용되는 바닥면적의 합계가 1천500제곱미터 미만이고 관계인이 24시간 상시 근무하고 있는 숙박시설은 제외한다)

2. 소방안전관리보조자의 자격

가. 별표 4에 따른 특급 소방안전관리대상물, 1급 소방안전관리대상물, 2급 소방안전관리대상물 또는 3급 소방안전관리대상물의 소방안전관리자 자격이 있는 사람

나. 「국가기술자격법」 제2조제3호에 따른 국가기술자격의 직무분야 중 건축, 기계제작, 기계장비설비·설치, 화공, 위험물, 전기, 전자 및 안전관리에 해당하는 국가기술자격이 있는 사람

다. 「공공기관의 소방안전관리에 관한 규정」 제5조제1항제2호나목에 따른 강습교육을 수료한 사람

라. 법 제34조제1항제1호에 따른 강습교육 중 이 영 제33조제1호부터 제4호까지에 해당하는 사람을 대상으로 하는 강습교육을 수료한 사람

마. 소방안전관리대상물에서 소방안전 관련 업무에 2년 이상 근무한 경력이 있는 사람

3. 선임인원

가. 제1호가목에 따른 소방안전관리대상물의 경우에는 1명. 다만, 초과되는 300세대마다 1명 이상을 추가로 선임해야 한다.

나. 제1호나목에 따른 소방안전관리대상물의 경우에는 1명. 다만, 초과되는 연면적 1만5천제곱미터(특정소방대상물의 방재실에 자위소방대가 24시간 상시 근무하고 「소방장비관리법 시행령」 별표 1 제1호가목에 따른 소방자동차 중 소방펌프차, 소방물탱크차, 소방화학차 또는 무인방수차를 운용하는 경우에는 3만제곱미터로 한다)마다 1명 이상을 추가로 선임해야 한다.

다. 제1호다목에 따른 소방안전관리대상물의 경우에는 1명. 다만, 해당 특정소방대상물이 소재하는 지역을 관할하는 소방서장이 야간이나 휴일에 해당 특정소방대상물이 이용되지 않는다는 것을 확인한 경우에는 소방안전관리보조자를 선임하지 않을 수 있다.

■ 시행령」[별표 6] 소방안전관리자 자격시험에 응시할 수 있는 사람의 자격(제31조 관련)

1. 특급 소방안전관리자
   가. 1급 소방안전관리대상물의 소방안전관리자로 5년(소방설비기사의 경우에는 자격 취득 후 2년, 소방설비산업기사의 경우에는 자격 취득 후 3년) 이상 근무한 실무경력(법 제24조제3항에 따라 소방안전관리자로 선임되어 근무한 경력은 제외한다. 이하 이 표에서 같다)이 있는 사람
   나. 1급 소방안전관리대상물의 소방안전관리자로 선임될 수 있는 자격을 갖춘 후 특급 또는 1급 소방안전관리대상물의 소방안전관리보조자로 7년 이상 근무한 실무경력이 있는 사람
   다. 소방공무원으로 10년 이상 근무한 경력이 있는 사람
   라. 「고등교육법」 제2조제1호부터 제6호까지 규정 중 어느 하나에 해당하는 학교(이하 "대학" 이라 한다) 또는 「초ㆍ중등교육법 시행령」 제90조제1항제10호 및 제91조에 따른 고등학교(이하 "고등학교" 라 한다)에서 소방안전관리학과(소방청장이 정하여 고시하는 학과를 말한다. 이하 이 표에서 같다)를 전공하고 졸업한 사람(법령에 따라 이와 같은 수준의 학력이 있다고 인정되는 사람을 포함한다)으로서 해당 학과를 졸업한 후 2년 이상 1급 소방안전관리대상물의 소방안전관리자로 근무한 실무경력이 있는 사람
   마. 다음의 어느 하나에 해당하는 요건을 갖춘 후 3년 이상 1급 소방안전관리대상물의 소방안전관리자로 근무한 실무경력이 있는 사람
      1) 대학 또는 고등학교에서 소방안전 관련 교과목(소방청장이 정하여 고시하는 교과목을 말한다. 이하 이 표에서 같다)을 12학점 이상 이수하고 졸업한 사람
      2) 법령에 따라 1)에 해당하는 사람과 같은 수준의 학력이 있다고 인정되는 사람으로서 해당 학력 취득 과정에서 소방안전 관련 교과목을 12학점 이상 이수한 사람
      3) 대학 또는 고등학교에서 소방안전 관련 학과(소방청장이 정하여 고시하는 학과를 말한다. 이하 이 표에서 같다)를 전공하고 졸업한 사람(법령에 따라 이와 같은 수준의 학력이 있다고 인정되는 사람을 포함한다)
   바. 소방행정학(소방학 및 소방방재학을 포함한다) 또는 소방안전공학(소방방재공학 및 안전공학을 포함한다) 분야에서 석사 이상 학위를 취득한 후 2년 이상 1급 소방안전관리대상물의 소방안전관리자로 근무한 실무경력이 있는 사람
   사. 특급 소방안전관리대상물의 소방안전관리보조자로 10년 이상 근무한 실무경력이 있는 사람
   아. 법 제34조제1항제1호에 따른 강습교육 중 이 영 제33조제1호에 해당하는 사람을 대상으로 하는 강습교육을 수료한 사람
   자. 「초고층 및 지하연계 복합건축물 재난관리에 관한 특별법」 제12조제1항 각 호 외의 부분 본문에 따라 총괄재난관리자로 지정되어 1년 이상 근무한 경력이 있는 사람

2. 1급 소방안전관리자
   가. 대학 또는 고등학교에서 소방안전관리학과를 전공하고 졸업한 사람(법령에 따라 이와 같은 수준의 학력이 있다고 인정되는 사람을 포함한다)으로서 해당 학과를 졸업한 후 2년 이상 2급 소방안전관리대상물 또는 3급 소방안전관리대상물의 소방안전관리자로 근무한 실무경력이 있는 사람
   나. 다음의 어느 하나에 해당하는 요건을 갖춘 후 3년 이상 2급 소방안전관리대상물 또는 3급 소방안전관리대상물의 소방안전관리자로 근무한 실무경력이 있는 사람
      1) 대학 또는 고등학교에서 소방안전 관련 교과목을 12학점 이상 이수하고 졸업한 사람
      2) 법령에 따라 1)에 해당하는 사람과 같은 수준의 학력이 있다고 인정되는 사람으로서 해당 학력 취득 과정에서 소방안전 관련 교과목을 12학점 이상 이수한 사람
      3) 대학 또는 고등학교에서 소방안전 관련 학과를 전공하고 졸업한 사람(법령에 따라 이와 같은 수준의 학력이 있다고 인정되는 사람을 포함한다)
   다. 소방행정학(소방학 및 소방방재학을 포함한다) 또는 소방안전공학(소방방재공학 및 안전공학을 포함한다) 분야에서 석사 이상 학위를 취득한 사람
   라. 5년 이상 2급 소방안전관리대상물의 소방안전관리자로 근무한 실무경력이 있는 사람
   마. 법 제34조제1항제1호에 따른 강습교육 중 이 영 제33조제1호 및 제2호에 해당하는 사람을 대상으로 하는 강습교육을 수료한 사람
   바. 2급 소방안전관리대상물의 소방안전관리자로 선임될 수 있는 자격을 갖춘 후 특급 또는 1급 소방안전관리대상물의 소방안전관리보조자로 5년 이상 근무한 실무경력이 있는 사람

사. 2급 소방안전관리대상물의 소방안전관리자로 선임될 수 있는 자격을 갖춘 후 2급 소방안전관리대상물의 소방안전관리보조자로 7년 이상 근무한 실무경력(특급 또는 1급 소방안전관리대상물의 소방안전관리보조자로 근무한 실무경력이 있는 경우에는 이를 포함하여 합산한다)이 있는 사람

아. 산업안전기사 또는 산업안전산업기사의 자격을 취득한 후 2년 이상 2급 소방안전관리대상물 또는 3급 소방안전관리대상물의 소방안전관리자로 근무한 실무경력이 있는 사람

자. 제1호에 따라 특급 소방안전관리대상물의 소방안전관리자 시험응시 자격이 인정되는 사람

3. 2급 소방안전관리자

가. 대학 또는 고등학교에서 소방안전관리학과를 전공하고 졸업한 사람(법령에 따라 이와 같은 수준의 학력이 있다고 인정되는 사람을 포함한다)

나. 다음의 어느 하나에 해당하는 사람

  1) 대학 또는 고등학교에서 소방안전 관련 교과목을 6학점 이상 이수하고 졸업한 사람

  2) 법령에 따라 1)에 해당하는 사람과 같은 수준의 학력이 있다고 인정되는 사람으로서 해당 학력 취득 과정에서 소방안전 관련 교과목을 6학점 이상 이수한 사람

  3) 대학 또는 고등학교에서 소방안전 관련 학과를 전공하고 졸업한 사람(법령에 따라 이와 같은 수준의 학력이 있다고 인정되는 사람을 포함한다)

다. 소방본부 또는 소방서에서 1년 이상 화재진압 또는 그 보조 업무에 종사한 경력이 있는 사람

라. 「의용소방대 설치 및 운영에 관한 법률」 제3조에 따라 의용소방대원으로 임명되어 3년 이상 근무한 경력이 있는 사람

마. 군부대(주한 외국군부대를 포함한다) 및 의무소방대의 소방대원으로 1년 이상 근무한 경력이 있는 사람

바. 「위험물안전관리법」 제19조에 따른 자체소방대의 소방대원으로 3년 이상 근무한 경력이 있는 사람

사. 「대통령 등의 경호에 관한 법률」에 따른 경호공무원 또는 별정직공무원으로서 2년 이상 안전검측 업무에 종사한 경력이 있는 사람

아. 경찰공무원으로 3년 이상 근무한 경력이 있는 사람

자. 법 제34조제1항제1호에 따른 강습교육 중 이 영 제33조제1호부터 제3호까지에 해당하는 사람을 대상으로 하는 강습교육을 수료한 사람

차. 「공공기관의 소방안전관리에 관한 규정」 제5조제1항제2호나목에 따른 강습교육을 수료한 사람

카. 특급 소방안전관리대상물, 1급 소방안전관리대상물, 2급 소방안전관리대상물 또는 3급 소방안전관리대상물의 소방안전관리보조자로 3년 이상 근무한 실무경력이 있는 사람

타. 3급 소방안전관리대상물의 소방안전관리자로 2년 이상 근무한 실무경력이 있는 사람

파. 건축사ㆍ산업안전기사ㆍ산업안전산업기사ㆍ건축기사ㆍ건축산업기사ㆍ일반기계기사ㆍ전기기능장ㆍ전기기사ㆍ전기산업기사ㆍ전기공사기사ㆍ전기공사산업기사ㆍ건설안전기사 또는 건설안전산업기사 자격을 가진 사람

하. 제1호 및 제2호에 따라 특급 또는 1급 소방안전관리대상물의 소방안전관리자 시험응시 자격이 인정되는 사람

4. 3급 소방안전관리자

가. 「의용소방대 설치 및 운영에 관한 법률」 제3조에 따라 의용소방대원으로 임명되어 의용소방대원으로 2년 이상 근무한 경력이 있는 사람

나. 「위험물안전관리법」 제19조에 따른 자체소방대의 소방대원으로 1년 이상 근무한 경력이 있는 사람

다. 「대통령 등의 경호에 관한 법률」에 따른 경호공무원 또는 별정직공무원으로 1년 이상 안전검측 업무에 종사한 경력이 있는 사람

라. 경찰공무원으로 2년 이상 근무한 경력이 있는 사람

마. 법 제34조제1항제1호에 따른 강습교육 중 이 영 제33조제1호부터 제4호까지에 해당하는 사람을 대상으로 하는 강습교육을 수료한 사람

바. 「공공기관의 소방안전관리에 관한 규정」 제5조제1항제2호나목에 따른 강습교육을 수료한 사람

사. 특급 소방안전관리대상물, 1급 소방안전관리대상물, 2급 소방안전관리대상물 또는 3급 소방안전관리대상물의 소방안전관리보조자로 2년 이상 근무한 실무경력이 있는 사람

아. 제1호부터 제3호까지의 규정에 따라 특급 소방안전관리대상물, 1급 소방안전관리대상물 또는 2급 소방안전관리대상물의 소방안전관리자 시험응시 자격이 인정되는 사람

■ 시행령 [별표 7] 화재예방안전진단 결과에 따른 안전등급 기준(제44조제3항 관련)

안전등급	화재예방안전진단 대상물의 상태
우수(A)	화재예방안전진단 실시 결과 문제점이 발견되지 않은 상태
양호(B)	화재예방안전진단 실시 결과 문제점이 일부 발견되었으나 대상물의 화재안전에는 이상이 없으며 대상물 일부에 대해 법 제41조제5항에 따른 보수·보강 등의 조치명령(이하 이 표에서 "조치명령"이라 한다)이 필요한 상태
보통(C)	화재예방안전진단 실시 결과 문제점이 다수 발견되었으나 대상물의 전반적인 화재안전에는 이상이 없으며 대상물에 대한 다수의 조치명령이 필요한 상태
미흡(D)	화재예방안전진단 실시 결과 광범위한 문제점이 발견되어 대상물의 화재안전을 위해 조치명령의 즉각적인 이행이 필요하고 대상물의 사용 제한을 권고할 필요가 있는 상태
불량(E)	화재예방안전진단 실시 결과 중대한 문제점이 발견되어 대상물의 화재안전을 위해 조치명령의 즉각적인 이행이 필요하고 대상물의 사용 중단을 권고할 필요가 있는 상태

※ 비고: 안전등급의 세부적인 기준은 소방청장이 정하여 고시한다.

■ 시행령 [별표 8] 화재예방안전진단기관의 시설, 전문인력 등 지정기준(제46조 관련)

1. 시설

화재예방안전진단을 목적으로 설립된 비영리법인·단체로서 제2호에 따른 전문인력이 근무할 수 있는 사무실과 제3호에 따른 장비를 보관할 수 있는 창고를 갖출 것. 이 경우 사무실과 창고를 임차하여 사용하는 경우도 사무실과 창고를 갖춘 것으로 본다.

2. 전문인력

다음 각 목의 전문인력을 모두 갖출 것. 이 경우 전문인력은 해당 화재예방안전진단기관의 상근(「남녀고용평등과 일·가정 양립 지원에 관한 법률」 제19조의2에 따라 육아기 근로시간 단축을 하는 경우를 포함한다) 직원이어야 하며, 한 사람이 다음 각 목의 자격 요건 중 둘 이상을 충족하는 경우에도 한 명의 전문인력으로 본다.

가. 다음에 해당하는 사람
  1) 소방기술사: 1명 이상
  2) 소방시설관리사: 1명 이상
  3) 전기안전기술사·화공안전기술사·가스기술사·위험물기능장 또는 건축사: 1명 이상

나. 다음의 분야별로 각 1명 이상

분야	자격 요건
소방	1) 소방기술사 2) 소방시설관리사 3) 소방설비기사(산업기사를 포함한다) 자격 취득 후 소방 관련 업무경력이 3년(소방설비산업기사의 경우 5년) 이상인 사람
전기	1) 전기안전기술사 2) 전기기사(산업기사를 포함한다) 자격 취득 후 소방 관련 업무 경력이 3년(전기산업기사의 경우 5년) 이상인 사람
화공	1) 화공안전기술사 2) 화공기사(산업기사를 포함한다) 자격 취득 후 소방 관련 업무 경력이 3년(화공산업기사의 경우 5년) 이상인 사람
가스	1) 가스기술사 2) 가스기사(산업기사를 포함한다) 자격 취득 후 소방 관련 업무 경력이 3년(가스산업기사의 경우 5년) 이상인 사람
위험물	1) 위험물기능장 2) 위험물산업기사 자격 취득 후 소방 관련 업무 경력이 5년 이상인 사람
건축	1) 건축사 2) 건축기사(산업기사를 포함한다) 자격 취득 후 소방 관련 업무 경력이 3년(건축산업기사의 경우 5년) 이상인 사람
교육훈련	소방안전교육사

※ 비고: 소방 관련 업무 경력은 소방청장이 정하여 고시하는 기준에 따른다.

3. 장비

소방, 전기, 가스, 위험물, 건축 분야별로 행정안전부령으로 정하는 장비를 갖출 것

■ 시행령 [별표 9] 과태료의 부과기준(제51조 관련)

1. 일반기준

　가. 위반행위의 횟수에 따른 과태료의 가중된 부과기준은 최근 1년간 같은 위반행위로 과태료 부과처분을 받은 경우에 적용한다. 이 경우 기간의 계산은 위반행위에 대하여 과태료 부과처분을 받은 날과 그 처분 후 다시 같은 위반행위를 하여 적발된 날을 기준으로 한다.

　나. 가목에 따라 가중된 부과처분을 하는 경우 가중처분의 적용 차수는 그 위반행위 전 부과처분 차수(가목에 따른 기간 내에 과태료 부과처분이 둘 이상 있었던 경우에는 높은 차수를 말한다)의 다음 차수로 한다.

　다. 부과권자는 다음의 어느 하나에 해당하는 경우에는 제2호의 개별기준에 따른 과태료의 2분의 1 범위에서 그 금액을 줄여 부과할 수 있다. 다만, 과태료를 체납하고 있는 위반행위자에 대해서는 그렇지 않다.

　　1) 위반행위가 사소한 부주의나 오류로 인한 것으로 인정되는 경우

　　2) 위반행위자가 법 위반상태를 시정하거나 해소하기 위하여 노력한 사실이 인정되는 경우

　　3) 위반행위자가 처음 위반행위를 한 경우로서 3년 이상 해당 업종을 모범적으로 영위한 사실이 인정되는 경우

　　4) 위반행위자가 화재 등 재난으로 재산에 현저한 손실을 입거나 사업 여건의 악화로 그 사업이 중대한 위기에 처하는 등 사정이 있는 경우

　　5) 위반행위자가 같은 위반행위로 다른 법률에 따라 과태료·벌금·영업정지 등의 처분을 받은 경우

　　6) 그 밖에 위반행위의 정도, 위반행위의 동기와 그 결과 등을 고려하여 과태료 금액을 줄일 필요가 있다고 인정되는 경우

2. 개별기준

위반행위	근거 법조문	과태료 금액 (단위: 만원)		
		1차 위반	2차 위반	3차 이상 위반
가. 정당한 사유 없이 법 제17조제1항 각 호의 어느 하나에 해당하는 행위를 한 경우	법 제52조제1항제1호	300		
나. 법 제17조제4항에 따른 불을 사용할 때 지켜야 하는 사항 및 같은 조 제5항에 따른 특수가연물의 저장 및 취급 기준을 위반한 경우	법 제52조제2항제1호	200		
다. 법 제18조제4항에 따른 소방설비등의 설치 명령을 정당한 사유 없이 따르지 않은 경우	법 제52조제2항제2호	200		
라. 법 제24조제2항을 위반하여 소방안전관리자를 겸한 경우	법 제52조제1항제2호	300		
마. 법 제24조제5항에 따른 소방안전관리업무를 하지 않은 경우	법 제52조제1항제3호	100	200	300
바. 법 제26조제1항을 위반하여 기간 내에 선임신고를 하지 않거나 소방안전관리자의 성명 등을 게시하지 않은 경우	법 제52조제2항제3호			
1) 지연 신고기간이 1개월 미만인 경우		50		
2) 지연 신고기간이 1개월 이상 3개월 미만인 경우		100		
3) 지연 신고기간이 3개월 이상이거나 신고하지 않은 경우		200		
4) 소방안전관리자의 성명 등을 게시하지 않은 경우		50	100	200
사. 법 제27조제2항을 위반하여 소방안전관리업무의 지도·감독을 하지 않은 경우	법 제52조제1항제4호	300		
아. 법 제29조제1항을 위반하여 기간 내에 선임신고를 하지 않은 경우	법 제52조제2항제4호			
1) 지연 신고기간이 1개월 미만인 경우		50		
2) 지연 신고기간이 1개월 이상 3개월 미만인 경우		100		
3) 지연 신고기간이 3개월 이상이거나 신고하지 않은 경우		200		
자. 법 제29조제2항에 따른 건설현장 소방안전관리대상물의 소방안전관리자의 업무를 하지 않은 경우	법 제52조제1항제5호	100	200	300
차. 법 제34조제1항제2호를 위반하여 실무교육을 받지 않은 경우	법 제52조제3항	50		
카. 법 제36조제3항을 위반하여 피난유도 안내정보를 제공하지 않은 경우	법 제52조제1항제6호	100	200	300
타. 법 제37조제1항을 위반하여 소방훈련 및 교육을 하지 않은 경우	법 제52조제1항제7호	100	200	300
파. 법 제37조제2항을 위반하여 기간 내에 소방훈련 및 교육 결과를 제출하지 않은 경우	법 제52조제2항제5호			
1) 지연 제출기간이 1개월 미만인 경우		50		
2) 지연 제출기간이 1개월 이상 3개월 미만인 경우		100		
3) 지연 제출기간이 3개월 이상이거나 제출을 하지 않은 경우		200		
하. 법 제41조제4항을 위반하여 화재예방안전진단 결과를 제출하지 않은 경우	법 제52조제1항제8호			
1) 지연 제출기간이 1개월 미만인 경우		100		
2) 지연 제출기간이 1개월 이상 3개월 미만인 경우		200		
3) 지연 제출기간이 3개월 이상이거나 제출하지 않은 경우		300		

1. 업무대행 인력의 배치기준

「소방시설 설치 및 관리에 관한 법률」 제29조에 따라 소방시설관리업을 등록한 소방시설관리업자가 법 제25조제1항에 따라 영 제28조제2항 각 호의 소방안전관리업무를 대행하는 경우에는 다음 각 목에 따른 소방안전관리업무 대행인력 (이하 "대행인력" 이라 한다)을 배치해야 한다.

가. 소방안전관리대상물의 등급 및 소방시설의 종류에 따른 대행인력의 배치기준

[표 1] 소방안전관리등급 및 설치된 소방시설에 따른 대행인력의 배치 등급

소방안전관리대상물의 등급	설치된 소방시설의 종류	대행인력의 기술등급
1급 또는 2급	스프링클러설비, 물분무등소화설비 또는 제연설비	중급점검자 이상 1명 이상
	옥내소화전설비 또는 옥외소화전설비	초급점검자 이상 1명 이상
3급	자동화재탐지설비 또는 간이스프링클러설비	초급점검자 이상 1명 이상

비고
1. 소방안전관리대상물의 등급은 영 별표 4에 따른 소방안전관리대상물의 등급을 말한다.
2. 대행인력의 기술등급은 「소방시설공사업법 시행규칙」 별표 4의2에 따른 소방기술자의 자격 등급에 따른다.
3. 연면적 5천제곱미터 미만으로서 스프링클러설비가 설치된 1급 또는 2급 소방안전관리대상물의 경우에는 초급점검자를 배치할 수 있다. 다만, 스프링클러설비 외에 제연설비 또는 물분무등소화설비가 설치된 경우에는 그렇지 않다.
4. 스프링클러설비에는 화재조기진압용 스프링클러설비를 포함하고, 물분무등소화설비에는 호스릴(hose reel)방식은 제외한다.

나. 대행인력 1명의 1일 소방안전관리업무 대행 업무량은 [표 2] 및 [표 3]에 따라 산정한 배점을 합산하여 산정하며, 이 합산점수는 8점(이하 "1일 한도점수" 라 한다)을 초과할 수 없다.

[표 2] 하나의 소방안전관리대상물의 면적별 배점기준표(아파트는 제외한다)

소방안전관리대상물의 등급	연면적	대행인력 등급별 배점		
		초급점검자	중급점검자	고급점검자 이상
3급	전체	0.7		
1급 또는 2급	1,500㎡ 미만	0.8	0.7	0.6
	1,500㎡ 이상 3,000㎡ 미만	1.0	0.8	0.7
	3,000㎡ 이상 5,000㎡ 미만	1.2	1.0	0.8
	5,000㎡ 이상 10,000㎡ 이하	1.9	1.3	1.1
	10,000㎡ 초과 15,000㎡ 이하	-	1.6	1.4

비고

주상복합아파트의 경우 세대부를 제외한 연면적과 세대수에 「소방시설 설치 및 관리에 관한 법률 시행규칙」 별표 3의 종합점검 대상의 경우 32, 작동점검 대상의 경우 40을 곱하여 계산된 값을 더하여 연면적을 산정한다. 다만, 환산한 연면적이 1만5천제곱미터를 초과한 경우에는 1만5천제곱미터로 본다.

[표 3] 하나의 소방안전관리대상물 중 아파트 배점기준표

소방안전관리대상물의 등급	세대구분	대행인력 등급별 배점		
		초급점검자	중급점검자	고급점검자 이상
3급	전체	0.7		
1급 또는 2급	30세대 미만	0.8	0.7	0.6
	30세대 이상 50세대 미만	1.0	0.8	0.7
	50세대 이상 150세대 미만	1.2	1.0	0.8
	150세대 이상 300세대 미만	1.9	1.3	1.1
	300세대 이상 500세대 미만	-	1.6	1.4
	500세대 이상 1,000세대 미만	-	2.0	1.8
	1,000세대 초과	-	2.3	2.1

다. 하루에 2개 이상의 대행 업무를 수행하는 경우에는 소방안전관리대상물 간의 이동거리(좌표거리를 말한다) 5킬로미터 마다 1일 한도점수에 0.01를 곱하여 계산된 값을 1일 한도점수에서 **뺀다**. 다만, 육지와 도서지역 간에 차량 출입이 가능한 교량으로 연결되지 않은 지역 또는 소방시설관리업자가 없는 시·군 지역은 제외한다.

라. 2명 이상의 대행인력이 함께 대행업무를 수행하는 경우 [표 2] 및 [표 3]의 배점을 인원수로 나누어 적용하되, 소수점 둘째자리에서 절사한다.

마. 영 별표 4 제2호가목3)에 해당하는 1급 소방안전관리대상물은 [표 2]의 배점에 10%를 할증하여 적용한다.

2. 대행인력의 자격기준 및 점검표

가. 대행인력은 「소방시설 설치 및 관리에 관한 법률」 제29조에 따라 소방시설관리업에 등록된 기술인력을 말한다.

나. 대행인력의 기술등급은 「소방시설공사업법 시행규칙」 별표 4의2 제3호다목의 소방시설 자체점검 점검자의 기술등급 자격에 따른다.

다. 대행인력은 소방안전관리업무 대행 시 [표 4]에 따른 소방안전관리업무 대행 점검표를 작성하고 관계인에게 제출해야 한다.

[표 4] 소방안전관리업무 대행 점검표

건물명		점검일	년 월 일(요일)
주 소			
점검업체명		건물등급	급
설비명	점검결과 세부 내용		
소방시설			
피난시설			
방화시설			
방화구획			
기타			

확인자	관계인 (서명)
기술인력	대행인력의 기술등급: 대행인력: (서명)

비고

1. 소방시설 점검 시 공용부 점검을 원칙으로 한다. 다만, 단독경보형 감지기 등이 동작(오동작)한 경우에는 단독경보형 감지기 등이 동작한 장소도 점검을 실시한다.
2. 방문 시 리모델링 또는 내부 구획변경 등이 있는 경우에는 해당 부분을 점검하여 점검표에 그 결과를 기재한다.
3. 계단, 통로 등 피난통로 상에 피난에 장애가 되는 물건 등이 쌓여 있는 경우에는 즉시 이동조치 하도록 관계인에게 설명한다.
4. 방화문은 항시 닫힘 상태를 유지하거나 정상 작동될 수 있도록 관계인에게 설명한다.
5. 점검 완료 시 해당 소방안전관리자(또는 관계인)에게 점검결과를 설명하고 점검표에 기재한다.

소방안전관리자 현황표(대상명:)

이 건축물의 소방안전관리자는 다음과 같습니다.

☐ 소방안전관리자: (선임일자: 년   월   일)

☐ 소방안전관리대상물 등급: 급

☐ 소방안전관리자 근무 위치(화재 수신기 위치):

「화재의 예방 및 안전관리에 관한 법률」 제26조제1항에 따라 이 표지를 붙입니다.

소방안전관리자 연락처:

비고

이 현황표의 규격은 다음과 같이 한다. 다만, 소방안전관리대상물의 특성을 고려하여 크기, 재질, 글씨체를 정할 수 있다.

1. 크기: A3 용지(가로 420밀리미터 × 세로 297밀리미터)
2. 재질: 아트지(스티커) 또는 종이
3. 글씨체
   가. 소방안전관리자 현황표: 나눔고딕Extra Bold 46포인트(흰색)
   나. 대상명: 나눔고딕Extra Bold 35포인트(흰색)
   다. 본문 제목 및 내용: 나눔바른고딕 30포인트(검정색)
   라. 하단내용: 나눔바른고딕 24포인트(검정색)
   마. 연락처: 나눔고딕Extra Bold 30포인트(흰색)
4. 바탕색: 남색(RGB: 28,61,98), 회색(RGB: 242,242,242)

■ **시행규칙 [별표 3]** 소방안전관리자 자격의 정지 및 취소 기준(제19조 관련)

1. 일반기준

가. 위반행위가 둘 이상인 경우로서 그에 해당하는 각각의 처분기준이 다른 경우에는 그 중 무거운 처분기준에 따른다.

나. 위반행위의 횟수에 따른 행정처분 기준은 최근 3년간 같은 위반행위로 행정처분을 받은 경우에 적용한다. 이 경우 기준 적용일은 위반행위에 대한 행정처분일과 그 처분 후에 한 위반행위가 다시 적발된 날을 기준으로 한다.

다. 나목에 따라 가중된 부과처분을 하는 경우 가중처분의 적용 차수는 그 위반행위 전 부과처분 차수(나목에 따른 기간 내에 처분이 둘 이상 있었던 경우에는 높은 차수를 말한다)의 다음 차수로 한다.

라. 처분권자는 위반행위의 동기·내용·횟수 및 위반 정도 등 다음의 감경 사유에 해당하는 경우 그 처분기준의 2분의 1의 범위에서 감경할 수 있다.

  1) 위반행위가 사소한 부주의나 오류 등으로 인한 것으로 인정되는 경우

  2) 위반행위를 바로 정정하거나 시정하여 해소한 경우

  3) 그 밖에 위반행위의 정도, 위반행위의 동기와 그 결과 등을 고려하여 처분을 줄일 필요가 있다고 인정되는 경우

2. 개별기준

위반사항	근거법령	행정처분기준		
		1차 위반	2차 위반	3차 이상 위반
가. 거짓이나 그 밖의 부정한 방법으로 소방안전관리자 자격증을 발급받은 경우	법 제31조 제1항제1호	자격취소		
나. 법 제24조제5항에 따른 소방안전관리업무를 게을리한 경우	법 제31조 제1항제2호	경고 (시정명령)	자격정지 (3개월)	자격정지 (6개월)
다. 법 제30조제4항을 위반하여 소방안전관리자 자격증을 다른 사람에게 빌려준 경우	법 제31조 제1항제3호	자격취소		
라. 제34조에 따른 실무교육을 받지 않는 경우	법 제31조 제1항제4호	경고 (시정명령)	자격정지 (3개월)	자격정지 (6개월)

■ **시행규칙 [별표 4]** 소방안전관리자 자격시험 과목 및 시험방법(제23조제1항 관련) 〈개정 2025. 6. 26.〉

1. 특급 소방안전관리자

구분	과목	시험 내용	문항수	시험방법	시험시간
제1차 시험	제1과목	소방안전관리자 제도 화재통계 및 피해분석 위험물안전관리 법령 및 안전관리 직업윤리 및 리더십 소방 관계 법령 건축·전기·가스 관계 법령 및 안전관리 재난관리 일반 및 관련 법령 초고층재난관리 법령 화재예방 사례 및 홍보	50문항	선택형	120분
	제2과목	소방기초이론 연소·방화·방폭공학 고층건축물 소방시설 적용기준 공사장 안전관리 계획 및 감독 화기취급감독 및 화재위험작업 허가·관리 종합방재실 운용 고층건축물 화재 등 재난사례 및 대응방법 화재원인 조사실무 소방시설의 종류 및 기준 피난안전구역 운영 위험성 평가기법 및 성능위주 설계 화재피해 복구	50문항		
제2차 시험	제1과목	소방시설(소화·경보·피난구조·소화용수·소화활동설비)의 구조 점검·실습·평가	10문항	주관식 서술형 (단답형, 기입형 또는 계산형 문제를 포함할 수 있다)	90분
	제2과목	피난시설, 방화구획 및 방화시설의 관리 통합안전점검 실시(가스, 전기, 승강기 등) 소방계획 수립 이론·실습·평가(피난약자의 피난계획 등 포함) 방재계획 수립 이론·실습·평가 소방시설등 자체점검 서식의 작성 실습·평가 구조 및 응급처치 이론·실습·평가 소방안전 교육 및 훈련 이론·실습·평가 화재 시 초기대응 및 피난 실습·평가 재난예방 및 피해경감계획 수립 이론·실습·평가 자위소방대 및 초기대응체계 구성 등 이론·실습·평가 업무 수행기록의 작성·유지 및 실습·평가	10문항		

2. 1급 소방안전관리자

구분	과목	시험 내용	문항수	시험방법	시험시간
	제1과목	소방안전관리자 제도 소방 관계 법령 건축 관계 법령 소방학개론 화기취급감독 및 화재위험작업 허가·관리 공사장 안전관리 계획 및 감독 위험물·전기·가스 안전관리 종합방재실 운영 피난시설, 방화구획 및 방화시설의 관리 소방시설의 종류 및 기준 소방시설(소화·경보·피난구조·소화용수·소화활동설비)의 구조	25문항	선택형 (기입형을 포함할 수 있다)	60분
	제2과목	소방시설(소화·경보·피난구조·소화용수·소화활동설비)의 점검·실습·평가 소방계획 수립 이론·실습·평가(피난약자의 피난계획 등 포함) 자위소방대 및 초기대응체계 구성 등 이론·실습·평가 소방시설등 자체점검 서식 작성 실습·평가 업무 수행기록의 작성·유지 및 실습·평가 구조 및 응급처치 이론·실습·평가 소방안전 교육 및 훈련 이론·실습·평가 화재 시 초기대응 및 피난 실습·평가	25문항		

3. 2급 소방안전관리자

구분	시험 내용	문항수	시험방법	시험시간
제1과목	소방안전관리자 제도 소방 관계 법령(건축 관계 법령 포함) 소방학개론 화기취급감독 및 화재위험작업 허가 · 관리 위험물 · 전기 · 가스 안전관리 피난시설, 방화구획 및 방화시설의 관리 소방시설의 종류 및 기준 소방시설(소화설비, 경보설비, 피난구조설비)의 구조	25문항	선택형 (기입형을 포함할 수 있다)	60분
제2과목	소방시설(소화설비, 경보설비, 피난구조설비)의 점검 · 실습 · 평가 소방계획 수립 이론 · 실습 · 평가(피난약자의 피난계획 등 포함) 자위소방대 및 초기대응체계 구성 등 이론 · 실습 · 평가 소방시설등 자체점검 서식 작성 실습 · 평가 응급처치 이론 · 실습 · 평가 소방안전 교육 및 훈련 이론 · 실습 · 평가 화재 시 초기대응 및 피난 실습 · 평가 업무 수행기록의 작성 · 유지 실습 · 평가	25문항		

4. 3급 소방안전관리자

구분	시험 내용	문항수	시험방법	시험시간
제1과목	소방 관계 법령 화재일반 화기취급감독 및 화재위험작업 허가 · 관리 위험물 · 전기 · 가스 안전관리 소방시설(소화설비, 경보설비, 피난구조설비)의 구조	25문항	선택형 (기입형을 포함할 수 있다)	60분
제2과목	소방시설(소화설비, 경보설비, 피난구조설비)의 점검 · 실습 · 평가 소방계획 수립 이론 · 실습 · 평가(업무 수행기록의 작성 · 유지 실습 · 평가, 피난약자의 피난계획 등 포함) 소방시설등 자체점검 서식 작성 실습 · 평가 응급처치 이론 · 실습 · 평가 소방안전 교육 및 훈련 이론 · 실습 · 평가 화재 시 초기대응 및 피난 실습 · 평가	25문항		

1. 교육과정별 과목 및 시간

교육대상	교육과목	교육시간
가. 영 별표 4의 특급 소방안전관리대상물에 소방안전관리자가 되려는 사람	소방안전관리자 제도	160시간
	화재통계 및 피해분석	
	직업윤리 및 리더십	
	소방 관계 법령	
	건축·전기·가스 관계 법령 및 안전관리	
	위험물안전관계 법령 및 안전관리	
	재난관리 일반 및 관련 법령	
	초고층재난관리 법령	
	소방기초이론	
	연소·방화·방폭공학	
	화재예방 사례 및 홍보	
	고층건축물 소방시설 적용기준	
	소방시설의 종류 및 기준	
	소방시설(소화설비, 경보설비, 피난구조설비, 소화용수설비, 소화활동설비)의 구조·점검·실습·평가	
	공사장 안전관리 계획 및 감독	
	화기취급감독 및 화재위험작업 허가·관리	
	종합방재실 운용	
	피난안전구역 운영	
	고층건축물 화재 등 재난사례 및 대응방법	
	화재원인 조사실무	
	위험성 평가기법 및 성능위주 설계	
	소방계획의 수립 이론·실습·평가(피난약자의 피난계획 등 포함)	
	자위소방대 및 초기대응체계 구성 등 이론·실습·평가	
	방재계획 수립 이론·실습·평가	
	재난예방 및 피해경감계획 수립 이론·실습·평가	
	소방시설등 자체점검 서식의 작성 실습·평가	
	통합안전점검 실시(가스, 전기, 승강기 등)	
	피난시설, 방화구획 및 방화시설의 관리	
	구조 및 응급처치 이론·실습·평가	
	소방안전 교육 및 훈련 이론·실습·평가	
	화재 시 초기대응 및 피난 실습·평가	
	업무 수행기록의 작성·유지 실습·평가	
	화재피해 복구	
	초고층 건축물 안전관리 우수사례 토의	
	소방신기술 동향	
	시청각 교육	
나. 영 별표 4의 1급 소방안전관리대상물에 소방안전관리자가 되려는 사람	소방안전관리자 제도	80시간
	소방 관계 법령	
	건축 관계 법령	
	소방학개론	
	화기취급감독 및 화재위험작업 허가·관리	
	공사장 안전관리 계획 및 감독	
	위험물·전기·가스 안전관리	
	종합방재실 운영	
	소방시설의 종류 및 기준	
	소방시설(소화설비, 경보설비, 피난구조설비, 소화용수설비, 소화활동설비)의 구조·점검·실습·평가	
	소방계획의 수립 이론·실습·평가(피난약자의 피난계획 등 포함)	
	자위소방대 및 초기대응체계 구성 등 이론·실습·평가	
	소방시설등 자체점검 서식 작성 실습·평가	
	피난시설, 방화구획 및 방화시설의 관리	
	구조 및 응급처치 이론·실습·평가	
	소방안전 교육 및 훈련 이론·실습·평가	
	화재 시 초기대응 및 피난 실습·평가	
	업무 수행기록의 작성·유지 실습·평가	
	형성평가(시험)	

구분	교육과정	시간
다. 영 별표 4의 2급 소방안전관리대 상물에 소방안전관리자가 되려는 사람	소방안전관리자 제도	40시간
	소방 관계 법령(건축 관계 법령 포함)	
	소방학개론	
	화기취급감독 및 화재위험작업 허가·관리	
	위험물·전기·가스 안전관리	
	소방시설의 종류 및 기준	
	소방시설(소화설비, 경보설비, 피난구조설비)의 구조·점검·실습·평가	
	소방계획의 수립 이론·실습·평가(피난약자의 피난계획 등 포함)	
	자위소방대 및 초기대응체계 구성 등 이론·실습·평가	
	소방시설등 자체점검 서식 작성 실습·평가	
	피난시설, 방화구획 및 방화시설의 관리	
	응급처치 이론·실습·평가	
	소방안전 교육 및 훈련 이론·실습·평가	
	화재 시 초기대응 및 피난 실습·평가	
	업무 수행기록의 작성·유지 실습·평가	
	형성평가(시험)	
라. 영 별표 4의 3급 소방안전관리대 상물에 소방안전관리자가 되려는 사람	소방 관계 법령	24시간
	화재일반	
	화기취급감독 및 화재위험작업 허가·관리	
	위험물·전기·가스 안전관리	
	소방시설(소화설비, 경보설비, 피난구조설비)의 구조·점검·실습·평가	
	소방계획의 수립 이론·실습·평가(업무 수행기록의 작성·유지 실습·평가 및 피난약자의 피난계획 등 포함)	
	소방시설등 자체점검 서식 작성 실습·평가	
	응급처치 이론·실습·평가	
	소방안전 교육 및 훈련 이론·실습·평가	
	화재 시 초기대응 및 피난 실습·평가	
	형성평가(시험)	
마. 영 제40조의 공공 기관에 소방안전관 리자가 되려는 사람	소방안전관리자 제도	40시간
	직업윤리 및 리더십	
	소방 관계 법령	
	건축 관계 법령	
	공공기관 소방안전규정의 이해	
	소방학개론	
	소방시설의 종류 및 기준	
	소방시설(소화설비, 경보설비, 피난구조설비, 소화용수설비, 소화활동설비)의 구조·점검·실습·평가	
	소방안전관리업무 대행 감독	
	공사장 안전관리 계획 및 감독	
	화기취급감독 및 화재위험작업 허가·관리	
	위험물·전기·가스 안전관리	
	소방계획의 수립 이론·실습·평가(피난약자의 피난계획 등 포함)	
	자위소방대 및 초기대응체계 구성 등 이론·실습·평가	
	소방시설등 자체점검 서식 및 외관점검표 작성 실습·평가	
	피난시설, 방화구획 및 방화시설의 관리	
	응급처치 이론·실습·평가	
	소방안전 교육 및 훈련 이론·실습·평가	
	화재 시 초기대응 및 피난 실습·평가	
	업무 수행기록의 작성·유지 실습·평가	
	공공기관 소방안전관리 우수사례 토의	
	형성평가(수료)	
바. 법 제24조제3항에 따른 업무대행 감독 소방안전관리자가 되려는 사람	소방 관계 법령	16시간
	소방안전관리업무대행 감독	
	소방시설 유지·관리	
	화기취급감독 및 위험물·전기·가스 안전관리	
	소방계획의 수립 이론·실습·평가(업무 수행기록의 작성·유지 및 피난약자의 피난계획 등 포함)	
	자위소방대 구성운영 등 이론·실습·평가	
	응급처치 이론·실습·평가	
	소방안전 교육 및 훈련 이론·실습·평가	
	화재 시 초기대응 및 피난 실습·평가	
	형성평가(수료)	

사. 법 제29조제1항에 따른 건설현장 소방안전관리자가 되려는 사람	소방 관계 법령	24시간
	건설현장 관련 법령	
	건설현장 화재일반	
	건설현장 위험물 · 전기 · 가스 안전관리	
	임시소방시설의 구조 · 점검 · 실습 · 평가	
	화기취급감독 및 화재위험작업 허가 · 관리	
	건설현장 소방계획 이론 · 실습 · 평가	
	초기대응체계 구성 · 운영 이론 · 실습 · 평가	
	건설현장 피난계획 수립	
	건설현장 작업자 교육훈련 이론 · 실습 · 평가	
	응급처치 이론 · 실습 · 평가	
	형성평가(수료)	

2. 교육운영방법

가. 교육과정별 교육시간 편성기준

교육대상	시간합계	이론(30%)	실무(70%)	
			일반(30%)	실습 및 평가(40%)
특급 소방안전관리자	160시간	48시간	48시간	64시간
1급 소방안전관리자	80시간	24시간	24시간	32시간
2급 및 공공기관 소방안전관리자	40시간	12시간	12시간	16시간
3급 소방안전관리자	24시간	7시간	7시간	10시간
업무 대행감독 소방안전관리자	16시간	5시간	5시간	6시간
건설현장 소방안전관리자	24시간	7시간	7시간	10시간

나. 가목에 따른 평가는 서식작성, 설비운용(소방시설에 대한 점검능력을 포함한다) 및 비상대응 등 실습내용에 대한 평가를 말한다.

다. 교육과정을 수료하려는 사람은 가목에 따른 교육시간 합계의 90퍼센트 이상을 출석하고, 나목에 따른 실습내용 평가에 합격(해당 평가항목을 이수하거나 평가기준을 충족한 경우를 말한다)해야 한다. 다만, 결강시간은 1일 최대 3시간을 초과할 수 없다.

라. 공공기관 소방안전관리업무에 관한 강습과목 중 일부 과목은 16시간 범위에서 원격교육으로 실시할 수 있다.

마. 구조 및 응급처치과목에는 「응급의료에 관한 법률 시행규칙」 제6조제1항에 따른 구조 및 응급처치에 관한 교육의 내용과 시간이 포함되어야 한다.

■ **시행규칙 [별표 6]** 소방안전관리자 및 소방안전관리보조자에 대한 실무교육의 과목, 시간 및 운영방법(제31조 관련)

1. 소방안전관리자에 대한 실무교육의 과목 및 시간

교육과목	교육시간
가. 소방 관계 법규 및 화재 사례 나. 소방시설의 구조원리 및 현장실습 다. 소방시설의 유지·관리요령 라. 소방계획서의 작성 및 운영 마. 업무 수행 기록·유지에 관한 사항 바. 자위소방대의 조직과 소방 훈련 및 교육 사. 피난시설 및 방화시설의 유지·관리 아. 화재 시 초기대응 및 인명 대피 요령 자. 소방 관련 질의회신 등	8시간 이내

비고: 교육과목 중 이론 과목 및 서식작성 등은 4시간 이내에서 원격교육으로 실시할 수 있다.

2. 소방안전관리보조자에 대한 실무교육의 과목 및 시간

교육과목	교육시간
가. 소방 관계 법규 및 화재 사례 나. 화재의 예방·대비 다. 소방시설 유지관리 실습 라. 초기대응체계 교육 및 훈련 실습 마. 화재발생 시 대응 실습 등	4시간

3. 교육운영 방법

가. 실무교육은 이론·실습 또는 실습·평가로 구분하여 실시할 수 있다. 이 경우 실습·평가는 교육시간을 달리 정할 수 있다.

나. 실무교육의 수료를 위한 출석기준은 제1호 및 제2호에 따른 교육시간의 90퍼센트 이상으로 한다. 다만, 실습·평가의 경우에는 가목 후단에 따라 달리 정한 시간의 100퍼센트로 한다.

다음의 분야별 장비를 모두 갖출 것. 다만, 해당 장비의 기능을 2개 이상 갖춘 복합기능 장비를 갖춘 경우에는 개별 장비를 갖춘 것으로 본다.

분야	장비
소방	1) 방수압력측정계, 절연저항계, 전류전압측정계 2) 저울 3) 소화전밸브압력계 4) 헤드결합렌치 5) 검량계, 기동관누설시험기, 그 밖에 소화약제의 저장량을측정할 수 있는 점검기구 6) 열감지기시험기, 연(煙)감지기시험기, 공기주입시험기, 감지기시험기연결폴대, 음량계 7) 누전계(누전전류 측정용) 8) 무선기(통화시험용) 9) 풍속풍압계, 폐쇄력측정기, 차압계(압력차 측정기) 10) 조도계(최소눈금이 0.1럭스 이하인 것) 11) 화재 및 피난 모의시험이 가능한 컴퓨터 12) 화재 모의시험을 위한 프로그램 13) 피난 모의시험을 위한 프로그램 14) 교육·훈련 평가 기자재 　가) 연기발생기 　나) 초시계
전기	1) 정전기 전하량 측정기 2) 적외선 열화상 카메라 3) 검전기 4) 클램프미터 5) 절연안전모 6) 고압절연장갑 7) 절연장화
가스	1) 가스누출검출기　　2) 가스농도측정기　　3) 일산화탄소농도측정기　　4) 가스누출 검지액
위험물	1) 접지저항측정기(최소눈금 0.1옴 이하) 2) 가스농도측정기(탄화수소계 가스의 농도측정 가능할 것) 3) 정전기 전위측정기 4) 토크렌치(torque wrench: 볼트와 너트를 규정된 회전력에 맞춰 조이는데 사용하는 도구) 5) 진동시험기 6) 표면온도계(섭씨 영하 10도 ~ 300도) 7) 두께측정기 8) 소화전밸브압력계 9) 방수압력측정계 10) 포콜렉터 11) 헤드렌치 12) 포콘테이너
건축	1) 거리측정기 2) 건축 관계 도면 검토가 가능한 프로그램(AUTO CAD 등) 3) 도막(도료, 도포막) 두께측정장비(측정범위가 0.1밀리미터 이하일 것)

■ **시행규칙 [별표 8]** 화재예방안전진단기관의 지정취소 및 업무정지의 처분기준(제46조 관련)

1. 일반기준

가. 위반행위가 둘 이상인 경우에는 각 위반행위에 따라 각각 처분한다.

나. 위반행위의 횟수에 따른 행정처분 기준은 최근 3년간 같은 위반행위로 행정처분을 받은 경우에 적용한다. 이 경우 기준 적용일은 위반행위에 대한 행정처분일과 그 처분 후에 한 위반행위가 다시 적발된 날을 기준으로 한다.

다. 나목에 따라 가중된 부과처분을 하는 경우 가중처분의 적용 차수는 그 위반행위 전 부과처분 차수(나목에 따른 기간 내에 처분이 둘 이상 있었던 경우에는 높은 차수를 말한다)의 다음 차수로 한다.

라. 처분권자는 위반행위의 동기·내용·횟수 및 위반 정도 등 다음의 감경 사유에 해당하는 경우 그 처분기준의 2분의 1의 범위에서 감경할 수 있다.

  1) 위반행위가 사소한 부주의나 오류로 인한 것으로 인정되는 경우

  2) 위반의 내용 및 정도가 경미하여 화재예방안전진단등의 업무를 수행하는데 문제가 발생하지 않는 경우

  3) 그 밖에 위반행위의 정도, 위반행위의 동기와 그 결과 등을 고려하여 감경할 필요가 있다고 인정되는 경우

2. 개별기준

위반 내용	근거 법조문	처분기준		
		1차 위반	2차 위반	3차 이상 위반
가. 거짓이나 그 밖의 부정한 방법으로 안전진단기관으로 지정을 받은 경우	법 제42조제2항제1호	지정취소		
나. 법 제41조제4항에 따른 화재예방안전진단 결과를 소방본부장 또는 소방서장, 관계인에게 제출하지 않은 경우	법 제42조제2항제2호	경고 (시정명령)	업무정지 3개월	업무정지 6개월
다. 법 제42조제1항에 따른 지정기준에 미달하게 된 경우	법 제42조제2항제3호	업무정지 3개월	업무정지 6개월	지정취소
라. 업무정지기간에 화재예방안전진단 업무를 한 경우	법 제42조제2항제4호	지정취소		

1. 자격증 발급 및 시험응시 수수료

납부 대상자	수수료 금액
가. 법 제30조제1항에 따른 소방안전관리자 자격시험에 응시하려는 사람	특급 제1차시험: 1만8천원 특급 제2차시험: 2만4천원 1·2·3급시험: 1만2천원
나. 법 제30조제2항 및 제3항에 따른 소방안전관리자 자격증(수첩형)을 발급 또는 재발급받으려는 사람	1만원

2. 교육비

납부 대상자	납부 금액
가. 영 별표 4의 특급 소방안전관리대상물에 대한 소방안전관리업무 강습교육을 받으려는 사람	96만원
나. 영 별표 4의 1급 소방안전관리대상물에 대한 소방안전관리업무 강습교육을 받으려는 사람	48만원
다. 영 별표 4의 2급 소방안전관리대상물에 대한 소방안전관리업무 강습교육 및 공공기관 소방안전관리 강습교육을 받으려는 사람	24만원
라. 영 별표 4의 3급 소방안전관리대상물에 대한 소방안전관리업무 강습교육을 받으려는 사람	14만4천원
마. 법 제24조제3항에 따라 선임된 소방안전관리자 업무대행 감독자에 대한 강습교육을 받으려는 사람	9만6천원
바. 법 제29조제1항에 따른 건설현장에 대한 소방안전관리업무 강습교육을 받으려는 사람	14만4천원
사. 법 제34조제1항제2호에 따른 소방안전관리자에 대한 실무교육을 받으려는 사람	5만5천원
아. 법 제34조제1항제2호에 따른 소방안전관리보조자에 대한 실무교육을 받으려는 사람	3만원

3. 화재예방안전진단 수수료

가. 법 제41조제1항에 따라 화재예방안전진단을 받으려는 자는 다음의 계산식에 따라 산출한 수수료(천원 미만은 절사한다)를 납부해야 한다.

구분	계산식
수수료	직접인건비 + 직접경비 + 제경비 + 기술료

나. 가목의 계산식에서 직접인건비, 직접경비, 제경비 및 기술료는 다음의 값으로 한다.

구분	내용
직접인건비	1) 직접인건비는 진단단계별 각 공사량에 진단단계별 투입인력의 노임단가를 곱하여 산출한 금액의 합계 금액으로 한다. 2) 1)에서 진단단계별 각 공사량은 현장시설진단의 용도별 공사량에 보정계수1을 곱하고 사전조사의 공사량, 비상대응훈련의 공사량 및 보고서작성의 공사량에 보정계수2를 곱한 값으로 한다. 3) 1)에서 노임단가는 「엔지니어링산업 진흥법」 제31조에 따른 엔지니어링사업대가의 기준 중 기타 부분의 노임단가로 한다. 4) 노임단가 산정 시 투입인력의 등급은 「엔지니어링산업 진흥법 시행령」제4조에 따른다.
직접경비	직접인건비에 0.1을 곱하여 산출한 금액으로 한다.
제 경 비	직접인건비에 1.1을 곱하여 산출한 금액으로 한다.
기 술 료	직접인건비와 제경비의 합에 0.2를 곱하여 산출한 금액으로 한다.

다. 나목에서 진단단계별 분야별 공사량은 다음과 같다.

구분		공사량									
진단 단계	용도별	영 별표 8 제2호가목에 따른 전문인력				영 별표 8 제2호나목에 따른 분야별 전문인력					
		합계	소방 기술사	소방시설 관리사	그 밖의 기술사 등	소방	전기	건축	가스	화공	위험물
사전 조사	전체	1.0									
현장 시설 진단	공항	4.5	0.5	0.5	0.5	1.0	0.4	0.7	0.2	0.2	0.5
	철도, 도시철도, 항만	3.0	0.5	0.5	0.2	0.7	0.3	0.4	0.1	0.1	0.2
	공동구	3.0	0.5	0.5	0.2	0.5	0.5	0.4	0.2	0.1	0.1
	천연가스인수기지, 가스공급시설	5.0	0.5	0.5	0.5	1.0	0.3	0.7	1.0	0.2	0.3
	발전소	5.0	0.7	0.5	0.5	1.0	0.5	0.7	0.3	0.5	0.3
비상대응훈련		4.0(소방안전교육사1명 포함)									
보고서 작성 (시뮬레이션 포함)		4.0									

라. 나목에서 보정계수 값은 다음과 같이 한다.

연면적의 합계(㎡)	보정계수1 (현장진단)	보정계수2 (사전조사, 비상대응훈련 및 보고서작성)
10,000이하	1.0	0.25
10,000 초과 ~ 15,000 이하	1.5	0.50
15,000 초과 ~ 20,000 이하	2.0	0.50
20,000 초과 ~ 25,000 이하	2.5	1.00
25,000 초과 ~ 30,000 이하	3.0	1.00
30,000 초과 ~ 35,000 이하	3.5	1.50
35,000 초과 ~ 40,000 이하	4.0	1.50
40,000 초과 ~ 45,000 이하	4.5	1.50
45,000 초과 ~ 50,000 이하	5.0	1.50
50,000 초과 ~ 60,000 이하	6.0	2.00
60,000 초과 ~ 70,000 이하	7.0	2.00
70,000 초과 ~ 80,000 이하	8.0	2.00
80,000 초과 ~ 90,000 이하	9.0	2.00
90,000 초과 ~ 100,000 이하	10.0	2.00
100,000 초과	11.0으로 하되 10,000 초과 시 마다 1.0을 더한 수치	2.10으로 하되 100,000 초과 시 마다 0.1을 더한 수치

비고

1. 수수료 및 교육비는 계좌입금의 방식 또는 현금으로 납부하거나 신용카드로 결제해야 한다. 다만, 정보통신망을 이용하여 전자화폐ㆍ전자결제 등의 방법으로 결제할 수 있다.
2. 제1호가목에도 불구하고 영 별표 4 제2호부터 제4호까지에 해당하는 소방안전관리대상물의 소방안전관리자가 되려는 사람이 강습교육 마지막일(원격 교육과정의 경우 수료 후 처음 시험에 응시하는 경우를 말한다)에 실시하는 소방안전관리자 자격시험에 응시하는 경우에는 응시 수수료를 납부한 것으로 본다.
3. 강습교육을 받으려는 사람은 강습교육 수강신청 시 교육비를 납부해야 한다.

1. **사무실**: 바닥면적 60제곱미터 이상일 것
2. **강의실**: 바닥면적 100제곱미터 이상이고 책상·의자, 음향시설, 컴퓨터 및 빔프로젝터 등 교육에 필요한 비품을 갖출 것
3. **실습실**: 바닥면적 100제곱미터 이상이고, 교육과정별 실습·평가를 위한 교육기자재 등을 갖출 것
4. **교육용기자재 등**

교육 대상	교육용기자재 등	수량
공통 (특급·1급·2급·3급 소방안전관리자, 소방안전관리보조자, 업무대행감독 소방안전관리자, 건설현장 소방안전관리자)	1. 소화기(분말, 이산화탄소, 할로겐화합물 및 불활성기체)	각 1개
	2. 소화기 실습·평가설비	1식
	3. 자동화재탐지설비(P형) 실습·평가설비	3식
	4. 응급처치 실습·평가장비(마네킹, 심장충격기)	각 1개
	5. 피난구조설비(유도등, 완강기)	각 1식
	6. 「소방시설 설치 및 관리에 관한 법률 시행규칙」 별표 3에 따른 소방시설별 점검 장비	각 1개
	7. 원격교육을 위한 스튜디오, 영상장비 및 콘텐츠	1식
	8. 가상체험장비 및 콘텐츠	1식
특급 소방안전관리자	1. 옥내소화전설비 실습·평가설비	1식
	2. 스프링클러설비 실습·평가설비	1식
	3. 가스계소화설비 실습·평가설비	1식
	4. 자동화재탐지설비(R형) 실습·평가설비	1식
	5. 제연설비 실습·평가설비	1식
1급 소방안전관리자	1. 옥내소화전설비 실습·평가설비	1식
	2. 스프링클러설비 실습·평가설비	1식
	3. 자동화재탐지설비(R형) 실습·평가설비	1식
2급 소방안전관리자, 「공공기관의 소방안전관리에 관한 규정」 제2조에 따른 공공기관의 소방안전관리자	1. 옥내소화전설비 실습·평가설비	1식
	2. 스프링클러설비 실습·평가설비	1식
건설현장 소방안전관리자	1. 임시소방시설 실습·평가설비	1식
	2. 화기취급작업 안전장비	1식

● ● ● **참고문헌**

[참고서적]

- 2025년 중앙소방학교 공통교재

- 정정길 외 7인, 정책학원론, 대명문화사. pdf.

- 김창섭, "소방관계법규" 제2판, 토파민, 2010.

- NFPA 921, GUIDE FOR FIRE & EXPLOSION INVESTIGATIONS

- Lowi, T. J. (1972). Four systems of policy, politics, and choice. Public Administration Review, 32(4), 298-310.

- Congressional Research Service(CRS).(2022). Building Codes, Standards, and Regulations: Frequently Asked Questions.

- National Fire Protection Association(NFPA). Regulations Governing the Development of NFPA Standards.

- Petak, W. J.(1985). "Emergency Management: A Challenge for Public Administration", Public Administration Review, Vol.45(Special Issue), pp.3~7

- Grundgesetz für die Bundesrepublik Deutschland (GG). Art. 30 & Art. 70. ; Kloepfer, M. (2012). Katastrophenrecht. Nomos.

- California Office of the State Fire Marshal. Code Adoption & Wildfire Protection.

- The Regulatory Reform (Fire Safety) Order 2005, Part 2 (Duties of responsible person); Fire and Rescue Services Act 2004, Part 2 (Functions of fire and rescue authorities). legislation.gov.uk.

- The Regulatory Reform(Fire Safety) Order 2005 (S.I. 2005/1541). Art. 1(Citation and extent) & Art. 8-22(Duties of responsible person). legislation.gov.uk.

- Code général des collectivités territoriales. Art. L2212-2

- CCH, Livre Ier : Construction, Titre II: Sécurité et protection des immeubles.

- Ode général des collectivités territoriales (CGCT). Art. L2212-2 (Missions du maire et du préfet).

- Code de la construction et de l'habitation (CCH). Art. R123-43 (Responsabilité des exploitants).

- Ministère de la Transition écologique. La réglementation incendie des ERP.

- Arrêté du 25 juin 1980, Art. GN 1 et suivants.

- Basic Act on Disaster Management (Act No. 223 of 1961). Cabinet Office, Government of Japan.

- Fire Defense Organization Act (Act No. 226 of 1947). e-Gov Legal Database.

- Fire Service Act (Act No. 186 of 1948). Japanese Law Translation.
  e-Gov法令検索. 昭和二十三年法律第百八十六号 消防法.

- Arrêté du 25 juin 1980 portant approbation des dispositions générales du règlement de sécurité contre les risques d'incendie et de panique dans les établissements recevant du public (ERP).

- CPC Central Committee. (March 21, 2018). Plan for Deepening Reform of Party and State Institutions (Sec. 35: Transfer of Public Security Fire Forces).

- National People's Congress. (Oct 26, 2018). Ordinance on Fire and Rescue Ranks.

- Fire Protection Law of the PRC. Art. 2 & Art. 16.; Ministry of Public Security Decree No. 61. Art. 4.

[**참고법령** (소방기본법 및 그 하위 법령 제외)]

○ 「대한민국헌법」, 헌법 제10호, 1987. 10. 29., 전부개정

○ 「건축법」, 법률 제21035호, 2025. 8. 26., 일부개정

○ 「고등교육법」, 법률 제20662호, 2025. 1. 21., 일부개정

○ 「공공기관의 운영에 관한 법률」, 법률 제21065호, 2025. 10. 1., 타법개정

○ 「국가기술자격법」, 법률 제18925호, 2022. 6. 10., 일부개정

○ 「기업활동 규제완화에 관한 특별조치법」, 법률 제21065호, 2025. 10. 1., 타법개정

○ 「기상법」, 법률 제21066호, 2025. 10. 1., 타법개정

○ 「농어업재해대책법」, 법률 제20924호, 2025. 4. 22., 일부개정

○ 「민법」, 법률 제20432호, 2024. 9. 20., 일부개정

○ 「산림재난방지법」, 법률 제20751호, 2025. 1. 31., 제정

○ 「소방기본법」, 법률 제20727호, 2025. 1. 31., 타법개정

○ 「소방시설 설치 및 관리에 관한 법률」, 법률 제18522호, 2021. 11. 30., 전부개정

○ 「소방의 화재조사에 관한 법률」, 법률 제20727호, 2025. 1. 31., 타법개정

○ 「재난 및 안전관리 기본법」, 법률 제21313호, 2026. 1. 21., 일부개정

○ 「자연재해대책법」, 법률 제21065호, 2025. 10. 1., 타법개정

○ 「지방자치법」, 법률 제21065호, 2025. 10. 1., 타법개정

○ 「지진·화산재해대책법」, 법률 제20357호, 2024. 2. 27., 타법개정

○ 「질서위반행위규제법」, 법률 제17758호, 2020. 12. 29., 타법개정

○ 「초고층 및 지하연계 복합건축물 재난관리에 관한 특별법」, 법률 제20357호, 2024. 2. 27., 타법개정

○ 「통합방위법」, 법률 제21065호, 2025. 10. 1., 타법개정

○ 「행정조사기본법」, 법률 제19213호, 2023. 1. 17., 타법개정

○ 「행정절차법」, 법률 제18748호, 2022. 1. 11., 일부개정

○ 「형법」, 법률 제21307호, 2025. 12. 31., 일부개정

○ 「건축법 시행령」, 대통령령 제35082호, 2024. 12. 17., 일부개정

○ 「보안업무규정」, 대통령령 제35811호, 2025. 10. 1., 타법개정

○ 「행정권한의 위임 및 위탁에 관한 규정」, 대통령령 제36146호, 2026. 2. 27., 타법개정

○ 「건축물의 피난·방화구조 등의 기준에 관한 규칙」, 국토교통부령 제1531호, 2025. 10. 31., 타법개정

○ 「강원특별자치도 화재예방 조례」, 강원특별자치도조례 제5030호, 2023. 6. 9., 일부개정

○ 「경기도 화재안전 조례」, 경기도조례 제7766호, 2023. 10. 11., 일부개정

○ 「서울특별시 화재예방 조례」, 서울특별시조례 제9038호, 2023. 12. 29., 일부개정

[참고 사이트]

- https://www.nfpa.org (미국화재예방협회 공식 홈페이지)
- https://www.iccsafe.org (ICC: 국제화재코드 및 채택 현황)
- https://www.usfa.fema.gov (미국소방국: 임무 및 역할)
- https://www.fmglobal.com/research-and-resources/fm-global-data-sheets (FM Global 손실 방지 데이터 시트)
- https://www.osha.gov/laws-regs/regulations/standardnumber/1910/1910SubpartL
  (연방규정집: 산업안전보건청 화재 방호 규정)
- https://www.legislation.gov.uk/uksi/2005/1541/contents/made (영국 정부: 소방안전명령 가이드라인)
- https://www.hse.gov.uk/fire/ (HSE: 사업장 화재 안전 및 위험성 평가)
- https://www.gov.uk/government/publications/fire-safety-act-2021 (영국 내무부: 2021 소방안전법 팩트시트)
- https://www.legislation.gov.uk/ukpga/2004/21/contents (2004 소방 및 구조 서비스법 원문)
- https://practiceguides.chambers.com/practice-guides/crisis-management-2025/germany
- https://publications.iafss.org/publications/fss/9/21/view/fss_9-21.pdf
- https://mit-dir-fuer-uns-alle.de/en/organizations/deutscher-feuerwehr-verband
- https://www.interieur.gouv.fr (프랑스 내무부)
- https://www.service-public.fr/professionnels-entreprises/vosdroits/F31684 (공공이용시설의 화재안전)
- https://www.legifrance.gouv.fr/codes/texte_lc/LEGITEXT000006074096/ (프랑스 건축주거법)
  https://www.legifrance.gouv.fr/loda/id/LEGITEXT000006073665/
- https://www.interieur.gouv.fr (내무부: 시민안전의 주체들)
- https://www.bousai.go.jp/index.html (일본 내각부 방재담당 공식 영문 사이트)
- https://www.fdma.go.jp/en/ (일본 소방청: 조직과 기능)
- https://www.tfd.metro.tokyo.lg.jp/eng/ (도쿄소방청: 조직 개요)
- https://www.kaigai-shobo.jp/files/fireserviceinjapan_eng/Ministerial_Ordinance_eng.pdf
- https://www.jfeii.or.jp/en/ (일본소방검정협회: 검정 제도 가이드)
- https://www.mem.gov.cn/ (중국 응급관리부: 조직 연혁 및 개요). 주요 직책 및 역사
- http://www.npc.gov.cn/ (중화인민공화국 소방법 2021년 개정판 원문)
- https://www.119.gov.cn/ 국가소방구원국. 조직 구조, 임무, 현장 활동 소개
- https://www.joongang.co.kr/article/23098903
  "고양 저유소 화재, 총체적 관리 부실로 인한 인재(人災) 결론", 2018.11.06. The JoongAng
- https://www.labortoday.co.kr/news/articleView.html?idxno=83447&utm
  매일노동뉴스 2008.10.10. 산업단지공단 관할지역, 5년간 화재피해액만 660억원

※ 본 도서의 디자인 일부에는 서울특별시 제공 서체 '서울한강체 M'을 사용하였습니다.

★ 본 자료는 학습·참고용이며 실제 법적 판단은 관계기관(유권해석기관)의 해석에 따릅니다.

저자 소개

김 창 섭 서울특별시 송파소방서 현장대응1단장
       공학박사, 소방안전교육사

김 귀 주 강동대학교 소방안전학과 교수
       공학박사, 소방시설관리사

주 은 혜 강동대학교 소방안전학과 교수
       공학박사

단번에 읽히는
화재예방법 조문 해설
ACT ON FIRE PREVENTION AND SAFETY CONTROL

ⓒ 김창섭 · 김귀주 · 주은혜, 2026

초판 1쇄 발행 2026년 3월 25일

지은이   김창섭 · 김귀주 · 주은혜
편집   김창섭
펴낸곳   도서출판 좋은땅
펴낸이   이기봉
주소   서울특별시 마포구 양화로12길 26 지월드빌딩 (서교동 395-7)
전화   02)374-8616~7
팩스   02)374-8614
이메일   gworldbook@naver.com
홈페이지 www.g-world.co.kr

ISBN   979-11-388-5673-7 (03360)